大唐诗人那些事

李清秋◎著

中国华侨出版社

图书在版编目（CIP）数据

大唐诗人那些事 / 李清秋著 . —北京：中国华侨出版社，
2017.10

ISBN 978-7-5113-6588-0

Ⅰ . ①大⋯ Ⅱ . ①李⋯ Ⅲ . ①诗人—列传—中国—唐代
Ⅳ . ① K825.6

中国版本图书馆 CIP 数据核字（2017）第 226103 号

大唐诗人那些事

著　　者 / 李清秋

责任编辑 / 馨　宁

责任校对 / 高晓华

经　　销 / 新华书店

开　　本 / 787 毫米 × 1092 毫米　1/16　印张 /34　字数 /600 千字

印　　刷 / 三河市华润印刷有限公司

版　　次 / 2022 年 2 月第 1 版第 3 次印刷

书　　号 / ISBN 978-7-5113-6588-0

定　　价 / 68.00 元

中国华侨出版社　北京市朝阳区静安里 26 号通成达大厦 3 层　邮编：100028

法律顾问：陈鹰律师事务所

编辑部：（010）64443056　　64443979

发行部：（010）64443051　传真：（010）64439708

网　　址：www.oveaschin.com

E-mail：oveaschin@sina.com

前言

一卷唐诗，一曲宋词，勾勒出中国古典文化的极致浪漫。

中国是诗词的国度，唐诗与宋词更是其中的翘楚，它们宛若一座恢宏的文学艺术殿堂，创造了中国文学史上两座令人仰叹的高峰。但在唐诗宋词的璀璨光芒之下，却是无数诗人词人踽踽独行的落寞与愁肠百结的悲戚，他们用各自或屈曲或浮沉的人生浇筑出流传千古的诗篇，留给后世之人无限珍贵的文化血脉，却仅留给自己一段悲剧色彩浓重的人生。举世才华带不来仕途的顺遂与人生的通达，这其中的起起落落是诗人词人各自的选择，也是时代的铸造。

翻开历史的卷轴，每个时代都有伟大的诗魂。盛唐时期，李白杜甫双子星，一曲豪肠、一曲沧桑；中唐以后，以诗意寄托深远的李商隐，以绮艳缠绵闻名于世的温庭筠；五代十国，南唐后主李煜，一面是平庸懦弱末代君主，一面是才华横溢开山词宗；北宋文臣，千古伯乐欧阳修以平实指向人心，洒脱大家苏东坡数尽千古风流；北宋末年，婉约与豪气兼具的李清照，还有南宋时期，"醉里挑灯"的词中将军辛弃疾……他们从诗词中走来，演绎着山岳攀登的奋勇、月夜徘徊的宁寂、沙场驰骋的不羁、泛舟湖畔的闲适，还有那国破山河的忧戚，与"惟愿孩儿愚且鲁"的真实与荒凉。那些或豪放、或温婉、或浓厚、或浅淡的诗词，无不带着历史的印记。时势造英雄，造就了诗人不同的境遇。反过来，诗人又将时事风貌记录下来，他们成为了历史最清醒的见证者。

诗与人，人与史，是无法断开的缔结。任何诗词，都不能独立于诗词者的经历之外，不解其人生，不足以解诗词真意。这套书在写诗人的人生，在写诗词背后的故事，也是在书写那段跌宕起伏的历史。唐宋时期诗人词人众多，本套丛书以时间为序，选取每个时期较具有代表性的，共十六位诗词作者，以他们的人生展开唐宋诗人风貌图景。

在茫茫的历史长河里，人人不过沧海一粟，在那些大江东去的豪放狂歌、晓风残月的凄冷叹息、春花秋月的幽婉心事，随着时光的车辙渐渐远去时，回眸一望，却会突然发现往事中的人事依然历历在目，他们以各自独特的丰姿向世人倾谈诗情词意、家国情事、畅意悲辛。

目　录
contents

第一辑 ╱ 上官婉儿

锦绣大唐的极致风流

第一节 ／ 入掖庭生而为奴

中宗上官昭容，名婉儿，西台侍郎仪之孙也。

父庭芝，与仪同被诛，婉儿时在襁褓，随母配入掖庭。

及长，有文词，明习吏事。

——《旧唐书》

上官仪怎么也没有想到，今日竟然成了自己的死期。

宣读圣旨的官吏读着上官仪的罪名：与废太子忠勾结，意图谋反。另有些臧否的话，大概是说上官仪是罪大恶极之人，什么"离间二圣，无人臣礼"。为官多年的上官仪自然明白自己真正的罪名是什么。表面上看起来不起眼的这八个字，才是他满门忠烈而今却沦为阶下囚的原因。

上官仪官拜宰相，官职为西台侍郎同东西台三品，可谓正值仕途如日中天的时期。他以自己盖世的才华和多年的忠心驰骋官场，却不想竟然栽了这样一个大跟头。当年唐太宗在位的时候，上官仪也算是御前受器重的人，每每太宗亲自起草诏书的时候，都要征求上官仪的意见，然后再向下颁布和实行。太宗驾崩后，高宗即位，对上官仪的才华也很看重，多次为其加官晋爵，直至位列宰相。

通过科举考试而位极人臣，终于实现自己多年夙愿的上官仪，此刻成了"热锅上的蚂蚁"，但他不怕死，怕的是死后的天下和朝廷。

　　唐高宗这么宠信武后，任由武后专权，上官仪几乎看到了李唐王朝日落西山的图景。他也正是因为担忧武后的专权会影响到社稷的安危，才在唐高宗对武后深恶痛绝的时候，想要促成废后一事。当皇帝问上官仪对此事的意见时，他几乎不假思索地说出了百官的心声："皇后专恣，海内失望，宜废之以顺人心。"高宗没有如以往那般袒护皇后，而是命上官仪起草了一份废后诏书，才华横溢的上官仪即刻完成了。墨的香味在整个房间中飘散着，令上官仪有些喜不自胜，懦弱的皇帝终于清醒了，他明白了什么才是一个君王该有的责任和担当。

　　却不想，未等诏书的墨迹变干，闻讯赶到的皇后武氏已经闯了进来，径自夺过上官仪手中的诏书，粗蛮地扔到地上，便开始了哭诉，其间夹杂着对皇帝想要废除自己的痛心和委屈。这样梨花带雨的美人，说起道理来还头头是道，唐高宗马上又变回了往日对皇后言听计从的样子，屏退了左右。唐高宗将对自己妻子的愤怒和猜疑一股脑地抛诸脑后了，此刻的他不像一位呼风唤雨的一国之君，更像一个世俗的男人，因为和妻子闹别扭而想要休妻，但情比金坚的他们终归是和好如初了。

　　上官仪带着几分失落离开了皇宫。想到当今圣上在位几年来的循规蹈矩，对武皇后的百依百顺，上官仪感到深深的失望。他又想起了先皇在位时天象预示出的"女主昌"和"并杀伐"，这让人不寒而栗的预言今日竟当真要发生了吗？原来那个危及李唐王朝的人不是李君羡，而是当今的武皇后。想到这里，他感到一股深切的悲伤，行走在夜凉如水的秋风中，不觉就到了距离兴庆宫不远的上官府。

　　上官府修得很漂亮，对得起他这个宰相的头衔，府中雕梁画栋、回廊幽深，花园中菊花的清香扑面而来。想到古代以菊花来表达文人的高洁和卓尔不群的风骨，他感到了不少欣慰。

　　后来，高宗再也没有提起过废皇后的事情。经此一事，高宗和武后的感情显然更加如胶似漆，聪明的武后自然明白，即使高宗再懦弱，他也是掌握着她命运的那个人，她不得不稍稍收敛自己的行为。但武后还是要追究的，尽管不能拿皇帝怎么样，却可以打压其他想把她拉下马的人。

　　上官仪当时就明白，武后最终是容不下他的。尽管武后对他的文采也颇为赏识，但这种赏识与他企图废掉皇后的威胁相比，显得很是微不足道。他的幕僚建议他早做防范，或者干脆去跟武后表忠心，也许武后可以不杀他，起码能够不连累他的家人和朋友。

上官仪不愿意出卖比自己生命还重要的风骨和操守，即使肝脑涂地，他也心甘情愿，因为他尽了一个臣子的责任。至于他的家人的命运，就只能听天由命了。因为他知道，儿子庭芝也会看不起一个没有节气、苟且偷生的父亲。庭芝的妻子郑氏如今有孕在身，整个上官府沉浸在迎接新生命的喜悦中，却未曾想血光之灾即将到来。

"上官大人，接旨吧！"响亮的声音将上官仪从回忆中拉回到现实。他明白，该来的总会来的。上官一族，不论长幼，统统被收监，包括刚刚产下幼女的郑氏。不容半句辩解，圣旨被下达的那一刻，上官仪就知道自己百口莫辩了。

还没来得及多看看上官婉儿，上官仪和儿子上官庭芝就被送入了死牢，而怀抱婉儿的郑氏免于一死，被带到了掖庭，成为永世不得翻身的宫奴。

郑氏不能探望丈夫和公公，每日以泪洗面，也没有人可以诉说。她想到过死，先用毒药毒死自己的孩子婉儿，再服毒自尽，黄泉路上他们一家人还能有个伴。但只要一看到怀抱中眉清目秀的孩子的笑脸，她就有些于心不忍了。这种沦为奴婢的日子是没有尽头的，苟活于世并非她所愿，但为了孩子，她知道自己要忍。每当夜深人静的时候，伴随着婉儿啼哭声的，是从睡梦中愕然惊醒的郑氏的哭喊，她恍惚看到了刑场上彪悍的刽子手，一手提着一颗鲜血淋漓的人头，正大步朝自己走来，那两颗人头就是自己丈夫和公公的。

（二）

唐高宗麟德元年（公元664年）十一月，出生不过一个月的上官婉儿随母亲郑氏从高府大院被押到深宫中最卑微的所在——掖庭。郑氏从不知道世界上还有这样的地方，这里的人没有尊严，他们都是身份最为卑贱的奴仆，一生的命运都掌控在别人的手中。

她一介女流，如何才能拒绝这样的命运呢？能做的只是随波逐流地生活罢了。

只要一闭上眼睛，她就会想到被遣送到掖庭的那个风雪之夜。她穿着宽松破旧的囚服，怀抱着不过一个月大的女儿，被押上一辆囚车，雪花从空中飘落，更让人感觉多了几分寒冷。她本已心如死水、别无他求，却没想到，武后赦免了她跟女儿的死罪。但死罪可免，活罪难逃，她失去了尊贵的身份，被贬为宫婢。

麟德二年（公元 665 年）正月，圣驾离开长安，奔赴八百五十里外的东都。从此以后，唐高宗再也没有回过长安，一个新的都城——东都洛阳正悄然崛起。

上官婉儿和母亲也像皇宫中其他人一样，随着二圣一起从长安搬到了洛阳，离开了那个再熟悉不过的故乡。她们的人生也许会有一个新的开篇吧，正如武后对自己的人生所预期的那样。

郑氏以前在府上多是料理内务，从不过问男人外面的事。但如今，她总听掖庭里的人淡论，也对朝堂上发生的事情略知一二，反而多了几分对外面世界的敏感。对于武后迁都的事情，她觉得惊愕，一个女人的一句话，居然能改变一个国家的走向，这是多么荒唐，又是多么的专权啊！

但让郑氏想不到的是，武后能做的不仅仅是迁都，她甚至刚刚在洛阳站稳脚跟后，又开始准备筹划已久的封禅大典。这是唐朝建立以来从未发生过的事。尽管以前太宗皇帝在位的时候曾有过这样的想法，但因为大臣魏征等人谏言，说这样的大典会耗费巨大的人力物力，实在不适合刚刚建立的唐王朝，于是体恤民情的太宗皇帝便作罢了。

如今，这个曾经是李世民女人的小女子，却想着完成前人半途而废的事业。

终于，在武后的周密部署和细心安排下，前往泰山的封禅大典如期举行，随行人员众多。这场投入巨大物力和财力的封禅活动历时四个多月，一百三十一天。

按照常理，帝王去泰山封禅，女眷是不能参加的，即便拥有像武后这样一人之下、万人之上的身份。但武后早已经权倾朝野，尤其是上官仪死后，文武百官无不对她忌惮三分，她若想去，没有一个官员敢站出来加以阻挠。因此，在五岳之首的泰山之上，武后同高宗一起享受到了只有君主才该享有的殊荣。

封禅期间，皇宫里分外冷清，可郑氏带着女儿生活的掖庭却比平时更为忙碌，因为宫中的人手不够，所以很多内廷的工作也交给了掖庭里的人来完成。本以为能够轻松一些的她，现在不得不继续做那些粗重的活计。

一日，掖庭里来了一位看起来身份显赫的贵人，他不同于掖庭中宫人的穿衣打扮，这立刻引起了众人的注意。这名年轻男子看起来不过三十多岁，容光焕发，眉宇间有一股凛然之气，大有不可冒犯之威严。这个人就是当朝宰相裴炎。裴炎出身名门望族，尽管曾经是上官仪的学生，但因没有和上官仪有过太多的往来，他家世显赫，况且，他还是皇帝的二儿子李贤的老师，所以没有受到牵连。他对上官一族的命运一直深表同情。此次前来，他为郑氏和上官婉儿带来了好消息：让婉儿去内府的文学馆去读书。

此时，婉儿还是个懵懂的孩子，婉儿总是跟在母亲身后，帮母亲做一些所能及的事情。郑氏闲来无事的时候，常常会教女儿读书，就学业上的问题进行提问，偶尔也会纠正女儿读书时犯下的小错误。她希望自己的女儿是一个多才多艺的女子。

本以为生活就这样安稳地过下去了，却不想，命运突然发生了转折。

第二节／乍露才情受恩宠

婕妤懿淑天资，贤明神助。

诗书为苑囿，捃拾得其菁华；翰墨为机杼，组织成其锦绣。

年十三为才人，该通备于龙蛇，应卒逾于星火。

——《大唐故婕妤上官氏墓志铭并序》

仪凤元年（公元 676 年），随着武后势力的愈盛，她被尊称为"天后"。仪凤三年（公元 678 年）春，唐高宗和武后在宫中大摆筵席，皇亲国戚、朝廷重臣尽数参加，甚至还包括蛮族的首领。自迁都洛阳以来，武后帮助丈夫高宗将政务处理得井井有条，且勤勉不怠，今天的筵席算是唐高宗对妻子的犒赏。

武后今日也很高兴，觥筹交错之间，即兴赋诗一首，诗云：九春开上节，千门敞夜扉。兰灯吐新焰，桂魄朗圆辉。送酒惟须满，流杯不用稀。务使霞浆兴，方乘泛洛归。

这首诗做得应景，很符合当夜圆月当空、众人喜乐的场面，高宗大赞能干的妻子，大臣们也各个称颂。众人继续饮酒畅谈，觥筹交错间，乐声起，几个身材妖娆的宫娥缓缓步入了正厅，翩翩起舞。

真是此景只应天上有，整个宫殿都沉浸在一片喜乐之中。曲毕，宫娥渐次退下，只留下筵席间伺候的宫人。兴致颇高的高宗提议让宫人也参与进来作诗，要是谁能作出让他满意的诗来，他重重有赏；如若没有，可是要减免月俸的。

这样的要求让在场的宫人们面面相觑。宫里侍奉的宫娥和宦官多是身份低微的人，而且很多是从小就长在深宫，根本没受过什么的教育，能识几个字就不错了，怎么可能会作诗呢？

就在这时，宰相裴炎突然建议道："听闻掖庭里有个才女，不如叫她来给大家作几首小诗，陛下看如何呢？"

高宗觉得麻烦，只是寻欢作乐的事情，何必这么大费周章呢？不料武后回道："我也听说有个十几岁的女子，很是聪颖，她在内府文学馆读书，叫来我瞧瞧。"

这是上官婉儿有生以来第一次见到这样金碧辉煌的场景，豪华的酒宴、华丽的衣服，还有筵席上那些英俊的人，无不彰显着皇家的天威。在宫殿的正中间坐着的一男一女，上官婉儿暗想，那女子想来就是天后，就是害得自己家破人亡的仇人。

武后并不晓得上官婉儿心中复杂的情绪，只是让她速速作诗品评。婉儿应允，思索片刻，出口诵诗，众人大惊。她的这首诗是以"翦彩花"为题的：

> 密叶因裁吐，新花逐翦舒。
> 攀条虽不谬，摘蕊讵知虚。
> 春至由来发，秋还未肯疏。
> 借问桃将李，想乱欲何如？

"对仗工整，情感饱满，想象奇特。好诗，果真是好诗！"席间有人赞叹道。

裴炎向婉儿投来了赞许的目光。婉儿会意，点了点头。其实，裴炎早就想借机会向武后推荐婉儿。因为他知道武后是爱才之人，当初杀死上官仪多少有些惋惜，如今婉儿又有其祖父的风范，也许能因此为她谋得一个好的出路。这是一场赌注，裴炎明白，武后也很有可能收起当年的恻隐之心，杀死婉儿。

但他还是愿意赌一次。

显然，这次他们赌赢了。

此后，武后又单独召见了上官婉儿，并吟咏上官婉儿祖父的诗作以表召见之诚意，让上官婉儿在她身边做事。

上官婉儿心中五味杂陈，她不知在以后的岁月里该如何面对仇人，也不知该如何跟母亲解释自己想到仇人身边去。但最后，她遵从了内心的选择，一方面，武后的旨意她根本没有办法违抗；另一方面，她确实是心甘情愿到武后身边去的，她对这个女人有太多的好奇，而且她也有自己的人生抱负。她不甘心在掖庭中老死，她要为自己和母亲寻一个出路，而这又是最好的机会。太多的原因，让她想去武后身边一探究竟，即使冒着莫大的风险。

上官婉儿还不太适应这样的生活，自婴儿时期开始，她就在掖庭中卑微地活着，那里没有人会在意她这么一个弱小的女子。而现在，得到武后的赏识，她虽觉得还是从前的自己，却已今非昔比了，在这深宫中，那个人的赏识就意味着权力。她自然深谙这个道理，尽管她尚且稚嫩，却早在生活的艰险中明白了其中的玄奥。

武后是一个心思缜密的人，她的想法向来不落俗套，讲求出奇制胜。为了给服侍自己的婉儿一个名正言顺的身份，摆脱地位低微的宫婢的印记，她给了婉儿一个高宗皇帝才人的身份，做一些事务性的女官的工作。婉儿没想到自己竟然能够当官，才人虽是女官，但也有正五品的官阶在那里。这让上官婉儿感到一种从未有过的激动。

让上官婉儿感到欢欣鼓舞的还不只是对耻辱身份的摆脱，更重要的是，武后让她掌管宫中的制诏，这一方面是对她才华和能力的肯定，另一方面这可是当年祖父上官仪为先皇和高宗皇帝做过的事情。想到这里，她就有种恢复先祖荣光的振奋感。

武后也偶尔让她写诏书，都不是特别重要的，多是朝廷体恤百姓的政策指令什么的，像是在考察她。上官婉儿每次都是思虑片刻，须臾而成，这让武后备感欣慰：可算是找到一个得力的人在身边。

就在上官婉儿被武后封为才人的这一年，李唐王朝已经基本上是武后一人说了算。因为早在两年前，也就是上元二年（公元 675 年），高宗皇帝的风眩症更厉害了，他在朝堂上的作为如同他的身体一样，早已疲惫不堪。于是他与大臣们商议，希望让武后摄政。尽管遭到了郝处俊等人的反对，但同年三月，武后还是获得了应有的摄政的权力。病入膏肓的高宗，实际上已经处于一种半退位的状态了。

这皇宫也并非一直沉郁严肃，上官婉儿很快便结识了太平公主，太平公主比上官婉儿小一岁，是唐高宗和武后最疼爱的小女儿，性格活泼大胆，颇有母亲武后的风范。小女子之间的友情总是很容易建立的，她们有很多共同的话题，而且有年龄相仿的人陪伴在侧，不管是对于太平公主还是婉儿来说，都是一种莫大的幸福。但与太子李贤和皇子李贤的遇见，则是超出婉儿预期的。

第三节 ／ 侍读后风云际会

章怀太子贤，字明允。容止端重，少为帝爱。

甫数岁，读书一览辄不忘，至《论语》"贤贤易色"，一再诵之……上元年，复名贤。

是时，皇太子薨，其六月，立贤为皇太子。

——《新唐书》

"皇太子自留守监国以来时间不长，但留心政务，抚爱百姓，非常尽心，对刑法所施也细审详察。加之政务之余，能够专心精研圣人经典，领会深意。先王所藏书册都能研讨精华。好善正直，是国家的希望，深副我所怀。命赏赐绢帛五百段。"父皇三年前的诏书还印在太子李贤的脑海中，每一字每一句他都没有忘记，这是一个父亲和一个君主能够给予他的最大肯定。想到这个，李贤心中的乌云就稍稍散开了。

他翻开《少阳政范》和《孝子传》，这是武后前些天差人送来的。李贤看到这两本书的时候感到很委屈，没想到母后对他是这样的印象，居然认为他是一个不懂孝道的人，不然，她又怎么会拿这些教人怎么为人子、为人臣的东西来给他呢？

李贤没想到自己在书房读书的时候，母后会来看望他。近些天来，母子两个人有了隔阂，这叫李贤感到很不安。他自认为是一个孝顺的孩子，但也不能愚昧地只知道孝道，而缺少大丈夫的襟怀，所以他才会每每与母后唱反调。这是他痛苦的原因所在，他不想这样，但出于原则却又不得不如此。

"贤，近来都读些什么书？"武后坐定后问道。

"只是些圣贤们推崇的读物，胡乱看些，在监国之余算是怡情养性了。母后送来的书，我也是受益匪浅。"李贤谦逊地回答。他不想再无故地惹母后不高兴了。

一侧的上官婉儿静静听着母子间的谈话，觉得李贤还是一个谨守孝道的人，根本不像皇宫中所传的那样，母子间的关系尽管时好时坏，但李贤对武后还是毕恭毕敬的。

武后今早起来心情大好，婉儿知道与那个术士明崇俨有关。每次只要这个术士入宫，武后一定会屏退左右，只留下术士一个人，说是要谈修心养性的禅机，越少人打扰越好。上官婉儿也曾好奇，这术士究竟有什么能耐，能让骄傲的天后喜笑颜开，但连平日里近身伺候的她都要回避，可好奇也没有办法。

"婉儿……"武后突然唤了她的名字，她的注意力还停留在对武后和术士关系的猜测上。

她赶紧回过神来："诺。天后，您有什么吩咐？"

"太子跟我提起，要你去做侍读，我答应了，你一会儿就留下来吧。"

就这样，她有了跟太子李贤单独相处的机会，这对她的一生而言都是一次宝贵的体验。以后的每一天，婉儿都陪伴李贤读书，从古至今，指点江山，激扬文字，两颗年轻的心在诗文的唱和中走得越来越近了。

不读书的时候，李贤也会找来婉儿，烫上一壶好酒，摆上棋局，两个人甚至会下一整天的棋，只待夕阳西下，月上柳梢头，二人就到御花园中欣赏月色下的夜晚，诵读文人们关于明月的诗篇。不谈风月，只论风雅，他们两个更像是相识多年的老朋友，他们的爱情长着一副类似亲情的面孔，他们发乎情，止乎礼。

这样的诗情画意，这样让人如痴如醉的日子，上官婉儿多么希望永远不会终结。

但现实却强制终止了此般风花雪月，李贤因武后的缘故而思虑过甚，甚至梦中也时常在呓语中惊醒，上官婉儿担心他，却迫于武后的要求，不得不回到武后身边，继续做她的御用文书。上官婉儿知道，分别的时刻到了，在她以后的人生中是不会再有这样朝夕相处的时刻了。她强忍住眼泪，不再去看李贤，也不再去听他温柔的话语。

（二）

上官婉儿回到了武后的身边，最近在宫中很少见到太子了，但是听到了很多关于太子的流言蜚语，这叫她不由得火冒三丈。不知道是哪个长舌头的奴才四处散播谣言，居然说太子不是武后的亲生儿子，而是武后的姐姐韩国夫人所生。

这个韩国夫人十年前就已经去世了，因为是皇后的姐姐，所以当年能自由地出入皇宫内院。韩国夫人虽然嫁过人，但风韵犹存、端庄秀丽，很快就引起了皇帝的注意，得到了他的宠爱，但后来她突然身亡了。

上官婉儿不相信李贤是这个韩国夫人生的孩子，如果是这样的话，凭着武后的心思，是根本不会让他做太子的。但婉儿听闻李贤之所以能坐上太子的宝座，很大程度上是因为皇上对他的偏爱。

最近，李贤也没来过武后宫中请安，这更让上官婉儿忧心忡忡。其实，不管李贤的生母是韩国夫人还是武后，这都不会改变他是皇上骨肉的尊贵身份。后来又听说太子最近在注疏古书，想到这里，上官婉儿稍稍安心一些了。

此时，李贤正和太子左庶子张大安、洗马刘讷言、洛州司户格希玄、学士许叔牙共聚一堂，商议共注范晔《后汉书》的相关事宜。准备工作已经持续了多日，李贤认为是开始正式注疏工作的时候了，他今天的目的就是想给各位大人进行分工。这些文臣们向来是拥护太子的，将他看成李氏王朝唯一的希望。这次的注疏事宜是李贤小心自保的方式，他不想重蹈哥哥李弘的覆辙，因锋芒毕露而伤及自身。

不多日，武后就亲自过问了太子注疏的事情，并对此表示欣赏。婉儿听到武后夸奖李贤，心中很是欣慰。正在这时，宫人通报说明崇俨求见。上官婉儿正巧要帮太平公主采集些新鲜的花朵，就知趣地回避了。她在花园中大概逗留了一个时辰，觉得浑身疲惫就回来了。此时烈日当空，武后已经午休了。

不日却传来消息：明崇俨死了，就死在宫门外面。武后听到这个消息的时候，上官婉儿正在一旁服侍，她亲眼见到这个刚烈的女皇气得暴跳如雷，下令务必抓到凶手以正国法。关于明崇俨的死因，宫中有很多不同的版本。有人说明崇俨专门通鬼神之事，得罪了鬼神，为鬼神所杀；还有人说估计是得罪了什么人，于是仇人就买通了强盗，专门挑他从宫中出来，一路欣赏着宫闱内外的景色、疏于防范之时下手。

但武后却有她自己的思量。

调露二年（公元 680 年）八月二十二日，武后召见上官婉儿，写下废掉李贤太子位的诏书，这是武后让她写过的最残忍的一条指令。太子的罪名不但包括谋杀朝廷命官，忤逆二圣，甚至还包括蓄养娈童。上官婉儿万万没想到，武后居然要让自己的儿子身败名裂，这使她不寒而栗。难道在这深宫之中，亲情早已被权势的手扼杀殆尽了吗？

李贤失掉了太子的荣光，被安上了伤风败俗的罪名，等待他的是充满痛苦的流放之路。他不再是皇室的一员，而是被贬为了庶人。太子府所有的家奴在一夜之间都被处死了，惨烈的叫声让整个宫廷陷入了恐怖之中。跟太子过从甚密的大臣张大安、刘讷言幸免一死，但也被革职流放。

李贤走前也没能见上官婉儿一面，因为武后侍从的身份，上官婉儿不能前往相见。只有太平公主和李显、李旦两兄弟为他送行。李贤只托太平公主给婉儿捎了一个口信：相忘于天涯。

为此，婉儿大病了一场，在床榻上几个月无法下床，日常起居都需要人服侍。武后特意拨了宫女伺候她。直到冬去春来的时候，她那颗冰封已久的心才开始温暖起来。但婉儿没有听从李贤的嘱托，甚至此生都没有忘记李贤——

她最刻骨铭心的初恋。闲来无事的时候，上官婉儿还经常去两个人一起游览过的地方缅怀李贤，默默诵读他喜欢的诗文，好像他就陪伴在身边一样。人的一生总是有那么一两次恋爱是无法忘却的，但第二天还是要迎接新升的太阳，生命还是要继续。

公元 683 年 12 月，唐高宗因重病而归天，唯一留下的是一份简短的遗诏，大臣裴炎作为辅政大臣宣读了它："七天后装在灵柩内，皇太子在灵柩前即皇帝位。园陵制度，务以节俭。军国大事有不能决断者，请天后处理决断。"同月，李显作为理所当然的皇位继承人，登上了皇帝的宝座，韦氏被封为皇后。武后被尊为皇太后。一个新的时代开启了。

上官婉儿此时对武后交给她的大小事务已经处理得得心应手了，在朝夕相伴中，她甚至不由得对武后肃然起敬。

就在今天，皇太后武则天特意交给了婉儿一篇文采绚丽的文章，要她当着朝堂大臣的面念出来。她想一定是某个才华横溢的人的伟作，所以才会被挑选在商议国家大事的朝堂上诵读。

上官婉儿朱唇开启，用嘹亮的女声诵读着那篇让她永生难忘的文章。文章的标题是"代李敬业传檄天下文"，作者是赫赫有名的诗人骆宾王。上官婉儿早就听闻了他的才华，心想正好借此机会领略一番。

但当她读完前两句后，才明白这篇文章的讨伐对象正是武后。

"伪临朝武氏者，性非和顺，地实寒微。昔充太宗下陈，曾以更衣入侍。洎乎晚节，秽乱春宫。潜隐先帝之私，阴图后房之嬖。入门见嫉，蛾眉不肯让人；掩袖工谗，狐媚偏能惑主。……班声动而北风起，剑气冲而南斗平；暗鸣则山岳崩颓，叱咤则风云变色。以此制敌，何敌不摧；以此图功，何功不克。……请看今日之域中，竟是谁家之天下！"文辞慷慨激昂，气吞山河。

本能告诉上官婉儿应该停下来，但想到既然武后要她诵读，自然有武后的道理。再加上骆宾王的文风刚劲有力，气壮山河，真是让人欲罢不能。若不是考虑到这文章意在反对武后干预朝政，实在是一篇千古难得的好文章。上官婉儿还知道，骆宾王有一首为自己曾经含冤入狱而抒发怨怼的好诗《在狱咏蝉》。短短几句比喻新奇的诗，使一个高洁文人的形象呼之欲出，这不禁让上官婉儿联想到自己被冤死的祖父。

"无人信高洁，谁为表予心？"骆宾王和祖父上官仪是多么相像的两个人啊！

婉儿的思绪在诵读这篇气势宏大的文章中蔓延，武后的一句赞叹打断了她的遐想："'一抔之土未干，六尺之孤何托？'多好的诗啊！可惜，可叹啊！"

李显面露悲戚之色，他虽然不是一个杰出的君主，却也为一个捍卫李姓江山的有志之士将要丧命而感到哀伤。

那个在江南一带受到拥戴的徐敬业，不会想到他的厄运来得如此之快。上官婉儿并不同情徐敬业，因为他表面上说要帮助皇帝李显，要武则天还政于朝，实际上却在金陵一带形成了地方割据。她同情的人始终是骆宾王，天真的文人，真的以为自己是在用不顾一切的激情为国家效力吗？其实，不过是徐敬业手中的棋子而已。

本以为会旷日持久的平叛战争，却在短短几个月的时间内就结束了。过了不久，徐敬业和骆宾王等人的首级被送到了武则天的面前。

此时朝廷内，被意外捧上皇位的李显却与太后越来越生疏，甚至在他强悍的妻子韦氏的劝说下，开始慢慢扶植自己的势力。这一切上官婉儿都看在眼里。她知道，大明宫中暗涌的波澜已在悄然荡漾。她无法预知李显的命运将走向何方，甚至开始担心李显那个强悍的妻子。韦氏的目光让上官婉儿感到恐惧，那目光同样充满了野心，却远没有太后武则天的深沉、睿智和英明。

（四）

事实的发展果然与上官婉儿悲观的设想相吻合。她在文明元年（公元684年）这一年，失去了生命中两个重要的男人。事情发展的速度远比她想象的要快。

可能是枕边风的作用吧，也可能是李显不愿再等待下去了，他真的开始了扶植党羽的工作。中宗李显想任命韦氏的父亲韦元贞为侍中，这相当于宰相的职位。上官婉儿对这样的任命表示怀疑，为此她甚至跟李显发生了生平第一次争吵，李显认为上官婉儿被武后收买，失信于自己，婉儿伤心至极。她以为皇上能看在他们以往的情分上，听她一句劝，结果也是无功而返。

其间，裴大人也曾劝慰，得到的却是李显这样的回答："我将天下给韦元贞也无不可，难道还吝惜一个侍中的职位吗？"

李显的图谋得到了他母亲最为激烈的反抗。中宗李显被废，在他当了不过短短三十六天的皇帝之后。但国不可一日无君，李唐王朝又迎来了一任君主——武则天最小的儿子李旦，他被立为睿宗。上官婉儿明白，这是武后开始把持朝政的标志。年仅二十二岁的李旦羽翼未丰，本质上不过是武后的傀儡。武后不准他参与朝政，于皇宫中深居简出，皇帝不过是一个虚名。

上官婉儿此时无暇顾及李旦，因为武后终于又有了新动作，派左金吾卫大将军丘神勣前往巴州监视李贤，以防他再起谋反之心。听闻丘神勣此人心狠手辣，专门与周兴等人一起诛杀阻挠武后当政的人，刀下的冤魂不计其数！

上官婉儿非常忧虑，她已经失去了宫中唯一的好友李显，不愿再永远失去他了。她试图给李贤捎口信，希望他能够第一时间携家眷远走高飞。即便是亡命天涯，也好过成为刀下冤魂。经过千辛万苦才送出的口信，得到的却是李贤如下的回复："人的命数自有天定。若能够以死祭奠李唐王朝，成为它最好的陪葬，于愿足矣。"

随信还附有一封血书，短短三行短诗让人感到悲痛，诗名为《黄台瓜辞》：

种瓜黄台下，瓜熟子离离。

一摘使瓜好，再摘使瓜稀。

三摘犹自可，摘绝抱蔓归。

婉儿看到这让人备感绝望的回复，痛不欲生。她请求武则天应允自己前去探望李贤。武则天有感于"黄台瓜辞"，最终应允。上官婉儿一路快马加鞭，却在行至木门时听到了李贤被害的噩耗。酷吏丘神勣拘禁了李贤，限制他外出。李贤难忍让人如此宰割的命运，加上他对朝廷早已心灰意冷，也厌倦了如此屈辱的生活，于是选择用一杯毒酒结束了年轻的生命。

李贤带给婉儿的那封血书成为她永远的怀念。

第四节 ╱ 遭黥面步步惊心

[中书]舍人六人，正五品上。掌侍进奏，参议表章。

凡诏旨制敕、玺书册命，皆起草进画。

——《新唐书·百官志二》

垂拱三年，武则天欲重修洛阳宫的正殿乾云殿，这宫殿本是前朝的旧殿，年久失修，确实已配不上李唐王朝的气度，但修建这样一座偌大的宫殿却不是一朝一夕就能完成的，工程浩大，国家要投入大量的人力财力去维持，所以，朝堂中有很多反对的声音，赞成者占少数。这让武则天感到很不快，然而，武则天的计划却并未因众臣反对而终止，她力排众议，委任薛怀义担此大任。

这个走江湖卖艺出身的薛怀义是通过千金公主来到武则天身边的。自从高宗皇帝死后，薛怀义就经常出入内宫，深得太后武则天的宠信，甚至有宫人传言，此人为武则天养在身边的宠臣。上官婉儿第一次见到薛怀义的时候，他一边一丝不苟地给太后按摩，一边说笑着。这薛怀义身高近七尺，浓眉大眼，很有一股阳刚之气，一想到他刚刚嬉笑着给太后捶腿捏背的模样，婉儿就忍俊不禁。

上官婉儿和其他的宫人一样，从未想过他能有什么出息，却不想，在太后力排众议重修洛阳宫之后，这个薛怀义倒真的像模像样地做起来了。

历时一年的时间，到了垂拱四年（公元 688 年）正月五日，明堂，也就是万象神宫终于落成了。这座宏伟的宫殿高二百九十四尺，阔三百尺。共有三层，上为圆盖，有九条巨龙呈盘桓之势，又有一丈高的铁凤，周身涂满黄金。

这让所有人感到赞叹，包括上官婉儿在内。薛怀义终于挺直了腰板，被擢为正三品左武卫大将军，封梁国公。不仅如此，平步青云的他，在以后的日子中，屡有建树，因此，他更受武则天喜爱。

朝中风云无一时不变，武则天称帝的野心也愈加明显。在李冲等人谋反的事情告一段落后，李旦曾经的老师凤阁侍郎刘祎之因"还政"一事得罪了武则天，后又被朝中小人诬陷，说他收了契丹人的黄金，背上通敌卖国、跟原宰相许敬宗的侍妾私通等罪名。

这刘大人一向深得武则天的赏识，当年他因罪流放在外，也是因为武则天的关系才得以重返京都。现如今他更是得到重用，武则天有什么军国要事总要让他参与讨论，并构思诏敕。婉儿也钦佩刘大人是一个友爱孝悌的文人，从他那里学到了很多东西，对他怀有很深厚的感情，无异于李旦和他的师徒情分，听闻消息也是义愤填膺，但几次向武则天求情都被驳回，甚至已让武则天恼怒非常。

没过几日，刘祎之就被处死了。李旦也因刘祎之的死而更加心灰意冷，沉默许久的他终于开口了，希望母亲称帝。为求自保，李旦请求改姓武。婉儿此刻明白了，李旦比李贤更懂得如何以退为进。

公元690年9月，武则天称帝，改国号为周。废睿宗，封他为皇嗣，改名武轮，迁居东宫。随着武则天的称帝，武家人的地位更是上了一层楼，武三思如今已经被封为梁王了。本来不过是皇后侄子的他，如今也成为地位显赫的王爷。不仅如此，连功绩不大的武承嗣也被封为魏王，监修国史。

上官婉儿有些害怕武三思，总觉得这个人不简单，给人一种阴险的感觉。

具体是什么，她又说不清楚。毕竟，每次她在皇宫中见到武三思，对方都是礼敬有加的。她凭借的，不过是一个女人和臣子的直觉。

其实，比起武三思，眼前的这个男人才是最该让她害怕的。

薛怀义正给端坐在镜子旁的武则天盘头，自从武则天称帝以来，这个薛怀义就堂而皇之地搬到了她的寝宫，二人同坐同宿，俨然是一对夫妻。上官婉儿打心眼儿里瞧不起薛怀义，他不过是一个男宠，却真的以为自己是一人之下、万人之上的人物了。前两天韦团儿还跟婉儿抱怨，说这个薛怀义想占她的便宜，但碍于武皇对他的宠信，她根本不敢告诉皇上，怕他反咬一口，到时候自己反而要遭殃。

有了这样的例子，上官婉儿在武皇宫中更是小心翼翼，却不想这薛怀义竟然趁着武则天熟悉睡之机欲对婉儿行不轨之事。幸好上官婉儿早有防备，三步并作两步跑出书房，进入明堂，迅速通过甬道，将大门紧闭。薛怀义还没反应过来，就让身形娇小的婉儿跑了。他恼羞成怒，在明堂外大吵大闹，上官婉儿怎么也不肯出来。

薛怀义差了几个宫人将明堂大门撬开，婉儿没有办法，只得用明堂中陈设的器具抵住房门。外面的人用力推门，不小心将那些祭祀用的灵器都打碎了。上官婉儿顺势将明堂中其他的东西都损毁了，之后索性推门而出，笑道："薛怀义，这下咱们就鱼死网破吧，破坏明堂可是大罪！"

本已经安眠的武皇听到了吵闹声，差人将闹事的薛怀义和上官婉儿带了过去。武则天分别向二人询问了事情来由，下旨把薛怀义关起来，闭门思过，官位降两等。

上官婉儿不服，说道："武皇，这等轻薄又恣意妄为的人，受这样的刑罚未免太轻了。"

"我还没给你治罪呢，你倒先过问起别人的罪责来了。来人，把上官婉儿给我拖出去，赐死。"

上官婉儿没有想到武则天会真的杀了自己，她被拉到宫门外，太监总管拿出一瓶毒酒，端到了她的面前，一旁的侍卫宫女无不动容。他们都是旧相识，以前也很受上官婉儿的照顾，实在为她就这样死去而感到不值。

就在众人唉声叹气时，武皇的总管来了："武皇口谕，上官婉儿忤逆圣上、损毁明堂，死罪可免，活罪难逃，处黥刑。"

上官婉儿本已打算慷慨赴死，却没有死成，还要受这让人丧失尊严的黥刑，想她一个妙龄女子，怎么能够接受？好在行刑的宫人只在她的额头刻上了两个小字"忤逆"。她知道武皇对她已经是从轻发落，格外开恩了。

事后，上官婉儿想到一个方法来遮掉额头上这两个小字，她叫宫里手艺熟练的工匠在额头上根据这两个字的走势，刻上了一朵梅花，然后染上红色。自此，额头上那朵栩栩如生的红梅，便成了上官婉儿的标志。她不但没有因此破相，反而在红梅的衬托下，显得越发娇艳美丽。而恃宠而骄的薛怀义却伴随着明堂上空燃起的熊熊火焰，从人们的记忆中永远地消失了。

武则天与上官婉儿的关系并未因薛怀义一事而受到影响。这天，狄仁杰因升任宰相而来宫中叩谢武皇，正巧遇到了心中烦闷的上官婉儿。狄仁杰对上官婉儿的文才和人格很是欣赏，因为在前不久的龙门诗会上，上官婉儿曾作过一首小诗《鸾旗》。

鸾旗掣曳拂空回，羽骑骖驔蹑景来。
隐隐骊山云外耸，迢迢御帐日边开。

在不多的几次共事中，狄仁杰也了解到上官婉儿的人品，见她如此伤怀，便出言宽慰。自从裴炎大人死后，她已经很久没有感受到长者的关怀了，她心中很是感激。

朝中向来缺少直言之臣，在上官婉儿心中，狄仁杰是少有的朝中净臣。

一直以来，朝中都有弹劾狄仁杰的奏折，但武皇向来是不放在心上的。然而不久后，来俊臣竟跑到武皇跟前，报告狄仁杰连同几个大臣谋反，说是已经第一时间将反贼收监。

更让上官婉儿始料不及的是，狄仁杰居然第一时间来认罪了，甚至还没有等动用任何酷刑。大周朝有法律规定：如果犯人承认谋反的罪责，则能够减免死罪。但狄大人岂是贪生怕死之徒？想必其中定有苦衷。

正在上官婉儿打算出宫去探听情况的时候，一个小宫女把她叫到了一个小角落。

上官婉儿觉得这宫女面生，不像是太后宫中的人，很是奇怪。

对方明白上官婉儿的疑虑，开门见山道："姐姐不必疑虑，我是受人之托，有一物交予姐姐，姐姐一看便知。"

说着，那小宫女将藏于袖中的一块帛递给上官婉儿，只见那帛上面黑色的墨迹歪歪扭扭的，看出是在紧急情况下书写的，等她仔细读完上面的内容，恍然大悟，拍拍头，速速回到了武则天的身边。

原来，这是狄仁杰在狱中偷偷写好，托人带出来的，里面详细记录了整个案件的情况，当然还包括自己的冤屈，以及认罪的原因。

武则天看了大赞，好一个狄仁杰，居然能够如此机智地应对。

"婉儿，速速拟诏，为狄大人平反。"

这件事让上官婉儿在朝野中树立了威信，以前朝中的人总觉得她不过是一介女流，仗着武皇的宠爱才能够到如今的地位。但这次狄仁杰事件中她表现出的果决，倒让人刮目相看，而狄仁杰更成为朝中能够逃脱来俊臣魔爪的少有的大臣。

（四）

　　李旦自从退位后，便居于东宫，他深居简出，上官婉儿时而会去东宫与他商谈国事家事，也包括近日发生的来俊臣诬陷狄仁杰一事。但出东宫时，竟意外发现了藏在暗中的韦团儿。

　　原来，韦团儿早已爱慕李旦，并向他表达了爱意。李旦不胜其烦，竟向上官婉儿求助。后来婉儿才从李旦的小太监处得知，这个韦团儿居然找到李旦的妃子刘氏，说自己怀了李旦的骨肉，请皇嗣妃给她做主。这个刘氏倒是贤惠，请李旦纳韦团儿为小妾。但李旦根本对这个小宫女毫发未犯，何来骨肉？

　　此时，上官婉儿又听闻，李旦的两个妃子窦氏和刘氏已经在宫中失踪数日，李旦的儿子李隆基这些天也吵着要母亲，李旦只好偷偷派了很多人去找，却不敢声张。其实，李旦早已心知肚明，他的两个爱妃恐怕已经在宫中被武皇秘密处决了。

　　也许武皇深知婉儿与李旦的交情不浅，担心节外生枝才会这样隐秘处理。上官婉儿思前想后还是觉得不对，这件事肯定跟韦团儿有关。果然，原来是韦团儿在武皇耳边屡进谗言，说这两个妃子对她不敬，暗暗诅咒武皇，在房中行巫蛊之术，并说这样的人怎么能够照顾好皇家的血脉。武皇听后大怒，派人搜了两个妃子的房间，果然搜到了诅咒用的布娃娃。于是令两人来到宫中，名义上是陪自己聊天，其实在她们离开宫门后，就令侍卫将两人就地正法。

　　尽管李旦在外人面前表现得很淡然，像是什么事情都没有发生过一样，但在婉儿的面前，还是实实在在地大哭了一场。想到连自己的家人都保护不了，他的两个爱妃跟着他吃了不少苦，如今却不得善终，任谁都无法释怀啊！

　　上官婉儿哀其遭遇，决定要为两个皇嗣妃讨回公道，不料，一波未平一波又起，更糟糕的事情发生了。

五

李旦被害的妃子之一是德妃，她的母家，也就是润州窦氏家族也要被武皇治罪了，罪名是"谋反"。事情的起因就是德妃的死，她的母亲庞氏每日以泪洗面，抑郁成疾，后听从仆人的建议，在夜晚焚香驱邪，她想，这也许能对自己的病情有所帮助。但这件事却被有心之人告诉了武则天，说她夜晚焚香诅咒圣上，有谋逆之心。

武皇岂会放过如此无知狂妄之人，加之薛季昶随后又拿出了证据，人证物证俱在，铁证如山，怎可抵赖？

上官婉儿见有证物，唯有先静观事态的发展。偌大的朝廷，文武百官中居然没有一个人站出来为庞氏说话。正在上官婉儿唉声叹气之际，一个颇有气势的中年男人从外面径直走了进来，似乎还未等通报的侍卫说话，他就已经出现在大殿的中央，随之而来的才是侍卫迟到的声音："侍御史徐有功大人到！"

"徐大人，你怎么来了？"武则天本来是有公务安排给徐有功的，这个时候他不该出现在朝堂上。

"陛下，微臣本来是在积极处理您交办的任务，但微臣听说一个无辜的人就要被杀害，她的家人也将因她而遭受流放的惩罚，甚至会客死他乡。据微臣查访，庞氏没有犯罪，依照大唐律例，不该问罪。"

上官婉儿暗暗叫好，这个徐有功她倒是见过一次，而且他还在百官的面前和武皇有过多次争论，是个耿直的人。她趁机说道："徐大人言之有理，而且他经过了查访，比起那所谓的证据来这要更可靠。"

武则天神情凝重，薛季昶见势不妙，趁机说道，"武皇，大唐律例还规定，凡是为犯罪之人强词夺理辩护的，也应该与罪犯同罪。徐有功居然为死囚辩护，藐视律法，狂妄至极，微臣认为应定罪为'党援恶逆'，处以斩首。"

　　武则天本来就不快，被人诅咒是帝王的大忌，这件事情无论是真是假，她都不会姑息。再加上这个徐有功当众质疑她，她更是怒火中烧。薛季昶的话又火上浇油。所以，徐有功不仅没有救出人，还被武皇交到刑寺，身陷囹圄。

　　就在焦头烂额之际，李旦派人给上官婉儿送来了一个口信，那人只说了三个字：韦团儿。婉儿立刻明白了，赶紧跑到东宫，还未进入主殿，就在宫门口看到了被人绑着的韦团儿，她的嘴里还被塞了一块布条。上官婉儿赶紧取下她嘴中的布条，韦团儿才呜呜咽咽地哭道："上官姐姐，放了我吧，我再也不敢了。"

　　看来真的是做贼心虚，还未等她发问，韦团儿就不打自招了。上官婉儿要求她去跟武皇说明情况，不然不会放她。韦团儿想横竖都是一死，只得答应了。上官婉儿带着韦团儿来到武皇的面前，说明了事情的原委。武则天怒极，当即叫人杀了韦团儿。上官婉儿觉得时机已到，就为徐有功求情："徐大人是侍御史，他的职责就是向您进谏。您该不希望向您进谏的人也跟今天朝堂上的薛季昶一样吧？那样的大臣您已经有很多了。您需要的是像徐大人这样尽忠职守的人，请您饶徐大人不死。"

　　这时，得知徐有功被判斩首的几个德高望重的官员都来到了宫里，表示要为徐大人鸣冤，希望武皇能网开一面。这些官员都是自发来到宫中的，彼此之间也没有利益纠葛，甚至有些官员跟徐有功只有一面之缘，只是敬佩他的气节，才冒着被牵连的风险来请命的。

　　上官婉儿陪伴武皇的这十多年中，第一次有了热血沸腾的感觉，尽管有困顿挫折，但她还是愿意相信这世上有公理存在。

　　徐有功在刀斧手即将下手时，被一道圣旨救了下来。他的死罪改成了流放。婉儿相信，终有一天，徐大人还会回到京都，发挥他本该有的作用。朝廷需要这样的人，老百姓也需要。徐有功被押送法场前的那句话让婉儿永生难忘：我为执法、护法而死，死何足惜！

第五节 ╱ 风花雪月意绵绵

君生我未生，我生君已老。君恨我生迟，我恨君生早。

君生我未生，我生君已老。恨不生同时，日日与君好。

我生君未生，君生我已老。我离君天涯，君隔我海角。

我生君未生，君生我已老。化蝶去寻花，夜夜栖芳草。

——君生我未生，我生君已老

对于上官婉儿来说，爱情总是来得突然，这一次也不例外。

前几日夜里，武皇遇刺，上官婉儿替武皇挡了一剑后，刺客逃出，不见了踪迹。皇宫内院，侍卫重重，此人竟能来无影去无踪，这叫上官婉儿十分疑惑。在去东宫与李旦商议此事时，还没看到李旦，却意外遇到了李旦的友人李逸。上官婉儿此前从未见过他，这男子给人的感觉很清新，举止谈吐都很不俗，颇有大家风范，文雅的气质中又自有一股力量，不像是一个文弱书生，倒像是习武之人，眉宇间有一股豪气。

那日，三人对桌畅谈，好不快活。

越是了解，上官婉儿就对李逸此人越是充满了好奇。听李旦言，原来，他是在妹妹太平公主的府中认识李逸的，当时觉得与其很谈得来，就结为了挚友。出入太平府中的文人骚客多是有识之士，想来很可靠，他也没有过多忌讳，就让李逸随意出入东宫了，甚至为了让李逸方便入宫陪伴，他给了李逸一块可以出入宫廷的腰牌。

李旦不敢在宫中广泛招揽谋士，不然会让武皇底下的人心存恐惧，以为他这个废君想要东山再起。而太平公主不同，因为她是女子而得到了更多的宽容。但即便如此小心翼翼，李逸的出现还是引起了武皇的注意。魏王武承嗣已向武皇提起了他，婉儿不喜欢武承嗣这样打小报告，觉得他很不君子，却又无可奈何。

李逸与武皇的会面是极其平常的，几句问话几句回答，但上官婉儿却已然在这次会面中确定了心中的想法，这个李逸正是那日行刺的黑衣人。

想到这儿，上官婉儿不禁有些担心，但所幸武皇虽对李逸所说将信将疑，仅聊了几句就让婉儿送走了李逸。上官婉儿紧张的心总算放松下来了，她想，只要她不说，武皇暂时就不会发现他的身份。二人前后走出武皇的寝殿，上官婉儿向他确认自己的猜测，走在前面的李逸没有否认，转身深情地注视着婉儿，什么也没说。

上官婉儿知道，即便他身上依然有很多谜团，他的身世还依然是个谜，但自己已然对他有了一份新的或许本不该有的期待。

接下来的几天，东宫就像一块巨大的磁铁，吸引着上官婉儿前往。她每天都期待着天亮，早早处理完武皇交代的事情后，就直奔李旦的住处。像是约定好的一样，李逸也每日必在李旦处恭候她。多数时候，三个人或是在一起吟诗作对，或是饮酒下棋；少数时候，只有她和李逸两个人，这让婉儿觉得每日都很满足。只有当夜色席卷了整个皇宫的时候，婉儿才惊觉自己已经不可自拔地陷入了对李逸的爱恋中。

本以为历经沧桑的她能够很好地控制对李逸的感情，可这份爱却如排山倒海一般，使她难以自持。而李逸呢，背负仇恨的他，只有在面对上官婉儿的时候，心才是温柔的。但在这宫闱之中，他深知，自己一个身份不明的男子是不能给婉儿带来幸福的。这深宫不是个适合谈情的地方。所以，他们的约会总是偷偷摸摸的，在宫中最不为人知的角落，多数时候是在东宫，在皇嗣李旦的掩护下。

尽管婉儿和李逸早已商议好，不成为彼此的负累，将二人之间的感觉秘而不宣，但李旦还是看穿了两人的关系，他甚至有些忌妒自己的这位门客了。

李逸总会在东宫的一棵大树下给婉儿讲外面的世界，很多故事是真实发生的，是李逸在自己三十年的人生中经历过或听过的。婉儿像个天真的小姑娘，听李逸讲那些民间故事。原来在外面还有那么多重情重义的好人，尽管也有很多不公的事情。

"你是一个侠客吗？"婉儿会突然冒出各种古怪的问题，让李逸措手不及。这个如精灵一般的女子，总是让他惊喜。

"我是只愿意守护你一个人的侠客。"李逸的情意绵绵让她无法抗拒。

婉儿动情地说出了在心中准备已久的话："李逸，我羡慕卓文君，愿得一心人，白首不相离。"

"那我只有做司马相如了，但他动过休妻的念头，还不够好。在我心中，婉儿是珍宝，上天入地寻不到，只为伊人魂断桥。"

婉儿本是借用卓文君的诗来表达爱慕之情，却不想李逸的回应更激越决绝，暗含可以为爱而死之心。

这种强烈的爱意刺激着她本就难以自持的心。他宽大的肩膀安全而温暖，婉儿甚至希望能够永远停留于此。他的手在黑暗中摩挲着她乌黑的秀发，她感受着指间传递来的温柔。这是她有生以来从未有过的"耳鬓厮磨"，即使是与她挚爱的李贤，也从未有过。

女人是娇艳的花，需要适时浇水和精心呵护，才能够开出最美丽的花朵。多年以来，她更像是一个跟随武则天打天下的男人，冷眼旁观各种角逐斗争，虽想象着有天能够平静地生活，却从未奢望过会遇到爱情。

李逸比起李贤来，更懂女人，懂得如何爱护女人。他有时不直接回答婉儿的话，只一个浅浅的笑容、一个温柔的爱抚就足以让婉儿感到巨大的幸福，甚至忘记去追究答案。

李逸温柔地将她放到秋千上，一下一下摇着秋千。上官婉儿回想起自己总是喜欢在皇宫中荡秋千，手中捧着一本喜爱的诗词，在摇摇晃晃的感觉中，细细品味古典诗词的韵味，遥想先贤们的浪漫不羁。现在，这个秋千后，站立的是给她爱情的那个人。爱情和诗歌，是两种截然不同的东西，带给她的体验却是相似的。

上官婉儿想到了父亲上官庭芝和母亲郑氏。他们青梅竹马的爱情是她自小就羡慕的，她发誓要找一个像父亲那样懂爱的人。本以为李贤是那个"众里寻他千百度"的人，却不想情深缘浅，两人在人生的岔路口上错过了。夜凉如水的孤寂中，她早已对爱情绝望，因为它从未造访过她的春闺。而如今，如云一般的男子李逸叩开了她的心扉。

只可惜，两个人的未来如此地难以把握。就在刚刚甜蜜相拥的时刻，她问了一个最不该问的问题："李逸，你的家人是不是被武皇的酷吏制度害死的？还是因反对武皇称帝而死的？"

"婉儿，我说过，你最好不要探问我的身世。"

上官婉儿感到莫大的委屈，如果之前李逸守口如瓶是为了自保，那如今完全没有必要隐瞒了，她只会更加小心地保护他。

"你有什么难言之隐吗？"

她直率的逼问让李逸感到窘迫，甚至有些生气。

"我不想说。天色已晚，你该回去了。你的武皇还在等着你呢。"李逸最后分别时的话带着嘲讽，上官婉儿给最浪漫的约会写下了不明媚的一笔，她知道，自己太过强人所难。但她看到了太多的生离死别，身边的亲人在她还是婴儿时就离她而去了，母亲因为厌倦宫廷生活也走了，她不能再承受任何失去了。

三

　　彼木生何代，为槎复几年。欲乘银汉曲，先泛玉池边。

　　拥溜根横岸，沉波影倒悬。无劳问蜀客，此处即高天。

　　这首《凝碧池侍宴应制得出水槎》倒是很有才气，让人完全想不到，它居然出自武三思之手。上官婉儿听着武三思在凝碧池边宴会上即兴创作这首诗，心中嘀咕着。她对武三思实在是谈不上什么好印象，可能是因为他对武皇太过于谄媚了，婉儿心中有些反感。

　　今天的宴会来的多是武家的人，算是武氏一族的一次聚会。上官婉儿本来不想参加的，但武皇要求她必须陪同出席，她只得硬着头皮来了。她已经有几日没有见到李逸了，东宫中李逸的住处上了锁，据李旦说李逸到宫外办事去了，要三五日才能回来。但婉儿担心是自己那天的话让他生气了，她实在不该逼他，他既然不愿意说，就应该尊重他。她从不是个强人所难的人，怎么在对待李逸时就完全不像自己了呢？

　　此时，上官婉儿还尚不知武则天已将她与席间的武三思凑作了一对，她早已有心将婉儿许配给三思，婉儿跟了她那么久，她自然不会亏待她。三思是她心目中武家最杰出的继承人，如今已是梁王，以后只要她愿意，成为她的继承人也不是没有可能的。

　　武三思心思活络，武则天稍稍提及便洞悉了姑妈的意思。这样一个既能抱得美人归、又能有益于仕途的选择，他又怎会放过？武三思追求人的方式和他行事的风格如出一辙：果决、大胆。席间的直接探问，令上官婉儿心中厌恶又忐忑。没有等宴会结束，她就匆匆离席了，她要去东宫，看李逸回来了没有。

　　然而，李旦告诉她，李逸已经离开东宫，可能明天回来，可能再也不回来了。

李旦与李逸密谋推翻武皇的秘密也在此时被揭开，李逸原本意图刺杀武皇，后改为辅佐李旦登基以达到向武皇复仇的目的。上官婉儿原本心中已有隐隐的猜测，此时心中更为惶惶，李逸的离开是为了不让自己为难？还是他发生了什么意外？她再一次体验到了当年为李贤提心吊胆的心情，可她依然什么也做不了。

（四）

几日后，李逸终于回来了，他就站在他们上次见面的那棵树下，笑容依然温暖。

婉儿压抑着心中感情的激流，尽量平静地面对他，却还是忍不住流泪了："这些天，你去哪里了，去哪里了？"

李逸感受到了眼前这个女人温存的一面，她尽管语气哀怨，却分明是因思念的煎熬而疲惫怯懦了，她害怕失去他，正如他这几日在宫外奔走活动时一样，也同样害怕失去她。只是，他肩负的更多，他决定赌一把，将婉儿拉到他的阵营，这样才能够永远和她在一起。

终于，他开口了："婉儿，我要告诉你所有的事情，对你毫无隐瞒。"

这是一个冗长的故事，故事的主题是一个皇家私生子如何艰辛地成长，如今文武双全，要抢回本该属于自己的皇位。首先，他要铲除的障碍就是异姓皇帝——武则天。但结果却变成了对李旦的利用，而他从未想过要李旦做皇帝。

李逸是皇子，是太宗兄长李建成的孙子，与李旦算是堂兄弟。当年玄武门之变，太子李建成死后，他的儿子被太宗处决了。但李逸的母亲是一个宫婢，他出生后就被偷偷送出了宫，由此躲过一劫。

现在，他希望她与他站在一起。

婉儿终于明白武皇的意思。武皇早已经知道李逸的身份，不过是在等待一个时机，她甚至都不忙着要铲除这个觊觎皇位的男人。以婉儿对武皇的了解，想必她已经部署周密了吧。

"你快逃吧，你现在在这里很危险。我想，武皇已经知道了。你走吧。我就当什么也没发生过。"

上官婉儿说着话，用尽全身力气推着他，感觉这样就能让他远离危险。

"恐怕他是走不了了。"李旦悄然出现了，正用受伤的眼神看着李逸，"李逸啊李逸，我们也算是血亲，你这样利用我，于心何忍啊？"

李逸仰天大笑，完全不在意李旦的指责。他祖父不也是被自己的兄弟害死的吗？李世民不也是为了得到权力，残忍地杀死了亲生兄弟吗？在权力面前，血脉和感情总是变得这样脆弱不堪。李旦被他狂放轻慢的举止激怒了，脖子上青筋暴出。文弱的李旦愤怒的样子让婉儿恐惧，她不愿意让这两个人中的任何一个受伤。

"婉儿，你跟我走吧。"李逸拉着婉儿的手，就要离开，李旦拦着不准，两个人就这样拉拉扯扯，纠缠着谁也不肯让步。婉儿终于听到了最想听的那句话，但现在却完全不是原来的滋味了，她不愿做一个背信弃义之人，她答应过武皇要辅佐她，现在怎么能联合另外一个人去反对她呢？

"只要你答应我放弃复仇，我就跟你走。"婉儿下了最后通牒。

就在这时，武三思带着几十个侍卫包围了这个地方，他是奉武皇的旨意来的。"杀了李逸！"武三思一声令下，侍卫们就跟李逸厮打起来，李旦趁机将上官婉儿拉回到自己身边，静观事态的发展。

婉儿见武三思带来的都是大内高手，知道李逸肯定不是对手，而且远处的房子上还埋伏着弓箭手。她希望李逸赶紧逃，不要恋战，但李逸誓要带走婉儿，大有鱼死网破之意。

"我不会跟你走的，你这逆贼，还不快束手就擒。"上官婉儿故意大声说道，目的是让李逸赶紧离开。

李逸明白婉儿的意思，但心中实在不忍，此一别，恐怕即为天涯，再也无法相见了。

婉儿不怕永不相见，怕的是阴阳相隔。她已经经历过一次了，无法再承受同样的悲痛，她不希望李逸成为第二个李贤。

"你走吧，我永远不要见到你。"上官婉儿用冷冰冰的话继续刺激他，只希望他明白这话中的深意。

"婉儿，你话太多了。"武三思向来狡猾，不许婉儿再跟李逸说话，"你早该明白，谁才是真正适合你的人。"

就在李逸与众侍卫厮打之际，迅疾的弓箭射向了他，上官婉儿如一只轻盈的燕子，飞奔过去挡住了那一箭。李逸见婉儿受伤，心中更是难过，抱住婉儿痛苦地哽咽，一个侍卫趁机偷袭了他，血红的剑穿透了他的胸膛，上官婉儿实实在在感觉到了他胸口溢出的热血，那样的温暖而残酷。

第六节 ／ 女巾帼称量天下

初，婉儿在孕时，其母梦人遗己大秤，占者曰：“当生贵子，而秉国权衡。”
既生女，闻者嗤其无效，及婉儿专秉内政，果如占者之言。

——《旧唐书》

公元 696 年，武皇封禅神岳（嵩山），并因洛阳新明堂建成而更改了年号，改元万岁通天。她在位已经有七年了，频繁地改变年号，这让上官婉儿很好奇。她以前从来不过问这样的琐事，而如今她被武皇授予了参决百官表奏的正式职权，倒更没有闲暇的时间去任凭好奇心驰骋了。她喜欢自己这样忙碌的状态，忙碌是忘却伤痛最好的方式。

回想自己这一路走来，十几年的时间，她已经在武则天的训练下成为一个堪当大任的政界人士。她已是武则天政治力量中举足轻重的一员了，甚至连武三思对她的态度也有所改变，尽管一如既往地殷勤，却也多了几分敬重。

这日，上官婉儿将案台上的奏折看了一封又一封，并在一旁用笔标注了自己的见解，等明日一早武皇看到这些奏折，再做出定夺。其实，武皇下放给婉儿很多权力，除了极重大事件外，其他的事项她都相信上官婉儿的能力，交由她去处理。

李昭德大人被召回京城一事，武皇似乎还在犹豫，上官婉儿希望能够促成这件事情。李昭德也算是个耿直的人，这种人是朝廷需要的人才。当年身为宰相的他，与酷吏来俊臣和侯思止多番周旋，力保朝内的大臣，并多次向武后参奏来俊臣等人贪赃枉法、残害忠良的罪行。尽管来俊臣此刻仍逍遥法外，但除掉酷吏侯思止的行为，还是赢得了朝野上下一片喝彩。

正当她思虑万千之际，武三思迈着轻快的步伐走了进来。武三思多年来一直殷勤周到，却屡屡遭到上官婉儿的敷衍轻慢，这一次自然也是不欢而散。回到府中，弟弟武承嗣见哥哥郁郁不快，便将新得宠婢窈娘一事告之。许是被上官婉儿刺激到，为了转移自己的注意力，他便跟弟弟打探风月之事，而这些都是他曾经不屑一顾的话题。

几日后，武承嗣状告乔知之散播武皇谣言、诽谤朝臣，并要求严惩不贷。这封出自武承嗣之手的奏折，吸引了上官婉儿的注意。她从陈子昂处听说过这个乔知之，二人友情甚笃，常有诗歌唱酬之作，上官婉儿还有幸读过这个人的诗歌，并极为欣赏他。武承嗣上奏说他有罪，但这奏折中的罪名看起来很空泛，更像是随意罗织的罪项，这其中必有隐情。

她用笔写下了自己的顾虑，批注在奏折的一旁，望武皇能明察秋毫。她决定私下里去打听这个乔知之的事情，这样随意罗织罪行的情况早该杜绝了。

> 石家金谷重新声，明珠十斛买娉婷。
> 此日可怜君自许，此时可喜得人情。
> 君家闺阁不曾难，常将歌舞借人看。
> 意气雄豪非分理，骄矜势力横相干。
> 辞君去君终不忍，徒劳掩袂伤铅粉。
> 百年离别在高楼，一代红颜为君尽。

上官婉儿反复诵读着这首情真意切的诗，诗人借绿珠的故事讽今，表达了与爱人被迫分别的愤懑和痛苦，句句啼血带泪。不愧是乔知之啊，她感叹着，只有至情之人才能写出这样的诗篇啊。

她仿佛从绿珠的故事中看到了自己。与李逸做了生死离别的她，如今还好好地生活着，因为她的人生尚有一丝希望。而乔知之，定是没有了希望，才会借古人佳偶的生离死别来抒写自我。君子本不该夺人所爱，这个武承嗣与强盗土匪有何异啊？

乔知之和自己的爱人窈娘相爱却不得相守，更痛苦的是，窈娘竟如一件可随意掠夺的物品一般被武承嗣霸占，心中的屈辱和痛苦可想而知。看到爱人乔知之的诗篇，窈娘只有以死明志，求得解脱。

此时此刻，武承嗣怨气冲天，想报复乔知之，早已将他投入了大牢，给武皇的表奏只是陈明事件的原委，而他罗织的罪名足以害死乔知之。

婉儿拿着《绿珠篇》，想跟武皇陈明原委，为乔知之求情，却因为武皇身体不适，未能得见。

性命攸关，上官婉儿不能再等待下去了，她要去牢狱中看望乔知之，要逼武承嗣放了他。

阴暗潮湿的刑部大牢是上官婉儿遥远的童年记忆，她其实并不记得自己刚出生时的事，只是小时候常常听母亲提起，自己的祖父和父亲都在这样的牢狱中受尽折磨，后被斩首示众。而现在，被关在这样牢房的是乔知之，一个绝望的有情人，无意苟活。

二人有过一面之缘，乔知之居然还记得上官婉儿，向她表达了自己的感激。他明白，现在的自己是人人都避而远之的，这个上官婉儿能够屈尊来此，实属难得。

上官婉儿希望他能够坚持下去，但乔知之早已看透了生死："红颜已为君尽，君唯有以死相陪。"

上官婉儿没有办法，只得找到武承嗣，要他放了乔知之，谁料武承嗣却出言讽刺，正值二人吵得面红耳赤之际，狱卒报告说，乔知之已经咬舌自尽了。

（二）

　　酷吏兴风作浪的时代尚未终结，这是上官婉儿从乔知之的死中得到的教训。武承嗣这次的行为与酷吏来俊臣无异。

　　来俊臣在周兴死后站稳了脚跟，成了武皇身边最得力的人，朝中屡次有大臣上书弹劾他，武皇却总是睁一只眼闭一只眼，有意放过他。上官婉儿也多次在武皇身边痛斥来俊臣祸国殃民，每次武皇皆面露不悦地驳回。

　　来俊臣已经将朝中与他为敌的人铲除殆尽了，此刻，他正琢磨着如何炮制案件出来，一来显示自己的忠心，二来也成全了自己的野心。他和自己的手下，早已将那些忠臣治得服服帖帖。他在自己编著的《罗织经》中讲了各种离奇的刑罚，让人不寒而栗。他甚至在心中筹划着要将武家的诸王和太平公主、李旦、李显都一网打尽。

　　一日，来俊臣正在宴请自己妻子王氏的族人，他的手下卫遂忠不请自来，结果被管家拒之门外，怒火中烧的卫遂忠对王氏出言羞辱。王氏出身望族，从未受过如此羞辱，心中难以释怀，没几日就自杀身亡了。

　　王氏之死让卫遂忠担心来俊臣的报复，他决定投入武家的阵营，投奔魏王武承嗣。而他表达自己忠心投靠的筹码，就是告诉武承嗣，来俊臣要诬陷他串通太平公主等人谋反。

　　上官婉儿、太平公主、李旦都因卫遂忠提供的这个消息而深感恐惧，这个来俊臣实在是太可怕了，居然连武皇至亲的人都要陷害。

　　为铲除弄臣来俊臣，以武承嗣为首，太平公主、李旦、李显、武三思等人联名上书，控告来俊臣谋反，大逆不道。武则天从未见过他们这样团结，心中倒是一震。这个来俊臣固然有些过分，有铲除异己的嫌疑，但他对自己的忠诚，武则天从未怀疑过。按照律例，还是得审理来俊臣谋反的案子。

婉儿见状说道："武皇，这个来俊臣早就该死，他甚至自比十六国时期的后汉皇帝石崇，他想做皇帝的野心昭然若揭。您该问他的罪。"

投靠武承嗣的卫遂忠为了除掉来俊臣，更是搜罗了来俊臣大大小小多项罪名。但因为有武皇的偏袒，刑部迟迟不能判决。

上官婉儿只得深夜拜访宰相吉顼，痛陈来俊臣想要置李姓皇子于死地的事实，希望吉顼能够向武皇奏请依法处决来俊臣。上官婉儿之所以找到吉顼，是因为他对李氏皇族向来维护，敢言又富有谋略。他曾经和来俊臣一起共事，对此人的作为有诸多不满。更重要的是，武皇一向喜欢这个吉顼，加上他跟来俊臣曾经是同僚，他的话肯定会坚定武皇摇摆的心。

吉顼一想到皇嗣李旦和庐陵王李显作为李氏仅存的苗裔，因为来俊臣的诬陷而险些陷于险境，就义愤填膺，对上官婉儿说："上官大人放心，本相定会为李氏皇族鞠躬尽瘁的，这件事情就交给我吧。"

第二天，武则天就收到了吉顼的奏折，里面这样写道："来俊臣集结为非作歹之徒，诬赖好人，贪赃受贿所得财物堆积如山，被其冤死之鬼魂满路，如此国贼，有何可惜！"

武则天一向钦佩吉顼，觉得此人有谋略和胆识，而且从不徇私偏袒，对来俊臣也很了解，加之来俊臣确实有横行骄纵并伤害无辜的罪行，论律理应处斩，便叫婉儿拟诏，定罪来俊臣。上官婉儿喜形于色，拿出纸笔，须臾而成。

诏书定罪来俊臣谋反，问斩于西市。当日人山人海，老百姓纷纷奔走相告，手起刀落，四十七岁的来俊臣身首异处。

大周朝让人闻风丧胆的酷吏制度就此终结。

最近，武皇总是让婉儿陪伴在侧，可能是年老需要人陪伴了吧。有一次晚膳，武皇居然让所有的太监和宫女都围坐自己坐，而她被命令坐在武皇的身边。每个人都战战兢兢的，宫人们可从来没有和天子平起平坐的机会。

只有上官婉儿明白，她是太寂寞了，寂寞如雪，冷暖自知。

没过几日，太平公主为武则天送来两个男子，同胞兄弟张昌宗、张易之，此二人皆年轻俊美，尤其是张易之，皮肤白皙，眉如远黛，貌比潘安。更重要的是，他年轻的脸庞上充满着青春的活力。

武则天的这个小喜好，上官婉儿能够理解，女人在寂寞的时候，总是希望身边有个男人。况且这个女人还是帝王，是已经不再年轻的武则天，她心中的疲惫和沧桑更是可以想象。所以，她需要有年轻的男子陪伴在侧。而且，这多才多艺的两兄弟能做的显然更多。张昌宗擅长音乐，于是夜半无语的宫中总能听到悠扬的乐声；张易之对中医养生颇有心得，总是给武皇精炼各种益寿延年的补药。这两个人都让她得以重温年轻的美梦。

可是，令上官婉儿没想到的是，一向英明的武皇居然下令让上官婉儿拟诏，给这两个男宠都封了官，封张昌宗为云麾将军，行使左千牛中郎将职务，张易之为司卫少卿，另赐给住宅一处，绢帛五百段。

上官婉儿面露难色，深觉武皇此举草率，但武则天根本没理会上官婉儿，继续让张昌宗弹琴，张易之伴舞。上官婉儿走出宫殿很远，还能听到里面嬉戏的声音。

更让人焦虑的是，武皇已经连续三天没有上朝了，朝野上下几乎一夜之间都知道了二张兄弟，知道这两个聪明俊俏的男子俘获了武皇苍老的心。自古君王都有三宫六院，而女皇武则天如今也有了男宠。他们不像当年的薛怀义和沈南蓼，被给予了太多的特权。众人心知肚明。武三思像是嗅到了某种信号，决定要好好打探下这两个人的底细。

就在众人胡乱猜测的时候，连续几日没有露面的武则天终于上早朝了。但令人诧异的是，二张兄弟居然一同前往，这可是王侯将相才有的殊荣啊。

两个出身寒微的人居然一跃而位极人臣，地位尊贵同王侯，这足以让所有人感到震惊，甚至包括推荐张昌宗入宫的太平公主。她本意不过是想让年老的母亲有个人陪着说说话，却没想到母亲如此喜爱张家两兄弟，赋予了他们那么大的权力。

太平公主原本还有意让二人成为自己在武皇身边的眼线，没想到张昌宗刚入宫时还见过她一次，态度还算谦卑。而如今，仗着母皇的宠幸，他已经完全不把她这个公主放在眼里了。他们甚至能够议论朝政，左右母皇对政务的判断。她感到一种危险的信号：她千防万防，竟然忘记，权力能够赋予最单纯的人以野心。如今，张昌宗和张易之就因为权力而有了野心。他们是比武家子侄更危险的敌人。

四

上官婉儿本来以为张昌宗他们不敢太放肆，却不想他们竟然仗着武皇的宠信而假传圣旨。尽管这圣旨也是为了讨武皇欢心，命令下边的织造司连夜赶制他们为武皇准备的朝服，但假传圣旨的罪名可不轻，而且有第一次就难保没有第二次啊，可武皇居然不予追究。狄仁杰和一众大臣已经为这件事上奏谏言多次了，要求惩处二张的僭越行为。所有人都苦劝武皇，不要因一时失足而铸成大错。

武皇苦恼不已之际，上官婉儿建议为二人安排汇编类书的事务，加以管束。武则天欣然应允，并命上官婉儿为主编。

一场编修图书的浩大工程开始了。这是一个光荣的使命，一旦类书编纂成功，不但能丰富大周朝的文化，更能昭示大周朝的强盛国力。婉儿决定将类书的名字暂定为"三教珠英"，言简意赅。当时朝堂中的青年才俊纷纷加入，共有四十七人。其中，李峤和张说最为突出，二人才华横溢、学富五车，是大周朝有名的学士。张易之的府邸成为众人讨论集会的场所，张昌宗也勉强而为之，尽量在编纂图书上出谋划策。尽管二张兄弟面对枯燥的史料和知识有些心生倦意，但众人的编纂热情不可抗拒，他们虽然有苦难言，表面上的功夫却是做足了。

　　其实，真正忙碌的是上官婉儿，她每天除了要处理武皇交办的政务外，还要抽出时间来整理编校典籍。因为工程浩大，每个人几乎都被分配了基础的编校任务。在沉闷的编纂过程中，大家也会集会赋诗，聊以消遣，或者谈道论理，表达自己对某个学说的看法。思想的交锋和才华的挥洒，让每个人都感到很快乐。上官婉儿已经很久没有以文会友了，她甚至已经忘记了张昌宗、张易之。

　　就在大家都沉浸在诗文的快乐中时，张昌宗却感到了无生趣，他已经有好几天没见到武皇了，就因为这编纂任务。两人不甘心因为一个上官婉儿就失去如日中天的地位，现在可是他们最得宠的时候。

　　他们不能这样坐以待毙，要想一个办法，赶紧结束这项烦琐工作。

　　"能不能找个人替咱们来做呢？"张易之建议道。

　　张昌宗灵机一动："我倒是想到一个人。"

　　张昌宗亲自请来了武三思担任他们的助理，这是上官婉儿始料未及的。但碍于武皇有准许二张寻求指点的旨意，她不能拒绝武三思的加入。况且，武三思也算是有才华，定能够为这份大业贡献自己的力量，总好过游手好闲的张氏兄弟。此时，武三思与上官婉儿也随着时间的推移而心生情愫。

　　圣历二年（公元 699 年），《三教珠英》编纂工作初步完成。张易之和张昌宗得到了朝堂上下的一致赞许，朝臣们对他们的诟病也有所缓解。武皇龙颜大悦，重重赏赐了上官婉儿，执意要为她指婚，并许诺朝堂中的王公子弟，任她挑选。武三思听到武皇的这个恩典，感到很开心，趁机进言求娶上官婉儿。

　　上官婉儿却向武则天表达了自己愿意终身陪伴她的心意，以此拒绝了武三思。自从李逸死后，上官婉儿就没想过要嫁人，她更喜欢现在这样独立自由的生活方式。如果有一天她累了，想要找个港湾停靠，也不一定非要找个男人不可。她也是如武则天一样独立特别的女性。

第七节 ╱ 两派间立嗣纷争

武三思，则天兄子。累官右卫将军。

则天临朝，擢夏官尚书。及革命，封梁王，寻拜天官尚书。

——《全唐诗·诗人小传》

自古以来，君王老年政治生活的主要内容基本上都是围绕着立嗣展开的。武皇尽管是千古从未有过的女皇，但也绕不过这样的议题。她苍老的身体和疲惫的精神让臣子们感到担忧，早日确定皇储的人选成为每个人最迫切的心愿。

身在武皇左右的上官婉儿自然也难逃立储事件的风波，不管是武家还是李家的势力，都把焦点放在了她的身上。上官婉儿在武皇面前的分量，人人都知道，但她不愿做出有悖原则的事情，即使她和李显他们自小一起玩耍，即便武三思是她喜欢的人，她也会说出自己觉得该说的话。武则天信任她，她就要对得起武则天的信任。

所以，当武皇问上官婉儿立武三思为储君的人选时，上官婉儿表示了反对，她认为武三思虽有能力，却不具备君王的宽厚博爱，而当今天下更需要一个宽容的君主。

武则天对上官婉儿的话不置可否，但这件事却被有心人拿来挑拨上官婉儿与武三思的关系，这个有心人正是男宠张昌宗。

在立太子的问题上，张氏兄弟假意投靠武三思，但又不全然信任他。面对武皇，张昌宗始终保持缄默，即使武皇推心置腹地想要听听他这个枕边人的话，他也是闪烁其词，表示誓死跟随武皇，不管武皇做出什么决定他都支持。武则天苍老的心早已难以抵制甜言蜜语的诱惑，她轻易地就被感动了，感叹着不枉自己对张昌宗的一番宠爱。而一直以来想要得到婉儿的张昌宗，却每每被这个冷美人冷漠待之，他心中怨恨，便故意挑拨她和武三思的关系。

上官婉儿早料到武三思会来找自己，被愤怒攫住的他第一次嘲弄了上官婉儿，说她不过是武皇的一个文学侍从，地位甚至不如一个男宠，却总是口口声声说要为武皇着想，她只是想当然地把自己看得很重。实际上，除了他武三思，谁会真正在乎她？

婉儿沉默地低下了头，她不在乎武三思的羞辱，因为她先伤害了他。于是，束手无策的武三思使用了最后的伎俩，他以爱情为筹码，只希望眼前的女子能够在政治上助他一臂之力，两个相爱的人才能结成最可靠的联盟。

比起武三思，一直奏请杀掉狄仁杰的武承嗣更让上官婉儿害怕。

早在天授二年（公元691年），武承嗣就秘密纠结了一群朝中的大臣，如凤阁舍人张嘉福、洛阳人王庆之等，奏请武皇立自己为皇太子。这件大事对于当时的武则天来说，冲击很大。那时候正值她刚刚登基不久，而她的儿子李旦作为废帝被立为皇嗣，实际上仍然是她皇位最大的威胁。而武家的子孙们在武皇的提携下，纷纷封王，武承嗣无疑是其中很得其欢心的一个。而王庆之总是在武皇面前哭泣请求，言辞恳切。但这个王庆之得寸进尺，不时来到武皇面前以死相逼，希望得到立武承嗣为皇太子的诏书。幸而上官婉儿积极求助于当时的凤阁侍郎李昭德，而李昭德大人极力反对，认为武皇理应传位于皇嗣李旦，才合乎纲常伦理，百年之后才会名正言顺地被供奉于宗庙，万万不可将皇位传给侄子武承嗣，因为世上哪里有侄儿将姑母立于宗庙的？这才破坏了武承嗣成为皇太子的计划。

如今立嗣一事，不但让武三思蠢蠢欲动，又再次煽动了武承嗣心中的欲望，他认为当年未曾实现的宏愿终于又有了实现的机会。

上官婉儿不止一次在武三思的府中看到武家兄弟背着自己偷偷商议，她明白，他们是在想方设法谋取太子之位。两兄弟已经形成了稳固的联盟，不管是谁坐上太子的宝座，他们都能够确保武家继续永享荣华富贵。他们心中担忧的是，李家卷土重来后疯狂地报复他们，恰如他们武家曾经对李家所做的那样。当年若不是他们总在武则天面前说李家宗室的坏话，李家又怎么会到如今子孙凋零的地步呢？

上官婉儿知道自己不该出现在武三思的府中，她甚至能够感觉到武承嗣看她时眼中的疑惑。武三思倒是不避嫌，大大方方地和上官婉儿在府中吟诗作对，如平时一样。自从那日以来，他们关系反而亲密很多，两个人像是约定了一样，刻意不提及有关立嗣的事情，甚至不提及武则天，只是沉浸在风花雪月的二人世界中。婉儿懊悔，难道是自己看低了武三思？她自知对他的爱并不纯粹，是形单影只的寂寞之手把她推向了他，她尝到了身为女人该有的快乐，而不仅仅是被当作一个有才华的女人来欣赏。

上官婉儿始终在立嗣这件事情上保持着所谓中立的立场，实际上，她仍然忧心忡忡，害怕一场即将而来的腥风血雨。为了武三思，也为了李旦和太平，她还是决定铤而走险，联合狄仁杰，重迎李显回宫。

此刻，掌握着绝对权力的武则天，在武氏兄弟多次的陈情苦劝下，心中的天平已经向武三思倾斜了。事不宜迟，上官婉儿已经秘密地将武皇的想法告诉了宰相狄仁杰。

狄仁杰向来耿直，在武皇面前说话很有分量。出于对江山稳固的考量，他自然是支持李家的子孙继承皇位的。

圣历元年（公元698年），狄仁杰直言不讳地说："我看天下人都还思念唐朝，若立太子，非庐陵王不可。"武则天对这样的直言不讳有些不悦。婉儿有些担忧，遂提议狄仁杰和武皇下棋，别再谈这些事情了。

说起下棋，近日忧思多梦的武则天问道："我梦见下了好几盘双陆都没有赢，这是什么原因？"

上官婉儿和狄仁杰面面相觑，狄仁杰想到不过是一死，便继续进言道："双陆不胜，是因为无子，这是天意在警示陛下。太子是天下根本，根本一动，天下就危险了。"

婉儿趁机附和，顺着狄仁杰的意思继续劝解武皇，希望武皇能够以天下社稷为重。武则天心动了，她想到了武三思和武承嗣父亲早年对自己和母亲的苛责，提到了丈夫高宗多年来对自己的关爱以及自己的儿子如今只剩下两个，而若要保护自己苦心经营多年的社稷不受损害，只有让自己的儿子登基，于公于私才是最合宜的。

得知武皇态度的转变，张昌宗和张易之兄弟此时也不再犹疑，如今正是他们投靠李氏阵营的最佳时机，若此刻不及时表明立场，等到武皇下了诏书就晚了。

婉儿洞若观火，便故意向与二张相厚的吉顼透露李家人对二张的感激，于是吉顼劝告二张要想自保，必须劝皇上顺应民意，迎庐陵王回宫，以后方可免祸。于是，张昌宗每每向武皇吹枕边风，说庐陵王才能够堪当大任。

就这样，在多方势力的较量之下，以上官婉儿和狄仁杰为首的李家支持者取得了胜利。武则天甚至已经秘密叫婉儿草拟了诏书，决意迎李显回宫。尽管诏书中并未提出要立其为太子，但这样的举动已经说明了一切。上官婉儿大喜，立即告诉了太平公主，可他们的谈话却被武攸暨听了去。

武攸暨忧心武家大势已去，找武承嗣喝酒抱怨。武承嗣闻之大哭，自己的太子梦就这样结束了吗？他不甘心。

但李显和妻儿在侍卫们的保护下已经回到了长安。得知此消息的武承嗣急痛攻心，竟然一病不起。圣历元年（公元698年）九月，武承嗣因病去世，其长子武延基继"魏王"位，武则天改其号为"继魏王"。

上官婉儿陪伴武三思度过了失去兄弟的低落期，深深感到身为王侯子孙的艰辛。以前她从李家皇子身上感到的是宫廷的深不可测和皇子的无可奈何，而武三思身上更多的是一种野心和自尊心的角逐。武三思想要成全武氏一族的万世辉煌，却无力动摇李家的稳固根基。他在失去武承嗣之后，迅速地埋葬悲伤，打算用另一种方式来缅怀武承嗣，那就是以联姻方式来稳固武家人的地位，而李显也恰有此意。

既然双方在这件事情上达成了一致，李显就请示了武皇。自从武承嗣死后，李显又被立为太子，武则天觉得有必要让武、李两家重修旧好，这样才能保证江山稳固。

就这样，皇太子李显的两个女儿永泰郡主和安乐郡主分别嫁给了武家的子孙。永泰郡主李仙蕙嫁给武承嗣的长子武延基，安乐郡主李裹儿嫁给武三思之子武崇训。

时人有诗云："帝城九门乘夜开，仙车百辆自天来。列火东归暗行月，浮桥西渡响奔雷。"皇宫中已经很少有这样的热闹场景了，上官婉儿禁不住想起了多年以前太平公主出嫁的场景。那时候，她们还是内心有着美好憧憬的少女，整个朝廷不知有多少人羡慕不已。而如今，韶华已逝的她们，却只能目睹着下一代的青春岁月了。

政治联姻鲜有幸福，如今眼前的繁盛，却叫婉儿心中更加悲凉。

三

稳固的关系并未如武三思预料的那样保持长久。不久后，张易之向武皇哭诉。原来魏王武延基夫妇和邵王李重润私下里议论张易之兄弟和武则天的宫闱之事，却正好被有心之人听了去，偷偷告诉了张易之。张易之闻之大怒，就气冲冲地跑来向武则天进谗言。武皇偏宠张易之，欲治罪于武延基夫妇和邵王李重润。上官婉儿求情不成，即刻通知了李显、韦氏与武三思。

武则天见到前来求情的儿子和侄儿后，只是声称会按照大周的律法办事，希望他们不要感情用事，两人无功而返。等待武延基和李重润的居然是废除名号和赐死的惩罚。郡主李仙蕙因怀有身孕而免除一死，但仍被废除了郡主的身份，在丈夫和兄长的葬礼上，她决绝地选择了控诉："不过是两个丧尽天良的男宠，武皇何以不分黑白？我们是议论了，议论您不该宠爱这样的人，乱了朝纲。您一直是一个深受百姓尊敬的帝王，何以糊涂至此？"说完这一席话，她以头撞击丈夫武延基的灵柩，殉情而死了。

张氏兄弟之前支持李显不过是权宜之计，他们的狼子野心如今已经昭然若揭了。同样，武三思也没想到张氏兄弟居然会丝毫不给他面子，对武家的子侄也这样痛下杀手。他现在唯一的选择就是和李家的人继续联合，共同铲除这两个跳梁小丑。

最后，经过上官婉儿的建议，长安二年（公元 702 年）八月，太平公主和太子李显、相王李旦决定联合给武则天上表，请求封张昌宗为王。

武则天起初表示拒绝，后为了表示对子女的尊重，便顺水推舟给了张氏兄弟国公的名号。

上官婉儿知道武则天已经对此事起了疑心，且她的本意也不是真的想要张氏兄弟称王，只是想要通过太平公主等人的力量，变相地给张氏兄弟点甜头，使对方放松警惕，再找一个合适的时机除掉他们。武三思其实不太赞成上官婉儿他们的建议，担心这样反而会弄巧成拙，让张氏兄弟的势力日益壮大。他们又一次因对政治局势看法的不同而发生了争吵。

上官婉儿觉得很累，甚至一度想要放弃和武三思这样的关系，因为这样无法见光的恋情让她感到痛苦。武三思也是有家室的人，不可能再娶她了，自尊的婉儿也不会甘愿给人做小。没有婚姻，爱情也因掺杂了过多的政治因素而变得不那么单纯了。在武三思想要和她亲昵的时候，她甚至表现出一种本能的厌恶。

现在，或许是该放弃的时候了。

武三思从未做好失去婉儿的准备，他最近太过失意，不想再去承受任何打击了。他甚至低下头苦求她不要离开，但上官婉儿心意已决。

回到宫中的婉儿情绪低落，走着走着竟遇到了李显。两人是久别的朋友，对于现在的上官婉儿而言，若一个多年的老友仍旧不忘初衷，保持着自己以往的禀性，那就是一种宝贵的财富。她珍惜这样的感情，所以当李显提出要她一直留在他身边时，她连连点头表示同意。

就在上官婉儿和李显叙旧的时候，太子妃韦氏看到了这一极易引起误会的场景。当年刚刚嫁给李显的时候，她就知道丈夫对上官婉儿的感情。没想到时隔多年，丈夫仍然对这个女人不死心。她看到李显看上官婉儿的神情，感到如芒在背。在她这样痛苦的时候，最该陪在她身边的丈夫却在和别的女人深夜谈心，这是任何一个女人都无法理解的。她感到了一种威胁，以上官婉儿的胆识和才华，只要她愿意，是可以将她韦氏取而代之的。

韦氏心中思量：除掉张氏兄弟远远不是她的目的，她要做的事情还有很多。

此刻，被加官晋爵的张氏兄弟显然没有如上官婉儿他们料想的那样坐以待毙。

宰相魏元忠因不满二张兄弟专权而多次上奏，言辞极为犀利，上官婉儿与太平公主唯恐宰相魏元忠因此受到无谓牵连，于是商量让太平公主的门客司礼卿高戬私下里去劝魏元忠。但当高戬将话带到的时候，魏元忠和高戬却因诽谤圣上、图谋不轨而同时被抓了。在上官婉儿、太平公主及李显等人的极力斡旋下，二人虽免于死刑，却也被贬官下放。

这件事让上官婉儿等人意识到，铲除张氏兄弟必须用更强硬的武力手段。

第八节 ／ 入后宫拜为昭容

自圣历已后，百司表奏，多令参决。

中宗即位，又令专掌制命，深被信任。寻拜为昭容，封其母郑氏为沛国夫人。

——《旧唐书》

　　在上官婉儿和太平公主、太子李显及相王李旦的游说下，以宰相张柬之、右羽林大将军李多祚和大臣桓彦范、崔玄暐、敬晖、袁恕己等为首的一众臣子决意要为李家夺回天下，诛杀张昌宗和张易之，为民除害。

　　此时，八十二岁高龄的武则天已经病重，她只得在宫中养病，只有张昌宗和张易之两人陪伴在侧，其他人求见都会被张氏兄弟以武皇的名义拒绝，甚至上官婉儿也有一段时间没有见到武皇了。婉儿知道时机到了。张氏兄弟分明是想趁武皇病重来巩固自己的势力，这可以成为杀掉他们的口实。

　　按照约定的计划，上官婉儿先在宫内安排好一切，张柬之和李多祚再率军进入。他们里应外合，五百多人的羽林军顺利进入了玄武门。张易之和张昌宗听闻宫内有兵变，便仓皇逃跑，正巧被迎面而来的张柬之等人撞上。张柬之等人二话不说，以刀砍杀。张氏兄弟没想到他们敢真的动手，面露惊恐地死于乱刀之下。一时之间，众人士气大增，李显被簇拥着走向内宫……

　　神龙元年（公元705年），"神龙革命"成功，武则天被迫下台，太子李显被立为皇帝，恢复国号为"唐"，仍称唐中宗。参加过"神龙革命"的功臣薛季昶建议要诛杀武家人，斩草除根，防止朝根不稳，武家挟怨报复。宰相张柬之就此事请示李显。李显不想再见到更多的杀戮和痛苦，他认为对武家采取宽容的政策才是上策。张柬之赞叹新君宽容仁爱，驳斥了薛季昶的建议。薛季昶为自己的命运感到担忧，甚至找到了上官婉儿，希望她能够劝说新君除掉武氏一族，永绝后患。上官婉儿也认为此举不妥，她每天陪伴在武则天的身旁，实在不忍心再给她制造任何的痛苦。这件事情就这样不了了之了。

所有人都沉浸在唐王朝回归的欣喜中。

夜深人静时，上官婉儿会想到那日逼宫武皇的情景。即使武皇知道没有上官婉儿的参与，张柬之等人不可能如此快地进入内宫，但武皇并未怪她，只是说："你不愧是上官仪的后人。"

但这话算是赞誉吗？上官婉儿明白当年祖父就是要废掉她的皇后之位才遭逢厄运的，而如今自己居然成功帮助太子一党废掉了她的皇帝之位。这和祖父的行为也算是殊途同归了。

上官婉儿知道武则天的时日不多了。一个曾经那么精明强悍的人现在却事事都要人服侍，她甚至能感受到武则天心中的悲伤。

有一天，她上官婉儿也会面对镜中容颜衰落的自己，面对无法抗拒的软弱和孤独。她已经是一个过了四十岁的女人了，这样的年纪本该是儿女绕膝的，而她呢，却只有自己孤身一人。作为女人，她曾经想象过自己青春时代的甜蜜爱恋和中年时期的安稳和顺。但想象终归是想象，她注定长在深宫，经历不凡的人生，承受其他女子不必承受的凄苦。在这一点上，她感到自己和武则天是一样的，一直以来都是踽踽独行于这世上。

李显刚刚封了韦氏为皇后，还破例地封韦氏的父亲为王，并允许韦氏像当年的母亲一样，能够过问朝政。这一举动遭到了很多大臣的反对，包括帮助他走上皇帝宝座的张柬之等人。但他力排众议，坚决地颁布了圣旨，昭告天下。

对上官婉儿，他已经不掩饰自己的思慕，他欲封上官婉儿为昭容，以便留其在身边参与政事，但上官婉儿百般推脱。皇后韦氏唯恐上官婉儿被纳为妃，劝说李显，李显不为所动，韦氏知无力改变便顺水推舟劝说上官婉儿，上官婉儿最终答应了。

上官婉儿被封为昭容之后，她的母亲郑氏被中宗封为沛国夫人。婉儿的娘舅一家也因她的关系而得到中宗的重用。上官婉儿多次向中宗表示，不希望自己的亲人因裙带关系而得到高位。李显很不以为意，声称自己是对事不对人，希望她不要顾虑太多。

如今，她的身份有所变化，中宗赋予了她很大的权力，皇宫中也是人人都敬重她。她想要好好补偿自己多年来未尽过孝道的母亲，便用自己多年的积蓄和细软购置了一处府邸，名义上是给自己办公之用，其实主要是给郑氏安排一个可以安享晚年的去处。

郑氏终于盼到了女儿名正言顺地拥有名分的日子。她一直不希望婉儿在这深宫中孤独终老，如今婉儿被中宗封了娘娘，也算是苦尽甘来了。郑氏日渐苍老的容颜因满足而有所舒展。

上官婉儿过去因忙于公事而无暇承欢膝下、尽些孝道，平日里多亏了舅舅郑休远一家和远方的表弟王昱对母亲多加照顾。虽然现在她依然负责制命拟诏这些事宜，但中宗显然刻意减轻了她的工作量，以便让她能够抽出时间多陪陪家人。

郑氏总喜欢跟上官婉儿提起当今皇上，她为女儿集万千宠爱于一身而感到高兴，甚至有种苦尽甘来的感觉。郑氏不止一次在梦中梦到自己为上官家族讨回了公道，但天亮了才知道不过是自己的痴人说梦。她一个妇道人家，怎么能够为被处死的罪臣翻案呢？现在，婉儿做到了。因为皇上对婉儿的宠爱，他愿意为她们蒙羞的家族讨回公道。在中宗的督促下，上官仪一案终于平反，上官仪被追封为中书令、秦州都督、楚国公，上官庭芝被追封为黄门侍郎、岐州刺史、天水郡公。

比起当年那个气定神闲的年轻王爷，李显身材发福了不少，看起来比李旦要苍老很多，这是十几年的流放生涯所致。也正因为这样，他更加珍惜身边的一切，包括他城府极深的妻子和刁蛮任性的女儿安乐公主。

张柬之已经不止一次跟上官婉儿密谈，抱怨这对让人头疼的母女，还有韦氏一族在朝廷中气焰嚣张。更要命的是，武三思也不消停，正在积极地和韦后的家族保持联络，并常常以家宴的名义请中宗和韦后微服到其府中赴宴。

现在看来，武三思正在拼命拉拢新皇上，早已经将他病入膏肓的姑妈武则天抛之脑后了。人情如此薄凉，曾经唯武则天马首是瞻的武家子侄们，为求自保，对重病的武则天不闻不问，生怕有人说他们有所图谋，试图复辟。

张柬之提议上官婉儿就武三思一事与镇国公主（即太平公主）商议一下，上官婉儿也觉得这个主意好。上官婉儿最近和韦后走动得很频繁，这让太平公主很不理解。两个人会面的时候，太平公主言语之间略有讥诮之意，这让婉儿很受伤，她正好想趁着这个机会跟她好好谈一谈。可上官婉儿刚刚在太平府中坐定，还未多说什么，就有人来告诉她，张柬之大人已经被定了图谋不轨的罪名，即日就要被问斩了。

皇上为何宁愿相信武三思的话，也不愿相信拥立他为帝的有功之臣，这让上官婉儿非常不解。但现在不是纠缠这些的时候，当务之急是要回到宫中为张大人求情。

到了宫中，李显正在自己的卧室中小憩。按照惯例，上官婉儿是不会进他的卧室的，他们之间只是有夫妻之名，而从未有过夫妻之实。但现在她必须打扰他，便硬着头皮进了卧室，轻轻唤醒了正在睡梦中的李显。

李显睁开眼睛见到伊人在眼前，心中很高兴，但佳人脸上焦急的神色说明她来找自己绝对与风月无关，上官婉儿甚至斥责李显的行为有"恩将仇报"之嫌，李显却不以为然。他长叹一口气，感到他和上官婉儿之间仍横亘着一条鸿沟，让他们无法靠近彼此。她这样抛下他赋予她的特权，只为像其他人一样恳求一个公平的对待，而这全是为了别人。她本可以接纳他的爱，然后以妻子的身份为张柬之求情，那也许会更有效。

但若是那样，她就不配成为他李显挚爱的女人了。最终，他答应了她的要求，将张柬之的死刑改为流放边疆。

三

上官婉儿力保张柬之的行为还是传到了韦后的耳中，她心中颇有不满，但又不好发作，只能假意赞扬道："婉儿妹妹果然是宅心仁厚，圣上和我有你这样的贤德之人相伴，定会江山稳固。"

后宫佳丽三千，但韦后一直把上官婉儿视为眼中钉。上官婉儿却无暇去和一个把自己假想为敌的女人争宠。每天起床盥洗完毕，她都会第一时间赶到御书房去处理当天的各种奏折和公文，准时向李显汇报当天朝臣们所要讨论的大事。除此之外，她还提议李显多征召文人墨客来朝中做官，并设立昭文馆，掌管藏书和世家子弟的教育。昭文馆中有大学士、学士、校书郎等职务，主要职责是校勘图籍，有参与和讨论朝制礼仪的权利。

其实，在武则天当政的时候，就已经有昭文馆了。上官婉儿现在做的无非是扩大这种官署的覆盖范围，更加积极地弘扬知识和礼仪。这对于历经波折的唐朝来说，无疑是一件很有建设性的事务。李显对上官婉儿的各项建议悉数采纳。一时之间，文人骚客为报效朝廷，纷纷成为昭文馆学士，朝中诗词酬唱之风盛行。

为了表彰上官婉儿的尽职尽责，李显带上官婉儿，与大批文人雅士到长女长宁公主的府邸游玩。长宁公主是中宗和韦后的嫡长女，本就深受宠爱，自从胞妹永泰郡主李仙蕙死后，中宗的几个女儿就更受宠爱了，其中以长宁公主和安乐公主最为突出。身为嫡长女的长宁公主嫁给了世家子弟杨眘交后，由韦后做主斥重金建造了一座豪华的府邸，府中雕栏玉柱，精巧异常。而长宁公主府中最为独特之处是特意凿石饮水为池，颇有王羲之在《兰亭集序》中所谓的

"流觞曲水"的意境，很是风雅。

《游长宁公主流杯池》是上官婉儿随中宗李显游览长宁公主府邸时有感而发之作。长宁公主府是她在李显后宫时来的次数最多的地方，她先后共为流杯池作了同名诗二十五首，算是蔚为大观了。这是婉儿首次以《游长宁公主流杯池》为题写的诗作，底下的文人纷纷交口称赞。

> 逐仙赏，展幽情，逾昆阆，迈蓬瀛。
> 游鲁馆，陟秦台。污山壁，愧琼瑰。
> 檀栾竹影，飙风日松声。

——《游长宁公主流杯池》节选

接下来，其他人也纷纷写出了自己得意的诗作。在这春日融融的好时光里，每个人的心情都很好，就好像几个月前那场惊心动魄的宫廷政变没有发生过一样。上官婉儿不禁感慨世事的浮沉和变迁。

"上官昭容，上官昭容。"这时，身旁的一个宫人举着一封信，请她亲启过目，说是她的母亲沛国夫人托人带来的。

她随意浏览了一遍，只记住了"病重""抱恙"几个字，便明白了家人何以会如此着急地送信过来。书信是表弟王昱代笔，可见母亲真的病得不轻。她赶紧向身旁的李显禀告想要去探望母亲，李显也想一同前往，但被婉儿拒绝了。

上官婉儿回到在宫外的上官府邸，进了母亲的卧室，却看到母亲安然无恙，正伏案研究着刺绣，表弟王昱平静地在一旁陪伴。

她不知为何两个人要联合起来欺骗自己。母亲见她进来，忧心忡忡地说："现在上官家好不容易恢复了名誉，我希望你谨言慎行，与武家人和韦后保持距离，不要再做出有悖伦理的事情来。你跟武三思的事情，你真的以为没人知道吗？上官一族的兴衰，都系于你一人身上了。我不希望大富大贵，只希望别遗臭万年。"

上官婉儿听完母亲的话，恍然大悟。对政治上的事情从不过问的母亲何以会如此消息灵通呢？她看了一眼端坐在母亲身边的表弟。表弟王昱顺势说道："表姐，我不否认是我告诉她的，我们都是为了你好，也是为了整个上官家族着想。"

两个人的劝告无疑是当头棒喝，她想到自己刚刚还对美男子崔湜浮想联翩，不免感到有些惭愧。自小长于深宫的她，比谁都清楚在这宫中生存要时刻保持谨慎，可她却总是难以遏制自己丰沛的情感。她有时候真的痛恨这样的自己，不够理智和隐忍。

她听从了母亲和表弟的建议，表示自己心里有分寸，在处事前一定会多多思考，从大局出发。母亲连连点头。郑氏明白，在这权力倾轧的宫廷中能够明哲保身不是一件容易的事情，她不想给女儿太大的压力，她能做的只是善意地提醒而已。

四

神龙元年农历十一月二十六日（公元 705 年 12 月 16 日），八十二岁的武则天死于洛阳上阳宫，遗制去帝号，称"则天大圣皇后"。第二年五月，与高宗合葬乾陵，留下了一块众说纷纭的无字碑。

在武则天死后的第二年，上官婉儿成为唐中宗名副其实的昭容。

李显和上官婉儿之间的感情终于如他所愿，有了一个新的进展。尽管他知道，婉儿或许是出于对现实的妥协，或许是出于对他感情的回报而选择成为他的妃子。但能够在有生之年和婉儿成为真正的夫妻，这于他而言意义重大。尽管在这后宫中有无数的佳丽，但他心中真正在乎的女人只有两个：一个是上官婉儿，另一个就是韦后。

当宫中的人都为中宗和上官昭容的恩爱而送出祝福的时候，只有一个人感到不快，她就是位高权重的当朝皇后韦氏。韦氏甚至和李显为这件事发生过激烈的争吵，她要李显答应，永远不让上官婉儿威胁到自己和韦家人。李显勉强同意了这样可笑的要求，但韦氏还是闷闷不乐，连续几天紧闭宫门，对外界宣称自己生病了。

一国之母身体抱恙，免不了有人来探望，首先来的是韦氏的娘家人，当他们得知韦氏是因上官婉儿而醋意大发时，都劝她不要跟一个小小的昭容一般见识。道理她自然都懂得，但事情一旦发生在自己身上，又有几个当事人能够保持冷静克制呢？接着就是安乐公主和驸马，武三思也随着儿子媳妇来了。安乐表示永远支持母亲，区区一个上官婉儿不足为惧。小两口说了两句安慰的话，就告辞了，只剩下武三思一个人尴尬地留在韦后的卧室中。

其实，早在之前的几次公开场合，武三思就多次对韦后的话表示赞同，在朝政上也处处维护韦家的人，这些韦氏都看在眼中。她自幼精明强干，当然能看出武三思的心思。但碍于自己的身份，她最多只是用眼神来回应他。武三思也不轻举妄动，只是处处维护讨好她，前些天还借着武崇训的名义送来了上等的补品。

韦后知道武三思和上官婉儿有过一段感情，如今，上官婉儿抢走了她的男人，她也要让上官婉儿知道自己的厉害。再说，武三思也是个仪表堂堂的男子，哪个女人会不喜欢他呢？于是，一场堂而皇之的宫廷偷情就这样开始了。阖宫上下，除了李显不知情外，韦后和武三思的关系基本上已经成了半公开的秘密。直至朝中的官员上书中宗告发两人，李显才后知后觉地意识到两个人之间的关系。武三思得知自己被人告发，自然是心急火燎，便让手下人随便给上书者捏造了个罪名。武三思的诬告正好给了李显一个台阶下，李显本来就不太愿意相信上书者的话，尽管这可能就是事实，却是对一个男人和帝王尊严的双重挑战。他情愿相信这是别人对皇后名誉的诽谤，于是下令将上书者斩首。

正直的宋璟大人不想看到好人遭殃，便苦口婆心地劝说中宗："陛下为何不加以查证就判定此人是在诬告皇后，恐怕难堵悠悠之口。臣恳求您查证后再定罪判刑也不迟。"李显听后更加生气，甚至想将宋璟一起问罪。宋璟毫不畏惧，坚持说道："那就请陛下先将臣斩首吧。不然我不能遵从您这样随意给朝廷命官定罪的做法。"

　　李显不是昏庸之人，加上有上官婉儿在一旁劝说，于是就将死刑改成了发配岭南。这使得朝堂上下嘘声一片，众人从此在武三思和韦后淫乱一事上装聋作哑，从此，再没人向李显上奏了。

　　那些在私底下议论的人，或者是跟武三思保持距离的人，都会遭到武三思的报复。他像是完全变了一个人，心胸狭窄，毫无原则，冷漠暴虐。武皇当政的时候，他还是有所保留的，在处事上也谨慎小心，从未留下过话柄。但如今想来是大权在握，中宗李显又事事仰仗韦后，韦氏一族在朝中更是权势日盛，武三思基本上是在肆无忌惮地排除异己、构陷忠良，与当年的来俊臣之流没有区别，其政治野心也丝毫不亚于张昌宗兄弟。

　　上官婉儿从他身上感到了危险的临近。顾念旧情，她找到了武三思，希望能劝说他收敛自己的锋芒，以免多行不义必自毙。武三思听到昔日情人苦口婆心的劝告，没有动容，冷语道："上官娘娘何出此言呢？我武三思在你眼中向来都是如此啊。现在正是我蒸蒸日上之时，我希望你不要阻拦我。"

　　随着武三思日益张扬跋扈，在朝堂中树敌众多，总会有人想密谋除掉这个不可一世的梁王。以武三思的才智是不会预料不到这样的结局的，他也明白上官婉儿话中的深意，只是武家人憋屈了好几年，甚至被两个男宠随意欺侮，现在正是扬眉吐气的时候了，不论结果如何，他都乐于奉陪。

五

　　李重福隐隐感到不安，不知道该如何回复太子李重俊寄来的书信。要说对韦氏的恨，没有人比他更强烈了。因为他的妻子是张昌宗的侄女，韦后就认为他也参与了当年张氏兄弟陷害大哥李重润和妹妹李仙蕙的事。他真是有口难辩啊。虽然李重润兄妹是韦后所生，而自己的生母不过是当年王府的一个侧室，但好歹他们也是有血缘关系的，他怎么可能事先串通张昌宗兄弟谋害他们呢？

　　本来皇上是不愿意相信韦后这样的揣测的，但不知为何，安乐公主联合韦后总是在宫中散播这样的谣言。时间长了，皇上自然也开始疏远他这个二儿子了。按照祖制，他是太子的不二人选。这下倒好，不但没能当上太子，还被贬到地方去任职，连王爷的名号也被削去了。

除掉武三思谈何容易啊？虽然身在地方，但李重福也深知武三思与韦后的关系，想到自己身怀六甲的妻子，他还是决定偏安此地，起码能够保证家人平安。

太子李重俊看到二哥李重福婉拒的书信，拍案哀叹："我们兄弟四人，我和二哥关系最好，如今我想铲除韦氏和武三思，二哥居然不来帮我。"

"那四皇子李重茂呢？"门客建议道。

李重俊摇摇头，四弟年纪太小，不能轻易涉险。李重俊之所以身在太子之位还想发动政变，不外乎是因为妹妹安乐公主居然想要取代他的太子之位，还向父皇说要做皇太女。他自然是了解自己妹妹的，纵然再骄纵也不会有这样逾矩的想法，肯定是武三思让儿子武崇训在背后教唆她的。幸好上官昭容在父皇面前谏言说万万不可，再加上一向受器重的宰相魏元忠也坚持不可行，最后才作罢。

但李重俊已经从安乐公主的这一举动中感受到危险临近了。他可不想像二哥李重福那样不声不响地就被遣走，永远地离开京都。他既然已经成为太子，以后就要登基做皇帝。他发动政变不会伤害父皇，只是为了杀掉武三思和韦后，永除后患。

既然兄弟们没有能够帮上忙的，他便找到了宰相魏元忠。谁知道二人一拍即合，魏元忠早就对专权的武三思多有不满，一直想找机会除掉他。于是，魏元忠又找到了当年参与"神龙革命"的李多祚大将军，几个人便开始密谋着兵变当天的事宜，众人同仇敌忾，都想除掉武三思和韦后。

公元707年的一天深夜，太子李重俊带人闯入了武三思的府中。睡梦中的武三思父子被兵马闯入的喧嚣声惊醒，武三思父子见对方人多势众，而自己府中的侍卫不过百人，肯定不是对方的对手，想着还是走为上策，便赶紧逃到室内，紧闭房门，先让自己的家丁和士兵稳住太子的人。

　　武三思要武崇训赶紧叫安乐公主去搬救兵。安乐公主是李重俊的妹妹，即使被发现，他也定不会伤害她。于是，武崇训就叫安乐公主乔装打扮一番，从后门偷偷溜走了。

　　武三思父子在心中期待着安乐公主能早点儿搬救兵过来，只听着院中的厮杀声越来越低，他们知道是自己的家丁被打败了，毕竟对方人多势众，这样硬碰硬是撑不了太久的。

　　李重俊带着一队人马杀了进来，破门而入，武三思和对方招呼了两下，但终究敌不过对方的真刀真枪，被李重俊手下的士兵粗暴地斩下了首级。武崇训见到父亲被杀，心中悲戚，也知道回天无力，便做好了赴死的准备。李重俊念在他做过太子宾客的情分上，给他留了个全尸。武三思父子就这样命丧黄泉了。

　　安乐公主神色匆匆地来到宫中，向中宗和韦后报告了太子带人到梁王府的经过，恳求中宗发兵去救武三思父子。而此时，上官婉儿已经闻讯赶到了，正碰上来通传的宫门守卫，说太子和魏元忠等人已经到了宫门，请求皇帝废皇后为庶人。

　　安乐公主听到丈夫已经被杀的消息，忍不住号啕大哭，请求中宗为自己做主。上官婉儿也没有想到魏元忠居然会做出这样极端的事情来。

　　"告诉守卫，严守城防，若是失手，就提头来见。还有，把魏元忠的儿子魏升叫来。"

　　上官婉儿见韦后和安乐公主乱作一团，便只有领命将中宗的旨意传达下去。守门的侍卫连连应诺，赶紧飞奔回宫门。而太仆少卿魏升也即刻来到中宗的面前。想来他也听说了自己父亲和太子犯上作乱的事情，当即表示自己绝对不会姑息这样的行为，即使是大义灭亲，也会保护皇宫和皇上的安危。李显甚是欣慰，便派了兵力给他，让他去剿灭叛贼，并承诺可以饶恕魏元忠的死罪。

　　魏升本以为要和父亲兵戎相见，如今有皇上的这句话倒是放心了。一到宫门外，他就劝说父亲魏元忠放弃抵抗，说皇上会饶他不死。魏元忠不忍心伤害自己的儿子，便有些犹疑。李多祚见状也不好发兵，太子这边本来高昂的士气突然涣散。魏升的士兵却骁勇善战，杀了很多他的人。李重俊便叫手下杀了魏升，以防魏元忠变节。谁知道，低迷的士气却无论如何都无法提起来了，魏升虽死，但其手下却势如破竹，将李重俊的人杀得落花流水。无奈之下，李重俊只有带着伤兵残将逃到郊外。李重俊手下的亲兵见大势已去，便趁机斩下了李重俊的首级，献给了中宗李显，以求不死。

李显看到自己又死了一个儿子，心中有些难过，但想到李重俊对皇后和女儿安乐的伤害，还是觉得不能姑息。安乐公主劝说中宗，希望能够用太子的首级来祭奠死去的武三思和武崇训。李显迟疑了一下，同意了安乐公主的建议。上官婉儿认为不可，但这次李显没有听从她的建议。失去武三思的韦后并没有婉儿想象的那么难过，她不过是以此为借口来铲除那些对自己有异议的人。婉儿感叹，中宗心中终归觉得有愧于韦后，总想着尽全力去弥补韦后和孩子们，而正是这份愧疚感助长了韦后的野心。

第九节 ╱ 红颜薄被斩旗下

昭容居危以安，处险而泰。且陪清禁，委运于乾坤之间；

遽冒钴锋，亡身于仓卒之际。时春秋四十七。

皇鉴昭临，圣慈轸悼，爰适制命，礼葬赠官。

太平公主哀伤，赙赠绢五百匹，遣使吊祭，词旨绸缪。

——《大唐故婕好上官氏墓志铭并序》

当安乐公主平静地离开皇宫去为自己的丈夫准备葬礼的时候，上官婉儿有些诧异。这样一个骄纵的公主，在丈夫被杀的时候居然没有央求最疼爱他的父皇李显追查到底，甚至在魏元忠没有被处以极刑，只是照例被贬官发配时也没有反对。安乐公主这样做显然是在讨李显的欢心，因为毕竟魏元忠是李显最钟爱的臣子，而且他的儿子魏升也为抵抗李重俊谋反因公殉职了。儿子的功劳足以抵偿魏元忠的死罪了。安乐公主甚至没有求助于她的母亲韦后，要对其他人的家人斩草除根，这不符合她的个性。李显又失去了一个儿子，心情郁郁，却不想见他最亲近的弟弟、妹妹，唯与安乐公主见面商谈。这一切都太不寻常。

果然，安乐公主并不是忍气吞声之人，她将目标转向了太平公主与李旦，诬陷二人有谋逆之心。看到安乐公主声泪俱下地下跪央求，婉儿知道，这才是那个张扬跋扈的公主，她先前的不声不响不过是为了现在的发作。李显表现得很为难，他只是无奈地点点头，就示意安乐离开了。但心里却已然生出嫌隙，并派兵部尚书宗楚客调查此事。

这个宗楚客是武三思的人，上官婉儿在武三思府中多次见过这个人。在武三思和韦后勾结之后，他在朝堂上不遗余力地帮助韦家的人排除异己，帮助武三思除掉政敌。李显是对韦后太过信任了，屡屡给宗楚客升官，如今甚至要晋封他为同中书门下三品了，位同宰相。

如果是这个人负责太子的谋反案的话，那太平公主和李旦恐怕不能全身而退了。

身为皇帝的妃子，她有资格去参加李显和朝臣的谈话，她信步走了进去，决定一探究竟。

"微臣不敢多说，但安乐公主所言的确属实。太子在兵变前还特意给太平公主和相王李旦写了信，密谋这件事情。"宗楚客的嘴脸让上官婉儿生厌。

"你有何证据，信件何在？"上官婉儿忍不住质问道。

"上官娘娘，我只有信件的副本，原件已经被销毁了。这是我的密探手抄得来的。"宗楚客早已从安乐公主处得知上官昭容的敏捷犀利，所以早有防备。

李显听他说有信件，心便凉了一半。他想这个宗楚客肯定不会大胆到伪造一封信去构陷公主和王爷的地步。

婉儿与李显的看法不同，她哭笑不得地说："皇上，难道你就因为一个官吏随口胡诌的话，还什么信件副本，就相信了？这是当朝天子该有的判断力吗？"

听到上官婉儿这样说，李显暴跳如雷，扬起手给了她一个巴掌。这是第一次李显这样粗暴地对待她。这一切都发生在一个朝廷命官的面前，上官婉儿感到极大的侮辱，她不想再参与这样滑稽的讨论了，索性扬长而去。

婉儿第一时间到了太平公主府上，李旦随后赶到，三个人聚在府中商量对策。太平怎么也没想到，安乐公主居然胆大妄为到想要谋害他们，看来她想做皇太女的心还未死。不能坐以待毙，太平公主决定去找御史中丞萧至忠。每次这种皇亲重案都会委派他做主审官。

果然，第二天李显找到了萧至忠，要求他彻查太平公主和相王李旦谋反一事，但萧至忠坚持此案疑点颇多，立论不足，不能定案。李显用皇帝的权威压他，要他必须审理。萧至忠想到昨夜太平公主的拜访，想到李家最值得信赖的公主和王爷被韦后这样陷害，江山社稷刚刚稳定，吐蕃的兵乱刚刚因金城公主和亲才解决，实在是不该再这样内耗了，堂堂七尺男儿萧至忠居然哭了："圣上坐拥天下，怎么就不能容忍一弟一妹呢？而且竟然能够允许别人随意罗织罪名诬陷他们。多年的手足之情，您难道忘记了吗？"

李显听到这样的谏言，内心有所触动。他想：自己难道真的是被宗楚客这样的逆臣骗了吗？但在心底他还是不愿意相信最疼爱的女儿安乐会欺骗他。于是，李显便将此事压了下去，从此以后再也不许人提及，违者以重罪论。

一场政治风波就这样平息了。幸好李显在心中顾念手足之情，才不至于发生手足相残的悲剧。此时，安乐公主和姑姑太平公主之间的矛盾已经完全公开了，两派之间势如水火。

李显手足无措地站在上官婉儿的卧房外，他有些紧张，但内心却有个声音一直在说：去向你的上官娘娘求得原谅吧！他知道自己不该打她，尤其是不该在一个官员的面前，这对她是一种很深的伤害。婉儿不是寻常的女子，又贵为皇妃，多年来苦心经营的威信就这样被他一掌打没了。况且，她完全是为了他好，不想让他成为不辨是非的昏君，而是要努力辅佐他成为一个贤德的君王。

他们都已经不再年轻了，没有过多的时间可以浪费，他鼓起勇气走了进去。

上官婉儿早就听到了门外的脚步声，只是佯装不闻，躺在床上和衣而睡。尽管闭着眼睛，她还是用耳朵努力地聆听房间内外的动静。

她感到李显坐到了自己的身边，轻轻抚摸她乌黑的发丝，心疼地说："你都有好几根白头发了。"

上官婉儿继续假寐，根本就不理会李显的话。李显轻轻将手放在她的双肩上，温柔地摇晃她："我的昭容，我错了。"李显已经好几天没有和上官婉儿亲近了，她总是故意躲着他、不理他，这让他很难过。他今天是放下如山的公文特意赶来的。他知道婉儿的母亲去世了，她心中难过，他必须尽一个丈夫的责任了。

婉儿一向坚强，以前即使是受到再大的委屈也独自吞咽眼泪，从不在别人面前表现出软弱。但现在想来是被李显宠坏了，加上女人年纪大了，反倒是喜欢直白地表达自己了。本来李显就伤害了她，母亲的离去无疑使她受伤的心雪上加霜，她已经连续几个晚上没有好好睡觉了，一闭上眼，脑海中就是那些过往的回忆，让人痛苦万分。甚至，她都没有能够见上母亲最后一面，这是为人子女最大的不孝了。

李显见上官婉儿还是不理自己，正想着就离开吧，等她心情好些再说，突然，他感到一双柔软的手环住了他的腰，她扑到了他的怀中，失声痛哭。这是他有生以来第一次目睹这样脆弱的上官婉儿。心中悲戚的李显，不停地轻拍她的肩膀。

上官婉儿没想到自己在这样的情景下，还能接受李显的温存。李显认为，这是能给予一个女人的最深的爱护。上官婉儿感到，自己对李显的感情已经发生了变化，似乎渐渐有了种类似亲人的依赖，说是爱情却又不像，但跟他在一起的感觉确实踏实而安全，这是以往生命中的那些男人未曾给过她的。

就在李显和婉儿如胶似漆之时，韦后却独守空闺了。失去恩宠，武三思也死了，她时常会处于无法平复的忌妒和仇恨中。

她的情欲就如同她对权力的渴望一样，无法遏制。既然李显无法满足她，她就需要再去寻觅符合条件的男人。她甚至会让女儿安乐公主去为她物色男人，就像当年太平公主为武则天进献男宠一样。安乐公主自幼和韦后亲近，居然也背着父亲李显做起了帮助韦后偷情的事。自从上次诬告太平公主和相王李旦失败后，安乐公主就刻意加强培植自己的势力。宗楚客则在韦后的指示下，极尽所能地和安乐公主一道在朝中大力发展自己的势力，大有要和镇国公主太平分庭抗礼的意思。但韦后和安乐公主毕竟刚刚站稳脚跟，回到宫中不过几年，而太平公主自武皇当政起，就已经有极高的声望，两派的力量不可同日而语。

此时，一个叫燕钦融的地方小官给中宗上书，指责韦后淫乱宫廷，肆意干预朝政，请求中宗予以处理。李显没想到一个地方的芝麻小官竟有这样的勇气，在好奇心的驱使下，便派人把这个燕钦融接到了宫中，想当面询问他。上官婉儿对李显这样的举动很赞赏，王子犯法当与庶民同罪，即使是皇后，如果遭到他人弹劾或是指责，也应该调查。

上官婉儿侍立于中宗之侧，燕钦融行完叩拜之礼后，正要向中宗说明自己上书的原因和掌握的事实，韦后和安乐公主就急不可待地赶来了，欲将燕钦融拉下去治罪。

那些侍卫是韦后的亲信，二话不说就要拖燕钦融走。燕钦融自然是不肯的，在争执之间，侍卫竟将燕钦融托起，只见身材矮小的他双脚离地、拼命挣扎，侍卫二话不说就将他推到宫门外几十层的台阶下。中宗和上官婉儿正想制止，却听到燕钦融一声惨叫，这个弹劾韦后的官员就这样被杀死了。

李显脸上神情凝重，不快地说："看来皇后比我的权力还要大，我还没说让他死，她就命令自己的侍卫处死了他。"

上官婉儿很少见到中宗对韦后这样不留情面。只听韦后哭诉道："圣上你说过要永远对我好的，这个人分明是要毁掉我的名节。难道你因为有了新欢，就对我坐视不管了？"

婉儿自然明白韦后所指的人是自己，她有些尴尬。但韦后声东击西的方法未免拙劣，中宗当面拆穿了她："你不要拿婉儿当借口，转移我的注意力，我还没糊涂。你和安乐最近别总是无事生非，你的家奴做的那些坏事别以为我不知道。"

韦后和安乐公主母女二人就这样自讨没趣地被中宗斥责了一通，悻悻地退下了，但她们的忌妒和愤怒却愈加强烈了。

三

韦后和安乐公主被中宗训斥后，非但没有收敛，反而更加胡作非为，李显分明知道这样的事情，却多是睁一只眼闭一只眼。他对于妻子的放纵让刚刚才放下心来的上官婉儿感到担忧。尽管本朝的风气开放，但像李显这样纵容妻女的皇帝还真是闻所未闻。对此，上官婉儿和太平公主等人也是屡次进言。

但比起韦后来，安乐公主的欲壑难填却更让人担忧。

这一天，安乐公主拿出一张空白敕书来，撒娇卖乖地要中宗盖上御印。

上官婉儿坐在一旁无动于衷，她早就私下里听说安乐公主在卖官鬻爵，恐怕就是通过这样的方式得到皇上的旨意的。现在朝堂上除了宰相和亲王，什么三教九流的人都有。这个安乐公主分明是要毁掉李唐江山，只要给钱，她就会帮助对方弄到想要的官职。

上官婉儿已经麻木了，为了这个安乐公主，她现在和李显的关系也是紧张的，再也没有前些日子的那种默契和恩爱了。

上官婉儿若有所思地走回自己的寝宫，特意绕道到了她和李显同游过的花园。花园中美丽依旧，但物是人非，她内心更觉得无限失落。这时，从假山后面传来一男一女调笑的声音，她循声轻轻走过去，发现躲在假山后面的竟是韦后和武延秀。

她将此事告诉了李显，李显的反应比起她想象的要平静得多，他似乎已经看透了这一切，眼神中有一种浓得化不开的忧伤，他已经心灰意冷，想要将这个江山传位给弟弟李旦。

第二天，韦后就跟安乐公主互通了消息。她们日日担忧的事情终于要发生了，不能让李旦坐上皇位，那样的话，她们目前拥有的一切都将化为泡影。

"我有一计。"安乐公主附在韦后的耳边，将自己的计划轻声说了出来。

这天，韦后早早起来，吩咐御膳房自己要亲自下厨做饼给皇上，安乐公主为表孝心也和母亲一同烹制。当安乐公主双手发抖地将毒药放到面粉中的时候，她流下了眼泪。韦后捏了捏女儿颤抖的手，以示支持。等待饼子做好，母女两人相携着走到了神龙殿。她们从太监处得知，中宗正在批阅奏章。本来上官婉儿也应该在场陪同的，但此刻她们派去的武延秀正在跟上官婉儿忏悔自己的罪行，请求宽恕。待韦后母女进入神龙殿后，宗楚客就带着几个亲近的侍卫在不远处把风观望。

中宗见韦后和安乐笑靥如花地出现在自己面前，有些不耐烦，他不想再跟她们多费唇舌了，便说道："你们走吧，我不会答应立皇太女一事的，而且下午我就要召集群臣，立李旦为皇太弟，以后继承皇位。"

韦后心中舒了一口气，还好她们先下手为强，现在一切还来得及："皇上，我跟裹儿是来跟你道歉的。这些日子我们确实太过分了，作为你的至亲，我们应该为你分忧的。"

"是啊，父皇。您瞧，我跟母后还特意做了您最喜欢吃的饼子，聊表歉意。您就原谅女儿吧。"安乐公主说着就将手中的食盒扬了扬。

中宗尽管为韦后的背叛而痛心，但每每想到多年来她和孩子们跟着自己吃的苦，就会原谅她。加上今天韦后和安乐来诚恳地道歉，他有些释然道："知错能改就好，我们还是一家人。"

安乐公主便将食盒轻轻地放在中宗的面前，体贴地说："父皇，这要趁热吃，凉了就不好吃了。"

中宗闻了闻食盒中散发出的香味，随手拿出一个小饼咬了一口。韦氏感到很紧张，甚至有想要放弃的冲动："皇——皇上——"

"怎么了，皇后？"

安乐公主重重地看了韦后一眼，韦后摸着胸口，故作镇定地道："皇上，我是说，慢慢吃，别烫着。"

看到中宗一连吃了七八个饼子，还不停地称赞饼子的口感极好，韦后和安乐公主便离开了神龙殿，到韦后的寝宫静待事情的发展。

出来的时候，宗楚客特意禀告道："没人知道皇后和公主来过这里，微臣连眼睛都没敢眨一下。"

不出半个时辰，中宗就感到腹中疼痛难忍，整个人坐立不安，他本以为在榻上躺一会儿休息下就好了，却没想到剧烈的疼痛感一阵阵地袭来，他痛得在榻上乱滚。服侍李显的宫人急忙通报了皇后和上官昭容。

上官婉儿此刻正在听武延秀陈情，却不想，宫人禀告了李显龙体抱恙的消息。

她急忙朝神龙殿的方向赶过去。在上官婉儿没有赶到之前，韦后就差人拿走了食盒，并假意关切道："皇上，您怎么了？"

中宗指着自己的嘴，疼得说不出话来。韦后这才急召太医来医治。太医和上官婉儿几乎同时赶到，可他们看到的却是已经断了气的中宗，他口吐白沫，死状凄惨。

李显的死是上官婉儿始料未及的，她不相信一向身强体壮的李显会突然暴毙，这太不合常理了。她想到武延秀为何会正巧来自己这里祈求原谅，她与武延秀素来没有交情，况且她对其父武承嗣也多有诟病，这里面一定有阴谋。她甚至怀疑李显是被人谋害的，而韦后的嫌疑最大。但是她没有任何证据，只是凭直觉猜测而已。上官婉儿决定隐而不发，以防打草惊蛇。

同样对此事持怀疑态度的还有太平公主和相王李旦，他们又一次失去了一个至亲。现在，武则天和唐高宗的这一代皇子中，就只剩下他们兄妹相依为命了。太平公主执意要看一眼李显的尸体，尽管多方劝阻，她仍然希望能够最后看一眼自己这个老实的兄长。正是这一眼，她更加确信李显的死并没有那么简单。

身为李家唯一可以仰仗的男人，李旦终于在持久的沉默中发声了："当务之急是择立新君，并办理皇上的葬礼。"

"相王所言极是。"上官婉儿附和道。

安乐公主正想提及让韦后登基，李旦就提到了新君的问题，可谓正中下怀。

王公大臣们分成了两派，执掌大权的韦温自然站在妹妹韦后这一边，支持女皇登基，而其他人分成了几派，有支持太平公主的，也有支持相王李旦的，更有人要求按照惯例和祖制办事。就在众人争吵不休的时候，太平公主以心口疼为名将上官婉儿和李旦叫到了偏殿。

当被问及李显有没有立诏书传位给谁的时候，上官婉儿摇了摇头。

"就让重茂登基，旦哥哥辅佐，以制衡韦氏。以后的事情我们可以从长计议，现在要先稳定政局。"

上官婉儿赞同，"为防韦氏一派反对，就说是皇上订立的诏书，你们以为如何？显的印章就在我这里。"上官婉儿说着从宽大的袖口中取出李显的印章，"幸好前天晚上有个重要军务要处理，显给了意见，就让我暂时保管这印章。"

如今是万事俱备，只欠东风了。上官婉儿做起了自己一贯熟悉的工作，快速拟好诏书，盖上印章，便同太平公主和相王李旦回到了议政厅。

众人围绕着"立储君"的问题争吵不休，没有任何结果。

就在韦后假装惋惜无诏书的时候，上官婉儿就拿出了那张诏书，宣布道："皇上留下诏书，在我这里，请各位过目。"

上官婉儿的话无疑给现场造成了不小的震动。韦后惊讶于李显竟然会留下诏书，她从来没听李显提起过。她从上官婉儿的手中拿过了诏书，上面白纸黑字写着让李重茂当皇帝，只有相王李旦一个人为摄政王。

韦氏故意讥诮道："就怕是有心之人伪造的。重茂年纪小，离不开我这个母亲。"

宗楚客趁机说道："皇后也理应辅政，和相王共同辅佐，才能保证幼帝能够顺利治理国家。"韦家的支持者纷纷表示要韦后和相王共同辅玫。

李旦等人没有办法，只得同意了韦后的要求。他们现在能做的只有先扶植李重茂登基，靠着他们的力量尽量制衡韦后。毕竟，朝堂上有一大半的权力都掌握在韦家人的手上，如果不给她权力，恐怕韦家人会生出异动，到时候局势的发展更难以预测，恐怕会对他们不利。

其实，就在韦后母女密谋害死李显的同时，她已经让自己的哥哥韦温秘密调集兵马共计五万人进驻长安城，并特意指派自己的亲信统领这些兵马，以防事情有变，还能留下退路，不必死在这皇宫中。

如今，占有先机的韦后早已将长安城牢牢地控制在自己手中，宫中的总管和重要职位也多由韦家的子弟担任。她甚至派人到了谯王李重福所在的荆州，逼迫他自杀，以减少一个潜在的皇位争夺者。即使是洛阳东都，韦氏的哥哥也已经派了人过去留守。

上官婉儿所在的深宫俨然成为一个监狱，她被韦后的党羽秘密地监视了，一举一动都不自由。她失去了李显在世时的权威，不再享有过问朝政的权力，成为韦氏手上的一个阶下囚，只享受着名义上的自由。

在安排好中宗的葬礼之后，就到了太子李重茂登基的时候了。太平公主和李旦为防止韦后这边有异动，也特意调集了自己的亲兵在宫门外守候，以防止发生政变。韦后得知李家人要和她抗衡，便决定先顺利完成李重茂登基的仪式，但她作为皇太后显然享有比李旦更多的权力，并能随意摆布李重茂。只有十五岁的李重茂向来害怕韦氏，上官婉儿他们费尽心思立的皇帝，根本就是形同虚设。

上官婉儿得知李旦和太平公主现在束手束脚，很不甘心。在她的眼中，韦后和武则天相去甚远，她不认为韦后有这样的资格能成为武则天第二，她要发起自己的抗争。

在李显书房端坐的韦后很有帝王的架势，这让婉儿感到厌恶，她径直走了进来，也不行礼，便道："皇太后好雅兴啊，怎么想到来先帝的房间？是睹物思人吗？还是来寻求心灵的慰藉？"

"上官婉儿，以前有武皇和李显护着你，你还算是规矩守礼。现在倒好，他们都死了，你反倒不讲礼节了。你好大的胆子，要不要我送你去见先帝？"

上官婉儿也索性打开天窗说亮话："是你，对不对？是你害死了李显？"

"瞧你左一句李显，右一句李显的，连皇上都不叫了。看来你真是狐媚惑主。"

上官婉儿知道韦后是在故意激怒她，根本不打算回答她的问题："你不回答，就是默认了。不必故意激怒我，转移我的话题。"

"我没有必要回答你，上官娘娘，请回吧。"韦后背对着上官婉儿，下了逐客令。韦后感到自己的眼眶湿润了，她发誓，这会是她最后一次流泪。

上官婉儿回到了自己的寝宫中，寝食难安。权力居然能让一对患难夫妻相残到这样的地步，她好恨。她一定不能让韦后得逞，她告诉自己：一定要想到一个办法，帮助太平公主和相王李旦。

登基之后的李重茂没有睡过一天安稳觉，每天晚上都是从噩梦中惊醒，之后则辗转反侧难以入眠。梦中的他总是看到韦后拿着一杯毒酒硬往他嘴里灌，他拼命地反抗却无济于事。他在梦中见到了姑妈太平公主和叔父李旦，他向他们求救，但他们却看不到他，只从他身旁冷漠地走过。

"我不要做皇帝。"李重茂呼喊着从梦中醒来。

"恐怕这由不得你。"姐姐安乐坐在他寝殿的梳妆台边，对镜自照。

"安乐姐姐，你怎么来了？"

"这皇宫本来就是我家，我想来就来，你管得了吗？我警告你，现在你不过是个傀儡，该说什么做什么，最好要有分寸。"

李重茂在安乐公主面前表现得很顺从，他唯唯诺诺地点着头，生怕这个凶狠的姐姐会要了自己的命。父皇已经死了，再也没有人爱护他了。从小他没在韦后那里得到过一点母爱，自己的母亲也因韦后的好妒而死于非命，他怀着满腔的仇恨却无法复仇，还要作为她的儿子而尽孝道。如今，他已经完全全成为韦后实现自己野心的筹码。他有时候真想去死，但又下不了手，他还那么年轻，有很多的事情都没有做过。

昨天在朝堂上，宰相宗楚客和太常卿武延秀、司农卿赵履温、国子祭酒叶静能等人，纷纷请求太后韦氏仿效武则天登基称帝。他们分明是当他这个皇帝不存在。叔父李旦虽表示反对，但他微弱的声音早已被这些阿谀之徒的奉承之词淹没了。

"圣上您有何意见？"宗楚客最后还是问了他，但分明是要听到他对太后的支持。

他不想回答，但看到韦后犀利的眼神，他屈服了："我也认为母后可以当此大任，我实在是没有帝王之才。"

对于帝王，说出退位让贤的话真是一种屈辱。现在，他早上一睁开眼睛，还要面对同父异母的姐姐安乐公主的奚落和威胁。对于一个十五岁的少年来说，他承担了太多太多。

此刻，太平公主如坐针毡，正焦急地等待着。她派去宫中的人还没有回来，不知道宫中现在的情况如何。

过了好久，她的人回来了，捎给她的是上官婉儿的一封密函。上官婉儿提议太平公主最好能先发制人夺权。韦后的哥哥韦温和宗楚客频繁入宫见韦后，恐怕将要生变。于她而言现在的皇宫完全是一个监牢，处处都是韦后的人。

太平公主没想到韦后已控制了皇宫。上官婉儿不过是先帝的一个昭容，没有政治力量支持她，她单枪匹马怎么可能是韦后的对手。太平公主让人给婉儿捎口信，只希望她静待他们破宫而入，将她救出来。

太平公主速速召集了侄儿李隆基和儿子薛崇简等人商量兵变的细节。这一大胆的提议得到了临淄王李隆基的热烈回应，他说道："姑母，你放心，我一定要韦氏那个妖后还我大唐江山。"

公元710年7月22日，李旦的儿子李隆基发动了著名的"唐隆政变"。刘幽求在这一夜的时间内主要负责发出各种敕令，命令手下的人将韦姓和武姓的专权外戚通通抓住，就地正法。这样，当韦后想要求助的时候就会发现自己已经处于孤立无援的境地。

同时，李隆基身穿便服进入禁苑，按照约定的时间到达苑总监钟绍京的府邸。可本来已经答应追随的钟绍京临时反悔，拒绝从旁协助李隆基发起政变，幸而最终钟绍京的妻子坚决逼迫丈夫参加政变。之后，李仙凫、葛福顺、陈玄礼等军官和刘幽求各就各位，等李隆基一声令下，数万名羽林军杀入了皇宫。

上官婉儿听到外面的喊杀声，内心惊喜，知道是太平公主的人已经行动了。她赶紧从床上坐了起来，梳洗打扮，准备迎接胜利的将领们。

李隆基边进攻，边高呼着"韦氏毒死先帝，谋危社稷，今夕当共诛诸韦"的口号，宣称自己是替天行道的正义之师，因此众多守卫皇宫的士兵纷纷倒戈投入李隆基的阵营。宰相宗楚客还在韦后宫中商量对付李家人的计策，却不想外面已经火光冲天。

"太后，还是躲一躲吧，微臣掩护您。"宗楚客慌张地说。

韦后没想到李隆基行动会如此之快，心中自然恐惧，便接纳宗楚客的提议，二人相伴着逃跑了。谁知本以为很安全的飞骑营，里面的将领也多是她一手提拔的，却有人站出来杀了宗楚客。

韦后战战兢兢地说："不要杀我，我给你封王。"

谁知那个飞骑兵回答道："我们士兵只想过安稳的日子，你这妖后，给不了我们。"话毕，他就斩下了韦后的首级，准备进献给李隆基。

此时，身在别院的安乐公主还沉浸在对未来的畅想中，她身边是一个面容秀丽的美男子，是一个宠臣献给她的礼物。她根本不知道正殿上所发生的一切，正在享受着这个美男子带给她的快乐，不想此时门外一阵响动，她正要起身看发生了什么，就看到一个身穿盔甲的人手持一把剑朝她挥舞过来，她只感到头部一阵剧痛，就倒在了一片血泊中。旁边那个衣衫不整的美男子吓得晕了过去。

韦后和安乐公主都被斩杀了，李隆基的政变获得了意想不到的成功。上官婉儿率领自己宫内的宫人手持烛台，列队迎接这个年少气盛的王爷。她笑着走向李隆基和他身旁的刘幽求，手里拿着那份自己立下的诏书。

刘幽求将那份诏书交给李隆基,李隆基眉头紧锁,指着她说道:"此婢妖淫,渎乱宫闱,怎可轻恕? 今日不诛,后悔无及了。"

上官婉儿并不害怕,只是不明白自己为何会遭到这样的对待,她平静地问道:"王爷何出此言?"

"你说这遗诏是真的,明明先帝有意要立相王为皇太弟,进而继承王位,可你这遗诏上却说相王只是参与辅政。这分明是你伪造的,伪造诏书,其罪当诛。"

刘幽求见上官婉儿临危不乱,心生敬佩,求情道:"王爷,恐怕这里面有误会,不如我们和镇国公主求证一下。"

"不必,来人,杀了这个女人。"

上官婉儿没想到,自己和祖父上官仪居然有着同样的命运,都会因区区一份诏书而命丧黄泉。其实,权力斗争从没有她想象的那么单纯,李隆基不过是想自己当皇帝,而前提就是让自己的父亲先当上皇帝。所以,她必死无疑,因为她的存在,他无法实现自己的野心。他明白,太平公主的功绩不亚于李旦,谁做皇帝真的是个未知数,而上官婉儿,也因为自己的才华和能干,于李隆基而言显然也是一个潜在的威胁。她是生活在权力旋涡中的女子,注定要为权力殉葬。

一代巾帼上官婉儿的一生,就此终结。

第二辑 ｜ 李白

惊世才华只为诗与远方

第一节 ／ 才学高超好任侠

写诗作赋，李白是奇才，而舞刀弄剑，他同样是佼佼者。

相传李白的剑术在当朝 位列第二，魏万曾说他"少任侠，手刃数人"。

他自幼就受到任侠精神的影响，身上常年佩剑，就这样，

少年独自踏上了读书与行路的旅程。

在中国古代士子的心中，家世背景似乎成为身份地位的一种象征，出生于王侯将相家族的人，自然以此为荣并大加利用和宣扬，而出身贫寒微贱的，自然喜欢追根溯源，力求在过往的历史中，与某个华丽而庞大的家族攀上些许关系。

这种习惯自古有之，到了唐代更甚，就连超然洒脱的李白也不例外，他曾多次暗示过自己和大唐的天子有着宗亲关系，所以，一切还得从李白族叔留下的《草堂集序》说起。

据史料记载，李白本是西凉国创建人武昭王的九世孙，相传，武昭王居住在陇西（今甘肃省泰安市），所以李白的祖籍便在这里了。

平静的日子并没有维持多久，因祖先犯了罪，李白的父亲李客和族亲们开始了背井离乡的流亡生活。一路上，他们漂泊流浪，隐姓埋名，风餐露宿，一度流落到西域，客居在一个叫碎叶（在今吉尔吉斯斯坦北部托克马克附近）

的小镇上。

　　唐武后长安元年（公元 701 年），一个婴孩在碎叶呱呱坠地了。在他出生前，其母梦见一颗长庚星坠入自己怀中。后来，妻子将梦境告诉了丈夫李客，李客依梦所托，给新出生的婴孩取名"白"，字"太白"。

　　李客当时怎么也不会想到，自己为第十二个孩子亲自起的名字，会光照千秋。时光飞逝，转眼间，李白已四岁。在众多民族杂居的碎叶安居数年之后，直到唐中宗神龙元年（公元 705 年），江山易主，李客觉得祖先犯的罪早已威胁不到自己的性命安全了，便决定带着全族人马东归。是的，他们即将启程，离开这个天寒地冻、草木稀缺、人衣毡褐的边疆小镇，而这里，也完全不具备孕育一代奇才的人文条件，历史青睐了李白。这年，他还不到五岁。

　　李白由此跟随父亲开始了他人生的第一次漫游。此后，他大半生都在漂游。如果说，碎叶是他的出生地，是他的第一故乡，那么"漂游"的状态便可幻化为李白独特的人生象征。

　　他历经跋涉，穿过皑皑雪原、漫漫黄沙和茫茫戈壁，伴着萧萧的马鸣与阵阵驼铃声，他行走在月光下，行走在风雨里，行走在日出前。就这样，年仅四岁的孩童跌跌撞撞地走向未来诗歌的国度。大唐的国门已向他敞开，他一旦踏入了，这扇门就没有人能关上。

　　当一行人来到西蜀绵州（今四川省绵阳市）时，他们被当地淳朴的民风和绝美的景色深深打动了，随即便在青莲乡定居下来，并且恢复了李家的姓氏。历史的偶然对李白却有着重大意义，后来，他自号"青莲居士"。

　　至此，李白的第一次远行结束了。正是因为有了早年这样极具张力的生活经历，才丰富了他的视野，造就了日后的诗仙。

　　曾经"不余一年，散金三十万"的历史早已随着时间的洪流消散，即使辉煌不复往昔，李白的家庭还是称得上阔绰的。他们先前去西域到底做过什么，我们不得而知。但正是那段历史的空白，留给后人无尽的遐想。在诸多推测中，"经商说"的赞同者最多。

　　从李白这句"千金散尽还复来"诗中，不难看出他早年的生活虽然漂泊不定却也还算殷实。他的父亲常年赋闲在家，管教孩子们的读书生活，陪伴李白度过了一段安稳的年少时光。直到后来，李白还常常回忆起父亲带他一同诵读《子虚赋》的场景。

蜀中对李白来说，是馈赠，是梦境。这里有缥缈而空灵的山水，有清新可人的花鸟，自然风物带给他的是无与伦比的欢乐时光。

对他来说，故乡情早在他还是孩童之时就已扎根于心间。难怪在他后来的诗作中，多有关于巴山蜀水的篇章。也许，在他心里，对这片土地的热爱早已幻化成一种精神的巢穴、一种情感的寄托。

在这种根植心中的记忆里，也许最能拨动诗人心弦的，还是那漫坡渡中缓缓升起的皎皎明月和子规夜啼吧。难怪每当后人来到他生活过的漫坡渡，也会自然而然地为这里贴上标签，那是属于李白缥缈唯美诗境的标签。

虽然李白出生在碎叶，但也许只有蜀中才能真正称之为故乡。他与他的兄弟姐妹在此成长，直到后来他去世之前，他最小的弟弟也依旧生活在这里。

蜀中的一切形成了一种独立而稳定的大气象，宗教的昌盛、文化的传承都在漫坡渡慢慢沉淀，在这种氛围和父亲的影响下，李白开始了他的文化之旅。他读透了经史子集，背过了相如诗赋，他学仙问道、习武练剑，他如鱼得水般地在自由的天地中成长着，他的人生才刚刚启程。

或许是因为出生在西域，也或许因为血管里可能流动着的那一半西域的血液，李白虽然自幼酷爱读书作文，却从来不是一介文弱书生。对于这位十来岁的少年来说，人生里无非两件大事，一件是读书，另一件就是练剑。在李白看来，读书可以用有限的时间饱览别人的人生，而练剑则可以让自己在人生路上走得更为广阔、潇洒。

其实，对于李白来说，读书和练剑完全是相辅相成的两件事情，读书讲的是体悟，是意境；对于剑术的修习来说，若是不能体悟而只是学其皮毛也是大忌，所以练剑需要读书，相对应的，读书也少不了练剑。李白从小就有一种任侠的情怀，诗书读得越多，心里面那么一股凛然正气就会越来越强，若是遇到不平之事而只能袖手旁观，心里的那股正气又怎能畅怀。

写诗作赋，李白是奇才；舞刀弄剑，他同样是佼佼者。相传，李白的剑术在当朝位列第二，魏万曾说他"少任侠，手刃数人"。自从上次与父亲的客人开怀畅谈，李白便对外面的世界有了一种强烈的探索欲，加上自幼就有的任侠情怀的影响，李白带上自己常年的佩剑，独自踏上了读书与行路的旅程。

这位十八岁的少年第一次出门，游历的地方不远，也不多，大部分是家乡周围的一些州县，然而，值得庆幸的是，李白在这次旅程中遇到了一位指明了他人生方向的重要人物。

开元六年的初春时节，李白游历到了梓州，这次前来，不是为了欣赏名山大川，也不是为了看看人烟繁盛，而是为了寻求一名隐者，这位隐者就是"严东子"，即赵蕤。

赵蕤，字太宾，在梓州县城外的长平山上结庐而居。

这位"赵处士"年轻的时候并不是如今这般遁世的人，赵蕤和许许多多的年轻人一样，怀抱着远大的理想，十年的苦读，只为了将自己所学所用尽数造福于天下百姓。但时运不济，数年的辛苦只换来一次次与成功的失之交臂，无奈，他只好退而转向山中专心著书立说，他本以为就这样梅妻鹤子地了此余生，但命运的安排总是不遂心如意。

原本对功名心灰意冷的赵蕤，在晚年时却受到了朝廷的注意，多次被征召入京为官。也许是因为过去仕途之路所受的挫折，也许是因为单纯的对做学问的热爱，赵蕤拒绝了为官的邀请，继续在深山之间潜心探求，并创造了一个又一个新的高峰。

李白听闻坊间流传的这位"赵处士"学识渊博、通贯古今，不是开口闭口科举进士的先生，而是一位纯粹的学者，这不就是他要寻找的人吗？山里的路难行，李白一人一剑，走起来却分外轻松，因为李白深深地明白，在这个世界上找到一位真正懂他、能够指引他的知己实在太难了。

山深难觅，李白在弯弯绕绕的山间小路前一筹莫展，不知前路在何方。正在沉思时，突然听到头上有鸟雀扑打翅膀的声音，抬头一望，只见上千只各式各样的鸟正聚集在山间的一处吃食，其中不乏喜鹊、鹦鹉、画眉、鸽子，它们你拍我打，热闹非常。李白很是诧异，定睛一看，鸟儿们聚集之地的旁边正好有一茅庐，当前一人，正是赵蕤。

原来，赵蕤酷爱豢养鸟类，不仅如此，在他的眼中，每一只鸟都是独特且唯一的，他给它们每一只都命了名，只要唤一声其中一只的名字，那只鸟儿便会扑棱棱地飞到自己手中来吃食。看到这个景象，李白更加确定自己寻到的这位隐士必定是奇人异士。

上天也没有辜负李白的期望，这位赵蕤与他一见如故，尽管两人年龄相差数十岁，却一点没有阻碍他们的交流。因为两人都有着共同的爱好，一个是读书，一个是习剑。赵蕤有了年轻时的教训，读书也不再仅仅局限于科举所包含的内容，而是博览群书。赵蕤惊奇地从这位后生的身上发现了自己年轻时的影子。

对李白、赵蕤二人来说，可谓亦师亦友。他在长平山上与赵蕤相处的时光是令人难忘的，二人闲时吟诗作对，兴起之时击剑言欢，李白帮赵蕤豢养着山中数千只的鸟儿，而赵蕤则传授李白为人立身的学问。尽管一个尚且青春年少，一个须发皆白，却都发自内心地为自己寻到知音而兴奋。

一天，赵蕤和李白二人闲谈，说到科举，赵蕤问李白的想法。李白说自己生性豪放不羁，又过惯了随心所欲的日子，怎么会像寻常人家的子弟一样希望通过科举考取功名？听完了李白的话，赵蕤赞许地一笑，既笑这位年轻后生果然与自己志同道合，又笑年轻时的自己怎么就为了科举而耽搁了大好年华。

李白虽然生性喜欢任侠纵横，但赵蕤也看得出来，无论多么向往自由，这个年轻人的身体里始终埋藏着一颗经世致用、一展雄才大略的野心。赵蕤告诉李白，当朝能够进入仕途的方法除了科举，还有举荐和制举。举荐就是当朝凡五品以上官吏均可以直接向朝廷举荐贤才，制举则是圣上挑选非常之才的办法。

与赵蕤整日吟咏啸傲于竹林山水虽然潇洒惬意，但这小小的一方山水怎能容得下他心中的勃勃雄心。对于李白这匹千里马来说，现在能得到一位位高权重的伯乐的赏识该是多么重要。

李白看着自己的朋友赵蕤，发现这位长者的眼睛里闪烁着不舍但却饱含鼓励的目光，是的，终于要出发了。天下那么大，出色的人才那么多，但总有一天，所有人都会注意到一位名叫李白的青年，他绽放的光芒会让一个时代都为之倾叹。

李白在蜀中大踏步地向前迈进的时候，也一刻没有停下自己的笔，"树深时见鹿，溪午不闻钟"（《访戴天山道士不遇》）、"峨眉山月半轮秋，影入平羌江水流"（《峨眉山月歌》）、"江行几千里，海月十五圆"（《自巴东舟行瞿塘峡，登巫山最高峰，晚还题壁》）等诸多名句就是出自那时。

蜀中四五年的游历生活对李白来说如同读书进学，只不过传授的老师是形形色色的人和事，是大自然中的山山水水。峨眉山带给他秀丽，青城山教给他清幽，而那些蜀僧道人又让李白的诗歌抹上一缕哲思的色彩。

这几年的游学生活对李白来说是至关重要的，也正因为如此，李白一生的作品始终不曾沾染上哪怕一丝一毫的谄媚权势之气。不管命运把他送到多么辉煌耀目、高处不胜寒的地方，他永远也是那巴蜀山水的孩子，情之所至，兴之所寄，一字一句皆出自自己的心念。他一生所求的是让原原本本的自己得到众人的认可，而不是按照别人的期望改变自己的模样。

第二节 ╱ 行舟泊君万里游

从十八岁走出青莲乡，到二十岁初游成都，

在七年的时光中，李白基本上已经遍历这巴蜀山水、人物风情。

巴蜀对于李白来说如同一位温柔的母亲，

用这七年的时间把自己的所有都教给了眼前的这个孩子。

开元十三年（公元 725 年），二十五岁的李白去乡出蜀，江陵是李白出川后的第一站，在一路的辛苦奔波后，李白终于踏上了异乡的土地。

江陵虽然不大，但却是当时的中南重镇，也是全国各地东西南北交汇的重要枢纽，因此，江陵这个地方自唐朝初期就设立了大都督府。正因为江陵所处的地理位置，商贩来往频繁，百姓也或勤奋劳作，或从事商贸，过着安居乐业的生活，整个江陵俨然一派繁华都会的模样。

但凡商业繁盛的所在，也积淀着丰富的文化底蕴。只有当地的人们吃饱穿暖，一个城市才有可能设立书院、戏馆，人们也才有吟诗作对、互为唱和的情致。江陵就是这样一个地方。

在江陵，通称为"西曲"的乐曲十分流行，酒楼茶肆里都有专门唱曲的女子为客人们助兴，而寻常百姓家的青年们也大多擅长于此，因为相比于传统意义上传道授业的"诗"而言，"曲"的任务就简单多了，就是传达情思。不用说什么"继往圣之绝学，开万世之太平"的大道理，高兴了畅快高歌，失意时悲泣低吟，如此而已。

"曲"的特点和李白豪放不羁的性格可谓一拍即合，李白刚到江陵的前一段时间，几乎忘记了走访名士的打算，而完全沉浸在对于"曲"的执着里。他常常去那些酒肆茶馆，听各种各样的女子唱她们的喜怒哀乐。李白有一次看见一位妙龄女子在茶馆里唱歌，便急急忙忙上前去听，原来这位女子唱的正是"西曲"中的名篇——《西洲曲》：

> 忆梅下西洲，折梅寄江北。单衫杏子红，双鬓鸦雏色。西洲在何处？西桨桥头渡。日暮伯劳飞，风吹乌白树。树下即门前，门中露翠钿。开门郎不至，出门采红莲。采莲南塘秋，莲花过人头。低头弄莲子，莲子清如水。置莲怀袖中，莲心彻底红。忆郎郎不至，仰首望飞鸿。鸿飞满西洲，望郎上青楼。楼高望不见，尽日栏杆头。栏杆十二曲，垂首明如玉。卷帘天自高，海水摇空绿。海水梦悠悠，君愁我亦愁。南风知我意，吹梦到西洲。

那女子的声调婉转，音容笑貌恰如歌中所唱的稚嫩少女，李白也沉浸在她的歌声中不能自拔，歌女唱到开心之处李白也跟着开怀，而吟到失落之时李白也忍不住随着她扼腕叹息。

待女子唱完，李白加倍给了赏钱。他暗暗地在心里想：今后我也要写出这样人人都听得懂，并且人人都为之感染的作品来。在江陵对于"曲"的接触，在很大程度上影响了李白今后歌行体方面的创作。

李白成日里上酒楼听曲，或是和在江陵结交的伙伴出游打猎，自幼强烈的好奇心总是让他什么都愿意去尝试。江陵虽好，但是，他终究没有忘记自己的初衷，那就是寻访名士，觅得进入仕途的良机。

作为一位远道而来的异乡人，李白不知道江陵藏着哪些名士，更不要说去接触他们。但对于有准备的人来说，机会总是会来的，只不过时候未到而已。

　　一天，和李白一路同行的友人吴指南告诉李白，著名的道教大师司马承祯正好出门远游要经过江陵，如果李白想要拜谒，他可以引见。

　　司马承祯字子微，号白云子，他言辞精妙，思维敏捷而富有哲理，是唐朝的一代名道，在当时享有盛名。道教在唐朝早已被封为国教，道士们得到了百姓甚至皇室成员的尊重和敬仰。司马承祯作为一代名道，更是多次受到武后、玄宗和睿宗的召见，除此之外，玉真公主（玄宗的妹妹）还曾经拜他为师。

　　司马承祯一到江陵，当地的权贵们纷纷前往拜谒，一时间司马承祯的行馆门前车水马龙，热闹非常，李白站在诸多的达官显贵之中显得很不起眼。然而，往来的人虽多，他们看重的无非是司马承祯的名气以及他和皇室的亲密关系，想着的无非是与他交游能对自己的仕途有所助益。李白虽然也一直希望能得到有权势之人的提携，但这次前往拜谒司马承祯，初衷却完全是对老庄精义的浓厚兴趣。

　　李白自幼多读杂书，自从十岁熟读《诗》《书》，就开始对老庄产生了浓厚的兴趣。他自小在西域的经历让幼年时的李白生性向往自由和无拘无束，《逍遥游》里雄奇险怪的譬喻，《老子》里"小国寡民"的畅想，都带给幼年时的李白一个想象中的奇幻世界。

　　等到年纪稍长，李白便前往戴天山寻访道士，去峨眉山寻访蜀僧，以及后来在匡山大明寺的一段苦读经历，都让李白与寻仙求道结下了不解之缘。这次恰逢司马承祯路过江陵，此时不前去拜谒畅谈，更待何时？

　　当时的李白不过一介布衣，待到等候的人差不多都拜谒完了才轮到他前去进见。李白刚刚一走入室内，便暗暗感叹司马承祯不愧为一代名道。只见榻上老者年近古稀，须发皆白，手执拂尘，一派仙风道骨的风韵。

　　此时的司马承祯已见过了太多的拜谒之人，人数虽多，口中所言却无非是那么几句俗语，颠来倒去的好没意思。正感到疲惫之时，却见一位青年大踏步而进，只见他脊梁挺直，剑眉星目，眉宇间充满自信的神情，举手投足极尽潇洒从容，但礼数却非常周全，言语间也极尽谦卑之意。

　　见此情景，司马承祯对这个从未听闻过的青年产生了浓厚的兴趣，原本斜倚在榻上的他也微微欠起身子。礼数既全，二人便交谈起来，司马承祯先大略了解了李白的家世生平，便直言不讳地问李白此行为何。

司马承祯原本想，这样没有功名傍身的青年前来找他，为的不过举荐二字罢了，倒也是人之常情，不值得深责。但此时的李白一心只想到了遇到这样的高人一定要求教精妙道义，拜谒权贵进入仕途的事情早已被他抛到了九霄云外，因此一开口便是希望向先生请教老庄之学。

听闻此语，司马承祯不禁暗暗称奇，那寻常人家的青年，不要功名也就罢了，年纪轻轻的敢跑来和他畅谈道义的倒实在是为数不多。要知道，李白虽然从小喜文，但剑术也从没落下，自从十八岁便仗剑游侠，周游四方，他的胆量和气概，自非那些酸腐文人可比。

另外，李白虽然一直向往进入仕途一展胸中抱负，但若要完整地概括他的梦想，却是"功成、名就、身退"，他心底深处念念不忘的还是对寻仙求道隐逸生活的追求。

李白和司马承祯二人既然心意相通，交流起来更是开怀畅谈、不拘礼数，从老庄谈到寻仙再到追索人生的终极意义，二人相谈甚欢，司马承祯赞他"有仙风道骨，可以神游八极之表"（《大鹏赋》），李白亦对司马承祯学识之丰富、道义之精深也深为叹服。

告别司马承祯，李白依然难掩觅得知音的喜悦。那天晚上，李白一人在睡榻上辗转难眠，索性起身走到窗前，只见月华流转，窗外的枝丫影影绰绰，唯有头顶那一方深蓝的天空，在皎月与明星的点缀下绽放出最为纯粹的美。望着高远的夜空，李白仿佛变为那"其翼若垂天之云"的大鹏，如今找到知音，只待振翅而起的那一天了。

李白越思索越觉得胸中文思泉涌，他走到案前，提起笔来洋洋洒洒地写就一篇《大鹏遇希有鸟赋》，整篇文章气势磅礴，一气呵成。李白把自己比为大鹏，而司马承祯就是那与自己心意相通的稀有鸟，文章以华美的辞藻夸张地描写了大鹏"激三千以崛起，向九万而迅征"的壮阔景象。

自然，李白坚信自己就是文中的大鹏。虽然现在他正静静地等待那未知的命运，但他也坚信，他的前路必然光辉无比。

但与司马承祯的交谈也着实使他犹豫了，他固然渴望在朝堂之上运筹帷幄，辅佐君王决胜于千里之外，但那真的是自己想要的生活吗？他说到底还是巴蜀的孩子，喜欢自由是他的天性，他又想起了长平山上与赵蕤一起度过的那段时光，养鸟、读书、练剑，多么自在逍遥！

其实，李白自己就是一个矛盾体。上天赐予了他太多截然不同的天赋，以致他常常不能决定到底要朝哪一条路走才好。同样，他依然是那天性好奇的孩子，没有单一的方面可以满足他的求知欲，世界那么大，任何有趣的人和事他都想去试上一试、看上一看。

这种矛盾后来伴随了李白很多年，当他在从政的道路上不懈奋进时，寻仙求道的生活又在一个个长夜里引诱着他。他常常感叹自己理想的生活是"出则以平交王侯，遁则以府视巢许"（《冬夜于随州紫阳先生餐霞楼送烟子元演隐仙城山序》），但想要实现这个愿望却总是心有余而力不足。

这些矛盾也带给李白无数个苦思冥想的夜晚。诚然，这种问题是永远没有标准答案的，但这些对于人生问题的不懈求索，却在李白的作品里星星点点地凝聚起来，成就了许多后世传唱不休的名句佳篇。

在江陵待了一段时日，熟悉了当地的风土人情，饱览了江陵的历史遗迹，李白那颗不安分的心又开始躁动起来，对于正当年轻的李白来说，天下奇景异人那么多，他真是一时一刻也不愿停留下来。恰好在这个时候，一路与李白同行的友人吴指南前来找到李白，希望能继续与他结伴，同游长江。

自古以来，长江与黄河就在中原大地上奔腾咆哮，千百年来奔涌不息，水流所到之处，人畜繁盛。也多亏了河水的滋养，百姓才能休养生息、安居乐业，由此逐渐衍生出了中华民族上下五千年的历史长江。

两条大河无不是水势磅礴、气象万千，风光之绮丽让人禁不住驻足观望。长江两岸更是拥有诸多历史遗迹，众多文学作品中都亲切地把长江称作炎黄子孙的精神之河。

李白和朋友吴指南沿着湘水北上，一路走到苍梧山（今九嶷山，位于湖南省南部永州市宁远县境内）方才折返。

苍梧山是中国众多神话故事的发源地，今天又叫九嶷山，由九座山峰构成，其中九嶷山的主峰，即舜源峰，相传是因为舜帝驾崩后葬在这座山峰的山脚下而得名。舜源峰旁边又有娥皇、女英二峰，两峰婀娜多姿，依傍在舜源峰的左右。

有了此次出游，李白后来经常在诗中说自己"南穷苍梧"。九嶷山的巍峨风姿和奇绝风光与李白之前在《淮南子》《庄子》里读到的神话故事暗暗相合，李白来到此处，仿佛自己孩提时代做的那些梦都变成了现实。那一块块奇绝险怪的山石，那山林深处的潺潺流水，那天边浮动的五彩流云，都如同烙印一般深深地刻在了李白心底。

后人评李白的作品，说他的诗总有一股"仙气"，不似人间之物，想来也与李白的这次出游分不开吧。

离开充满神话色彩的苍梧山，李白和朋友在折返的途中，又被因洞庭湖而闻名的岳阳所吸引。岳阳在古时又被称为巴陵，它西临洞庭湖，北接长江，凭借着优越的地理位置，岳阳自古以来就有着"鱼米之乡"的美誉。

李白和朋友游到洞庭湖时，只见洞庭湖水域开阔，水面上云蒸霞蔚，湖中鱼儿潜游嬉戏，天上一行行白鹭次第飞过，湖畔更有远山相衬，好一派人间仙境的样子！这给李白留下了深刻的印象。后来李白曾专门为洞庭湖赋诗五首，其中一首：

洞庭西望楚江分，水尽南天不见云。

日落长沙秋色远，不知何处吊湘君。

——李白《陪族叔刑部侍郎晔及中书贾舍人至游洞庭五首》

然而好景不长，正当李白沉浸于中土大地的山河美景，畅游八百里洞庭湖时，与他同行的朋友吴指南突然暴病而亡。李白在二十多年的生涯中还是第一次如此近地距离感受死亡，他为朋友感到悲痛，也为生命的脆弱而感到恐慌。

吴指南是自蜀中就与李白结伴而行的朋友，这一路走来，两人一同经历的风雨数不胜数。想当年刚出蜀时，傍晚他们一起在船头对酌，夜里虽冷，却敌不过二人心里的豪情壮志，他们把酒言欢，他们对月畅饮。

如今，他们畅谈时的豪情壮志尚未实现，朋友年轻的生命却已经逝去，李白悲痛难当，"炎月伏尸，泣尽而继之以血。行路间者，悉皆伤心。"（《上安州裴长史书》）

悲痛之余，朋友的故去也带给李白对于生命的诸多沉思，究竟应该怎样过完自己的一生才算无怨无悔？不难发现，在之后的旅程中，李白虽然没有放弃对自己政治理想、对文学造诣的不懈追求，但他也懂得了在逐梦的过程中，"人生得意须尽欢，莫使金樽空对月"（《将进酒》）是多么重要！

李白少年时代就好任侠，喜纵横。朋友虽然在旅途中故去，但身为旅伴的李白却不能就这样抛下同伴离去。李白忍着悲痛带上朋友的尸骨白天赶路，晚上就待在朋友的身边守护，如此昼夜不息。

然而一天晚上，或许是李白孤身一人又身处野外，竟然引来了山中猛虎。老虎在暗处窥伺寻求机会，一腔侠气的李白单单凭着身上的一柄宝剑硬是与猛虎对峙了一夜，拼死守住了朋友的尸骨。

到了天明，老虎终于离去，几日来不眠不休的李白才总算长舒一口气。但这样走下去终究不是办法，无奈之下，李白只好把朋友葬在湖边，这才含泪诀别，然后他经江夏向金陵而去。

之后，李白虽依旧在外漂泊，但他却仍然记挂着这位昔日的朋友。三年后，李白又专程奔赴岳阳，在那里寻找到朋友的遗骸，又一路背着走到鄂州，借钱厚葬了朋友，做完了这些，李白才终于觉得安心了。

这次与朋友的结伴同游，本应该是指点江山、一抒壮志豪情的时候，却因为朋友的故去而抹上了悲凉的色彩。命运总是这样捉弄人意，带来希望的时候往往失望也随之而来。但伴随着挫折的历练和时间的打磨，青年时代的李白也渐渐地褪去青涩与稚嫩，朝着他未知的前方一步步坚定地走下去。

第三节 ／ 极目天下正当年

长江水的雄浑，洞庭湖的开阔，九嶷山的神秘，金陵城的古朴，

所谓"读万卷书，行万里路"果然不错。

此时的李白依然有着敏捷的文思与天马行空的想象，

但下笔气象却远远大于之前那个偏安一隅的蜀中少年。

日照香炉生紫烟，遥看瀑布挂前川。

飞流直下三千尺，疑是银河落九天。

——《望庐山瀑布》

　　李白潇洒的性格和他对山水的热爱，使他对华夏风物的感情更加深厚。他经江夏，一路来到了庐山（在今江西省九江市）。只一眼，他便爱上了这座秀丽的山峰。自古以来就有"庐山之美在山南，山南之美数秀峰"的说法，登庐山山南的"秀峰"，自然就是为了望一望这大气磅礴又清爽温婉的"庐山瀑布"。

　　一千三百年前的那一天，李白领略了这一奇美的景色，并吟唱出流传至今的千古名句。庐山一夜，李白醉了，醉给了青山绿水，醉给了鸟语花香，醉给了灿烂星河，醉给了瀑布庐山。坐于瀑布前，他明白了自己的梦，踏上了追

梦的道路。

离开了庐山，李白乘舟顺流而下，一路上水借风势，风助水流，不过三日左右的行程，小城当涂便出现在了眼前。

当涂虽小，没有整日里走街串巷、沿街叫卖的小贩，也没有日夜不息、车水马龙的街道，但却拥有厚重的历史气息，让每个了解它的人靠近时都不由得肃然起敬。

相传上古时禹曾大会诸侯的涂山，便是在这小城当涂，秦始皇东巡会稽也是选在这当涂继续跨江而上。而最广为人知的，当属当涂对岸的和州乌江，那里便是吟出"力拔山兮气盖世，时不利兮骓不逝"的西楚霸王项羽的殒命之处。

白驹过隙，时光易逝，那些千百年前的雄浑与悲壮都化作了当涂这个小镇里的尘与土，当李白作为一名过客，流连在小镇的街巷之间时，仍然能听到老人们向他们的孙子孙女说起当年的那些故事。时光能抹去很多痕迹，那些伟人们都早已故去，但他们在人们心中留下的烙印却一代代绵延下去，越印越深。

离开当涂，不远处便是金陵了。金陵是六朝古都，它有过很多名字，包括建业、建康等等，但人们还是最愿意称它为金陵。相传楚怀王的父亲楚威王在兼并江东一带后，曾经登高遥望，只见后来被称为金陵的地方隐隐有王者之气，便在那里埋下金子来镇守它，并在当地设立了金陵驿，因此才有了后来的称呼。

金陵曾是多少文人诗里、梦里的地方啊，城东有钟山，如一条巨龙盘卧；城西则有石头城，仿佛猛虎蹲踞；玄武湖烟波缥缈，在城北的青山绿水中若隐若现；城南更有轻歌曼舞、丝弦声终日不绝的秦淮河。滚滚长江水在这里汇集了众多支流，浩浩汤汤如万马奔腾朝着大海绝尘而去。金陵这块宝地如稀世明珠在它们的簇拥之下，绽放出熠熠光辉。

李白初到金陵，看到这莽莽苍苍的帝王之州是多么激动啊！他多想赶快登上钟山之巅，在那云海深处引颈高歌；又多想乘着画舫一游秦淮河，听一听那低软糯甜的吴侬软语。然而，他还不能去，他还有更重要的事情要做。

　　这一路行来，李白在酒馆茶肆间听到人们谈论最多的就是即将要举行的封禅大典，如今四方已定，国运昌隆，百姓安居乐业，是到了该正式祭拜天地的时候了。对于李白来说，封禅大典更像是一场盛会，因为皇帝专门下了一道诏令，命各州府择选文武人才、孝廉子弟前往举行封禅大典的泰山脚下见证和记录这一隆重的时刻。这不正是一次千载难逢的良机吗？

　　确认了封禅的消息后，李白回到自己居住的客栈，打开自己虽然不大却满满都是"行卷"的背囊，细细地甄选起来，他清楚地明白自己需要挑出几篇出类拔萃的作品，把它们作为自己的第一块敲门砖，敲开那通往仕途的大门。

　　思虑良久，李白选择把《大鹏赋》放在自己的"行卷"之首，多少年来，那昂首展翅翱翔于白云深处的大鹏一直是他内心深处最渴求的梦想。

　　自幼年时代起，李白便有一个只属于自己的幻想世界，这个充满奇思妙想的少年在自己的世界里纵横四海、尽情挥洒。那里的山苍莽而巍峨，茂密的树丛间散发着神秘的气息，仿佛有上古的神祇行走其中。那里的水灵动而幽深，看似平静的湖面总是忽然间闪现细细的涟漪，让人不禁猜测是否有蛟龙出没其间。一切不可能在李白的世界里都变得皆有可能。这奇幻世界里面钟灵毓秀的山山水水，让李白沉醉其间，而他更希望有人能与他一起分享。

　　封禅大典近在眼前，金陵城里的大小官员们忙得不亦乐乎。文武孝弟虽然只是在泰山脚下观礼，但那可是直接面圣的良机啊。寻常寒门子弟走科举之路，过五关斩六将才能走到金銮殿前，哪里比得上这次封禅来得一步登天。

　　所以，这几天来，甄选文武孝弟的诏令一经传开，虽然文人们的"行卷"、拜帖如那漫天飞雪般堆满了金陵城大大小小的官府、衙门，但其实怎会有人理会，前去观礼的文武孝弟的名单是早早定下来的，那些投到官员们府上的"行卷"，还没等送到官员们的眼前就被抛在了一边。

　　李白的文章，苏颋、赵蕤都有过赞誉，又经过这几年的游历，他坚定地相信投出去的那些"行卷"，应该如同撒向沃土的种子，总有一粒能结出累累硕果。然而，李白投出去的"行卷"都如同石沉大海般杳无踪迹。

　　蜀中土地养育出来的儿女，不管遇到什么样的挫折，永远不变的是一颗从容而潇洒的心。这些天来，李白带着他的"行卷"奔走于金陵的名流之间，无奈"十谒朱门九不开"，然而一次次的挫折并没有让李白就此消沉，取而代之的是李白终于有时间审视金陵这座厚重与新奇并存的城市。

几个月下来，金陵的翰墨场上、酒楼茶馆间多了一位风流公子，他才情横溢又纵情任侠，一柄宝剑舞得人眼花缭乱、目不暇接。

李白一掷千金、潇洒豪爽的性情，使他的身边聚集起一批金陵城里的落魄公子哥儿，他们一起东市听曲、西市走马、南市买酒、北市赋诗，度过了一段快乐的时光。李白的文名也随之在金陵城里流传开来，那秦淮河畔的青楼楚馆间，歌女们低声吟唱的多是李白的作品：

> "妾发初覆额，折花门前剧。郎骑竹马来，绕床弄青梅。同居长干里，两小无嫌猜。十四为君妇，羞颜未尝开。低头向暗壁，千唤不一回。十五始展眉，愿同尘与灰。常存抱柱信，岂上望夫台……"
>
> ——李白《长干行》

李白在金陵盘桓的这段时间，仿佛做了一个繁华梦，梦里他畅享盛世太平，与朋友在轻歌曼舞的酒肆里饮酒作乐，与少年儿郎们在马场里纵情驰骋，与金陵城的公子哥们在赌坊里一掷千金，又在众人的簇拥下登高赋诗、应酬唱和。

这样的日子对李白来说是快乐的，这些俗世的喧嚣与浮华就如同装在夜光杯里的葡萄酒，还不及喝，看上一眼便醉了。它们又更像井水里倒映的那一轮皎月，如此之近，仿佛触手可及，但又如此之远，轻轻一碰便碎在了涟漪里，无迹可寻。

在不绝于耳的丝竹声里，在醉眼蒙眬的觥筹交错间，在歌姬舞女如波浪般翻飞的血色罗裙之下，李白感受到一种更深的痛苦，它不同于之前失落的无助，这种痛苦来自于迷茫，来自于自以为是的快乐突然惊醒时，梦碎裂的声音。

这些繁华与享乐带给李白的是一种麻痹的沉醉与快意，这段时间留下的作品也多写那些细腻而难以言说的儿女情长。某一次的长醉醒来，那种狂欢之后的空虚再次席卷了他，李白突然意识到，是时候离开了。天地之大，任由他纵横，金陵这块繁华之地也留不住他游侠的脚步。离开的时候金陵城里的友人们前来相送，李白回首，看这座既给了他痛苦又给了他快乐的城市，心中诗情满溢：

　　风吹柳花满店香，吴姬压酒唤客尝。金陵子弟来相送，欲行不行各尽觞。请君试问东流水，别意与之谁短长？

——李白《金陵酒肆留别》

　　离开了金陵，李白依旧孑然一身，乘着一叶扁舟直往扬州而去。扬州是典型的南方城市，李白去的时候正是初春三月，草长莺飞。扬州虽然与金陵相去不远，气候也并无太大差异，但相比金陵的繁华，扬州更多了一分柔美。

　　如果把金陵比作那艳妆美饰的贵妇，扬州则是那着一袭嫩绿衣裙、容颜只略为妆点的少女，虽无十分修饰，但举手投足间自有一股独有的娇憨。微凉却饱含生气的春风恍若一只柔美的手轻拂过扬州城，河畔刚刚长出新绿的柳条便纷纷随风招展，远远望去，就像妙龄少女的一头秀发。李白便为她的美而停下了漂泊的脚步。

（二）

　　初到扬州之时，李白依然想到了拜谒名士，寻找自己的知音，奈何封禅大典虽然完结，各级官员们又忙着表政绩，争功夺誉，依然没有人来理会他。几次尝试都告失败之后，李白反而洒脱了，或许是时运不济，抑或许是时机未到，既然无人欣赏，那么在这烟花三月、春意盎然的扬州城孤芳自赏一回又有何妨。

扬州城的温柔逐渐平抚了他躁动不安的心，李白仍然坚持着自己的凌云壮志，但他也懂得了在逐梦的途中偶尔停下来听一听鸟儿的歌唱，闻一闻沿途鲜花绽放的气息。

李白在扬州城享受着生命的美好，也在为下一次的漂泊做着积淀。然而，长时间的旅途辛劳和肆意纵横让李白病倒了。本以为这只是一场小病，没什么大不了，但可能因为病势蓄积已久，这场病不仅没有渐渐好转，反而是辗转缠绵，一天天重了起来。

从蜀中出来时本来身携重金，但李白的性格放纵不羁，最爱任意而行，高兴时就日散千金。因此，待到扬州之时，李白身上的金钱早已所剩无几。而如今又在异乡病倒，李白举目无亲，很快就陷入困窘的境地。他决心写信请求扬州和金陵的朋友来帮助。

李白在扬州和金陵的朋友虽多，却大部分是落魄的公子哥儿，多是青楼楚馆间的酒肉朋友，细数起来真正的知交居然一个没有。因此，他寄出的求助信毫无回音。

眼看着身上的银钱就要花销殆尽，自己的身体又丝毫不见好转，客栈的房款尚且不能支付，何谈延请医者前来诊治，而自己的家人又远在巴蜀，音信难通，李白这时才仿佛从自己的繁华梦中惊醒。本以为自己纵情仁侠，多多相助他人，便也能换来真心相对，却哪里知道这世间的人情冷暖竟然到了如今境地。

这场病让李白想了很多。在这个陌生的城市，没有人能给重病的他以安慰。李白夜晚一人卧于房中，那玉盘般耀眼的月亮又升起来了，在地上留下一个清亮的影子。李白突然想到，不论走到哪里，唯一不变、陪伴自己的不就只有这轮明月吗？这也是故乡那被众星簇拥、高悬于明净夜空之上的明月吧。思乡的念头涌上李白的心头，他归思难抑，口随心动，心随口出，吟道：

床前明月光，疑是地上霜。举头望明月，低头思故乡。

——李白《静夜思》

也许是上天的眷顾，又或许是命运的怜惜，幸好扬州附近的江都县衙中有一位李白的旧日朋友听闻他生病，主动要来看望他，这位朋友，李白称他为"孟少府"。

多亏了这位孟少府，他来看望李白后得知了李白的窘况，不仅慷慨解囊相助，解了李白的燃眉之急，还帮忙寻来了医者，广求良药，悉心照顾，李白这才一天天逐渐从病中好转起来。

一个月过去了，李白的病终于好了，却陷入了新的矛盾与苦恼中：若是在扬州继续待下去，自己的盘缠显然是不够了；若折返蜀中，这一番离家游历两年有余，不仅出蜀时带的银钱花销殆尽，连功名也没有博得，怎有颜面回去见家中殷殷期盼的父母。最后，还是孟少府给李白指出了一条出路——去安陆。在那里，李白遇见了他一生中的挚友。

三

孟浩然早在李白以前便成名于诗，性格也与李白一样，不拘一格，同样有不肯摧眉折腰事权贵的气节，同样有千金散尽还复来的气度，仿佛一个十二年后的李白。

虽说李白此时心系仕途，却依然对归隐于此的孟浩然心生仰慕，毕竟修道对于李白来说，也是一个终生梦想。徘徊已久的李白最终决定拜谒孟浩然，这一会，成就了一段旷世友情，被传唱至今。

鹿门山，清幽的风景带给李白宁静的心境，一边走一边想象这位成名已久的诗人到底会是个什么模样，为何能将山水之景描绘得如梦似幻，让人如痴如醉。期冀与忐忑充斥在李白的心间，这种奇妙的情绪带给李白一种奇特的心情，在这个如同仙境般的环境下，李白仿佛乘着云雾寻访着孟浩然。

在这个悠然的清晨，悠然的李白在山中见到了悠然的孟浩然，只有四个字能形容他们的相会——一见如故。

二人席地而坐，把酒言欢，席间互相吟诵对方的诗词，大加赞赏。在字里行间的分析与遣词造句中，二人对彼此的钦佩有增无减，这种一见如故的心情逐渐转变为亲密无间的友情。灵魂间的契合成就了两个人的友谊。对于孟浩然的政治见解，以及孟浩然对诗词的看法，李白更是由衷地钦佩，不由得作诗一首："吾爱孟夫子，风流天下闻。红颜弃轩冕，白首卧松云。醉月频中圣，迷花不事君。高山安可仰，徒此揖清芬。"（《赠孟浩然》）

与孟浩然只是短暂的相遇，却让李白终生惦记着这位朋友。多年之后孟浩然东游之时，又与李白相遇在江夏，无尽的喜悦瞬间浮现在二人的脸颊。二人登上黄鹤楼，把酒言欢，对酒当歌。看着无边的江水，目送离去的友人，李白站在江边大声吟诵着："故人西辞黄鹤楼，烟花三月下扬州。孤帆远影碧空尽，唯见长江天际流。"

吟毕，泪湿青衫，如同长江一般的思念与不舍，绵绵不绝。那时的李白，人站在那里，心却化为一叶孤帆，直奔远处的船影。他们的友情正如这首诗一样，含蓄而不张扬，待人细细品味之时，顿生一种孤寂，伤情扑面而来，只剩下喉头的哽咽，发不出半点声音。

其实，孟少府建议李白前往安陆，还有另一层隐意。

安陆算是鄂中腹地的一个小城，这里虽无如金陵、扬州那些大都会的繁华，却自有一番宁静的神韵。安陆虽小，这里却居住着一户许姓人家，这户人家在祖父一辈就官至唐高宗时期的宰相，父辈也担任过员外郎。如今许员外年事已高，便辞官隐退，带着妻女栖居在这安陆小城，安享天年。

许员外一生喜读诗书，又仕途畅达，老来更是找到了安陆这个宁静的小城安心休养，本来过得是从容适意，唯有一件事情放心不下，那就是膝下幼女尚未找到归宿，长久以来急在心头，寝食难安。

许家小姐生在书香门第，又是世代簪缨的名门望族，虽然女子不事科举，但也从小请了先生教些诗赋之类。平日里闺房沉闷，许小姐试着吟诗作对，有时也偶现惊人之语。

这许家本来门楣就高，加上许家小姐又才貌双全，在那寻常人家选婿说亲的时候，许家总是左挑右选，那些文思粗鄙的自然是入不了许小姐的眼。这样挑挑拣拣，竟是耽误了这许小姐的青春年华，到了二十五岁仍旧待字闺中。

许员外一边心急，一边心疼女儿，不敢随意婚配误了终身。想想自己年事已高，身边正缺个儿子倚靠，索性招个品性既佳、又堪当栽培的女婿上门算了。

许员外正好同孟少府是好友，便把招婿这件事情托付给他去办。适时李白正好卧病扬州，他的文才孟少府又十分清楚，心想李白正好是合适的人选，这才建议他前往安陆。

到安陆不久，李白便与许氏喜结连理，许员外膝下只有这一个独女，夫妻二人又异常和美，许员外自然是不遗余力地栽培新婿，只盼望李白有一日能鲤鱼跃上龙门，让许家随着年月逝去而日渐暗淡的门楣重新绽放光彩。

李白本以为在安陆没有谁可以仰仗，谁知却遇上了昔日戴天观的故人元丹丘。原来，自从李白出蜀不久，戴天观的老道人就驾鹤西去，元丹丘也随之离开了那里，云游四海。走到安陆之时，安陆都督马正会与元丹丘是世交的好友，元丹丘这才在安陆盘桓几日不曾离去，却正好遇上了李白。

元丹丘听闻李白有入仕的志向，自然愿意向安陆都督马公引见李白，再加上老丈人许员外在马正会面前的进言，李白成了都督府的贵客，但凡都督邀约文人志士、安陆名流齐聚一堂应酬唱和时，总是少不了李白的身影。

李白也自然不曾辜负好友元丹丘与丈人的引荐，在众人的注目之下，李白自由挥洒、才情满溢，奇文美句挥笔立成。李白的才华让都督马正会也起了爱才之心。

正当马正会准备举荐李白入仕时，马正会和长史李京之却被调任他处，举荐的事情成了一场空。新调来的裴长史与李白素不相识。马都督和长史调走了，李白虽然感到沮丧和失落，但他坚信，是金子，在哪里都会闪光的。

他整理了自己的行卷，郑重地向裴长史府上投了拜帖，本以为以自己昔日在安陆的文名，一定很快就能收到长史大人的邀约，谁知邀约没有等来，反而屡次登门拜访都吃了闭门羹。

原来许员外虽然只有一个女儿,但许家还有一位许大郎,是许员外胞兄的儿子。这位许大郎成日里游手好闲,已近而立之年,不仅没有挣得自己的一份家业,反倒是打上了叔父家产的主意。

唐朝时的女儿地位再高,嫁出去就得一切随了夫家。许大郎想:这许员外一辈子挣下的偌大家业就是他一个人的。可偏偏李白一来,家里算是有了男丁,如若李白再功名大成,许大郎自己还有什么颜面来与李白争锋。

新来的裴长史听闻李白的才名,本有心相见,但许大郎拿李白曾经"犯夜"的事情从中挑拨,说他恃才傲物,从来不把长史大人放在眼里,这才使得李白每次去拜访都被拒绝。

李白觉得事情蹊跷,后来终于知道是许大郎从中作梗,便情真意切、言辞郑重地给裴长史写了一封长信,即《上安州裴长史》书,在文章里李白澄清了自己的志向,真诚地希望长史大人能给他一次见面的机会。但也许是裴长史沉浸在许大郎的话里太久,终究是没有见李白。

李白知道许大郎对他心怀不满,又无法言明,索性自己搬到了丈人在寿山的一处别墅居住,寿山别墅虽然简陋,但好在除了鸟鸣花语,再无他物打搅,李白在那里仿佛回到了蜀中与赵蕤一起度过的日子,整日里读书练字,清闲自在。

直到有一日,李白收到好友孟少府的来信,责备他躲在寿山里只一心读书不思进取,不若大丈夫行事。李白当即修书一封,即《代寿山答孟少府移文书》回复好友,表达了自己高远的理想:大丈夫当然要以功名为事,这小小的安陆若是容不下自己,那么,他将便去往更广阔的天地,就如同一条小溪,怎能载得动大鲸呢。李白站在寿山山顶极目远眺,看那长安,想看天子脚下必然有自由挥洒、任情纵横的天空!

第四节 ／ 激扬文字点江山

年轻时，他挣扎过、愤怒过、反抗过，结果却和自己希望的相差甚远。

而如今自己已年过四十，如果命运无法被主宰，

那么至少不管命运把自己送上巅峰还是打入低谷，

都要在那个位置上绽放出最耀眼的光彩。

李白初到长安，便骑了马，怀揣丈人的书信，直奔光禄卿府飞驰而去。

原来，许员外有一个侄孙名为许辅乾，当今正任京中光禄卿一职，专门负责给天子搜集山珍海味，烹制佳肴珍馐。这个官职虽然品阶不高，但胜在油水丰厚。许辅乾任了这几年的光禄卿，挣得盆满钵满不说，也结识了不少的名流贵胄。

许家虽然世代簪缨，但可惜许员外也已年迈归乡，亲戚间走动并不频繁，年岁一久便都生疏了下来，只有这个侄孙是个亲近的本家，或许可以帮衬一二。

许府果真高门大户，一块雕琢精工、质地优良的牌匾悬于府门之上，门前官家车马络绎不绝。不过，李白只略在门口停留，那门前的小厮却已是不耐烦了。这时节正赶上京中的盛会"千秋节"，出入这光禄卿府的哪个不是有头有脸的人，在这门前守得久了，小厮们也都个个学得乖觉，什么样的冠冕和束带对应着几品的官阶，他们是清楚得很。就是那些人家来的女眷，哪个不是好

几个轿夫抬着，跟着一众的丫鬟婆子。

唯有眼前这个青年人，没有随从跟着，只独自一人骑着马，腰间也没有坠着代表身份的玉佩，倒是背后不伦不类地挂了把佩剑。贵公子们可从来不是这种打扮，看起来像是那漂泊不定的游侠儿，或者那些没身份的市井贱民，倒不如早点赶走了好，免得在这紧要关头生出事端。

小厮打定主意，便不由分说来撵人。而李白还沉浸在自己的思绪里没回过神来，这一撵倒是惊了坐下马儿，马儿倏忽间扬起前蹄，慌乱地嘶鸣起来。李白这才敛住心神，急忙挽住缰绳，安抚马儿。小厮见撵人不成，倒是惊动了四周好些贵人，嘴里便骂骂咧咧起来。

李白本来还不明就里，倾耳一听才算是明白过来，一股无名火倏地就升起来了，正待要发作，又想起自己到底在异乡，此番前来又有求于人，怎好就与府中家丁起争执，倒是要叫主人家贻笑大方了。李白强自按下怒火，从怀中掏出丈人的书信给小厮看了，小厮上上下下把李白打量了个遍，这才半信半疑地进府通报去了。

话说这光禄卿许辅乾此时恰好在府中，只是这"千秋节"将近，圣上要大宴群臣、与民同乐，他这专管膳食的正是忙得四脚朝天之时，本来就忙中生乱，偏偏这时小厮递了封信来。

许辅乾拆开来草草一看，原来是叔父举荐来的"穷亲戚"投奔自己来了，不禁暗道倒霉。欲弃之不顾，又不好驳了叔父的情面，自己这光禄卿的差使也多是仰仗了许家祖上的关系才挣来的。不如先请来府中住下吧，反正自己家底丰厚，多养一个闲人也无甚妨碍。

外边李白等得心焦，正在胡思乱想之时，却见刚刚仗势欺人的小厮忽然间换了副笑面孔出来，主动上前牵了李白的马，低下头恭敬地说道："我家主人吩咐小的来迎先生入府。"李白看他前后差异甚大，却也不便深责，只放下了自己一直悬着的心，跟着小厮往府中走去。

李白原本以为，这便是带自己去见此家主人了，一路上赶忙整顿衣衫，腹中备下文字，谁知小厮七弯八绕的，路是越走越小，越走越偏，直把李白带到府中一处偏僻的厢房，才转身道："我家主人这几日公务繁忙，烦请先生在此处先歇息几日，待我家主人忙完，定摆酒设宴为先生洗尘。"说罢便有几个丫鬟送上平日用品，也不待李白答言，小厮便俯身鞠了一躬，自顾自扬长而去。

（二）

初到长安，李白本就人生地不熟，现下好歹是到了本家的府中，便也由着主人的意在光禄卿府上安顿下来。这一等就等了大半个月，许辅乾才终于想起这个打老家来的"穷亲戚"。他思来想去，到底找个什么地方打发了这个不速之客才好呢？

当今朝上的兵部、户部，显然不是李白这一介书生去得了的。左相源乾曜又是个出了名的"甩手丞相"，诸事不管、诸事不问。要说举荐贤才的去处，恐怕也只有右相张说那里可以一试了，只是这张说最近恰在病中，府上一切事务都交给次子张垍在打理，这张垍是三品卫尉卿，还是当今公主的驸马，可不是个好相处的角色。

许辅乾正暗自发愁，忽然间又转念一想，只要找个去处把他打发了，便算是对叔父有个交代，至于以后嘛，那得看他自己的造化，自己操得是哪门子心。

半个月后，李白终于跟着许辅乾进了右相府的门。刚进门，只见一位年纪尚轻、风姿翩翩的少年郎端坐于上首。三人分宾主坐下，李白便取出自己一路上细心整理的"行卷"，双手奉上呈给张垍品读。张垍一读之下，不禁暗自称奇，《静夜思》《长干行》的文思之细腻，譬喻之精巧，他身边的文人墨客相较起来，竟是无人能及。张垍不禁心念急转，他暗觑李白，只见其俊逸脱尘，而又没有通常文人身上都有的腐朽之气。可惜这张垍虽说生得一幅好皮相，却并不是一个磊落之人。他只道李白这样的人若是上达天听，必得重用，岂不是为自己树立劲敌，得好好想个法子把他打发出京城。

张垍思索了一会儿，对李白道："先生的心意晚辈已经知晓，当朝虽然早有举贤进士的传统，流程却极为繁杂还容易出纰漏。晚辈刚刚拜读先生大作，知先生非池中之鱼，晚辈现下有一捷径，只不知先生肯与不肯。"李白一听大喜，张垍既肯为自己设法，哪有不肯的道理。

原来张垍为李白指的路，就是去玉真公主在终南山的别馆。玉真公主素有雅兴，每逢暑中便去别馆小住，同些文人墨客说道谈禅、赋诗作对。如今正逢夏中，李白且去终南山候着，等公主来了一展文才，再求公主去天子前美言几句，哪里还愁没有入仕的机会，只等着平步青云便罢了。

然而，事情却远不是如此。待李白安顿下来，才发现玉真公主的别馆虽然从远处看起来豪华富丽，内部却空无一人，里面虫蚁横行、蛛网暗生，在这空旷的大山之中，倒像是一座荒园。苦等两月后，公主没来，给张垍的书信也仿佛石沉大海，再也没了音讯。问过伺候他饮食的老汉才知：原来，玉真公主的别馆自修建以来，公主只来避过两次暑，还是别馆修好的前两年，公主觉得新鲜，这才来待了几日，却都没长住。自从公主在华山新修了别馆，终南山的这座别馆便再没来过。怪不得这别馆如此富丽堂皇，却空无一人，想是早已经被公主遗弃了。当初张垍对自己描绘的那些飞黄腾达的场景，不过是编出来的谎言。李白本来就是性情中人，胸中这一股恶气不吐不快，立时题诗《玉真公主别馆苦雨赠卫尉张卿二首》，其中第一首为：

秋坐金张馆，繁阴昼不开。空烟迷雨色，萧飒望中来。翳翳昏垫苦，沉沉忧恨催。清愁何以慰，白酒盈吾杯。吟咏思管乐，此人已成灰。独酌聊自勉，谁贵经纶才。弹剑谢公子，无鱼良可哀。

待痛痛快快地发了一通住在这荒山野地的牢骚，还觉得不够快意，第二首更是借《南史》中刘穆之的故事，指桑骂槐地讽刺张垍心胸狭窄、为人险恶。

第二天一早，李白一路疾驰到许府，却被拒之门外。许辅乾只赠予些许银钱便把他打发了事。李白思来想去，多半是自己的那两首诗惹怒了张垍，现在竟是连许辅乾也不愿接待自己。

（三）

　　所谓屋漏偏逢连夜雨，李白四处碰壁，心灰意冷，想着偌大的长安城，竟是连自己的立足之地也没有，这皇城中数以千计的文武百官中，竟是没有自己的一席之位。一时间急恨攻心，昏头昏脑地走在大街上，背囊里的"行卷"散落在地上也不知。恰巧路边有一位年轻人，虽然眉宇间也隐含愁绪，但衣饰上却颇显贵气。这位年轻人捡起散落在地的"行卷"，正欲呼喊，却见面前一张纸上洋洋洒洒写着"大猎赋"三个字，读到"河汉为之却流，川岳为之生风。羽旄扬兮九天绛，猎火燃兮千山红。"时，只觉得其雄壮旷达，难以言表，可谓语出惊人。

　　他于是赶忙上前叫住李白。这年轻人名为陆调，和李白一样，来这天子脚下便是为了寻找入仕之机。只是陆调在长安有个家底丰厚的叔父，所以吃穿用度方面倒是无须发愁。

　　陆调赶忙上前叫住李白，两人一见如故，相约找了间路旁的酒楼，互诉平生之志，开怀畅饮，倒像是多年不见的老友。酒到半酣时，陆调推荐李白去找自己的朋友邠州长史李粲，这位李粲热情好客，家中日日宴饮不断，好歹可以解李白囊中羞涩之急。李白思来想去也别无他法，只得答应下来。

　　这位李粲也确实是好客，筵会上不但有丝竹相伴，还有诗赋应和。李白去了李粲那里，过了一段逍遥的日子。不久，李白又拿了李粲的信去投奔了坊州司马王嵩，继续日日代主人陪客奉酒，偶尔献上一两首诗赋为宾客助兴。主人家倒也是保管李白吃穿不愁，只是一提到举荐便没了下文。

　　如此浑浑噩噩地过了一段时光，李白到底是心意难平。开元十九年（公元731年）早春的一天，李白辞了主人，匆匆留下一篇《留别王司马嵩》，便准备踏上归途。此时的长安城，尚且积着薄薄的春雪，李白站在这熟悉的城门前，不禁感慨自己空度韶华，依旧是壮志未酬。

那时恰逢长安"上元节"，李白醉酒于街头，被混混欺辱，后被陆调所救。待到李白整束衣衫，微敛仪容，陆调这才给李白讲明了事情的经过。原来那伙混混竟是保卫皇城的羽林军，白天当值时耀武扬威，晚上休息时为非作歹，就是当朝品阶稍低些的官员们也要让他们三分。李白听后大为惊讶，自己本以为长安这苍莽帝王之都、天子脚下，任是谁也得依着王法，谁知这自以为最清明的地方，却成了最黑暗的地方。

想着自蜀中出来的十来年，命途多舛，仕途艰难，他将那压抑在心底的不甘、愤懑、屈辱和嗟生之叹都倾在诗句里，正是那首《行路难》：

> 大道如青天，我独不得出。羞逐长安社中儿，赤鸡白雉赌梨栗。弹剑作歌奏苦声，曳裾王门不称情。淮阴市井笑韩信，汉朝公卿忌贾生。君不见昔时燕家重郭隗，拥篲折节无嫌猜。剧辛乐毅感恩分，输肝剖胆效英才。昭王白骨萦蔓草，谁人更扫黄金台？行路难，归去来！

李白决定了要走，陆调也不好多留，何况自己没能获得功名，想帮朋友也是有心无力，如今也只能好好地为朋友办一场饯别宴，聊以安慰。陆调知道李白喜豪饮，煞费心思地寻来了几坛"珍珠红"，二人正借酒浇愁，却又巧遇友人西蜀王炎，王炎素来擅琴，一柄家传的玄色古琴更是从不离身，如今见二人愁肠百结，便命随行书童取来古琴，自己席地而坐，整顿衣襟，两根手指自琴弦上微微一拨，便起了一个极高极陡的音。

李白这边尚自喝着闷酒，却听得那边一连串急促的拨弦声破空而来。这支曲子不同于李白和陆调日间听惯了的坊间歌曲，坊间歌曲讲得要么是金榜题名日，要么是繁花似锦时。这支曲子却仿佛来自那遥远的蜀中，那里山势奇崛，壁立千仞，其中更有大大小小的瀑布夹杂其间，远远望去，仿佛一道道的水流高悬于天际之上，那里，是李白的故乡啊，是他日日夜夜魂牵梦萦的地方。

王炎弹的这支曲子正是《古蜀道难》，李白听完后，只觉得意犹未尽，那蜀中的层峦叠嶂、虎啸猿鸣还在他的眼前挥之不去。李白向着王炎一拱手，道："先生之技艺高绝，请容在下赋诗一首以和之！"王炎欣然应允，李白便也不再过多辞让，走到酒楼床边，只见月上中天，清辉遍洒，当即便口占《蜀道难》：

噫吁嚱，危乎高哉！蜀道之难，难于上青天！蚕丛及鱼凫，开国何茫然！尔来四万八千岁，不与秦塞通人烟。西当太白有鸟道，可以横绝峨眉巅。地崩山摧壮士死，然后天梯石栈相钩连。上有六龙回日之高标，下有冲波逆折之回川。黄鹤之飞尚不得过，猿猱欲度愁攀援。青泥何盘盘，百步九折萦岩峦。扪参历井仰胁息，以手抚膺坐长叹。问君西游何时还？畏途巉岩不可攀。但见悲鸟号古木，雄飞雌从绕林间。又闻子规啼夜月，愁空山。蜀道之难，难于上青天，使人听此凋朱颜！连峰去天不盈尺，枯松倒挂倚绝壁。飞湍瀑流争喧豗，砯崖转石万壑雷。其险也如此，嗟尔远道之人胡为乎来哉。剑阁峥嵘而崔嵬，一夫当关，万夫莫开。所守或匪亲，化为狼与豺。朝避猛虎，夕避长蛇，磨牙吮血，杀人如麻。锦城虽云乐，不如早还家。蜀道之难，难于上青天，侧身西望长咨嗟。

一首诗吟完，回转身，只见王炎坐在古琴旁已然是泪湿衣衫，陆调也隐有悲戚之色。"蜀道之难，难于上青天"，李白这一叹，叹的是国家社稷，叹的是民生多艰，叹的是这天下千千万万的平头志士，空有一颗报国之心却没有报国之门。

四

岁月如梭，任凭再尖锐的棱角也终会被时光磨平。这段时日，李白也曾随着元演北上太原，一睹那大草原上的风土人情，又曾与故人元丹丘在颍阳山居盘桓数日，山间明月高照，丹丘、岑勋好友相陪，快意挥毫《将进酒》，然而，这短暂的和美与快意随着妻子许氏的离开而中断，李白当初那颗高傲的心如今也跌落在了平淡的流年之中，而此时命运之神却又悄悄向他伸出了橄榄枝。

开元二十九年（公元 741 年）秋，朝廷传达诏令，命各州县光选道门精英，随同玉真公主一行，前往亳州真源宫举行盛大的祭祀老子的活动。这天李白正站在田埂上为今年的歉收而发愁，听到裴仲堪来告诉自己这个消息，李白只得报以苦笑。裴仲堪道："太白兄，莫要叹气，你可有一位好友名为元丹丘是也？"李白点头称是。裴仲堪一拍掌喜道："那就对了，这位元丹丘先生正在奉召入京之列啊，不日就要启程了。太白兄若是还有出仕的念头，何不去他那里一探究竟？这批道人除了跟随玉真公主祭拜之外，十有八九还会面圣，若到得那金銮殿上略为美言两句，哪里还有不成的事情？"

李白一听恍然大悟。既然元丹丘不日就要启程入京，李白当即回家收拾行装，脱下平日里干活穿的粗布衣服，随意套上一件夏袍就匆匆忙忙策马往元丹丘在颍阳的山居赶去。元丹丘看李白前来拜访，自然明白了他的意思。

当年他与李白、岑勋三人月下共饮，李白高歌一曲《将进酒》的场面仿佛还在眼前。元丹丘笑道："太白兄现在也不必感叹'蜀道之难难于上青天'了，贤弟我如今便亲自替兄长跑一趟京城，你只管安心回家，抚养幼子，静候佳音便是。"

所幸，元丹丘果然不负老友的重托，天宝元年（公元 742 年）八月，在李白四十二岁的那一年，朝廷招他入京的诏书终于到了。入京的事情即刻便被提上了日程，李白看看一旁自顾自玩耍的女儿平阳和儿子伯禽，心中有万分的不舍，但男儿生当建功立业，岂能为儿女情长所羁绊。《南陵别儿童入京》正作于此时，此时的李白正因能入仕为官而澎湃激昂。

白酒新熟山中归，黄鸡啄黍秋正肥。呼童烹鸡酌白酒，儿女嬉笑牵人衣。高歌取醉欲自慰，起舞落日争光辉。游说万乘苦不早，著鞭跨马涉远道。会稽愚妇轻买臣，余亦辞家西入秦。仰天大笑出门去，我辈岂是蓬蒿人。

——《南陵别儿童入京》

第五节 / 赐金放还归人间

在无数个夜晚的挣扎和徘徊里，在一次又一次的希望和失望中，

看着这座华丽却冰冷的宫殿，李白还是选择离它而去了。

开元三载春，李白手里捧着玄宗"赐金归山"的诏令，

于楼观台之顶回首一望这留下了他最低谷和最辉煌年华的长安城，终于是洒泪而去。

"正如贺老（贺知章）所言，卿家果然惊为天人……卿家如今既入了京，便供奉翰林，待诏左右，为朕润色鸿业，书写这大唐河山可好？"

太白大殿上玄宗的一道诏令，让李白从招贤馆搬进了皇城中的翰林院。虽然自己的政见文章尚未被玄宗亲阅，却总算是迈出了一步。翰林院离面圣的金銮殿不远，是金碧辉煌的深宫中一处难得的颇为雅致的院落。这不大的翰林院里，住着全天下士人里的最高层，他们的职责只有一样，就是随时等候皇帝诏命，或草拟诏书，或即兴写诗作赋，供帝王和文武百官品玩助兴。

李白住在翰林院里，过得倒也颇为顺意。只是这翰林院是待诏文人们的聚集地，若非皇帝诏令，平日里便闲来无事，彼此之间免不了来往，李白本有心结交一二，可这些在朝廷上混迹久了的文人们嘴里说出的，都是些虚与委蛇的场面话。李白也免不了和他们假意逢迎一番，心里却觉得甚为厌恶。时间一久，李白也无心走动，只把经史子集、《贞观政要》一类的书拿来反复品读，

一心等着皇帝诏令。

天宝元年（公元 742 年）十月，内侍终于传来了诏令，宣李白即日前往随侍骊山。李白大喜，以为到了用兵之时，把自己平日里写的政论文细细整理好，全部带在身边。

骊山属于秦岭的一条支脉，虽然海拔不高，但贵在风景秀丽，更有自然温泉喷涌，离帝都长安不过四十余里的路程，自秦汉以来，就成为历朝历代皇家专属的休闲宝地。骊山四季分明，加上骊山的温泉不仅舒适宜人，而且有养生的功效，因此热衷于长生之道的玄宗更是常常驾临。

李白骑着御赐的骏马，随着玄宗浩浩汤汤一行来到了骊山脚下。李白一看，这骊山果然名不虚传，自山脚到山腰都修筑了各式亭台，中有抄手游廊相连，廊柱和檐角上都系上了各色绸带，并有宫女数人着绯色轻纱穿行其间。山脚下搭建了戏台，舞女们在台上藕臂微扬、柳腰轻摆，端的是风情万种。

天子一骑当先，群臣咸集，稍事休整之后，玄宗便下令开宴，歌舞重起，天子与群臣同乐。李白迫不及待地尝了一口杯中御酒，也不知那酒是如何酿制，一眼望去清透见底，入喉却是浓厚醇香。有好酒兼有丝竹悦耳，李白喜不自禁，一杯接着一杯灌下肚，竟是有了醉意。本是有些担心天子问政，但不一会儿只见君臣尽欢，酒酣人散，大家便各去休息了。

第二日，皇帝传旨，赐群臣汤沐。之后的几天不是游山就是赐宴。李白起初只觉得皇恩浩荡，遍及群臣，只是时间一久，内心却免不了起了疑惑。他本以为天子欲与群臣畅言国事，哪知自从来了骊山，玄宗整日只顾带着贵妃四处游乐，倒是连每日的上朝议政都省去了。

李白每日也是闲来无事，有一天在山脚下四处乱逛，突然听到有丝竹声恍若仙乐，自山腰天子的寝宫之处传来，细听之下，还有女子和乐而歌，唱的是"伴洛妃，凌波神渚；动巫娥，行云高唐。音和态宛转悠扬，更泠泠节奏应宫商。"想来是《霓裳羽衣曲》，确是富贵非常。只是这丝竹管弦之盛到底是靡靡之音，于国事无一用。

几日后，李白再次被传召。他带上自己越积越厚的政论文跟随内侍一路上了山腰，来到了玄宗的宫殿外。可这一次李白连玄宗的面都未见到，内侍只吩咐李白跪在殿前待命，不一会儿里面就赐下了文案和笔墨纸砚，天子诏令他献上一篇关于驾临骊山温泉宫的诗，李白虽略感诧异，但也不好多言，不过一炷香的功夫，诗句便成：

羽林十二将，罗列应星文。霜仗悬秋月，霓旌卷夜云。严更千户肃，清乐九天闻。日出瞻佳气，葱葱绕圣君。

——《侍从游宿温泉宫作》

诗一写好，内侍便用衬着金色绸缎的托盘呈进了大殿深处。不一会儿，内侍就出来了，但这一次不同的是，内侍满脸堆笑，连声道贺："太白先生果然文才高绝，陛下看了龙颜大悦，赏了好些东西呢。"李白赶紧叩头谢恩。这一天下来，李白颇为困惑，莫名其妙地被召去写了一首闲诗，竟是换来了一堆的金银珠宝、绫罗绸缎。

自此次之后，李白便常常受到天子的诏令，不在朝堂之上，倒多是在侍宴、游园之时。一来二去，写了好多诸如《宫中闲乐词十首》《春日行》等在李白看来不痛不痒、无甚用处的"闲诗"。可"有心栽花花不开，无心插柳柳成荫"，李白虽觉得无用，却是回回都讨得玄宗赞不绝口，奇珍异宝不知赏了多少。

锦上添花的是，除了玄宗的赏识，李白的诗还得到了杨贵妃的喜爱。尤其是天宝二年（公元743年）的暮春时节，兴庆宫里的牡丹花开得正艳，帝携贵妃同游兴庆宫赏花，本来歌舞自有梨园安排，玄宗觉得听腻了那些陈年的旧曲，当即便招李白来重谱新词。

李白待诏久了，玄宗也知李白有才，最是拘束不得，由着他的性子去，方能有惊人之语。李白的胆子由是也渐渐大了起来。这天，帝与贵妃让他以牡丹为由头谱几曲新词，李白却也不含糊，随意自枝头拈下一朵放在鼻间轻嗅，不过片刻，诗句就援笔立成：

其一

云想衣裳花想容，春风拂槛露华浓。

若非群玉山头见，会向瑶台月下逢。

其二

一枝红艳露凝香，云雨巫山枉断肠。

借问汉宫谁得似？可怜飞燕倚新妆。

其三

名花倾国两相欢，长得君王带笑看。

解释春风无限恨，沉香亭北倚阑干。

　　题名为《清平调词》三首，待内侍呈上供帝与贵妃一阅，玄宗大喜，称赞李白若文曲星下凡。贵妃更是尤为喜爱其一与其二，命宫人拿下去好生誊印装帧，整理好之后送入贵妃宫中。此后贵妃果然爱不释手，闲来无事时常常独自一人吟诵李白的《清平调词》取乐。

　　有了玄宗与杨贵妃的格外宠爱，李白成了大明宫中新晋的红人，皇帝的赏赐尚且享用不尽，诸侯文武也总是找不同的借口赠予他各种珍玩。只是李白其人，什么样的奇珍异宝都入不了他的法眼，唯独少不了一样，那就是酒，所谓"有酒万事足"，用在他身上再合适不过了。

　　嗜酒的消息传出去之后，李白的居所前更是门庭若市，小到昔日有故交的七八品的小官，大到当朝宰相，都颇费心思地去为他搜罗各式美酒，有的差家丁送到门前，有的甚至主人家自己也来了，一定要陪李白一醉方休。这些人一边送来奇珍异宝、佳肴美酒，一边小心翼翼地赔着笑脸，只巴望李白能在哪次领命赋诗时为自己美言上一两句。

　　一日，帝与妃泛舟白莲池之上，只见千万朵白莲纷纷迎风招展，映衬着一池碧水，别有一番风情。一时兴起，便传旨诏令李白前来作《白莲花开序》。

李白今日也是心情舒畅，又恰好遇上故人，高兴起来二人开怀畅饮，竟是喝得烂醉如泥。前来传诏的内侍看了此种情形，却也不能忤逆圣意，情急之下只好找来冷水泼面，胡乱为他套上衣裳带到殿前。李白此时尚自昏沉，勉强倒是写成了一篇《白莲花开序》，只是文义不通兼字歪句斜，帝与贵妃看了嬉笑一阵，到底惜才，便也不以为意。

此事传出之后，玄宗与贵妃对李白的宠爱可谓是众人皆知，自此李白在大明宫里更是红得发紫、显贵非常。

李白受诏的次数越多，隆宠也愈盛，心里却是愈加地苦闷。索性时常与贺知章等人饮酒作乐，酒随兴起，诗从酒来，整日里放浪形骸，混过好多时光。

岁月如梭，转眼间，李白在长安已经度过三年的待诏时光，一个看似寻常的午后，命运之手悄无声息地把李白推上了他人生的另一个制高点。

这几日来，边关捷报频传，眼下三军气势如虹、蓄势待发，只缺一篇气势磅礴、扬大唐国威的出师诏，便好下令王忠嗣继续带兵征讨。李白如今正是红得发紫，这大明宫里的笔墨之事，自当非李白莫属。玄宗立刻传召下去，召李白代书圣意，作出师诏一篇。

此时的李白尚且流连在汝阳郡王李琏筵席上的觥筹交错之间，内侍来寻他时，已是醉了几分。听到内侍传他进宫为皇上作出师诏，李白顿时来了精神。整整三年了，这是第一次不是为陪皇上游园、陪娘娘赏花而作诗。李白虽然微醺，却开心不已，终于能接触到朝堂之事了，于是赶忙整顿衣衫，收敛仪容，随内侍进宫。

李白刚一迈进殿门，就发现玄宗、高力士和贵妃娘娘尽皆等候在侧，龙座旁的几案也已被清空，整整齐齐地摆上了文房四宝，只等他到来。李白正欲行跪拜礼，还未俯身，便被玄宗托住了双臂，道："爱卿不必多礼，快快将我出师诏作来便是。"

李白赶忙坐到文案之前，正欲下笔，奈何酒意尚存，心神不定，文思难聚，索性下座再次朝玄宗一拜："请陛下恕臣失仪。"玄宗笑道："朕知卿家之意，你只管写，随便一点却也无妨。"李白这才算放了心，一手敞开外衫，一手抹掉头上冠饰，又喝了一盏御茶解酒，方才写将起来。

只见他左手伏案，右手持笔，倏忽之间思接千载、视通万里，莽莽大唐山河自心间掠过，本来闭着的双眼突然睁开，目光如炬，随即挥毫而出，一泻千里，文思泉涌，滔滔不绝。

玄宗本来侧立在一旁，见此情景，也忍不住凑上前去观看，仅看了开头，便面露惊喜之意。谁料李白行文正酣之时，墨却耗尽了，李白本就有几分酒意，行文又如行云流水，中途不可遏制，头也没抬便连声叫着身旁的人磨墨。玄宗和贵妃进殿前，除了高力士外屏退了众人，如今恰好只有贵妃侧立在书桌之旁。

听到李白催促，贵妃心下一惊，抬头看玄宗，玄宗却只顾着看李白的出师诏。无奈之下，贵妃只好拿起墨在砚台上胡乱磨了磨。李白蘸墨一写，字迹却粗重不匀，难以分辨，原来是墨磨得太粗了。李白正在兴头上，也不多想，叫了声："墨太浓，磨细点。"贵妃正要呵斥，却瞥见玄宗正微微蹙眉。原来玄宗也看得兴起，突然中断正感不快。

贵妃虽然心下埋怨，却也不敢拂逆圣上的情面，略微踌躇，也只得放下身段，左手将绣满金丝银线的袖口轻轻扶住，右手微微用力握紧墨块，在砚台之上轻拢慢捻般细细地研磨起来。自贵妃进宫以来，除了玄宗，谁还有过这样的待遇。随着贵妃藕臂的微微转动，粗细均匀、饱满厚重的墨汁慢慢溢满了砚台，玄宗这才对贵妃点了点头，以示赞赏。

可这么一打岔，李白的思绪却为之一顿，扶着头苦思冥想了一会儿。又觉得脚上不舒畅，正好案几旁边有一双手，李白仗着几分酒意，便也不管不顾地把脚往上一放，吩咐道"帮我脱了"。李白一言既出，却没见动静，抬头一看，正对上高力士恶狠狠的目光。

这高力士可是随侍皇上身边的第一红人，除了任大明宫里的宦官总领，还是骠骑大将军。玄宗一向视他为心腹，对其信任有加。他在皇上耳旁的一句话，可顶得上朝堂上老臣的十句了，满朝文武任谁也要让他三分。

玄宗一心只在李白的诏文上，也罔顾其他，只挥了挥手，示意高力士照做。高力士心中不禁暗骂李白，却还是强自按下性子，为李白脱靴。一只脱完，高力士正要擦手，李白的另一只脚却早已伸了过来。高力士无奈，只好又帮李白把这只靴子脱掉。

贵妃和高力士都心中有怨，李白却毫不知情。也不过一盏茶的工夫，洋洋洒洒的出师诏便写成了。读来只觉得大气磅礴、气象万千，更兼李白的字瘦劲有力且不乏仙姿，倒是连誊抄的功夫也免了。玄宗大喜，只道李白果然是万里挑一的旷世奇才，当即便赏下了成箱的绫罗绸缎、奇珍异玩，另外还特允了李白中书舍人的差事。

中书舍人是专门为皇帝司掌诏命、代草王言的官职。李白跪在殿前只觉得实在是皇恩浩荡、福泽深重。李白想自己多年不得志，待诏三年也不过虚度光阴，如今任了中书舍人的差，这传阅四方的天子诏令、普天之下莫敢不从的圣旨，说不定就会出于自己之手。他第一次觉得站在了离权力巅峰如此之近的地方，多年来的梦想仿佛触手可及！

李白任了中书舍人的消息一传开，翰林院里便炸开了锅，平日里与李白故交甚好的，或者只有一面之缘勉强认识的，甚至以往有过节的，都纷纷拥到他的居所前来道贺，满眼皆是欢颜笑语。李白自己也是快意非常。

李白在翰林院不大的居所里依旧高朋满座，却不知道一场暴风雨正悄然来临。

三

自那日"脱靴"事件后，高力士就打定主意要将李白赶出长安。

一日，驸马张垍前来觐见玄宗，走到殿前，见高力士正倚在汉白玉的廊柱上出神。伴随着李白的荣宠愈盛，"力士脱靴"的事情也被传得沸沸扬扬。张垍岂会不知。今日眼见高力士一人在那苦思冥想，心念一转，便什么都明白了。

张垍主动上前朝着高力士作了一揖，道："高公公所思之事，或许贵妃娘娘能助您一臂之力。"说完也不待高力士答言，便自顾自地走了。

几日后，宫里新得了一批进贡的绢花，纱质薄如蝉翼兼颜色艳丽，仿的正是那牡丹的形态，玄宗只看了一眼，便叫高力士给贵妃娘娘送去。

那绢花送到贵妃宫中，贵妃果然十分喜欢，复又赏了高力士许多东西。高力士谢过恩典，却并不告退，只面露为难之色，对杨贵妃道："请娘娘恕微臣莽撞，有一事微臣不知讲与不讲。"

高力士虽是宦官，却是玄宗的得力助手，贵妃也不敢轻易得罪，只赶忙道："高公公何必烦恼，有什么话尽可说来。"高力士指着贵妃案几上摆着的几页诗稿道："这些腌臜玩意，贵妃娘娘还读它作甚。"

杨贵妃望着李白的《清平调词》，颇为不解。高力士索性走过去拿起其中一页走到贵妃跟前，那正是《清平调词》其二。高力士在"借问汉宫谁得似，可怜飞燕倚新妆。"一句的"飞燕"二字下用手指点了两点，贵妃一下明白过来了，登时怒不可遏。

"那赵飞燕虽则有倾城美貌，却是亡国灭种的红颜祸水啊。"李白的这句诗恰好戳到了贵妃的痛处，使贵妃以前对李白两三分的不满变成了十分。玄宗见李白才思敏捷，本有意提拔，奈何气恼的贵妃时常在耳边列举李白的种种劣迹，说他放荡不羁，整日里胡言乱语，早晚有一天会惹出祸事来。玄宗起初还不以为意，听得久了也对李白生了厌心，本想寻个由头打发他出京，李白却又无甚错处，便是不再召李白前来代草王言了。

天宝三年（公元 744 年）正月，贺知章告老还乡。看着老友离去的背影，李白心里有千言万语却说不出半句，老友那句朝廷亦不复往日的劝告犹在耳边。那天晚上，大明宫翰林院里，明月高悬，竹影阑珊，李白又喝醉了，这一次却是独醉。偌大的大明宫，却无一可以交心之人。清冷的月光映衬着他孤独的身影，分外凄清。正是：

> 花间一壶酒，独酌无相亲。
>
> 举杯邀明月，对影成三人。
>
> 月既不解饮，影徒随我身。
>
> 暂伴月将影，行乐须及春。
>
> 我歌月徘徊，我舞影零乱。
>
> 醒时同交欢，醉后各分散。
>
> 永结无情游，相期邈云汉。
>
> ——《月下独酌》四首其一

在无数个夜晚的挣扎和徘徊里，在一次又一次的希望和失望中，看着这座华丽却冰冷的宫殿，李白决定选择离它而去了。他手里捧着玄宗"赐金归山"的诏令，于楼观台之顶回首一望这留下了他最黯淡和最辉煌年华的长安城，终是洒泪而去。

第六节 ╱ 莫使金樽空对月

恍惚间，李白低头望去，发现自己正在镜湖之上，自己的倒影飘忽若仙，
洁白的长衣飞跃过镜湖，来到剡溪旁，清凉的溪水，荡涤在李白的心间。
在这一瞬间，所有的烦恼都消除了，有的只是宁静与山水。

天宝三载（公元744年）仲夏，李白沿黄河一路向下，准备取道洛阳折回自己在东鲁的老家。此时的他虽然官场失意，却已名满天下。洛阳友人知道他到来，便专门设下筵席、寻来好酒，为其接风洗尘。此时，李白也恰在此宴上与杜甫有了一面之缘。

筵席过后，李白尚且要在洛阳盘桓几日，拜访了几位故交后便想起了这位新结识的年轻人。李白与杜甫的情谊和李白与孟浩然、贺知章之间的友情大为不同。杜甫比李白小数岁，脾性又像极了年轻时的李白，两人不过交谈了几句，便颇有相见恨晚之意。

杜甫为人坦荡、待人真诚，二人相交不久就成了可以推心置腹的朋友，李白那些沉积已久、不足为外人道的心里话，终于找到了一个可以信赖的倾泻口。几日之后，李白要赶去开封寻自己的一位族祖，杜甫也要赶回家中为去世的继祖母料理后事，二人只有就此作别，相约秋后于梁园相聚，一起去寻道求仙。

这一年的秋天，草黄马肥，天气也是难得的清爽宜人。李杜二人终于在梁园重聚，恰好诗人高适也路过此处，三人志气相投，决定结伴出游。高适觉得此时秋高气爽，正是狩猎大泽之中的好时节，却是比寻道修仙来得畅快。李杜二人自是欣然同意。

李白、杜甫、高适三人之中，当属李白最为豪放不羁。有一次，李白于马背之上搭弓远射，目标直指高空之上的一只落单大雁，谁知一箭射空，那大雁受了惊，愈发飞得又高又远。李白哪肯轻易罢手，竟是追着那只大雁不放，一口气策马跑了四五十里。

这可苦了跟在李白身后的杜甫和高适，两人见李白突然向前疾奔，也只好跟在后面猛赶。奈何李白骑术过人，杜甫和高适一会儿就跟丢了人，还迷了路，直到日暮之时才回到城中。有了梁园一聚，李杜二人的情谊愈发深厚。杜甫还专门赋诗两首赠予李白，其一为：

> 二年客东都，所历厌机巧。野人对膻腥，蔬食常不饱。
> 岂无青精饭，使我颜色好。苦乏大药资，山林迹如扫。
> 李侯金闺彦，脱身事幽讨。亦有梁宋游，方期拾瑶草。
>
> ——《赠李白》

次年夏天，二人又在济南司马李之芳的筵席上重聚。久别重逢，两人毫不拘谨，把酒言欢，直到月上三更。待到秋风萧瑟、落叶纷飞，二人又一起来到了鲁郡北郭，拜访在李之芳筵席上结识的隐士范十。天下没有不散的筵席，三人短暂相聚后，便要作别各奔东西。在仕途上一再失败的李白和尚未起步的杜甫，未来还能否再见尚未可知。想到路途遥远，前途未卜，心存茫然，杜甫遂为李白作诗饯行：

> 秋来相顾尚飘蓬，未就丹砂愧葛洪。痛饮狂歌空度日，飞扬跋扈为谁雄。
>
> ——《赠李白》

二人心有戚戚，感到前路迷茫，李白心中感慨，放声长啸，随即口占一诗：

　　醉别复几日，登临遍池台。何时石门路，重有金樽开。秋波落泗水，海色明徂徕。飞蓬各自远，且尽手中杯。

——《鲁郡东石门送杜二甫》

二人就此离别，一去江东，一往长安，虽各天涯一方，但心在咫尺。二人时常书信往来，彼此寄诗，此间真情，被后世传为佳话。

天宝五年（公元746年）秋，病愈后的李白来到了天姥山，这个吴越之人都言之缥缈的地方。

高耸入云的山峰，巍峨挺拔的山势，半山高处，云霞环绕，整座山峰时隐时现。连绵不绝的山体，比五岳更加大气磅礴。在它的巍峨之下，赤城山也被她所掩盖；同样被李白所向往的天台山，一万八千丈的高峰，与天姥山相形之下，竟然也似向之倾倒一般。如此气势，简直压得李白喘不过气。

恍惚间，李白低头望去，发现自己正在镜湖之上，自己的倒影飘忽若仙，洁白的长衣飞跃过镜湖，来到剡溪旁，清凉的溪水，荡涤在李白的心间。在这一瞬间，所有的烦恼都消除了，有的只是宁静与山水。抬头看去，谢灵运的住所仍在山下，与山与水浑然一体。猿猴的清鸣，忽近忽远，回响山谷中，悦耳不已。

离开谢公的住处，穿上他的木屐，李白登上仿佛由缥缈的白云搭建的天梯。远处的大海上冉冉升起一轮红日，那和煦的日光穿透了云层，漫天的红霞，融进李白的心里，暖暖的心听见的来自天际的鸡鸣，仿佛一声声慰藉带走了李白心中的压抑。

前方的道路，随着白云飘摇不定，李白的脚步也随之缥缈找不到踪影。李白停住脚步，欣赏着鲜花，依靠着山石，转瞬间又到了晚上，漆黑的夜里有着深邃的星空。突然一声巨响，一头巨熊站在山巅咆哮，引来一条金龙在云间长吟呼应，他们的声音相互交织震荡在山泉间，使泉水也发出嶙嶙的声鸣。整个山林都战栗起来，自然的力量充斥在山间，让李白为之折服。

霎时间，乌云密布，水雾朦胧，李白裹紧了衣裳，遥望着天空。"啪！"一道闪电伴随着雷声轰然而下，整座山峰为之颤抖，纵然是巍峨的天姥山，在自然的力量之下，也只能为之倾覆。

一道又一道的闪电仿佛要劈裂这座山峰，一道白光闪过，仙境的石门訇然洞开，清澈的天空一望无际，日月生辉的宫廷呈现出日照月耀的金砌银台。天边的彩虹成了宫阙的彩衣，天上的神仙纷纷到此聚会。李白整个人都惊呆了，看着那老虎为他们鼓瑟，成群的仙人乘着鸾鸟驾的车来到此地，一派歌舞升平的景象。

李白想要凑得更近，却光随影散，他猛地坐了起来，原来刚才发生的都是梦。倘若是梦，又为何那么的真实，李白按捺住自己狂跳不止的心，将梦中的所见所闻尽皆记录成诗，题为《梦游天姥吟留别》：

海客谈瀛洲，烟涛微茫信难求；

越人语天姥，云霞明灭或可睹。

天姥连天向天横，势拔五岳掩赤城。

天台四万八千丈，对此欲倒东南倾。

我欲因之梦吴越，一夜飞度镜湖月。

湖月照我影，送我至剡溪。

谢公宿处今尚在，渌水荡漾清猿啼。

脚著谢公屐，身登青云梯。

半壁见海日，空中闻天鸡。

千岩万转路不定，迷花倚石忽已暝。

熊咆龙吟殷岩泉，栗深林兮惊层巅。

云青青兮欲雨，水澹澹兮生烟。

列缺霹雳，丘峦崩摧。

洞天石扉，訇然中开。

青冥浩荡不见底，日月照耀金银台。

霓为衣兮风为马，云之君兮纷纷而来下。

虎鼓瑟兮鸾回车，仙之人兮列如麻。

忽魂悸以魄动，恍惊起而长嗟。

惟觉时之枕席，失向来之烟霞。

世间行乐亦如此，古来万事东流水。

别君去兮何时还？且放白鹿青崖间。须行即骑访名山。

安能摧眉折腰事权贵，使我不得开心颜！

　　离开了东鲁，李白再次踏上了南下越中的旅途。他渴望远离长安，解脱困顿，抚平累累伤痕，却不知这次南下，竟成了回忆伤怀之旅。

　　睢阳清冷池，他写下了《鸣皋歌送岑征君》，回想起的是当年意气风发和如今暗淡别离的自己；三月下扬州，他写出了《留别广陵诸公》，回忆起这些年曾经觉得灿烂，如今却感黑暗的大唐王朝；金陵重游地，他留下了《登金陵凤凰台》，记忆中的兴亡感慨，如今已变成不见长安的愁绪；丹阳遇纤夫，他描绘出《丁都护歌》，眼看着这些铮铮铁骨的汉子，为了生活迸发出悲哀的怒吼。

　　一路下来，他在吴郡留下了《苏台览古》；在越中留下了《越中览古》；在会稽郡得闻贺老仙逝，悲痛的他写下了《对酒忆贺监二首》。曾经的忘年之交、金龟换酒，与贺老的一切都历历在目，如今的沉痛已深深地烙着李白的心。然而，他更明白的是，即便前路艰险，也必须走下去。

第七节 ╱ 报国壮志终难酬

这一夜，李白站到了开封城前，他手持长剑，面呈杀气。

对着他的，是那二十万的叛军。一名敌将策马朝他冲来，李白高高跃起，

飞身将那人斩于马下，而自己则恰好落在马背上。

李白从越中返回到金陵，一系列令人胆寒的消息铺天盖地而来，水陆转运使韦坚首当其冲，被李林甫先贬出长安，继而逼死；"八仙"之一的李适之也遭受株连，服毒自杀；随后是名满天下的李邕，同样为李林甫记恨，被李林甫派去的爪牙严刑逼供，活活打死；紧接着又是王忠嗣，因阻挠圣上发兵获罪，被李林甫落井下石，险些被处以极刑，最后被流放，忧郁而死。此时，安禄山正屯兵于幽州，别有用心地等待着时机。

天宝十四载（公元 755 年）十一月，安禄山于范阳起兵，兴兵二十万南下，一路上望风披靡，河北诸郡不战而降。其间势如破竹，竟无人能挡。李白此时尚在金陵，却发现自己还没有做好避乱的准备，便慌忙随着众人一路逃亡。

到后来安禄山称帝，才给了大唐一个喘息的机会。后又传出玄宗将要御驾亲征，李白心中庆幸，以为只要皇上亲征，必当领正义之师，势如破竹，收复失地必然指日可待，甚至他已做好报国准备："抚长剑，一扬眉，清水白石何离离。脱吾帽，向君笑。饮君酒，为君吟。张良未逐赤松去，桥边黄石知我心。"

然而，事实并非如此。外戚杨国忠百般阻挠亲征之事，高仙芝兵败被斩，战事的指挥权尽皆落入杨国忠之手。玄宗听信杨国忠谗言，发诏命哥舒翰出战，结果中伏兵败，哥舒翰本人也投向安禄山。潼关既失，长安已无险要可守，玄宗仓皇出逃，长安终落入安禄山之手。

消息一经传来，李白心痛难当，多想杀回长安，击溃叛军，取安禄山的首级，却从始至终都没人给他这个机会。他只能看着这方百里焦土，叛军旌旗，饮酒作乐，大开筵席；另一方贵妃与玄宗却把酒言欢，嬉笑不已。

天宝十五载（公元 756 年）七月，玄宗采纳了宰相房琯的建议，下颁了"制置"之诏：以太子亨担任天下兵马元帅，领朔方、河东、河北诸道兵马，即刻收复长安、洛阳；又以永王璘担任山南东道、岭南、黔中、江南西道节度都使，经略长江流域。可谁知道诏书尚未到达，李亨已即位于灵武，是为肃宗，改元至德，并尊玄宗为太上皇。永王此时也广纳义士，其中便有李白的好友韦子春。

李白正在山中忧虑国家大事，正逢韦子春来此造访，李白心知好友此番前来，必然不是叙旧联谊。果不其然，韦子春开门见山，将玄宗颁布"制置"诏一事及永王此时奉诏出兵、将要计划平叛的相关事宜一并告知李白。

李白一听，高兴得手舞足蹈，连连说："如此甚好，永王配合圣上，两路兵马夹击叛军，令叛军首尾不能相接，收复长安，还于故都，岂不是指日可待。"李白越说越兴奋，把这些日子的憋屈与感慨吐露得一干二净。聊到兴起，还端着碗，说："你看我相比廉颇，是不是还要吃得多一些？"惹得韦子春大笑，接着向李白表明了永王想要招募李白的意图，自己此番前来，实为说客。

此后韦子春又多次前来邀李白入幕，李白盛情难却，整理衣冠，便与韦子春一同前往永王麾下。李白为了答谢韦子春多次上山相邀之意，特意作了一首《赠韦秘书子春》送与韦子春。

待到了浔阳江头，永王的舰队映入眼帘，大江之上，舳舻千里，风帆林立，一望无际。旌旗招展，江风猎猎，其间气势，犹如猛龙过江，势不可当。船队排列整齐，间杂有序，气势磅礴，宏伟壮阔。此番军容，和当初李白所梦并无二致。他不由得相信，这支王者之师，必当能一挫叛军的锐气，收复河山！

永王给李白的接风宴办得空前盛大，颇有委以重任之意。此刻，李白满心满眼的报国豪情，以为永王待他如谢安，更为报答永王，接连作出《永王东巡歌》十首。

在李白的眼中，永王是肃宗的兄弟，他们二人情同手足，理应并肩作战，共伐敌军。安禄山会在他们的夹击下全军覆没，安禄山本人会在永王的押解下送往长安，在天子脚下被处以极刑。正当李白在永王手下做着他的美梦时，肃宗突然下诏令永王返回太上皇身边。李白得闻此事心感诧异，如今正是北上讨贼的大好时机，怎么能够将大军召回？他正想要劝阻永王，永王就已经拒绝了来使。

第二日，此地便被肃宗的军队包围起来，第三天就接到肃宗讨伐永王的诏旨。李白不解肃宗之意，以为有人离间兄弟二人。韦子春在旁叹道："哪里有什么奸细，这不过是肃宗自导自演的戏罢了。"

李白此刻才幡然醒悟，方一出山，不过些许日子，竟从座上宾摇身一变，成了反叛逆贼。

原来，永王的士兵是奉当时玄宗的命令讨伐逆贼。如今皇帝易主，自然要听当今皇上的话。肃宗发诏讨伐永王时下达命令，士卒不随永王反逆之人，一概不予追究。是时王师一到，永王的军队纷纷丢盔弃甲，大片请降。永王在慌乱逃窜中，最终为人所杀。李白走脱不得，被冠以"附逆作乱"的罪名，投入到浔阳监狱中。

狱中的李白形容枯槁，一个狱卒听他所言后心生哽咽，只得将李白的申诉书抄下，四处奔走，妄图能将他救出。半年以后，江南宣慰使崔涣、御史中丞宋若思终于为李白平反昭雪。

原来当初肃宗得知永王被杀曾大发雷霆。他认为既然永王不属于反叛，那么李白自然也不是叛国。宋若思二人不仅为李白洗刷清白，还将他留在幕中以待他日举荐给朝廷。可惜肃宗却以"长流夜郎"下了最终判决，不及为自己鸣冤半句，李白再次锒铛入狱。

狱中的生活日复一日，李白不思饮食，目中无神，状若游离于死生之间。曾为他申冤的狱卒恐他这样下去命不久矣，便以学诗为名唤其生念，果然好转。

一日，李白如寻常一样正为那狱卒讲解诗文，突然有一位秀才前来拜访。那秀才来时风尘仆仆，也来不及说清楚自己姓甚名谁，只朝着李白深深地俯首一拜，便匆匆地向李白说道："小弟仰慕先生已久，今夜到此却是另有原因。"

原来这位秀才本来想要去投军，路遇高适帐下正在招抚季广琛，此人本为永王帐下大将军，如今非但无罪，反而加官晋爵。若此事果真如此，那么，李白不过是区区一个幕客，要解救而出，岂不是易如反掌。偏巧负责此事的是李白、杜甫二人曾经的共同好友高适。

想当年梁园之情，三人携手并肩，共表明志，一同匡扶大唐江山，一心报国，终身相依，无论身在何时何地，三人的心，绝不背弃。想到此时高适成为肃宗手下第一宠臣，李白为他高兴之余，顿然觉得自己出狱有望。只是时至今日，不知高适是否还和以前一样，二人能否像以前那样推心置腹，他又会不会救援自己。

李白思来想去，决定赋诗一首，以表自己渴望得到帮助的心意。但想到高适那样高傲的人，李白也不愿太过低声下气。李白反复踱步，最终将诗交给秀才：

> 秦帝沦玉镜，留侯降氛氲。
>
> 感激黄石老，经过沧海君。
>
> 壮士挥金槌，报仇六国闻。
>
> 智勇冠终古，萧陈难与群。
>
> 两龙争斗时，天地动风云。
>
> 酒酣舞长剑，仓卒解汉纷。

宇宙初倒悬，鸿沟势将分。

英谋信奇绝，夫子扬清芬。

胡月入紫微，三光乱天文。

高公镇淮海，谈笑却妖氛。

采尔幕中画，戡难光殊勋。

我无燕霜感，玉石俱烧焚。

但洒一行泪，临歧竟何云。

——《送张秀才谒高中丞》

整首诗的末尾，恰到好处地表达了李白急切需要帮助的心，只是不知道高适见了此诗，到底会如何。可是，不久，张秀才传来的诗彻底击碎了李白的心。信中只有一首小诗：

恨君不是季广琛，无权无势更无兵。

一介布衣等尘土，管仲难救鲍叔卿。

整首诗不仅表明了高适对李白处境的无动于衷，更是对李白目前状况生生的鄙视与嘲讽。李白的心冷了，曾经的朋友化作如今的陌路，他想不到的是在这样的时候，高适竟如此地落井下石。朋友做到此处，也算是绝了。

第八节 ╱ 一曲绝笔诉后人

时光能抹去很多痕迹，诗人也早已驾鹤西去，
但他在人们心中留下的烙印却一代代绵延下去，越印越深。
一代诗豪李白，就这样离开了人世。当涂边上的那条小河，
用自己的川流不息记载了这位伟大诗人一辈子的辉煌与落寞、梦想与执着，
它叮叮咚咚、日夜不休地低语，把有关那位白袍老者的一切诉与后人知晓。

浔阳江头，挤满了来给李白送行的人。在狱中将近一年，终是踏上了流放之路。看向船头的狱卒，竟是一直和他学诗的那位，李白感动不已，感叹道："高适与我梁园一别，如今已成陌路。而你我萍水相逢，竟然待我如此，我李白该如何答谢你。"狱卒却只是微微一笑："这只是我一直以来的愿望而已，还请恩师不要见外。"李白闻言，也就不再多说。

本来该一年之内就到夜郎的路程，狱卒以李白身体有病为由，在容许的范围内，宽限了他的行程。江夏韦良宰、汉阳张谓、江陵郑判官，这些李白曾经的好友，早已在李白的行路上等着他。每当他到了一个地方，必然会有人请他多留些日子。这样磨磨蹭蹭着，直至入冬才来到夜郎的前一站——白帝城。

人生总是大悲大喜兼半。在李白刚到白帝城不久，长安便传来了消息，因为大旱，圣上已诏令大赦天下，流刑及以下的囚犯都将被释放。听闻消息，李

白欣喜不已，他认为这是老天留给他出仕报国的又一个机会。还没有上船，心早就如利箭一般飞了回去。于是在一天早上，他写下了这样的诗句：

　　朝辞白帝彩云间，千里江陵一日还。

　　两岸猿声啼不住，轻舟已过万重山。

——《早发白帝城》

　　跟随带着极大鼓舞与希望的李白一同回到江夏的，是铺天盖地的好消息。朝廷在洛阳、长安尽皆收复的时候，以为天下大定，便开始封功臣、祭天地。在群臣的奏章中，出现了一副天下中兴的景象。

　　中书舍人贾至的《早朝大明宫呈两省僚友》和王维、岑参、杜甫等人的和诗，特别是其中脍炙人口的佳句："九天阊阖开宫殿，万国衣冠拜冕旒。""共沐恩波凤池里，朝朝染翰侍君王。"这些诗句把中兴幻影装点得煞有介事，把太平假象渲染得富丽堂皇。

　　江夏这个地方，自古以来都是文化、政治中心，自然为呼应都城、顺意民意，这些天是张灯结彩，其乐融融，人人都是高兴的，其中最为高兴的还是李白。

　　他简直是欣喜若狂，当时便写了一首诗：

　　去岁左迁夜郎道，琉璃砚水长枯槁。今年敕放巫山阳，蛟龙笔翰生辉光。圣主还听子虚赋，相如却与论文章。愿扫鹦鹉洲，与君醉百场。啸起白云飞七泽，歌吟渌水动三湘。莫惜连船沽美酒，千金一掷买春芳。

——《自汉阳病酒归寄王明府》

　　李白的兴奋在之后江夏长史的筵席上体现得更加突出。在筵席上，李白忘乎所以，当即把自己比作鲲鹏，希望有朝一日能够一跃成为大唐的顶梁柱、圣上不可缺少的济世大臣。本来只是大家一起热闹热闹的宴会，李白竟然向各个官员请求推荐自己。大家看到李白醉了，也就跟着敷衍起来。李白见大家盛情允诺，便更加热情，为每个人都写了一首诗请求他们的推荐，并在宴会最后，留下一首《天马歌》：

> 天马来出月支窟，背为虎文龙翼骨。
> 嘶青云，振绿发，兰筋权奇走灭没。
> 腾昆仑，历西极，四足无一蹶。
> 鸡鸣刷燕晡秣越，神行电迈蹑慌惚。
> 天马呼，飞龙趋，目明长庚臆双凫。
> 尾如流星首渴乌，口喷红光汗沟朱。
> 曾陪时龙蹑天衢，羁金络月照皇都。
> 逸气棱棱凌九区，白璧如山谁敢沽。
> 回头笑紫燕，但觉尔辈愚。
> 天马奔，恋君轩，骏跃惊矫浮云翻。
> 万里足踯躅，遥瞻阊阖门。
> 不逢寒风子，谁采逸景孙。
> 白云在青天，丘陵远崔嵬。
> 盐车上峻坂，倒行逆施畏日晚。
> 伯乐翦拂中道遗，少尽其力老弃之。
> 愿逢田子方，恻然为我悲。
> 虽有玉山禾，不能疗苦饥。
> 严霜五月凋桂枝，伏枥衔冤摧两眉。
> 请君赎献穆天子，犹堪弄影舞瑶池。

李白在这首诗中将自己比作天马，希望在座的伯乐能够把自己献给天子，可是最后找来找去，竟然没有人可以献，也是让李白大为失望。让李白失望的还不止于此，来到江夏这么久，他始终没有等到举荐之人，只有韦太守在临走的时候送他一根嵌着一块碧玉的手杖。李白一看到这根手杖，便明白了韦太守的意思。

原来自己终究是个流囚，即便是天下大赦，自己的地位，始终不曾有过改变。在众人的眼中，自己不过是作为故人才被邀请来参加宴会，如果要论官场上的地位，他连璞玉也不如。

可笑的是只有自己才把自己当个人物，以为流放归来便可以立刻得到重用，便会有人推荐自己。

恰好这个时候韦冰县令到了此地，邀上几位故人与李白一同畅饮，李白烦闷的心情才稍微得以缓解。李白在船上喝醉了酒，还差点将船掀翻，若不是大伙一同阻止他，恐怕早已去"陪河神喝酒"去了。李白就这样度过了整个夏天。

是年秋天，他寻到贾至。这位贾至便是当年因为起草制置之诏而被贬谪之人，说来也是和李白同病相怜。李白的族叔李晔也在这里，三人都因为仕途不顺而走到了一起，便一同喝起酒来。第二天，三人齐聚岳阳楼上，又听闻了最近朝廷发生的大事。原来如今圣上又宠信奸臣，导致九位曾立下大功的节度使兵败河南。史思明作为安禄山的余党，又开始自立为帝，一时间河南诸郡再次落入叛军之手。

一想到又要战事连连，李白不由得心酸不已。三人当年都经历了安史之乱，而经历最深刻的，莫过于李白。如今又要战火通天，河南的百姓又要陷入水深火热之中。三人聊到此时，觉得"中兴"之事，已经不可期待了，现在只有期待战事早点结束，百姓能够过上幸福生活。

对于李白来说，本来回到江夏，还指望能够回到朝廷，虽然当时无人推荐，李白却仍然保留了出仕的心，如今"中兴"之梦一破，自己还有什么资格再回到朝廷之上呢。一念及此，李白决定先回豫章，去看看自己的妻子是否安好，然后再去金陵，毕竟自己少时曾在那里盘桓多时，或许还可一试。

离开豫章，取道鄱阳，李白再一次来到这座曾经给予他最初梦想和希望的城市——金陵。石头城仍旧是石头城，只是当年自己在金陵的繁华一梦如今却无迹可寻。年少时的故交也多半在安史之乱中失去了音讯。剩下的几个旧友也都自顾不暇，早没了当年一起击铗狂歌、泛舟五湖的模样。

李白依旧四处奔走，干谒权贵。正逢乱世，李白的诗赋无人问津，日子愈发艰难起来。

李白饱一顿饥一顿，勉强挨到这年的五月初。恰逢浙西节度副使李藏用平定叛乱有功，如今班师路过金陵。金陵当地的名门大户们聚集在一起盛筵为之饯行，感谢他保卫金陵一方平安。现下一切都准备就绪，只是这位李大人别的不爱，唯独喜爱诗赋，这筵席上一篇歌功颂德的饯别序可是少不了。

这些名流们平常不见李白，担心他到底是朝廷要犯。但李白的文才却是无人不知、无人不晓。如今遍观这金陵城，承担这篇序的人选却是非李白莫属了。

李白在金陵盘桓数月，终于第一次收到了主人家的主动邀约。筵席上李白喝足了酒，果然不负众望，一篇洋洋洒洒的《饯李副使藏用移军广陵序》援笔立成，整篇文章气势之磅礴，词句之雄壮，无人能出其右。

当众人读到"箫鼓沸而三山动，旌旗扬而九天转"时，人群中爆发出了喝彩声。步入老年的李白，原本飘逸的文气间不知不觉中掺杂了一股瘦劲的力道，一字一句比以前更耐人寻味。有了这篇序的推波助澜，李藏用的盛名可谓是威震千里，甚至上报到朝廷，得了一大笔封赏。而为这篇序里的字字句句呕心沥血的李白，却不过从主人家那里得了一小笔盘费，就被随意打发了。

有了这次的经历，李白越发意志消沉。他自幼饱览群书，就是因为坚信这些祖先传下来的圣贤书里藏着匡世济民的良方，而如今，自己倾尽毕生所学，不过成为他人的玩物。若是如此，读书还有何用，自己一生所追求的、所坚信的都成了空。与其自寻烦恼，不若长醉于梦中。

但喝醉了的李白却痛苦地发现，原来醒有醒时的悲哀，醉有醉中的无奈，正所谓"抽刀断水水更流，举杯消愁愁更愁"，到底一切都是自己的妄想罢了。

又是一年的暮春时节，离金陵千里之外的长安发生了惊天动地的变化。玄宗、肃宗都在这一年里撒手西去。后党和阉党俨然分为两派在朝堂上公然角逐，最后，后党败而阉党胜，阉党扶持代表己方力量的太子李豫登基，即代宗。

代宗即位的同年秋天，叛军的势力就卷土重来，战线前沿附近的睢阳等地已然陷入重重的战火之中。

连日来意志消沉的李白听到这一消息，竟是突然间精神抖擞起来。李白素来有两件事最为喜爱也最为擅长，一是为文，另一样当是剑术。但不管从文也好，剑术也罢，他的目的始终只有一个，那就是齐家、治国、平天下。

李白的剑术高超过人，相传在唐朝的剑客中排名第二，仅次于金吾将军裴旻。这时李白起了从军的念头。既然身逢乱世，再精妙的词句也不过抵一粥半饭，那么不如试试从武，也许真刀真枪才能经得起这个时代的考验。

李白想要投奔的军队属于兵马元帅李光弼的麾下。这李光弼治军严谨，又以与士兵同甘共苦扬名在外，因而他麾下的军队勇冠三军，是出了名的精锐之师。

李白想，自己若是投在他的门下，必然能物尽其用，一展自己的赤子雄心。然而，壮志雄心在怀的李白却忘了，自己早已经不是那个初到金陵的青年了，如今的他因为常年的思虑而霜华尽染，脊梁也被岁月压得不再挺直。

步入暮年的李白终究是再也经受不了连日的劳累，他一人一骑，还没走到李光弼军中便大病一场。李白自己感觉到，这次的病势来得非同寻常。

无奈之下，李白只好就近投靠在当涂任县令的李阳冰。说来李阳冰和李白并无故交，两人的结交不过是对彼此的文名都颇有耳闻，李白爱李阳冰一手遒劲的篆书，李阳冰欣赏李白"千金散尽还复来"的潇洒。在这人人自危的世道里，李白和李阳冰却如多年的老友般惺惺相惜。

李白前来投靠，李阳冰便倾其所有尽力相助。然而眼下已经逼近年底，李阳冰的任期已满，按当朝律法必须在年底之前赶赴长安，等候朝廷的另行派遣。

李阳冰不忍抛下重病的朋友而不顾，只好嘱咐当涂与自己颇有故交的幕僚代自己精心照料李白，另外还为李白留下了一笔盘费，生恐不足，又把自己生平最为得意的几幅篆书赠予李白，希望在他困窘的时候能勉强派得上用场。

眼下唯一的好友也要离开了，李白和李阳冰二人都是老泪纵横。李白紧紧握住李阳冰的手，胸中千言万语的感慨到了嘴边都只化为了一声长叹。他把自己毕生看得比生命还重的诗稿都拿了出来，郑重地托付给好友。做完这些，李白似乎耗尽了全身的力气，他颓然地看了看窗外低沉的天空，眼中饱含着不舍，隐隐有了诀别之意。

李阳冰见好友这般，仿佛锥心般的痛却不能言，思来想去，为李白写成了《草堂集序》，历数好友之生平，方才洒泪而去。

三

虽然有李阳冰的相助，李白的病势却如同大厦将倾，一位又一位的名医请过来，一碗又一碗的汤药喝下去，病情都不见好转。李白躺在病榻上看着这战火纷飞的乱世，只恨自己没有匡时救世的奇才，撑起这摇摇欲坠的大唐王朝。

他每日里思来想去，郁结成疾，眼看着就离大限不远。身边照顾的人虽然着急，却也束手无策，只好私下里偷偷地为他准备起后事来。

然而，或许是李白此时命不该绝，就在他离死亡只有一步之遥的时候，安史之乱完全平定的消息跨越了千山万水传到了李白的耳边。俗话说"七分精神三分病"，李白自幼习武，本来体魄就不弱，听到这个消息，心结顿解。他高兴地从床上一跃而起，想到乱世终究是过去了，接下来便该是百废待兴、与民休养生息的时候，自己这把老骨头或许还有些用处。思及此处，李白的病竟像是好了七分，连日来因为水米不进而灰白的面庞，似乎也泛出了些许红润的色彩。

自此之后，李白的病势真的一天比一天好转起来。

初春时节，山顶上还残留着些积雪，山脚下湖畔边却已然有了一抹抹嫩绿的颜色。李白大病初愈，眼见着春的气息已经悄然跃上枝头，自己坐不住了，寻来了竹杖芒鞋，独自一人上了当涂的青山去赴田家之约。

这户居住在山麓的庄户人家招待李白的不过是些农家饭菜，又专门为他备下了新酿的春酒。春酒甘甜醇香，李白与主人闲话家常，盘桓到日暮时分方才拄杖下山。尚且走到半山腰，李白便远远地瞧见儿子伯禽一路小跑着前来迎他。只见他身后映衬着暖黄色的夕阳，疏朗的眉宇果然和自己年轻时有几分神似。李白不禁有感而发，吟成小诗一首：

> 沦老卧江海，再欢天地清。病闲久寂寞，岁物徒芬荣。借君西池游，聊以散我情。扫雪松下去，扪萝石道行。谢公池塘上，春草飒已生。花枝拂人来，山鸟向我鸣。田家有美酒，落日与之倾。醉罢弄归月，遥欣稚子迎。

——《游谢氏山亭》

春光易逝，在李白颠沛流离的人生中，这样惬意的闲暇时光实在是少之又少。李阳冰虽然勉力相助，奈何心有余而力不足，他留下的那些一字值千金的篆书，在这人心惶惶、自顾不暇的世道竟是无人问津。很快，李白的生活就过得捉襟见肘起来。为了生计，到了这一年的暮春时节，李白决定去宣城一试。

李白此去宣城，却是有自己的打算，他少时在宣城的故交虽然多半离去，但这刚刚走马上任的宣州刺史却恰好是曾为永王心腹的季广琛。这季广琛如今正是朝中的红人，不仅担任宣州刺史，还担着浙西节度使一职，凭着故时在永王幕下的交情，或许能助自己一臂之力。

李白把季广琛当故交，季广琛却把李白当一块心病，他唯恐有人看到李白前来投奔自己，又牵扯出当年"附逆作乱"的旧事，当即就给李白吃了闭门羹。

之后的时光，李白为了生计，四处辗转。他重游南陵，走过江淮，跨过泾县，登上敬亭山，他把自己年轻时走过的路都重走了一遍，他在那些似曾相识的山山水水中寻找着自己的踪迹，也寻找着那些年强盛的大唐王朝的影子。

一路的颠沛流离，一路的呕尽心血，李白走完了一圈，却发现天地之大，竟然找不到自己的容身之处。思来想去，还是只能回到当涂。李阳冰虽然已经离去，幸而旧时的门生幕僚到底没有忘却旧情，他们记着李阳冰走时的一再叮嘱，常常资助李白一些钱财，又打点了一家盐场，在那里为李白的儿子伯禽安排了一份差事，收入虽然微薄，却好歹够他们勉强度日了。

生计问题虽然解决了，但李白却清楚，自己的心早已经被逼到了绝境，生若无欢，死又何惧。

这年秋末时分的当涂，树黄草枯，落叶纷飞，瑟瑟的秋风仿佛一声声悠长的叹息。李白去邻家勉强借了些钱，拿去酒家打了壶酒，一路豪饮狂歌，迷蒙间走到了当涂外的一条小河边。此时的李白依然穿着一身白袍，只是当初的飘逸早已没了踪影，衣衫上不知从何处沾染了尘土，还不伦不类地打着许多补丁。

醉眼蒙眬的李白走到河边，只见清澈的河水上影影绰绰地映出一个人影，是啊，看那疏朗而又英气十足的眉眼不正是自己吗？

影中的人乌黑的头发束于头顶，高冠博带，虽无半分装饰，却有着十分的气魄。影中那人的身后，有着湛蓝的天空，天空下大唐王朝的子民们安居乐业。田间的稻谷堆得仿佛一座座小山，黄发垂髫的儿童正嬉戏其间。这不正是李白魂牵梦萦、毕生追求的愿景吗？这位面容枯槁的老人突然焕发出了青年人的神采，他振臂高歌：

大鹏飞兮振八裔，中天摧兮力不济。

余风激兮万世，游扶桑兮挂石袂。

后人得之传此，仲尼亡兮谁为出涕？

一首《临路歌》，是他李白的绝命词！

一代诗豪李白，最终离开了人世。当涂边上的那条小河，用自己的川流不息记载了这位伟大诗人的辉煌与落寞、梦想与执着。它叮叮咚咚、日夜不休地低语，把有关那位白袍老者的一切诉予后人。

第三辑 ｜ 杜甫

永远爱国，永远热泪盈眶

第一节 ／ 梦中少年热血成

在黄河南岸巩县城东的瑶湾村，这个距离洛阳 140 余里的小山村中，

一声婴儿的啼哭划破了静默的时空，

这个崭新的生命蒙眬着惺忪睡眼贪婪地捕捉着世间的一切光景。

《论语·学而》云："慎终追远，民德归厚矣。"细细追溯，杜氏家族，历代大都当官为宦。"远自周室，迄于圣代，传之以仁义礼智信，列之以公侯伯子男。"（《唐故万年县君京兆杜氏墓志》）

杜甫是晋代名将杜预的第十三代玄孙，这位出身京兆杜陵的名将曾经战功赫赫，用兵足智多谋，以一腔爱国热情在战场上英勇报国。"在官则观吏治，在家则滋味典籍。"（《春秋左氏传集解·自序》）在杜甫心中飘扬的那关于杜氏远祖的报国热情恍如一面永树不倒的旗帜，在他以后飘游世间之时，成为激励他前行进步的巨大动力。

杜预少子杜耽官至晋凉州（今甘肃武威）刺史，而其孙杜逊迁居襄阳，官拜魏兴（今陕西安康西北）太守。杜逊便是襄阳杜氏的始祖，而逊子乾光的玄孙杜叔毗之子鱼石曾获嘉（在今河南省）县令。鱼石之子依艺因获巩县令而迁居河南巩县，经历周转，于是京兆杜陵世家终于在黄河河畔的巩县定居下来。追忆远祖京兆杜陵人，大多"奉儒守官，未坠素业"，在有悠久传统的官僚世

家的熏陶之下，杜甫平生致力于营谋官职的鸿鹄之志就显得理所当然了。

经历过祖父、初唐著名诗人杜审言的万丈雄威，直至曾任兖州（今属山东）司马的父亲杜闲之时，风光凋零，杜家之势已然不如往日眩目，近世官职虽不如远祖，但门庭若市的繁荣之景依然隐约可见。在杜甫年少时，相对富裕的家境为其成长、读书和漫游提供了良好的物质基础。

杜甫的一生正经历了唐王朝由极盛转衰的骤变之期，在杜甫降生的这一年，恰好是唐玄宗李隆基登上天子宝座的一年，"贞观之治""开元之治"的历史大幕相继拉开，一派繁荣盛况正在酝酿：

"是时海内富实，米斗之价钱十三，青、齐间斗才三钱。绢一匹，钱二百。道路列肆，具酒食以待行人。店有驿驴，行千里不持尺兵。天下岁入之物：租钱二百余万缗，粟千九百八十余万斛，庸调绢七百四十万匹，绵百八十余万屯，布千三十五万端。"《新唐书·食货志》

"海宴天空，万方来同。"朝气蓬勃、充满生机的宏大盛唐气象，赋予了杜甫非同一般的视野和抱负。杜甫出生之时，虽然另一位浪漫主义伟大诗人李白尚为幼童，而在他之后的一位现实主义伟大诗人白居易尚未出生，然而，初唐时期的诗歌技巧初探，陈子昂、张九龄，以及王、杨、卢、骆等"四杰"为扫荡齐梁柔弱绮靡之音所做出的努力，为诗歌的改革发展做出了先驱性的尝试，也隐隐为杜甫时代的诗歌繁盛做好了铺垫。

杜甫之母是清河大族崔家之女，杜母在年幼的杜甫尚未记事时就撒手人寰，继母卢氏过门之后，杜甫被迫寄养在洛阳仁风里的姑母家，贤德仁慧的姑母在杜甫的生命中代替了亡母的角色，给予幼小的杜甫以胜过亲子的关怀，也给了他最早的人情之教。后世生命中，杜甫怜悯民生、感怀疾苦的思想形成，与姑母的言传身教有一定的关联。

童年的生活简单而烂漫，在书香环绕下长大的青年，在苍苍老辈们的引荐之下，又得以与上流社会中的显赫人物交往熟识。唐睿宗的第四个儿子李范是当朝皇帝唐玄宗的弟弟，曾被封为"岐王"，爱好文艺的岐王好与文人志士相交；崔涤曾列秘书监之位，作为中书令崔湜的胞弟，自然与玄宗皇帝关系甚密。而青年时候的杜甫正是"岐王府里"和"崔九（崔涤）堂前"的往来常客，这种经常性的文艺沙龙为杜甫在浮躁凡世之中提供了难得的艺术心灵的栖息空间。

及至晚年的杜甫漂泊在湖南，再一次和曾经与自己一样游走名门的著名音乐家李龟年邂逅在江南之时，这段年少青葱时光便游上记忆的海滩，抚今追昔，不禁沉沉地慨叹一声"同是天涯沦落人"，一切已然不再。怅惘迷离间，一首《江南逢李龟年》跃然纸上：

岐王宅里寻常见，崔九堂前几度闻。
正是江南好风景，落花时节又逢君。

世事沧桑，年华盛衰，人情聚散无期，恍如潮起潮落般，看似闲逸有律却又无从把握。暮年再见幼时友人，大半生已经过去，彼此的凄凉寥落，在这短短的28字中，繁衍出无数深意。不仅仅是对颠沛流离人生的唏嘘，更寄寓着杜甫对开元初年国事鼎盛的眷怀。这份凝重和深沉的诗情，或许唯有经历生活沉淀之后的杜甫才能感悟得到。

（二）

"读万卷书，行万里路。"这是众多古代文人志士的共同诉求，亦成为人们拓展功名前途的重要途径。正值青春壮年，完成学业文章之余，纵游名山大川，浪迹天涯海角，实在是一件令人羡慕的美事。古之大诗人李白曾说："以为士生则桑弧蓬矢，射乎四方，故知大丈夫必有四方之志。乃杖剑去国，辞亲远游。南穷苍梧，东涉溟海。"（《上安州裴长史书》）正反映了当时有志之士的普遍心态和共同追求。在这样的世风影响之下，"读万卷书，行万里路"的思想开始在杜甫的脑海中扎根滋长。踏着盛世的步调成长，及至杜甫壮年，恰逢

"开元盛世"的大好局面。经济繁荣，国力昌盛，民生安定，这样的优越社会环境为学者交结漫游提供了良好的基础。

开元十九年（公元 731 年），刚刚年满 20 岁的杜甫，也踏上了漫游之路，凭着一腔少年热血，开始了一段崭新的生命历程。

途径淮阴、扬州，渡过长安，到达江南……游历了大半个华夏之地后，杜甫对于未知世界的渴望越发强烈，后来竟萌生了乘兴东渡日本的想法，想要一睹传说中"太阳初升之处"的风采。原本杜甫已经租好了航海的各种船只，计划乘着长江干流往下，直入东海，奔向传说中的日出之地的"扶桑国"。可杜甫的东渡之行却困难重重，终成虚幻。因此直至晚年，他对此事还念念不忘，在《壮游》中叹道："到今有遗恨，不得穷扶桑。"

东渡之行的计划终为土灰，杜甫漫游的脚步却越发坚韧。他又南渡了钱塘江，游历了春秋时越国国都会稽山城等地，经历了 5 年的辗转奔波，杜甫最终把此次吴越漫游之行的终点定在天姥山下。天宝四载（公元 745 年），李白曾写下《梦游天姥吟留别》的壮丽诗篇，这飘逸的场景没能在杜甫的诗篇中再现，然而"安能摧眉折腰事权贵，使我不得开心颜"的豪迈气概却同样呼喊出了杜甫的心声。

杜甫的视野和心境在漫游中越发宽阔，并延展出丰富的情感，此次漫游终结于开元三十年（公元 735 年），杜甫返回洛阳参加进士考试，可惜落败，在"忤下考功第"之后，杜甫便"独辞京尹堂"（《壮游》），迫不及待地拉开了第二次漫游天下的序幕。

东郡趋庭日，南楼纵目初。

浮云连海岱，平野入青徐。

孤嶂秦碑在，荒城鲁殿馀。

　　从来多古意，临眺独踌躇。

——《登兖州城楼》

　　开元二十四年（公元 736 年），杜甫借父亲杜闲任职兖州（今属山东）司马之机北行齐赵（今山东省和河北省南部）。在青疏的秋景秋色中，与任城主簿同游南池，徜徉在古风古韵的旧城中，一种难言的美感从心底油然而生，《登兖州城楼》便是那段时光的纪念。

　　古雄而浑，律精而微。这篇杜甫最早的五律诗歌，实则气势雄健，虚则态度谐婉，以写实之境与写虚之情杂糅自首至尾如同行云流水，虽稍显青涩稚嫩，却已经悄悄显露出杜甫之诗顿挫多情的表征。对那段的岁月的诗意阐释，是杜甫将诗歌立足于生活的艺术初探。

　　第二次漫游的意外之喜，便是结识了好友苏源明。他乡遇知己，对于孤零远游他方的杜甫来说，实在是一大幸事。春日和煦，春风拂面，杜、苏二人择佳日登临古时候的邯郸赵王丛台，在历史的古迹中徜徉，缅怀古人，纵情放歌。

　　春去秋来，隆冬而至。杜、苏之间的情谊越来越深厚。在那片齐景公曾畋猎过的青丘（今山东益都附近）皂栎林中，他们踏着冬日的积雪，奔驰出没在山冈丛林之中，追逐着四散奔逃的雄鹰野兽。一声雕翎箭骤响，只见天边大鸟徘徊而坠，苏源明被杜甫高超的箭术折服了，忍不住赞叹其为晋代将军葛强（征南将军山简的爱将）再世。

　　在《壮游》的诗中，杜甫曾对这段生活印象颇深：

　　放荡齐赵间，裘马颇清狂。
　　春歌丛台上，冬猎青丘旁。
　　呼鹰皂栎林，逐兽云雪冈。
　　射飞曾纵鞚，引臂落鹙鸧．
　　苏侯据鞍喜，忽如携葛强。
　　快意八九年，西归到咸阳。

　　秋暮将至，落叶缤纷，一派萧瑟景色之中，杜甫与苏源明相携而行，共同登上壮伟的泰山之巅，昂首仰望八荒，俯视奔涌河流，正值青春年少的杜甫是多么意气风发，豪情满怀！

　　这一次齐赵之游连同上次的吴越之游，前后历时长达十年时光，两次游历生活让杜甫大开眼界，通过与大自然的亲密接触，他才真正地感悟到何为"美"，何为"伟"，也正因为这些经历的积淀，他后来创作的诗词才能如同山水般"美""伟"，一如那首流传千古的《望岳》：

> 岱宗夫如何？齐鲁青未了。
> 造化钟神秀，阴阳割昏晓。
> 荡胸生层云，决眦入归鸟。
> 会当凌绝顶，一览众山小。

　　《望岳》写于杜甫漫游泰山时，那时的杜甫现实主义情愫还未完全成型，充溢着浪漫主义的激情与昂扬。泰山的壮观与杜甫内心充盈着的积极进取、乐观开朗的雄心壮志相映生辉，熠熠闪光。

　　尤其是"齐鲁青未了"一句，在文坛上博得众家喝彩，泰山的宏伟广博、郁郁葱葱尽在这5字之中，在《唐诗选脉会通评林》中，郭濬慨然叹道："他人游泰山记，千言不了，被老杜数语说尽。"

　　此时的杜甫初出于世，才华了得，尚且处于意气飞扬的阶段；杜甫的盛年与国家的盛世之时不谋而合，在这样的安排之下，他自然有着"会当凌绝顶，一览众山小"的霸气。

　　在青年时写了《望岳》之后，杜甫分别在中年与暮年又作了两首《望岳》，同是举头之望，却再也没有了少年时的豪情壮志。

第二节 ／ 峥嵘岁月青年行

"李杜文章在，光焰万丈长。"

一位是天性浪漫的豪迈之士，一位是忧国忧民的仁义之才，

他们都有着豪爽的性格、坦荡的胸襟和疾恶如仇的强烈个性。

在共同理想和志向的指引下，两朵火花碰撞的一霎，摩擦出最美的瞬间。

古今中外，拥有着高山流水般知音之感的文士们并不少见，如古之屈原与宋玉、辛弃疾与陈亮，又如李白与杜甫。关于李杜之谊，闻一多先生曾在《唐诗杂论·杜甫》中有过十分精彩的论述：

"我们应当品三通画角，发三通播鼓，然后提起笔来蘸饱了金墨，大书而特书。因为在我们四千年的历史里，除了孔子见老子（假如他们是见过面的）没有比这两人的会面更重大、更神圣、更可纪念的。我们再逼近我们的想象，譬如说，青天里太阳和月亮走碰了头，那么，尘世上不知要焚起多少香桉，不知有多少人要望天遥拜，说是皇天的祥瑞。如今李白和杜甫—诗中的两曜，嘁面走来了，我们看去，不比那天空的异瑞一样的神奇，一样的有重大的意义吗？"

正如郭沫若先生在纪念杜甫诞生 1250 周年会上曾经致的开幕词《诗歌史中的双子星座》中所阐述的："李白和杜甫是像兄弟一样的好朋友。他们在中国文学史上的地位就跟天上的双子星座一样，永远并列着发出不灭的光辉。"

而同一时代的两位诗坛巨人，惺惺相惜，结交成为终生的知音，也的确是件令人惊喜的罕见之事。

李杜第一次见面时，李白已逾越不惑之年，虽被"赐金还山"，却已然名声显赫，而 33 岁的杜甫尚处于创作事业的爬坡期，虽在"翰墨场"中已经稍稍崭露头角，却难有出彩的诗作让人耳目一新。无论是在年龄上，还是在名声学识上，杜甫都稍逊一筹。而且李白狂放不羁、豪侠热情以及在诗歌方面的高超造诣，都使得"性豪业嗜酒，嫉恶怀刚肠"的杜甫由衷地佩服。两人一见面，便有相见恨晚之感，杜甫还特意为李白写下了一首诗：

> 二年客东都，所历厌机巧。
> 野人对膻腥，蔬食常不饱。
> 岂无青精饭，使我颜色好。
> 苦乏大药资，山林迹如扫。
> 李侯金闺彦，脱身事幽讨。
> 亦有梁宋游，方期拾瑶草

——《赠李白》

短短的几十个字，将杜甫眼中的李白之形象刻画得栩栩如生。这一次李杜之约，时间甚短。觥筹交错、把酒言欢之后，李白就到梁园汴州（今河南省开封市）去了。

第二次相会，杜甫和李白在旅行中重新找到彼此的灵魂归宿。跨越过黄河之后，两人登上了道家的圣地王屋山（今山西省阳城县西南），极目远眺，祖国的大好河川尽收眼底。青山上水月洞天，仙风道骨今谁有，唯有隐者华盖君。待到他们真正上山拜访的时候，华盖君已然仙逝，物是人非的流逝之感下，难免伤感失望，只能空怀着遗憾的心情落寞离开。

是年秋日，黄叶满地，迎着萧瑟秋风，李白与杜甫终于实现了"亦有梁宋游，方期拾瑶草"的夙愿。更加难能可贵的是，在畅游的途中，他们又与唐代另一位大诗人高适邂逅，三人同游，开怀痛饮，寻访古迹，畅谈古今，品评诗文，赏味人生，不禁惬意万分。

想到著名诗人陈子昂曾发出"念天地之悠悠，独怆然而涕下"的感叹，这三人在苍茫暮色中登上了单父（今山东省单县南）的琴台，抚琴追昔，发思古之幽情。在《昔游》一诗中，杜甫曾详细地记录了这一段经历："昔者与高李，晚登单父台。寒芜际碣石，万里风云来。"诗中，他们在秋日的黄昏中登上单父琴台，眺望沧海碣石，借以怀念"鸣琴而治"的时代。

在开封附近的梁园之中，他们也一道穿越历史，徜徉在名胜古迹之中，回忆起曾经是歌台舞榭、繁花似锦的汉文帝次子梁孝王之离宫别苑，再见如今眼前的苍凉之景，今非昔比，面目全非。梁园已废，而曾在梁园中聚会的著名文人司马相如，却已经在文学史上流芳千古。

> 昔我游宋中，惟梁孝王都。名今陈留亚，剧则贝魏俱。邑中九万家，高栋照通衢。舟车半天下，主客多欢娱。白刃雠不义，黄金倾有无。杀人红尘里，报答在斯须。忆与高李辈，论交入酒垆。两公壮藻思，得我色敷腴。气酣登吹台，怀古视平芜。芒砀云一去，雁鹜空相呼。先帝正好武，寰海未凋枯。猛将收西域，长戟破林胡。百万攻一城，献捷不云输。组练弃如泥，尺土负百夫。拓境功未已，元和辞大炉。乱离朋友尽，合沓岁月徂。吾衰将焉托，存殁再呜呼。萧条益堪愧，独在天一隅。乘黄已去矣，凡马徒区区。不复见颜鲍，系舟卧荆巫。临餐吐更食，常恐违抚孤。

——《遣怀》

此时杜甫之诗已经呈现出凄苦哀怨的现实主义特色。杜甫追忆与李白、高适的交游生活，感慨青春年华一去不复返，一生声名殆尽，仅存薄幸之名，自嘲自责，抑郁难当。

聚也匆匆，别也匆匆。三人经历了一整个秋天的欢乐游猎生活之后，不得不分道扬镳。

告别了独自去南方楚地游玩的高适后，杜甫和李白搭伴来到山东齐州（今济南市）。在齐州，李白正式接受了紫极宫（太上老君庙）高如贵道士的授道箓，成为一名真正意义上的道教徒。天宝四载（公元 745 年），夏日的骄阳如火般炙烤着大地，而此时李杜辗转到了齐州的北海，两人与齐州太守李邕度过了一段美好的时光。同有疾恶如仇、耿直不阿的个性，三人相见甚欢。一叶扁舟轻帆卷，临了登亭话桑麻。他们饮酒作诗、纵论时事，不亦乐乎。

在齐州一带登山临水、拜谒名士期间，杜甫和李白曾经一度小别。春夏过后，两位友人第三次于东鲁兖州（在今山东济宁）重逢相聚。交情甚深的两人，面对短暂的离别犹如难以割舍的手足，彼此都是心潮澎湃，感慨万千。在这首《赠李白》中："秋来相顾尚飘蓬，未就丹砂愧葛洪。痛饮狂歌空度日，飞扬跋扈为谁雄？"杜甫对以往漂泊不定的流浪生活，产生了浮生若梦的虚无之感。

此时的杜甫和李白，质疑着"痛饮狂歌空度日"的生活，却仍然忍不住踏上去兖州城北范氏庄拜谒隐士范十的路。

初次拜访，路不识途，一脚深一脚浅地穿越荒坡之上的苍耳之丛，竟见满身挂着的苍耳小球像是装饰的珍珠一般，引得他们大笑。范十先生的幽居之处，门前垂树，墙上爬蔓，园中几块薄田，果蔬满园——宛如桃源仙境一般。酒酣耳热之际，三人不禁慨然高歌，借以抒发志向。范十的生活，正是李杜二人朝思暮想的理想归宿，与范十共同生活的那段时光，成为杜甫后来永久的眷恋。

经过这一番交往，对于杜甫而言，李白已经从自己曾经仰慕的对象变为与自己惺惺相惜的手足兄弟。当二人再次天各一方，已难掩思念挚情，便时常以诗交心，其中最有名的便是《春日忆李白》：

　　白也诗无敌，飘然思不群。清新庾开府，俊逸鲍参军。
　　渭北春天树，江东日暮云。何时一尊酒，重与细论文。

不知何时，你我才能再次同桌共饮，再次细细探讨斟酌、谈诗论文？或许，这也是杜甫内心最深切的期盼吧。

时光飞逝，多年后安史之乱的炮火渐渐燃烧到李白与杜甫周围，南北相隔的两人饱受颠沛流离的苦痛，而因永王璘事件受牵连被下狱的李白，一生饱经沧桑荣辱，这一切被挚友杜甫看在心中，悲愤难平。一曲曲长歌当哭的血泪文字，诉诸在杜甫的笔端……当李白遇赦归来之后，杜甫又为李白写下了一首200多字的长诗《寄李十二白十二韵》，回忆起两人从相识到相知到离别的种种情形，不禁泪流满面。

杜甫寄赠李白的最后一首诗，是在他晚年的时候写下的《不见》：

> 不见李生久，佯狂真可哀！
>
> 世人皆欲杀，吾意独怜才。
>
> 敏捷诗千首，飘零酒一杯。
>
> 匡山读书处，头白好归来。

——《不见》

此时的杜甫与李白，已经有15个春秋未见，也唯有一句直抒胸臆的"不见"能表达那一刻的心情。正如诗中所言：极具浪漫主义情调、深受道教影响的李白，有着飘飘欲仙之气，然而不容于世人之中，被认为是佯装狂妄，实在是可悲可叹；世人都说他理应斩首，而独独我了解他心中所难，怜惜李白这位世间英才；才思敏捷的他，出口即成章，提笔诗千首，孤单的身世飘零，只能在一杯薄酒中排遣心中的孤寂；匡山是李白读书的地方，希望他白头时正好可以归来隐居。

字里行间的惺惺相惜之情，诚挚而真切，算是对两人一生情谊的最好总结。

就在此诗作完不久，李白于唐代宗宝应元年（公元762年）死于安徽当涂县令李阳冰的家中，李白的与世长辞为这段千古绝响的伟大友谊画上了圆满的句号。

此次是真正的天人相隔之永"不见"了。

天宝五载（公元746年），他恋恋不舍地告别了仍然居守在奉先的家人，独自踏上了前往心仪已久的长安之路。这一年，他已经35岁了。孔子云：三十而立，四十而不惑。此时的杜甫只是凭借着一腔诗才小有名气。至于儒家一直追求的"治国平天下"的入世之志，却终未能实现。

初到长安的那个除夕，杜甫依然豪情满怀，不减当年。他曾经在《今夕行》中慨然欢呼："咸阳客舍一事无，相与博塞为欢娱。冯陵大叫呼五白，祖跣不肯成枭卢，英雄有时亦如此，邂逅岂即非良图。君莫笑，刘毅从来布衣愿，家无儋石输百万。"然而随着在长安的见多识广，杜甫越发感到人情冷暖、世态炎凉。在长安这个大染缸里，杜甫对于现实有着更深刻的理解。以往漫游时期积攒的浪漫情愫、初入长安时候的壮志豪情，逐渐被残酷的现实消磨殆尽。一切似乎都远不如当初想象的那般美好了。

杜甫来长安不久，便从家乡传来父亲去世的消息，这突如其来的打击犹如晴天霹雳。他长期过着漫游生活、功名未立、依靠家中的救济为生，父亲的逝世让家中的经济来源越来越捉襟见肘，杜甫甚至沦落到去城南的终南山上采草药为生的境地。

大唐盛世的光辉也随岁月流逝而愈发黯淡，玄宗骄奢淫逸、沉迷美色，李林甫把持朝政、排除异己。天宝六载（公元747年），唐玄宗下诏招揽天下有才之士。此次求才之试，与其说是渴求贤才，不如说是唐玄宗为了向天下昭示他盛世之君的恢宏气度。就如同历史上众多的君王一样，唐玄宗的这一举动更多的意味着标榜自己。对于此事，李林甫自然是心中不悦，生怕新选上来的贤才弹劾自己，威胁自己在朝廷的地位。然而狡猾的李林甫并没有直接强行抵制唐玄宗的求贤令，反而采用了迂回的方法，伪装起面容，遵循唐玄宗的旨意，以积极的姿态大力支持这场选贤考试。

此时想要大展才华、求仕求名的杜甫尚不知其中原委，他正怀抱着雄心壮志，兴致勃勃地想要抓住这大好机会。殊不知，就在他忐忑不安地等待着应试结果的时候，当朝宰相李林甫已经悄悄策划了一场闹剧。当时应试之人大多为乡野出身，他以担心这些人口出秽言、侮辱皇帝为名，下令州县长官严格审查这些人的出身和试卷，并制定了各种严苛的条件，在这样的一轮筛选下，州郡官员唯恐因审查不严而拖累自身，结果大部分的应试之人被排除在外；这还不够，接着又由尚书府进行复查，又排除了大量应试之人。最后一道关卡，李林甫直接以当朝宰相的名义对剩余举子的策论、词赋、诗歌等亲自进行审核，结果竟然是众人纷纷落选，无一人合格。李林甫为这场闹剧找了一个冠冕堂皇的理由，在回禀唐玄宗李隆基时不忘逢迎，拱手祝贺皇帝恩泽遍布四海八方，朝廷之内已经揽尽天下英才，皇帝圣明，朝野之外，再无可用之才。

这正是《尚书》中所说的"野无遗邦，万邦咸宁"。"野无遗贤"是一场由李林甫自导自演的游戏，至于唐玄宗和众多应试之人，都只不过是其手中的棋子罢了。杜甫等文人在这次闹剧面前不幸"折腰"，一代才士沦为权力纷争的牺牲品。比起几年前自己满不在乎的那场洛阳之试，这一次杜甫感到从未有过的莫大羞辱。

诗人元结曾在《谕友》中具有讽刺性地详细记述了这次考试的具体情形：

> 天宝丁亥（六载）中，诏徵天下士人有一艺者，皆得诣京师就选。相国晋公（李）林甫以草野之士猥多，恐泄露当时之机，议于朝廷曰："举人多卑贱愚聩，不识礼度，恐有俚言，污浊圣听。"于是奏：待制者悉令尚书长官考试，御史丞监之，试如常例。已而布衣之士，无有第者。（李林甫）遂表贺人生，以为"野无遗贤"。

直至此时，杜甫才真正意识到，在光华夺目的长安城的浮表之下，潜藏着难以想象的血雨腥风。曾见过李白"赐金放还"泪洒长安的情景，此时才真正明白当时人的心境。他想逃离出这座冷风习习的城市，可是又不能，壮志未酬，生活无着落，他不想就这样在逃避中彷徨一生。

正在杜甫走投无路，又在为是否离开长安而犹豫不决的时候，他把目光投向了有名望的宦官贵族，想起曾经家世辉煌、祖辈官至宰相的长安尚书左丞韦济，两家世交颇深，并且韦济亦对杜甫的才能十分赏识。杜甫暗自忖度是否能够通过毛遂自荐的方式博得韦济的重视，从而求得一个功名。

思及此，杜甫将来到长安之后的种种悲辛和渴望施展抱负的决心记载在《奉赠韦左丞丈二十二韵》中，并把这首诗呈献给了韦济。

纨绔不饿死，儒冠多误身。

丈人试静听，贱子请具陈。

甫昔少年日，早充观国宾。

读书破万卷，下笔如有神。

赋料扬雄敌，诗看子建亲。

李邕求识面，王翰愿卜邻。

自谓颇挺出，立登要路津。

致君尧舜上，再使风俗淳。

此意竟萧条，行歌非隐沦。

骑驴十三载，旅食京华春。

朝扣富儿门，暮随肥马尘。

残杯与冷炙，到处潜悲辛。

主上顷见征，欻然欲求伸。

青冥却垂翅，蹭蹬无纵鳞。

甚愧丈人厚，甚知丈人真。

每于百僚上，猥诵佳句新。

窃效贡公喜，难甘原宪贫。

焉能心怏怏，只是走踆踆。

今欲东入海，即将西去秦。

尚怜终南山，回首清渭滨。

常拟报一饭，况怀辞大臣。

白鸥没浩荡，万里谁能驯。

如同孜孜寻求伯乐赏识的千里马一般，杜甫回忆着自己的人生际遇，抒发着内心的矛盾与挣扎。在诗作的最后，杜甫再一次阐发了自己的心情：如今就要向您辞别，一直谨记着韦济大人的恩情，常常想要报答"一饭之恩"；而真正的自己就如同隐没在浩渺烟波中的白鸥一样，无垠的天空是最终的归宿。

这首表志诗带着杜甫非一般的志趣，杜诗沉郁顿挫的特质逐渐显现。

杜甫赠予韦济的诗歌最终石沉大海，后又相继献诗《赠翰林张四学士垍》等作，却始终未能达成夙愿。干谒权贵以求汲引之路并不好走，在献诗求仕之门都为他缓缓关闭之后，他不得不铤而走险，以投匦献赋直接向皇帝呼吁。

天宝十载（公元 751 年）正月，新春的鞭炮味还未散尽，借着跨年的机遇，唐玄宗选择在太清宫、太庙祭祀，这一年正是杜甫的不惑之年。沉湎于声色犬马之中的玄宗迷恋着帝王生活，越发感到时光短暂、生命有限，极力地想要通过怪力乱神求取永生，填补空虚的精神世界。杜甫便借着祭祀的时机，作三大礼赋投延恩匦。

臣生长陛下淳朴之俗，行四十载矣。与麋鹿同群而处，浪迹于陛下丰草长林，实自弱冠之年矣。岂九州牧伯，不岁贡豪杰于外？岂陛下明诏，不仄席思贤于中哉？臣之愚顽，静无所取，以此知分，沉埋盛时。

不敢依违，不敢激讦，默以渔樵之乐自遣而已。倾者卖药都市，寄食友朋。窃慕尧翁击壤之讴，适遇国家郊庙之礼，不觉手足蹈舞，形于篇章。漱咽甘液，游泳和气，声韵浸广，卷轴斯存。仰亦古诗之流，希乎述者之意，然词理野质，终不足以拂天听之崇高，配史籍以永久。恐倏先狗马，遗恨九原。臣谨稽首，投延恩匦，献纳上表。

遥想当年，"赋料扬雄敌"，年轻时候的扬雄以辞赋见称，被召入宫，侍从汉成帝祭祀游猎，并作下《甘泉》《羽猎》《长扬》《河东》四大赋来歌颂大汉王朝的声望和皇帝的功德；在现在来看，杜甫的这篇《进三大礼赋表》写得虽不算很出色，却有很高的史学资料价值。

在他的心中，不曾忘却那些靠着以采药卖药为生的窘迫岁月，不曾忘却一次次的求仕路上咬着牙再次立身的经历，更不曾忘却开元二十三年那场荒唐可笑的"野无遗贤"科举之试。面对一代黄龙帝王，杜甫自然"不敢依违，不敢激讦"，只能将苦果往自己的肚子里吞咽，而他的愤懑之情、抱屈之志却像一股暗流悄然隐藏在文字之河的深底，让更多的有心人去感受、去揣摩。

当他所作三赋《朝献太清宫》《朝享太庙赋》《有事于南郊赋》通过熟识的官员献给皇帝之后，果然正中皇帝的心意，居然得到了"命宰相试文章"的恩典。这对于一个长期饱受不得志折磨的士子来说，简直就是从天而降的惊喜，长期以来的努力也终于有了一丝回报。

后来，诗人流落西蜀，沉沦使府，依然为自己有这样一段不同寻常的际遇而深感自豪："忆献三赋蓬莱宫，自怪一日声烜赫。集贤学士如堵墙，观我笔落中书堂。往时文采动人主，此日饥寒趋路旁。"

孔子曾经有言：子不语怪力乱神。儒家虽然重视祭祀、重奉祖先，将其看作是巩固封建帝王统治的重要组成部分，但是却反对盲目迷信鬼怪淫祀，所以儒家常以"习礼而羞之"。鬼迷心窍的玄宗非但不以之为羞，甚至沉浸在臆想的魑魅世界中。正当需要为举行不合古制的三大礼大造舆论的时候，唐玄宗的面前突然呈现了杜甫的三篇振振有词、洋洋洒洒且文采斐然的赋文，这怎能教玄宗不喜出望外，又怎能不抓住机遇大肆宣扬这来自民间的称颂之声呢？

纵然皇帝为杜甫提供了一个"侍制集贤院"的机会，无奈杜甫却仍然败在了"命宰相试文章"之上。面对左相陈希烈、右相李林甫，杜甫的穷达通塞再一次置于命运的审判台上，曾经上演的"野无遗贤"的闹剧让杜甫依然后怕。在宰相李林甫的暗箱操作之下，皇帝"再降恩泽"的良机瞬间化为泡影，这其间的缘由自有李林甫的奸佞，但亦有唐玄宗的根由，他视吟诗作赋之人不过赏玩之物而已。

此后不久，杜甫便留下了一首《奉留赠集贤院崔于二学士》，挖掘了这件事情前前后后的不为人知的心绪记录：

> 昭代将垂白，途穷乃叫阍。气冲星象表，词感帝王尊。
> 天老书题目，春官验讨论。倚风遗鶂路，随水到龙门。
> 竟与蛟螭杂，空闻燕雀喧。青冥犹契阔，陵厉不飞翻。
> 儒术诚难起，家声庶已存。故山多药物，胜概忆桃源。
> 欲整还乡旆，长怀禁掖垣。谬称三赋在，难述二公恩。

在写这首赠诗之后不久，杜甫又回到了故居洛阳去了。

此后的两三年，杜甫仍然矢志不渝地一再投匦献《封西岳赋》《雕赋》等，但献赋一入宫便如石沉大海。沉迷在声色犬马之中的玄宗早已对这些"身外之事"毫无兴趣了。

天宝九载（公元750年）正月，群臣奏封西岳，这年春日，关中大旱，一场突如其来的大火洗礼了整个西岳，制罢封西岳。等到了天宝十三载，杜甫上表献《封西岳赋》，又重新提起旧事："今兹人安是已，今兹国富是已。况符瑞翳集，福应交至，何翠华之默默乎？维岳，固陛下之本命，以永嗣业。维岳，授陛下元弼，克生司空。斯又不可寝已。伏维天子需然留意焉！"在玄宗眼中，西岳不仅是自己身边红人杨国忠的降生地，甚至是皇帝自己生命的象征。自然，杜甫的这一请求根本难入玄宗皇帝的法眼，这次献赋最终亦以失败而完结。

　　一面是为了急于在官场上立足而四处赠诗投赋的庸俗之念，一面是心念多艰，用现实主义的诗歌表现民生疾苦。理想与现实很近，却又遥远无比。在"贫富常交战"的剧烈思想矛盾斗争中，杜甫不像陶渊明歌颂的那些高尚贫士那样，为了所谓的"神话般的理想"，扭曲生活的维度。杜甫只是杜甫，他只做有自身特色的真实的杜甫。

四

　　天宝十一载（公元752年），曾经一手策划了"野无遗贤"闹剧的李林甫病死了，但盛世葬身奸臣昏君的悲剧并没有随着李林甫的死而有所改变。盛极一时的大唐王朝正渐渐散发出一股腐朽的气息，各种阶级矛盾、民族矛盾、统治阶级内部矛盾的裂痕越来越大。

　　及至后来这位"回眸一笑百媚生"的杨玉环入宫，世风日下。凭借着能歌善舞、聪敏可人、曲意逢迎的本领，杨贵妃颇得唐玄宗的喜爱，而她的亲戚家人也因此得势风光。"长安回望绣成堆，山顶千门次第开。一骑红尘妃子笑，无人知是荔枝来。"杜牧的这首《过华清宫》正是再现了玄宗对杨贵妃的无际宠溺。

　　杨贵妃得宠的最坏后果，便是继李林甫之后，又一大奸臣当权篡政，长袖善舞，摇身一变登上历史舞台。

　　一面是一国之君在虚构的开元盛世的蓝图中醉生梦死，沉溺于美色享乐，玄宗把一摊国家大事扔给了宰相杨国忠，自然没有余力去关心国家的选才纳士之事；一面是将权势玩弄于股掌之间的杨国忠，正忙着拉拢贵族聚敛财物，并借着清洗和收买人心不断壮大自己的党派羽翼。

　　"文部选人无问贤不肖，选深者留之，依资据阙注官"（《资治通鉴》第二百一十六卷），在当权者手中，才能不再是选才的第一标准，论资排辈下来，一群毫无能耐却又依附于杨氏权力体系之下的庸才占尽了风头，任何怀揣报国壮志却不肯与杨氏佞党同流合污的有志之士，终不得当权者哪怕一丝的关注。

此时的杜甫已困居长安十年，竭尽所能想要通过展现诗才的方式得到上层统治者的关注和赏识，而最终留下的只是深深的遗憾和痛心。作为一直以来深受儒家思想浸染的志士，入世思想在杜甫的意识里根深蒂固，不成就一番功名誓不罢休的急切心思也难免纠结不解。但他并非陷入腐儒陈学的愚士，儒家说："不在其位，不谋其政。"而一介野夫杜甫在不仕之时，仍然未放弃"处江湖之远亦忧其民"的责任和担当；儒家认为"上智下愚""女子难养"，而在杜甫笔下的《石壕吏》《新妇别》里，却对普通百姓尤其是妇女的生命给予高度的关注和尊重。

超越名利富贵的表象，不断上升到新的更高的人生境界，想来这才是十年长安之行的沉淀带给杜甫的最大收获。

第三节 ╱ 凌乱时光再回首

山野里寂寥无人，静穆的可怕，偶尔飞过的鸟儿长一声短一声地啼鸣，
却不见有逃难的人往回家的路上行走。
饿极了的小女儿直咬杜甫，她的啼哭声在寂静的山林里回荡，令人心酸。

天宝十四年（公元 755 年）十一月，"安史之乱"爆发。

"安史之乱"发生时，安禄山的妻儿尚在长安，当他带着军队杀到洛阳时，却听到了自己在长安的儿子被腰斩、女儿被赐死的消息。愤怒让安禄山变成了一个失去理智的凶残的侵略者，所到之处便是一场巨大的灾难，奸淫妇女，屠杀幼童，打家劫舍。明朝的顾炎武曾经说过："有亡国者，有亡天下者。"安禄山的造反不仅导致了唐朝日后的亡国，也亡了整个天下。

好在整个唐朝还是有忠肝义胆之士的，谁也没想到，最先挺身而出与安禄山做斗争的不是朝廷大官，也不是边关武将，而是一个手无缚鸡之力的文人。平原县（今山东平原县）太守颜真卿以卵击石，带着仅有的数千人，拼死与安禄山斗争，并且鼓励其他人在路上抵抗安禄山，形成一道防线。后来史书《资治通鉴》极力赞扬颜真卿的品格，称他"首唱大义"。

历史大事可以轻描淡写，也可以详细描述，但往往所谓"大事"，不会写出人民的奔走，不会写出他们逃命的喘息，而杜甫却可以，因为他就是其中的流民，是"安史之乱"压迫下勉强活着的人民中的一个。

天宝十五年（公元 756 年），暮春时节，安禄山在洛阳自立称帝。起初，安禄山派儿子安庆绪来攻打潼关，潼关之长哥舒翰坚于镇守，用兵有方，安庆绪落败而逃。此时的大唐如困兽犹斗，实力越来越衰微，面对叛军的侵扰也越发抵挡不住。同年六月，哥舒翰在灵宝西作战失败，潼关在安禄山的铁蹄下化为乌有。临近傍晚，不知是战争的火光还是落日的霞光，红彤彤地燃烧了半边天空，远水萦回，熠熠发光，层层山峦重叠掩映，夹杂着刀光剑影，血流如河。唐玄宗大梦初醒，慌张逃难。身为一国之君，却沦落到被逼无奈四处逃窜的境地。

此时的杜甫刚刚告别了妻儿，离开奉先返回长安，赴任右卫率府兵曹参一职。但刚出发没多久，杜甫就得知了叛军逼近潼关的消息，便又马不停蹄地返回了奉先，带着妻儿往白水（今陕西白水县）方向逃亡，投奔杜甫的舅舅县尉崔顼。

黄土高坡，漫天的沙尘吹得每一寸皮肤粗糙皲裂。这一队流民，就像无头的苍蝇，到处飞来飞去，一听到战争的消息，就吓得东逃西窜。当时表侄王砅和杜甫两家人都寄寓在白水避乱，后来又一同向北逃难。上路之初，杜甫原本骑着的牲口不知被谁抢走，只得步行。兵荒马乱中杜甫跌倒在蓬蒿坑里，摔伤了腿，妻儿们没法把他拉起来，差一点就被胡兵抓走了，幸亏王砅心地善良，倾力相助，一路上呼喊着杜甫的名字，奔走十余里于流民中找到他，而后又将自己的马让给他，自己右手擎刀，左手紧握缰绳，保护着杜甫，生怕再有闪失。

山野里则寂寥无人，静穆的可怕，猛兽、雷雨、山洪随时威胁着生命，偶尔飞过的鸟儿长一声短一声地嘶啼，却不见有逃难的人往回家的路上行走。饿极了的小女儿直咬杜甫，她的啼哭声在寂静的山林里回荡，凄惨凌厉。

杜甫害怕她的哭声招来老虎和豺狼，把女儿紧紧地抱在怀里，掩着她的嘴。可小女儿哭闹得更凶了，在山野中荡起一阵阵回音。小儿子见着妹妹哭得这么凶，装着懂事儿的样子，采了些苦李子给她吃，看着青涩的苦李子，再望望儿子天真无邪的脸庞，杜甫心中感慨万千。

雷雨下起来没完，路上泥泞的根本没办法下足，杜甫和妻子杨氏抱着孩子，在泥泞中一脚深一脚浅地走着。雨水湿冷，却不及杜甫的心凉；前路艰苦，却不及杜甫的心境更苦。他们饿了便勉强以野果为食，累了就斜倚低树歇息养神。白天里蹚着四处流淌的泥水一步步艰难行进，晚上则住在稍有人烟的地方稍事休息。

后来杜甫在诗中回忆起以往流亡路上的种种情景，心中万般滋味难以言说。

就这样拖着走着，杜甫一家终于走到了鄜州（今陕西富县）附近的同家洼，又幸遇友人孙宰热情地招待了杜甫一家人，让他感受到了许久没有得到的安宁。孙家的妻儿出来与杜甫一家相见，数目相对，热泪纵横。在孙家小住之后，杜甫又携眷经华原（今陕西耀州区东南）、三川（今陕西富县南）赴鄜州（今陕西富县）。诗人行经此处正值洪水暴涨，随处可见"秽浊殊未清，风涛怒犹蓄"之景象。

经历了颠沛流离、千辛万苦之后，在安史之乱大背景下一个普通人的流亡之路在暂居所羌村画上了句号。正是这种俯身民间、亲近百姓的经历，让杜甫得以从十年旅居京华的生活中跳了出来，近距离地窥视真正的平凡人的普通生活，各种辛酸悲苦都化作杜甫笔下激情四溢的文字，拷问着当时的统治者们，警醒着后世的往来人。

七月，太子李亨在宁夏的灵武称帝，是为唐肃宗。身在鄜州羌村的杜甫听说肃宗在灵武即位后，做出了一个重要的决定：北上延州（今陕西延安），到灵武投奔唐肃宗。

乱世见忠臣，像颜真卿一样，杜甫必然要挺身而出。路途艰险，虎豹环伺，白天，杜甫专挑那些无人问津的小路走；半夜，杜甫就偷偷地到官道上赶路。

可是即便如此小心翼翼还是没能逃脱胡兵的逮捕，此时安禄山的势力已经延伸到了鄜州的北边。

今夜鄜州月，闺中只独看。

遥怜小儿女，未解忆长安。

香雾云鬟湿，清辉玉臂寒。

何时倚虚幌，双照泪痕干？

这首《月夜》正是杜甫被俘虏到长安之后写作的现存最早的诗：至德元载（公元756年）八月，中秋之月圆夜，月光皎洁，挥洒一地清辉。想来远在家中的妻儿也正在与我望着同一轮明月在怀忧思人吧。此时的我正深陷贼众，安危难卜，家寄异县，生死难知，心心念念的全都是家中未知世事的儿女，全都是幽暗烛光下妻子满脸泪痕、清辉玉臂寒的孤独身影。思及此，诗人不禁怆然涕下，为中秋佳节里不能团圆的亲人，为自己无从把握的命运。望着光照两地的月亮，他不觉出了神，产生了幻觉，恍惚感到自己似乎就在鄜州家人的身旁，如同实情实景一般，那么近、那么真，却像空中飞舞的五彩斑斓泡沫，在触碰到它的一瞬间，一切都化为虚影。

也许是外表非常邋遢，老迈、瘦弱、脏乱，也许是因为一路的沉默，在被押解古长安的途中，杜甫并未引起胡兵的注意，也因为名气不高而逃过了盘问，困居长安时他趁着看守不注意而逃出。再次来到曲江旁，又是一年春天，曲江依旧很美，可是这条江却泛着淡淡的血腥味道，无数百姓的血已混入其中。饱受蹂躏的长安满目疮痍，民众在叛军的铁蹄下呻吟，诗人把这一切都写进了他的诗篇里：

少陵野老吞声哭，春日潜行曲江曲。江头宫殿锁千门，细柳新蒲为谁绿？忆昔霓旌下南苑，苑中万物生颜色。昭阳殿里第一人，同辇随君侍君侧。辇前才人带弓箭，白马嚼啮黄金勒。翻身向天仰射云，一箭正坠双飞翼。明眸皓齿今何在？血污游魂归不得。清渭东流剑阁深，去住彼此无消息。人生有情泪沾臆，江水江花岂终极！黄昏胡骑尘满城，欲往城南望城北。

——《哀江头》

写作这首诗的时候杜甫才 45 岁，但已满头白发，像是一个老翁了，如果把这首诗跟《丽人行》放在一起看，会明显地感受到诗人对世事变换的感慨。曾经的丽人到哪里去了呢？明眸皓齿今何在？不过是一抔黄土。

想到这样的场景，杜甫没有办法忍住内心的翻腾，曲江边上昔日的宫殿已经萧条，没有人再到曲江边上赏春了，山河依旧在，面目已全非。抚今追昔，感世伤怀，杜甫想念的是曾经的盛唐，他忧虑的是国家的未来。《岁寒堂诗话》里曾经这样评价这首诗："题云《哀江头》，乃子美在贼中时，潜行曲江，睹江水江花，哀思而作。其词婉而雅，其意微而有礼，真可谓得诗人之旨者。"

在此期间，他又写了两篇文章——《为华州郭使君进灭残冠形势图状》《乾元元年华州试进士策问五首》——为剿灭安史叛军献策，考虑如何减轻人民的负担。当讨伐叛军的劲旅——镇西北庭节度使李嗣业的兵马路过华州时，他写了《观安西兵过赴关中待命二首》的诗，表达了爱国的热情。

从曾经的《兵车行》《丽人行》，到如今的《月夜》《哀江头》，是杜甫诗歌艺术成就的一大进步，这反映了杜甫的现实主义笔触不仅执着于现世中的人、事、物，更转向人们幽深而细腻的灵魂深处，从情感的角度把握残酷现实下的一丝丝人情和人性。

月还是那弯月，人却已经换了一拨又一拨，伤心的月色，千载同怜，诗人的悲思，古今同感。也许李白张口便能够画出半个盛唐来，但杜甫的哀思却覆盖了整个中唐。从"清辉玉臂""香雾云鬟"的《丽人行》到《三吏》《三别》，沉郁的杜甫眉头一直都没有舒展过。

历史就是如此，有着太多的摧毁和重生，有着太多的屠杀和重建，一个王朝覆灭后，另一个王朝很快便会重新建构。华夏儿女的性格中，有着不屈的顽强和坚韧，这种顽强和坚韧是绝望之后的反击，是置之死地而后的重获新生。

"安史之乱"乱得彻底，但总有人在竭力反抗，从颜真卿到郭子仪，从文人到武将，壮士英烈，忠臣武将，他们的脊梁撑起了整个国家。在武将郭子仪的带领下，战乱渐渐开始平定，唐肃宗李亨迁都凤翔。杜甫听闻此消息后历经一年跋涉至凤翔追随肃宗。肃宗感其忠心，任他为左拾遗。《新唐书·杜甫传》载："至德二年，（杜甫）亡走凤翔，上谒，拜右（作"左"，误）拾遗。"正是在这一年的五月十六日，杜甫再次踏上了官场，即作《述怀》：

> 去年潼关破，妻子隔绝久。今夏草木长，脱身得西走。麻鞋见天子，衣袖露两肘，朝廷愍生还，亲故伤老丑。涕泪受拾遗，流离主恩厚。柴门虽得去，未忍即开口。寄书问三川，不知家在否？比闻同罹祸，杀戮到鸡狗。山中漏茅屋，谁复依户牖？摧颓苍松根，地冷骨未朽。几人全性命，尽室岂相偶？嵚岑猛虎场，郁结回我首。自寄一封书，今已十月后。反畏消息来，寸心亦何有！汉运初中兴，生平老耽酒。沉思欢会处，恐作穷独叟。

去年潼关被破后与家人隔断，被抓获为俘虏囚禁在长安。如今幸而西归凤翔，仓皇之中得以面见圣颜，承蒙天子的垂怜，被授予左拾遗之职，正感恩不尽，心中虽然挂念着鄜州的妻子儿女，却不忍以探亲请假而辜负天子的一片厚望。犹记得皇帝在诰命中还夸奖他说："尔之才德，朕深知之。"这就无怪乎他要感激涕零，无怪乎他不忍，实际上是不好意思在这样的情况下向皇帝提出告假探亲的要求。

一面渴望着"家书抵万金"，一面又担心伴随着家书而来的坏消息让人心受大恸；他怕家书，同时也盼着家书，在这种矛盾情感的撕扯下，妻子儿女的生死存亡处于未知的猜测中，不知他们远在千里之外是何处境。兵乱祸害使得四处都弥漫着战火的硝烟，鸡犬不宁。山中漏雨的茅屋也无人修补，环堵萧然，不蔽风日。那些新死人的尸骨凌乱地埋在滥遭砍伐的苍松树根下，湿冷的地面成为这些战争莫名牺牲者的最后祭奠。

杜甫被封为左拾遗，这是杜甫第二次进入官场。左拾遗这个官职，是谏官，也就是言官。顾名思义，左拾遗的作用就是向皇帝谏言。唐朝对于谏官是十分尊重的，唐太宗时期的魏征就身兼着言官的职能。一生践行儒家思想的杜甫，对左拾遗这个职位十分满意，准备在这个职位上用尽自己的心血，发挥自己的才能，曾经的宝玉蒙尘，曾经在长安的十年漂泊，曾经在战火中的九死一生，让他格外珍惜现在的每一个机会。

杜甫写过一首诗《晚出左掖》，记录的便是他做左拾遗时的工作。"左掖"当时就是"门下省"。唐朝实行的是三省六部制，中央有中书省、门下省、尚书省，杜甫作为左拾遗属于门下省。

至于"晚"，据杜甫自己说是"避人焚谏草，骑马欲鸡栖"。不仅是晚回家，杜甫还经常彻夜工作："不寝听金钥，因风想玉珂。明朝有封事，数问夜如何。"（《春宿左省》）他晚上睡不着，一遍一遍听外面的声音，听的是开大门的声音，听的是有没有马来了。

身为左拾遗的杜甫每天早上都要呈给唐肃宗一封奏折，这封奏折是一封谏疏。为了能够在第一时间内把自己的奏折交给唐肃宗，杜甫一整晚都睡不好，一遍遍地问值班的宫人，现在几更天了，是不是要上朝了，是不是开宫门了？

作为一个臣子，杜甫尽了他的本分；作为一个左拾遗，一个言官，杜甫做到了尽职尽责，他把自己全部的精力和时间放到了工作上面。无论是否为官，无论在位与否，杜甫都不曾舍弃肩负的责任。以天下大事为己任，处庙堂之高则忧其民，处江湖之远则忧其君，这是一个世子身上少见的品质。

但是杜甫没想到的是，做事越认真，就越容易犯错。跟李白一样，杜甫的想法是文人的想法而不是官吏的想法，他们不懂虚与委蛇，而是认同道理，执拗于自己的观念。

至德二年（公元757年）正月，群胡的铁骑已经踩躏了大半个中原大地，自从称兵以来，安禄山双目渐昏，直至此时，双目已安全失明。伴随着病情的恶化，他刚愎自用的暴躁脾气也越发厉害，稍不顺心便对身边人或打或骂，自然得罪了不少人。殊不知，安禄山正在亲手为自己挖掘着坟墓，一步步将自己推向死亡的深渊。

正月初一，原定于新年朝会群臣之事因为安禄山的疽痛突犯而被迫取消。正是在这一天，在安庆绪、严庄、李猪儿的密谋下，安禄山无声地死于亲信之手。这让人不禁想起了以往的董卓之事，可谓是"燃脐郿坞败，握节汉臣回"（《郑驸马池台喜遇郑广文同饮》）。此时庞大的安禄山集团已如困兽犹斗，摇摇欲坠，集团内的各派力量开始走向瓦解崩塌。

借机继位的安庆绪性情昏庸，此番避开了安禄山的控制，乐得躲在严庄的背后终日里纵酒作乐，狂欢淫逸。安禄山死后，胡兵进军的步伐仍未停止，安庆绪派遣史思明镇守范阳，另一大将蔡希德仍然马不停蹄地继续攻守太原。

骄兵必败，此时的史思明坐拥强兵，掌控各种珍宝财物聚积的范阳之地，日益骄横，财富与物欲的沉迷让叛军显示出了颓唐败落之势。

刚刚上任的杜甫，正遇到自己官场中的第一道关口。由于房琯在战争中的失败，想要扳倒房琯的政敌们抓住了他的把柄，不断地上奏折攻击房琯，诬告他贪污受贿才导致战败。唐肃宗听信了臣子的言论，决定罢相房琯。

房琯原本性情高洁，在安史之乱前期曾经亲力亲为，竭力控制当时混乱不堪的国家局面，然而自己的忠于职守最终换来的是奸佞小人的诬蔑横阻，凋敝的社会现状让房琯失去了信心，他开始变得懒于公事，不思朝政，将精力转移到佛学上，整日里与人高谈佛、老学说，或是听门客董庭兰弹琴，安于自己的小天地。

听到房琯被贬为太子少师的消息，杜甫自然为他感到不平，他敬重房琯的为人，也相信他在战争中付出的努力，认为房琯无罪，于是上书给唐肃宗。作为言官，这本是他的分内之事，但是刚刚成为左拾遗的杜甫显然还不懂官场的规则，在奏折中，他依旧是一片赤子之心，整篇奏折充满了如他诗作一般的直率，言辞十分激烈。唐肃宗看到杜甫的奏折，非常生气，当即召集三司下令查办杜甫。

杜甫没有想到是这种结果，刚刚上任的他如同被人当头一棒，幸有友人宰相张镐说情，才勉强保住了官位。可在此之后，杜甫在唐肃宗心里的印象已是急转直下、糟糕至极。

杜甫终究是以一个文人的心态在做属于官吏的事情。对政治和官场的隔膜，对于官场规则的陌生，让杜甫即便壮怀激烈，即便仰天长啸，依旧手足无措，屡受打击。当听到房琯战败的时候，杜甫的沉痛之心更甚于肃宗，从他的诗作里我们便可以窥探一二：

孟冬十郡良家子，血作陈陶泽中水。野旷天清无战声，四万义军同日死。群胡归来血洗箭，仍唱胡歌饮都市。都人回面向北啼，日夜更望官军至。

——《悲陈陶》

我军青坂在东门，天寒饮马太白窟。黄头奚儿日向西，数骑弯弓敢驰突。山雪河冰晚萧瑟，青是烽烟白人骨。焉得附书与我军，忍待明年莫仓卒！

——《悲青坂》

正是由于杜甫对于战争的关注、对于国家大事的关心，所以他才挺身而出，可是这却给他带来了灾难。闰八月初一，唐肃宗下旨，将杜甫贬谪为华州司功参军，依旧一身布衣的杜甫只得离开凤翔。从凤翔到羌村，要走过700多里的山路，长路漫漫，杜甫只借了一匹马，带着一个仆人，再次跋山涉水，踏上归途。

> 皇帝二载秋，闰八月初吉。杜子将北征，苍茫问家室。
> 东胡反未已，臣甫忧愤切。挥涕恋行在，道途殊恍惚。
>
> ——长篇叙事诗《北征》节选

同年十一月，广王李俶、郭子仪来到东京，经历了失江山而又复得的唐朝皇帝别有一番感慨，忍不住对两位大将推心置腹："吾之家国，由卿再造。"长安城里依然是风雨潇潇，难以再见盛世之时车水马龙的繁华之景。刚刚遭受战争的重创，要重新恢复往日的辉煌，谈何容易。

十二月，玄宗和肃宗终于重回长安，再次坐上了久违的太上皇和皇帝宝座。清理叛党，陷贼诸官以六等定罪；封爵功臣，加官晋爵各自有差。在战争中饱受摧残的惶惶人心终于伴随着硝烟的散去而逐渐平静下来。

第四节 ╱ 生命沉浮悲寂寥

这一切就像是一场梦。"夜阑更秉烛，相对如梦寐"，

这一句话道出了多少离别之人的辛酸。

在漂泊的日子里，杜甫不止一次地幻想过，跟妻儿们重逢的场景，

但真的回到家中的时候又感到有些像在做梦了。

邻居们推挤着过来看杜甫，谁都没有想到杜甫真的能够从死人堆里爬出来，

其实就连杜甫自己也没想到。

峥嵘赤云西，日脚下平地。柴门鸟雀噪，归客千里至。妻孥怪我在，惊定还拭泪。世乱遭飘荡，生还偶然遂。邻人满墙头，感叹亦歔欷。夜阑更秉烛，相对如梦寐。

晚岁迫偷生，还家少欢趣，娇儿不离膝，畏我复却去。忆昔好追凉，故绕池边树。萧萧北风劲，抚事煎百虑。赖知禾黍收，已觉糟床注。如今足斟酌，且用慰迟暮。

群鸡正乱叫，客至鸡斗争。驱鸡上树木，始闻叩柴荆。父老四五人，问我久远行。手中各有携，倾榼浊复清。苦辞酒味薄，黍地无人耕。兵

革既未息，儿童尽东征。请为父老歌，艰难愧深情。歌罢仰天叹，四座泪纵横。

——《羌村三首》

归家后的一切就像是一场梦一样。"夜阑更秉烛，相对如梦寐"，这一句话道出了多少离别之人的辛酸，在漂泊的日子里，杜甫曾不止一次地幻想着跟妻儿重逢的场景，但真的回到家中倒有些像做梦了。妻子的泪流满面，儿女的怔愣陌生，邻居们也推挤着过来看杜甫，谁都没有想到杜甫真的能够从死人堆里爬出来。好在，终于回家了。《羌村三首》正是他刚刚到家几日里与妻子儿女久别重逢后心情愉悦的艺术写照。比起李白，杜甫更渴望安定宁静的生活，但战争岁月总是事与愿违，在羌村的几个月，是他一生中为数不多的安定岁月。

然而美好的时光总是过得很快，转眼便到了乾元元年（公元 758 年）六月，杜甫结束了在羌村跟妻儿们的团聚，奉命到华州（今陕西华县）担任司功参军。司功参军主管祭祀、礼乐、学校、选举、医筮、考课等事。看似很重要，实际不过一个微不足道的官职。加之源源不断的公文与酷暑蚊虫的骚扰，着实是个苦差事。

七月六日苦炎蒸，对食暂餐还不能。每愁夜中自足蝎，况乃秋后转多蝇。束带发狂欲大叫，簿书何急来相仍。南望青松架短壑，安得赤脚踏层冰。

——《早秋苦热堆案相仍》

这首诗作于任职期间。诗人的抱怨有着诗人的可爱之处，文雅而又充满着幻想。这么热的天气，实在又没有别的办法，只好幻想一些能让自己凉爽的东西，比如"南望青松架短壑，安得赤脚踏层冰"，读之让人忍不住发笑。如果说，对于身为官吏的杜甫来讲，这次贬谪是他政治生命的结束，那么对于作为诗人的杜甫来说，这次贬谪无疑是他诗歌境界提升的又一个重要转折点。或许任何创作皆是如此，只有脚踩着大地、目睹现实，才能够成为一个作品与世情感同身受的诗人。

乾元三年（公元 759 年），邺城（今河南安阳）之战爆发，唐军大败。此时的杜甫正在从洛阳返回华州的途中，史思明的第二次攻城让杜甫跟自己的妻儿又历经了一次失散，一路上目睹着战争的惨痛，继《春望》后，杜甫创作了被后人誉为"诗史"的"三吏"（《新安吏》《石壕吏》《潼关吏》）、"三别"（《新婚别》《垂老别》《无家别》）。杜甫创作"三吏""三别"的原因，可以用他自己的一句话来解释："满目悲生事，因人作远游"。

"三吏"是用地名来作标题的。按照杜甫的行进路线，他依次写下了《新安吏》《石壕吏》《潼关吏》。

《新安吏》写的是年轻的小伙被拉去当兵的事情。杜甫从洛阳出发走了 70 里，在傍晚抵达了新安县（今河南新安）。杜甫看到有官吏在征兵，而且里面有很多少年，感到非常吃惊，便上前盘问，这才知道原因，原来连年的征战，已经把壮丁征尽了，战场上已经快没有兵了，所以只能让少年去当兵。看到这些还未长成的少年即将奔赴战场，杜甫提笔写下了《新安吏》：

> 肥男有母送，瘦男独伶俜。
> 白水暮东流，青山犹哭声！
> 莫自使眼枯，收汝泪纵横。
> 眼枯即见骨，天地终无情。

送别孩子的母亲心里明白，这一别极有可能是永别，但也无可奈何，只好含着眼泪将他们送走，在苍茫的暮色之间，青山也因为这生死的离别而痛苦了。"莫自使眼枯，收汝泪纵横。眼枯即见骨，天地终无情。"这一句则是杜甫对于统治阶级的批评，矛头直指唐肃宗。"天地无情"直指统治者。

尽管杜甫很愤怒，但是面对着这些即将奔赴战场的男孩和他们流泪的母亲，他也只能说一些宽慰的话。

> 就粮近故垒，练卒依旧京。
> 掘壕不到水，牧马役亦轻。
> 况乃王师顺，抚养甚分明。
> 送行勿泣血，仆射如父兄。

说出这样善意的谎言，杜甫的心里也是五味杂陈，但他不得不用这些话去安慰这些苦命的孩子。

从新安县出发往西行，杜甫晚上来到一个叫作石壕村的地方。在这里他又碰到征兵，就把所见所闻如实地记录下来，这便是《石壕吏》。

"存者且偷生，死者长已矣。室中更无人，惟有乳下孙。"《石壕吏》的真实场景让普通人的痛苦更加触动人心，家里的男丁都被抓走了，只剩下两个老人，官吏想把老翁也抓走，无奈老妇只好让老翁跳墙躲起来，她自己面对官兵。"吏呼一何怒，妇啼一何苦"，两句话里面隐藏着多少心酸、多少无奈、多少悲痛啊！

杜甫写"三吏""三别"是格外地客观，他如同一个旁观者一样，把目睹的事情如实地记录下来，只抒发一点点自己的感受，正因为这细微之处，却让人感受到巨大的痛苦。《石壕吏》最后一句，"天明登前途，独与老翁别"，是多么的真实，又多么无奈啊！昨天还是两个老人相依为命，今天就只剩下了老翁，而明天不知道老翁是否还会在？

从石壕村出发，杜甫继续赶路，他向西出发，来到了潼关（今陕西潼关县），看到许多士卒正在筑城，这个场景让杜甫不禁想起了三年之前。当时在潼关，唐军经历了一次大失败，原本哥舒翰想要凭借潼关的险要抵挡胡军，但是奸臣杨国忠向唐玄宗进言，要求哥舒翰出城迎战，最后哥舒翰大败。

"三吏"之后还有"三别"，写"三吏"的时候，杜甫主要是通过客观的描述，而"三别"则有着更多主观的情感，更加动人。

《新婚别》是写一对"暮婚晨告别"的新婚夫妻，结婚后的第二天，丈夫便被征兵去打仗了，整个《新婚别》都是从妻子的角度来写，这让人想起"可怜无定河边骨，犹是春闺梦里人"的著名诗句，《新婚别》就像是这句诗的注释。在诗歌的开头，妻子哀叹自己的命运："兔丝附蓬麻，引蔓故不长。嫁女与征夫，不如弃路旁"，语气有点愤怒。古时候的礼节是女子过门三日之后，才算是真正跟男子结为夫妻，但是因为丈夫第二天就打仗去了，妻子连婆婆都没有办法去拜见。

整个《新婚别》的语气是沉痛的，但是最后妻子还是因为打仗是国家大事而鼓励丈夫："勿为新婚念，努力事戎行"，继而脱下嫁衣，洗去脂粉，表明自己一定会等着丈夫回来的决心。

《无家别》写的是老翁被迫服兵役然后回家之后的故事。这首诗里描写了一个从邺城回到家乡的老兵。当他回到家里的时候，看到的是满目的荆棘和村子里只剩下的几个寡妇。

尽管已经没有家了，但是老兵还是决定在这里住下来，只是这个简单的愿望也落空了，官吏重新把他拉去入伍，他又一次要离家。这一次离家的时候，老兵发现自己已经没有家可以告别了，不禁仰天长叹，发出了一声唏嘘："人生无家别，何以为蒸黎"。

《垂老别》也写了一个老翁，他是有家的，但是几乎所有的子孙都已经阵亡了，也就是说他的家族已经绝后了。暮年的老人感到非常绝望，失去了活下去的信心，所以他也想去战场上，跟他的子孙们一同死去。他的老伴送别他，明明知道他不会再回来了，却还是不断地嘱咐老翁，让他多吃饭，注意身体。而老翁看到老伴这样，内心也很酸楚，想到妻子为自己辛苦了一生，可自己到暮年了还要去从军，不能跟她相守在一起，也感到很痛苦，两人垂泪而别。

"三吏""三别"所描绘的场景虽然经过了杜甫的艺术加工，但是里面的事件大部分都是真实的，据《旧唐书》记载，当时的情况是："函陕凋残，东都尤甚，过宜阳，熊耳山至武牢，成皋，五百里中，偏户千余而已。居无尺椽，人无烟爨，萧条凄惨，兽游鬼哭。"这跟"三吏""三别"里记录的情景是一致的，杜甫在诗中所提到的地名，也都是历史上真实存在的。因此无论是从情感价值角度还是史料价值角度，"三吏""三别"被称为"诗史"是当之无愧的。

第五节 / 一片冰心辗西南

在仕途波折和政治风浪中盘桓良久，杜甫见惯了上层统治集团政治权力的纷争，

也亲眼看见了下层百姓流离失所、饥不择食、寒不择衣的惨状。

在这个过程中，杜甫的辞官之念正在悄然滋长，并随着岁月的流逝愈发强烈。

在仕途波折和政治风浪中盘桓良久，杜甫见惯了上层统治集团政治权力的纷争，也目睹了下层百姓流离失所、饥寒交迫的惨状。辞官之念正悄然滋长，并随着岁月的流逝而愈发强烈。

乾元二年（公元 759 年），关中地区大旱，粮价飞涨，靠着杜甫在华州的微薄俸禄，一家人艰难度日。再加上对时政的不满，杜甫决定辞去华州司功参军的职位，带着全家人迁移到西南边的秦州（今甘肃天水），投奔他的弟弟。

离开了满目疮痍的关中地区，从此永远离开了政治纷争的旋涡，杜甫的人生翻开了崭新的一页，从此走上了"万里饥驱"的漂泊征程。

等到杜甫带着全家人到了长安以西 800 里外的秦州后，却发现弟弟早已不知去向。远处西南边界的秦州，位于六盘山上，地势险峻，未开风化，这里有许多少数民族，民风也颇为彪悍。这里不但是侄儿杜佐被贬之地，朋友赞公和尚也被流放在此地，因此，对于秦州，杜甫有着一股莫名的亲近感。

在来到秦州之前，杜甫曾经幻想那里像一个世外桃源，他能够像陶渊明

一样，"采菊东篱下，悠然见南山"，但实际上秦州跟杜甫所想象的差别甚远。

在秦州的三个多月，杜甫一家人差点被饿死，无奈，杜甫只得带着全家人再次迁移到距离秦州二百里外的同谷（今甘肃成县），听说那里比较富裕，至少能够填饱肚子，但等他们到了同谷，才发现跟秦州没有什么差别。

当时已是冬天，寒风阵阵，每天晚上，一家人都冻得瑟瑟发抖，能够吃饱穿暖，成了他们最大的奢望。为了活下去，杜甫跟妻子儿女们，上山去挖一种叫作黄独的野生芋头来果腹。杜甫在自己所写的《同谷七歌》里详细描述了他们挖黄独的经历："长镵长镵白木柄，我生托子以为命。黄独无苗山雪盛，短衣数挽不掩胫。此时与子空归来，男呻女吟四壁静。"雪满山脉，每吹来一阵风，都像是夹带着刀刃一样，刮在人的脸上，生疼生疼。

零下十几度，穿着短衣，被寒风吹着，带着已经弱冠的大儿子在山上挖黄独，这就是杜甫的生活，有时候还挖不到黄独，一家人就只能饿肚子。每次空手而归，听到儿女们因为饥饿而呻吟，杜甫的心里如同刀绞。另一方面，杜甫心里又非常挂念他的亲人和往日里的朋友，生死未卜的兄弟，被贬黜在海畔孤城的老朋友郑虔，被贬的才学之士——岑参和高适……

这样的生活持续了一个多月，眼看一家人实在是挨不住了，面对物质和精神上的双重困乏，杜甫决定再一次出发，带着家人穿越蜀道，踏上了前往成都之路。

从华州到秦州，从秦州到同谷，从同谷到成都，这一路，也是杜甫写诗最多的时候之一，仅仅是在秦州的3个多月，杜甫就写了80多首诗。写诗已经成了他生活的一部分，成了他对生活的记录。

腊月的晚上，带着一家人，杜甫终于跋涉到了天府之国——成都。这一次，不似秦州和同谷，成都没有让杜甫失望。杜甫写的《成都府》，可以形象地反映在杜甫的眼中成都是什么样子："翳翳桑榆日，照我征衣裳。我行山川异，忽在天一方。"比起秦州和同谷，来到成都，杜甫觉得就像来到了天堂。

地处西南的成都距离长安十分遥远，正因为如此，"安史之乱"的战火没有在成都留下很多痕迹，这里的人民安居乐业，有的当地人甚至不知道"安史之乱"。倒真的有些像陶渊明《桃花源记》里的武陵人"不知魏晋"。

这是杜甫梦寐以求的地方。远处的房屋上的烟囱炊烟袅袅，近处的小溪潺潺流淌，鸟鸣清脆，花香醉人，这里的人民也非常朴实，他们日出而作，日落而息，有着"种豆南山下，带月荷锄归"的清闲自在。

杜甫决定在成都定居，但这时他可谓是一贫如洗，除了满肚子的学问和面黄肌瘦的妻子儿女，杜甫一无所有。

好在杜甫还有朋友，刚到成都的杜甫只能住在寺庙里。在成都生活的朋友尹裴冕在杜甫最艰难的时刻帮助了他，给他提供些米粮，让他们能够吃饱，寺庙旁边的邻居们，看到从华州来的一家人如此窘迫，也力所能及地给予了杜甫帮助。

日子从一开始就是平淡无奇的，杜甫在寺庙里听佛法，读书写诗，这种生活他盼望已久，唯一的缺陷就是他们没有一个属于自己的家。

于是在严武和其他朋友的帮助下，在城西七里外的浣花溪边，杜甫建了一个草堂，这也就是后人所称的"浣花草堂"，或是"杜甫草堂"。

从杜甫的诗歌里，我们可以管窥"浣花草堂"的美景，这里是"锦江春色来天地"，是"细雨鱼儿出，微风燕子斜"，是"无赖春色到江亭"。

本就具有诗人气质的杜甫在"浣花草堂"里生活得十分舒适自在，自然的美景总能打动他的心灵，对于周边事物的感知也让杜甫的心情更加舒适。可以说，杜甫走到成都才算是真正走进避风的港湾。

因为到了成都，住进了"浣花草堂"，杜甫才真正地不用为生计而担心，他可以静下心来享受自己的晚年生活，这也许是上天对杜甫前半生"风雨漂泊"的补偿。

对于上天的馈赠，杜甫欣然接受，并自得其乐。

其一

江上被花恼不彻，无处告诉只颠狂。走觅南邻爱酒伴，经旬出饮独空床。

其二

稠花乱蕊畏江滨，行步欹危实怕春。诗酒尚堪驱使在，未须料理白头人。

其三

江深竹静两三家，多事红花映白花。报答春光知有处，应须美酒送天涯。

其四

东望少城花满烟，百花高楼更可怜。谁能载酒开金盏，唤取佳人舞绣筵？

其五

黄师塔前江水东，春光懒困倚微风。桃花一簇开无主，可爱深红爱浅红？

其六

黄四娘家花满蹊，千朵万朵压枝低。留连戏蝶时时舞，自在娇莺恰恰啼。

其七

不是爱花即肯死，只恐花尽老相催。繁枝容易纷纷落，嫩蕊商量细细开。

——《江畔独步寻花七绝句》

杜甫的这组《江畔独步寻花七绝句》，便是他在"浣花草堂"的怡然自得生活的证明。杜甫喜欢看见什么写什么，在他的眼里，所有的自然美景都是有灵性的，无论是花朵、蝴蝶还是黄莺、微风，这些身边的事物都有着自己的灵魂。后人曾评价这组诗是"兴致所到，率然而成"。曾经杜甫羡慕陶渊明的世外桃源，如今他也来到了属于自己的桃花源，终于等到了独属于自己的"悠然见南山"。

杜甫在成都生活得无忧无虑，主要是靠朋友，当时西南地区的高官成都府尹兼剑南节度使严武非常崇拜杜甫，经常到"浣花草堂"来拜访。一个是正当壮年、风华正茂的高官，一个是饱经沧桑归于平淡的诗人，两人相对而饮，一杯复一杯。

　　就这样，严武跟杜甫结成了忘年之交，严武喜欢写诗，常常把自己写的诗拿给杜甫看，杜甫欣赏严武的诗，两人不时讨论一些诗艺，相谈甚欢，严武尊杜甫为老师。

　　这是杜甫最舒心的一段日子。妻子儿女都在身边，无温饱的忧虑，也不用为柴米油盐担心，这一切，多亏了杜甫的朋友，多亏了严武。

　　杜甫的一首《江村》，形象生动地描绘了他在"浣花草堂"的时光：

　　　　清江一曲抱村流，长夏江村事事幽。
　　　　自去自来梁上燕，相亲相近水中鸥。
　　　　老妻画纸为棋局，稚子敲针作钓钩。
　　　　但有故人供禄米，微躯此外更何求。

　　但从某种意义上来讲，其实杜甫此时过的生活可以说是"寄人篱下"，"故人供禄米"长久下去怎么行呢？果然，由于生活的多变，杜甫又一次陷入了物质上的困境。

　　　　万里桥西一草堂，百花潭水即沧浪。
　　　　风含翠篠娟娟净，雨裛红蕖冉冉香。

厚禄故人书断绝，恒饥稚子色凄凉。

欲填沟壑唯疏放，自笑狂夫老更狂。

——《狂夫》

　　"浣花草堂"建成后不久，杜甫就被严武举荐为检校工部员外郎，全家搬去了四川的奉节县。因为这个官职，杜甫后来才有了"杜工部"的称呼，但是成为杜工部没多久，也许是因为严武的职位调动，也许是因为不能重新适应官场生活，杜甫又重新回到了"浣花草堂"，似乎只有这里才能够抚慰他的内心，让他得到彻底的放松。

　　在回到"浣花草堂"之前的日子里，杜甫的生活更多时候是处于困难之中。这首《狂夫》就体现了当时生活的苦难。在"浣花草堂"建成不久后，杜甫的许多朋友都有些自顾不暇了，本就是乱世，生活的困难是常态，朋友的接济渐渐少了。

　　杜甫的好友成都尹裴冕因为职位调动要回京城，他不能再接济杜甫了，便让李若幽帮忙照顾杜甫。此时，对杜甫经济上帮助最大的是好友高适和严武。

　　曾经一起放声高歌、纵情山川的好朋高适，在彭州（今四川省彭州市）担任刺史，而忘年之交严武，则是巴州（今四川省巴中）刺史。

　　如果高适和严武出现了一些困难，杜甫的生活也就没有了保障，这种"仰人鼻息"的境遇，对一身傲骨的杜甫来说不可谓不难过。他自称"欲填沟壑唯疏放，自笑狂夫老更狂"。后世的吕留良在表达与杜甫相似的感情时用的句子是"醒即行吟埋亦可，无惭尺布裹头归"，同样是对于死亡的不在乎，同样是穷途末路的呼喊，杜甫的骨子里却有着一份傲气，这股傲气，不因为他拥有多少钱财、地位高低而改变，这份傲气来源于杜甫自己，在那个时代，有人看不起杜甫，有人轻视杜甫，但是他自己却从来没有轻视过自己。

　　现代诗人西川写过一首诗，诗名就叫作《杜甫》，作为一个现代人，通过读诗，我们逐渐在贴近杜甫的灵魂。

　　纵然有千万间广厦，也无法给天下人建造一份幸福，流浪中的妇女和男人，无情地说出了现实的心声：所有的心愿不过是杜甫心中永远的梦想。拯救是徒劳，所谓未来，不过是往昔；所谓希望，不过是命运。

在这个晦暗的时代，杜甫如同闪耀在夜空中的一束光芒。毁灭了的文明，凋落了的时代，如同东逝之水难复西归，在杜甫文字的描述之下成为永久的见证。他心中那股执拗的勇气，支撑着他走过一段又一段暴雨倾盆的艰难历程，但无论是物质上的匮乏还是精神上的折磨，他都选择坦然地面对这一切，甚至从中获得一番诗意的生命体悟。

宝应元年（公元 762 年）二月，唐肃宗李亨病重。趁着唐肃宗病重，他平时所宠爱的张皇后和被他宠信的太监李辅国趁机作乱，想要走安禄山的老路。

张皇后和李辅国两人虽然合谋造反，但却是相互猜忌，毕竟皇位只有一个，因此，在背地里两个人又各自密谋。

为了权力，为了私欲，皇后和太监的斗争，在唐朝历史上并不少见，张皇后私底下紧急联系了越王李系，准备杀死李辅国，不料走漏了消息。李辅国带领军队冲进了唐肃宗的寝宫，直接把张皇后和越王李系处死，受到惊吓的唐肃宗，气急交加死在了床上。宫中凡是与张皇后关系密切的人，全部被李辅国处死。随后太子李豫登基，即唐代宗。

登基后的唐代宗，不过是李辅国的傀儡，此时的国家大事，都掌握在李辅国这个太监手里。

这场翻天覆地的皇位之争荒唐地落幕了，而对于臣子们来说，其命运的转盘才刚刚被转动，不知道将停在哪一格，是幸，还是不幸。

六月，经常在成都"浣花草堂"跟杜甫饮酒喝茶作诗的严武被调任京兆尹，同时，唐代宗下旨命严武负责修建唐玄宗和唐肃宗的陵墓。听到这个消息，严武十分高兴，尽管他也有着许多的不舍，不知道何年何月才能够再回到成都，再回到"浣花草堂"跟杜甫饮酒作诗。但高兴的是能够为皇帝修建陵墓，这是何等的光荣，何等的荣耀。

七月，严武启程离开成都，杜甫送严武，一直送到了绵州（今四川绵阳）城外 30 里的奉济驿。杜甫作了一首诗《奉济驿重送严公四韵》：

> 远送从此别，青山空复情。
> 几时杯重把，昨夜月同行。
> 列郡讴歌惜，三朝出入荣。
> 江村独归处，寂寞养残生。

一向情深意重的杜甫送走严武之后，备感孤独，他望着严武离去的背影，望着被树林遮挡的远方的路，想到此后也许再也没有与自己谈诗饮茶的人了，便只能是"寂寞诗酒茶"了。

送走严武之后，杜甫没想到在朝廷动荡的波及下，成都也发生了一场大政变。成都府少尹徐知道早就有造反的意向，严武刚离开成都，徐知道便发动了兵变，他自封府尹兼剑南节度使，将严武留下来的官印抢走。

就像宫中的太监李辅国一样，徐知道也妄想成为皇帝，为了这个念头，为了名利，他简直是视"仁义"二字为粪土。

因为一己私欲发动的战争最为可耻，更可耻的是这场战争殃及到了无辜的百姓。徐知道有一个部将名叫李忠厚，他的行为与其名却截然相反，他疯狂地屠杀成都的百姓，使天府之国再没有平静悠闲的生活，这里因为暴力和血腥而成了地狱。

据杜甫的记录，李忠厚有一个奇特而残忍的爱好，他喜欢看别人杀人，而且喜欢一边喝酒一边看，看到别人在自己面前死去，他就会有发自心底的快乐，这简直让杜甫不能理解。

这场浩劫，几乎让成都成为一座死城，好在八月下旬，刺史高适带领军队进行了平定。

成都城的混乱，让杜甫开始了新一轮的奔走他乡，他必须告别"浣花草堂"了，草堂中盛开的芳草，不知道再回来的时候是不是只能看见枯枝败叶了。

杜甫与"浣花草堂"惜别，举家搬迁到了梓州（今四川省三台县）。后来严武又回到了四川，他盛情邀请杜甫担任幕僚，在任职期间，杜甫写下了《忆昔两首》。其中一首写道："忆昔先皇巡朔方，千乘万骑入咸阳。阴山骄子汗血马，长驱东胡胡走藏。邺城反覆不足怪，关中小儿坏纪纲。"

这首为讽刺朝廷而写的诗作，充满了杜甫对于时事的关注，对于朝廷的担忧："关中小儿坏纪纲，张后不乐上为忙。"自唐玄宗开始，朝廷就充满了小人，从李林甫到杨国忠，从杨国忠到李辅国，小人祸乱朝纲，小人搅乱了乾坤。但是，信任小人的君主，远离贤臣的君主，偏偏是自己效忠的帝王。杜甫作这首诗，是想警醒唐代宗，但是无奈官位低微，话语难以被皇帝听见，他所能够做的不过是着急、彷徨和担忧。

《忆昔》中第二首写道："忆昔开元全盛日，小邑犹藏万家室。稻米流脂粟米白，公私仓廪俱丰实。九州道路无豺虎，远行不劳吉日出。齐纨鲁缟车班班，男耕女桑不相失。宫中圣人奏云门，天下朋友皆胶漆。百馀年间未灾变，叔孙礼乐萧何律。岂闻一绢直万钱，有田种谷今流血。洛阳宫殿烧焚尽，宗庙新除狐兔穴。伤心不忍问耆旧，复恐初从乱离说。"

一幅幅真实而血淋淋的历史画卷缓缓展开，杜甫将个人的生命置之度外，评说历史，彰显一位胸怀天下的诗人对正义的伸张，对人性的宣扬。同时，这种用写实主义手法描绘的历史画卷也为后人留下了宝贵的历史资料。

十月，唐军跟胡军在洛阳的北边进行了决战，这一次，唐军大胜，胡军躲到了范阳的营地中不敢出来。

一场"安史之乱"，葬送了唐朝的开元盛世，杜甫回忆说："忆昔开元全盛日，小邑犹藏万家室。稻米流脂粟米白，公私仓廪俱丰实。"而现在，有多少人因为饥饿而死去，因战争而丧命。"安史之乱"结束后，有史料称，全国人口减少了百分之七十，这数百万人几乎全部死于战争之中。

第六节 / 半生沧桑半生秋

明朝的李渔曾经说过一句话："看江山无恙，一瓢一笠到襄阳"。

杜甫想要回到洛阳，不仅仅是为了回到家乡，而是为了满足自己想回家的愿望，

是想看到无恙的江山，想看到恢复平静的山河。

代宗广德元年（公元 763 年）正月，官军以摧枯拉朽之势追击叛军，连克河南、河北诸州，史朝义见大势已去，逃至温泉栅（今河北丰润东）自缢身亡。至此，历时七年零三个月的"安史之乱"终于结束。消息传到梓州，杜甫惊喜万分，百感交集，写了被称为"杜甫平生第一快诗"的《闻官军收河南河北》：

剑外忽传收蓟北，初闻涕泪满衣裳。

却看妻子愁何在，漫卷诗书喜欲狂。

白日放歌须纵酒，青春作伴好还乡。

即从巴峡穿巫峡，便下襄阳向洛阳。

——《闻官军收河南河北》

虽然在"浣花草堂"的生活十分惬意舒适，但是对于杜甫来说，仍然没

有办法让他停止对故乡的思念,他想念洛阳的一草一木,想念洛阳的山川河流。明朝的李渔曾经说过一句话:"看江山无恙,一瓢一笠到襄阳。"杜甫想要回到洛阳,不仅仅是为了回到家乡,为了满足自己想回家的愿望,而是想看到无恙的江山,想看到恢复平静的山河。

饱受7年战争的折磨,杜甫总是压抑着自己,在这7年内,他好像从来没见过春天,但当剑门关外传来收复河南河北的消息时,他快乐地简直像一个孩子,好像一下子春天就出现了,他要伴着春光回到心心念念的洛阳。

剑外、蓟北、巴峡、巫峡、襄阳、洛阳,短短的8句诗里一下子出现了6个地名,凸显杜甫的思绪因为快乐而跳跃,因此并不显得堆砌。这首《闻官军收河南河北》是杜甫生平的第一快诗,没有停顿,一气呵成。

由于严武已经回到了成都,并且邀请杜甫去成都做府尹,杜甫思来想去,最终还是回到了成都的"浣花草堂"。刚刚结束了"安史之乱",吐蕃军又开始作乱,差一点攻破长安。这次的战火延伸到了四川,严武忙于打仗,杜甫则担任检校工部员外郎,可他实在受不了官场的风气。等仗打完严武回到成都后,杜甫提出了辞职。

显而易见,比起做官,杜甫更爱那看"两个黄鹂鸣翠柳,一行白鹭上青天"的悠闲日子。

就在杜甫辞官后不久,也许是因为在战争中耗费了太多的精力,年仅40岁的严武突然去世。不仅是严武,王维、李白、房琯、郑虔、苏源明这些曾经同生死共患难的朋友一个个相继离开人世,目睹他们的先走,杜甫的悲痛难以言表,由于战乱的摧残,成都再不是原来的"天府之国"了。这首《哭台州郑司户苏少监》便是杜甫写给郑虔、苏源明的悼亡诗。

故旧谁怜我,平生郑与苏。

存亡不重见,丧乱独前途。

……

疟病餐巴水,疮痍老蜀都。

飘零迷哭处，天地日榛芜。

——《哭台州郑司户苏少监》

　　严武去世后，杜甫一家的生计得不到保障，他决定带领全家离开成都，再一次迁徙。临走时，杜甫最舍不得的便是"浣花草堂"，这个草堂承载了他太多的记忆，这里的一砖一石、一草一木，几乎都是杜甫亲手布置经营的，而如今迫于生计，只能弃之而去。

　　顺着大江，在小舟之上漂流了数月，从嘉州、戎州（今宜宾）到渝州（今重庆）、忠州（今忠县）、云安（今云阳），最终在大历元年到达了夔州（今奉节）。

　　初到夔州，杜甫对当地的风土人情十分感兴趣，虽然此时杜甫的年龄已经很大了，但是他对于生命的好奇，对于他人的关心，好像从来没有因为年龄的增长、时间的流逝而发生改变，他永远保持了一颗赤子之心，就像他当年写作"三吏""三别"的时候一样。

　　一首《负薪行》，生动描绘当地的风土人情："夔州处女发半华，四十五十无夫家。更遭丧乱嫁不售，一生抱恨长咨嗟。土风坐男使女立，男当门户女出入。……若道巫山女粗丑，何得此有昭君村？"

　　在夔州居住下来的杜甫，靠着种地为生，夔州都督柏茂林对杜甫也多加照顾，在夔州，杜甫虽然不像在"浣花草堂"一样享受着自然的美景，但他的创作却达到了一生中的最高潮，在两年不到的时间里，杜甫写了430多首诗，这些诗占了《杜甫诗集》的十分之三。

　　可能是友人的一个个相继死亡，让敏感的诗人也开始意识到自己的时日无多，所以想要通过诗歌，多留下一些自己的印记。

　　当然，这也跟他舒适的生活有关。在夔州的两年，杜甫一家为公家代管东屯公田，又另外租了一些公田，买了40亩的果园，全家都要下地干活，靠着辛勤的耕种，倒也活得悠然自在，至少能够自给自足，不用东奔西走，也不用再饱受饥饿的折磨了。

　　农家生活，让杜甫回归田园，妻子杨氏本来想种莴苣，却种了一地的野菜，杜甫的大儿子宗文养了 60 多只乌鸡，而杜甫却越来越符合他"少陵野老"的自称。

虽然生活有一种隐居般的闲适，但是杜甫并没有脱离现实，他始终关注着下层人民的生活。

> 堂前扑枣任西邻，无食无儿一妇人。
> 不为困穷宁有此，只缘恐惧转须亲。
> 即防远客虽多事，便插疏篱却甚真。
> 已诉征求贫到骨，正思戎马泪盈巾。
>
> ——《又呈吴郎》

这首诗是讲杜甫在夔州的时候，邻居老太太生活得很艰难，经常吃不饱，为了活着，她就经常到杜甫草堂边的枣树下去打枣吃。因为杜甫曾经生活得特别艰难，他理解那种吃不饱的痛苦，所以对于这位老太太，他从来没有制止过。

后来杜甫离开夔州，将自己的草堂交给了一个远方亲戚吴郎，吴郎在草堂的四周建起了篱笆，这位老太太就再也不能打枣吃。为了这样一件事，杜甫特地写信给吴郎要他拆掉篱笆。对杜甫而言，就算是一个吃不上饭的邻居也是值得惦记的。杜甫永远站在弱势的人民这一边，一如曾经作《茅屋为秋风所破歌》的初心，他始终选择为沉默的大多数发声。

在夔州，杜甫住了不到两年，但却经常搬家，据他自己的记载，共换了四个地方。刚到夔州的时候，一家人住在位于半山腰的西阁，西阁临近雄踞长江边的瞿塘关，站在西阁可以看到滚滚的长江、来往的船只，听到江水奔腾的声音。

大历二年（公元 767 年），暮秋之时，杜甫所写的七律《登高》这首诗，很可能就是他站在西阁俯视滚滚长江而后写下的。这首名震千古的七律诗，明代胡应麟称它为"古今独步，七言律诗第一"。

> 风急天高猿啸哀，渚清沙白鸟飞回。
>
> 无边落木萧萧下，不尽长江滚滚来。
>
> 万里悲秋常作客，百年多病独登台。
>
> 艰难苦恨繁霜鬓，潦倒新停浊酒杯。

——《登高》

这首诗里不仅有登高所见，还有杜甫的形象。杜甫登高，感怀伤事，满腔苦恨。

"百年多病独登台"，杜甫把国事家事天下事全部写在了诗里，虽然当时没有很多人读过他的诗歌，这个年迈的老人也在仕途方面遭遇了坎坷，但是杜甫在诗歌方面依旧是成功者，他把写诗作为生活的一部分，把诗歌作为自己最知心的朋友。诗歌记录了他的生活，记录了他的内心情感。

登高纵目，在暮秋，杜甫看到了萧瑟的长江，也看到了已经进入人生暮秋的自己。

宋代画家、书法家、诗人黄庭坚专门写过一首诗，描绘杜甫的形象。在他的笔下杜甫是"醉里眉攒万国愁"，也就是说即便喝醉了，他的眉头还是皱起来的。杜甫的忧愁太多了，他愁的是家，也是天下，这些都萦绕在他的眉间。

杜甫与李白不同，李白醉了是更加浪漫，醉了之后还想要追逐月亮，甚至为此落入水中。而杜甫则不是，杜甫即便是醉了，也没有办法纾解他的忧愁。

有人品评黄庭坚的这句"醉里眉攒万国愁"说："状尽子美平生矣。"是啊，一句话就总结了杜甫的一辈子。

杜甫在快乐的时候，依旧有着浅浅的忧愁；杜甫在安定的时候，依旧有着内心的关注；杜甫在苦难的时候，依旧有着推己及人的善良。所以他总是"醉里眉攒万国愁"。

宋代的严羽在他所著《沧浪诗话》里说：我们读有些作品需要进入这样一种境界，譬如说读《离骚》，怎样才能最好地读懂《离骚》呢？你一定要读到抑扬顿挫，读到涕泪满襟，读到泪如倾盆雨，衣服都打湿了，这个时候，你才真正懂《离骚》了。

读杜甫的诗也要如此。"无边落木萧萧下，不尽长江滚滚来""穷年忧黎元，叹息肠内热！"杜甫是把自己所有的血与泪、命与运都投入到了诗歌之中，他对于黎民百姓的关怀，对于时事的关注，对于自然的歌颂，对于他人的热心，都让他成为了一个伟大的诗人。

写完《登高》后不久，杜甫的左耳就完全听不见了，此时的杜甫一身病痛：肺病、风痹、牙齿半落、老眼昏花，他已然是一个暮色沉沉的老者形象了。

第七节 / 曲终散尽诗未老

时间没有消磨掉杜甫的意志，也没有消磨掉他诗中的佳句，

他曾发誓要"为人性僻耽佳句，语不惊人死不休"，

到了老年，杜甫的诗艺已经达到了巅峰，信手拈来，便令人耳目一新。

大历三年（公元 768 年）正月，杜甫收到弟弟杜观从江陵（今湖北江陵）寄来的信，催促杜甫到阳县（今湖北当阳）去。

杜甫当即决定离开夔州，他把自己一点点经营起来的四十多亩农田和果园送人，数十个朋友来到江边送别杜甫。可杜甫来到江陵后却没有了弟弟杜观的音信，一家人吃不上饭，杜甫的儿子杜宗文给叔叔写信，说他们已经穷途末路了，可是杜观也没有出现。

江陵的人情淡薄让杜甫灰心，他决定离开江陵，乘船南下到公安（今湖北公安）去，在这里杜甫遇到了故人顾戒奢。顾戒奢曾是唐玄宗太子的文学翰林待诏，因为隶书写得特别好，被当时长安的士人所知，"安史之乱"早已把他当年的风光冲淡了，如今只能靠为人写字为生，流落江湖，艰难谋生。听说顾戒奢要到洪州（今江西南昌）、吉州（今江西吉安）等地谋生，杜甫作了一首诗，叫作《送顾八分文学适洪吉州》，其中有一句"视我扬马间，白首不相弃"，间接反映了杜甫在这段时间里感受到的世态炎凉。

"羁旅知交态，淹留见俗情。衰颜聊自晒，小吏最相轻。"(《久客》)就连小吏也轻视杜甫，受不了这样的人情淡薄，在公安滞留了几个月后，杜甫又离开公安，前往岳阳。暮冬的黎明，伴随着"邻鸡"的鸣叫和"野哭"的声音，杜甫带着家人开始了新一轮的船行。

大历四年（公元 769 年）正月，杜甫离开岳阳，乘船从洞庭湖到湘江，准备去往衡阳，在路上，他写下了许多首记录沿岸环境恶劣和民生的诗歌。"苍苍众色晚，熊挂玄蛇吼。黄黑在树巅，正为群虎守。"(《上水遣怀》)两岸的猛兽使水上漂泊的日子并不比陆地安全，一路上照样有着无数的风险。

"石间采蕨女，鬻市输官曹。丈夫死百役，暮返空村号。闻见事略同，刻剥及锥刀。"(《遣遇》)这一路上杜甫看到了朝廷对于人民的剥削，苛捐杂税对于人民的欺压，这些都已经到了让百姓不堪重负的地步。

"舟中无日不沙尘，岸上空村尽豺虎。"(《发刘郎浦》)

"天下郡国向万城，无有一城无甲兵！焉得铸甲作农器，一寸荒田牛得耕？牛尽耕，蚕亦成。不劳烈士泪滂沱，男谷女丝行复歌。"(《蚕谷行》)

民生的凋敝让杜甫深有感触，在辗转之间，杜甫带领全家到了衡州（今湖南省衡阳市）。杜甫听说故友韦之晋三月份被调任到潭州（今湖南省长沙市）做刺史，一家人又到了潭州，可不幸的是四月份的时候，韦之晋突然之间病逝了。

此时，杜甫再一次面临生活无依的困境，他只好向崔涣、卢十四两个侍御请求帮助。

还好，潭州有一个叫作苏涣的年轻人，非常崇拜杜甫，杜甫的舅舅也在潭州，在他们的帮助之下，杜甫一家人的生活暂时有了保障。经历了许多变故之后，杜甫再也不会被一些生活上的磨难所打倒，他习惯了苦中作乐，清明时节，他跟苏涣和儿子泛舟湖上，杜甫自己打趣说："春水船如天上坐，老年花似雾中看。"调侃自己老眼昏花，看不清楚，真似雾里看花。

此时的杜甫，已经快走到生命的终点，从他给朋友的信中可以看出，他竭力在把自己的所有志向和信念托付给挚友。在给途经潭州前往道州任刺史的裴虬赠诗中，杜甫叮嘱其到任后："上请减兵甲，下请安井田。"（《湘江宴饯裴二端公赴道州》）在给裴虬的答诗中，杜甫叮嘱裴虬道："致君尧舜付公等，早据要路思捐躯。"（《暮秋枉裴道州手札率尔遣兴寄递近呈苏涣侍御》）

大历五年（公元 770 年）春天，杜甫依旧在潭州。此时，在唐代颇负盛名的李龟年也流落到了潭州，他是杜甫的老相识了。与旧友重逢，杜甫非常高兴，他写下的《江南逢李龟年》，不仅把在开元天宝年间闻名的音乐家记录在了史书和音乐史上，还把李龟年这个名字留在了每一本唐诗选辑里。

"岐王宅里寻常见，崔九堂前几度闻。正是江南好风景，落花时节又逢君。"

谁能想到写下这样美丽句子的人，已是一位年近 60 岁、穷困潦倒又身体多病的老人呢？时间没有消磨掉杜甫的意志，也没有消磨掉他的佳句，曾经发誓"为人性僻耽佳句，语不惊人死不休"，现在的他依然如此。

乱世之中，生活安定的时候总是太短，大历五年（公元 770 年）四月某一天的夜里，潭州发生了兵变，湖南兵马使杀死潭州刺史崔瓘，全城的百姓都在逃命，杜甫一家人也疯狂地奔逃着。

在逃命的路上，杜甫作了一首反映苛捐杂税下人民苦难生活的诗《岁晏行》。

"况闻处处鬻男女，割慈忍爱还租庸。"乱世的易子而食，典卖儿女是现在和平时代想象不到的事情，可在当时是处处可见的，走投无路的人，为了活着，不得不割裂亲情。

春秋时候的管仲曾经说过："仓廪足而知礼节，衣食足而知荣辱。"确实如此，如果连肚子都吃不饱了，怎么还能知晓荣誉和耻辱呢？

因为天气太寒冷了，原本靠捕鱼为生的莫徭人难以糊口，只好靠着射大雁来勉强果腹，可惜的是楚人爱吃鱼不爱吃鸟，所以莫徭人就是打了大雁也卖不出去，生活非常艰难。最后实在是没有办法了，只好把自己的女儿或是儿子卖掉，因为人人都在卖，还不一定能够卖一个好价钱，而那些有钱人却是酒足饭饱。真是"朱门酒肉臭，路有冻死骨"！杜甫写这首诗的时候，好像站在那些达官贵人面前，狠狠地给了他们一个耳光，字字都是剑，句句都是枪。如果说文字可以作为武器的话，杜甫的诗应该是武器中最锋利的一种。"此曲哀怨何时终？"这首《岁晏行》里，杜甫多么想在临终的时候把哀怨结束掉啊！

杜甫终生流浪的生活，使他把人世间所有的苦难都一点一滴地捡起，扛在了肩上，装进了心里。而他自己却是"朝扣富儿门，暮随肥马尘，残杯与冷炙，到处潜悲辛""饥饿动即向一旬，敝衣何啻悬百结""麻鞋见天子，衣袖露两肘"。即便他已经穷苦到了极致，他对为民请命一事也是从来没有推脱过，更不躲避。就是在他即将撒手人寰，为自己举行告别仪式的时候，在"转蓬忧悄悄，行药病涔涔"的时候，还在关心着"战血流依旧，军声动至今"的国家。杜甫是大儒，可他分明又高于传统的儒家。儒家说："穷则独善其身，达则兼善天下。"杜甫却不管穷达，都要兼善天下；儒家提倡"不在其位，不谋其政"，杜甫却是不管在不在位，都要谋其政，为时代而鼓与呼，为百姓而歌。尽管"身已要人扶"，他却说"拔剑拨年衰"；尽管"处处是穷途"，他还是"不拟哭穷途"；尽管"万国尽穷途"，他依然"艰危气益增"。他用诗作为记录，记述了他"穷年忧黎元""济时肯杀身"的一生。

从潭州出发，杜甫准备带着家人去衡州，他就像是一匹老马，东奔西走，在乱世的城池之间不断辗转奔波。

> 江汉思归客，乾坤一腐儒。
> 片云天共远，永夜月同孤。
> 落日心犹壮，秋风病欲苏。
> 古来存老马，不必取长途。

——《江汉·江汉思归客》

虽然已经老了，但是杜甫还是有着"老骥伏枥，志在千里"的信念。虽然并不处在同一个时代，但曹孟德一句"烈士暮年，壮心不已"跟杜甫"落日心犹壮，秋风病欲苏"的诗句却有着异曲同工之妙。这是时代的英雄对不饶人的岁月发出的反抗之音。此时，杜甫的精神还是很足，他丝毫没有预料到自己就快要走到生命的尽头了。

从潭州出逃，杜甫又到了衡州，还是那条乘坐了许久的破船，船身老旧，勉强能够下水，但也只能如此，再也没有钱去买条新船了。

全家人相互扶持着，准备到郴州投靠杜甫的舅父崔湋，可是天不遂人愿，船还没有行到耒阳县，就遇到了夏季的暴雨，七月的洪水让江水猛涨，本就破烂的船身，在翻滚的江水中停摆着，岌岌可危。

没有法子，杜甫只好把船停在了方田驿，这里距离耒阳县还有四十多里。

没有一点食物，杜甫和他的妻子儿女们饿了整整5天，几个人已经奄奄一息，幸亏杜甫曾经给耒阳县的聂县令写过一封信，聂县令惦记着杜甫的船，便派人来寻找他。

杜甫和他的家人，靠着聂县令带来的几十斤酒肉才没有被活活饿死，饿了5天的杜甫大吃了一顿，这应该是他此生的最后一顿饱饭。

得到聂县令的援助后，杜甫决定由耒阳到郴州，继续原本的计划，可是如果要北上的话，是逆流，此时的洪水还没有消退，如果执意逆流而上，势必会葬送一家人的性命。尽管很想回到故乡，杜甫还是决定南下，顺着江流折回了潭州。

聂县令不知道杜甫已经离开了耒阳县，来到岸边，只看到滚滚的洪水，却没了承载杜甫的那条小舟，聂县令以为杜甫已经被洪水冲走，不禁放声大哭。聂县令对于自己所敬重的诗人是非常爱戴的，因为读过杜甫的诗歌，所以敬仰他的为人。为了纪念诗人杜甫，聂县令在离耒阳县北边2里的地方立了一座坟，用来纪念自己佩服的诗人。

虽然当时杜甫并没有死，但是聂县令的祭拜也只是提前了一点点而已，此时的杜甫已经走向了生命的尽头。

三

　　舟外风雨飘摇，狂澜大作，舟中的杜甫饱受疾病的折磨，在生存与死亡的边缘徘徊。

　　江州从此逝，江海葬余生。

　　此时的杜甫想要回到洛阳，回到长安，但是身体告诉他，他快要离开这个让他眷恋的世界了。腹内的绞痛，让杜甫每日大汗淋漓，身体忽冷忽热，咳嗽不止，意识越来越不清楚。船身的摇晃让杜甫的身体更加不适，在这样的情况下，杜甫伏在枕头上，写下了自己最后的一首诗：

　　　　圣贤名古邈，羁旅病年侵。舟泊常依震，湖平早见参。
　　　　如闻马融笛，若倚仲宣襟。故国悲寒望，群云惨岁阴。
　　　　水乡霾白屋，枫岸叠青岑。郁郁冬炎瘴，濛濛雨滞淫。

　　当最后一个字缓缓落在纸上，杜甫的生命帷幕也在款款落下。一首《风疾舟中，伏枕书怀三十六韵，奉呈湖南亲友》仿佛凝结着杜甫一生的祸福，人生中曾经的一幕幕在脑海中回放，化作这如箭石般锋利沉重的文字。

　　唐朝的许多诗人都与水结缘，都把最后的生命与水融为一体。王勃省亲坐船不小心坠入水中，卢照邻长期下半身瘫痪，最后受不了痛苦投河自尽，李白坐船喝醉了酒要摘月亮掉入水中，而杜甫则跟他们都不一样，他是死于舟中。被水环绕着的杜甫，直至最后都没有选择投河自尽，但他经历的却比别人都要痛苦，也许是因为看多了生命的无常，知晓了自己活着的不易，杜甫比旁人更加珍惜自己的生命，可是即便他拼尽全力想要活下去，也没有办法抵挡命运的无常。

英国诗人雪莱说过一句经典的话："冬天来了，春天还会远吗？"杜甫的冬天来了，但他却没有办法再迎接下一个春天了。在莫砺锋所著的《杜甫传》中，对于杜甫的死有一句略带诗意的描述，书中写道："冬天到了，诗人病倒了。病倒在行往衡阳的舟中……一颗巨星就在这无限的孤独、寂寞中陨落了。"

代宗大历五年（公元770年）冬天，杜甫饮恨长辞。他再也不能看到太平的景象，再也不能拥抱自己的妻儿们，再也不能感受到曾在成都草堂时的愉快心情，再也不能回到他的故乡。

这样的死亡对于杜甫来说有些不公平，但这样的死亡却又如此地符合杜甫，他的一生就是这样的困苦，就是这样的孤独和无奈，他不愿意像蝼蚁一样活着，杜甫所追求的是无愧于心的坦然。

他不愿意在该发言的时候保持沉默，也不愿意谄媚着求得一官半职。杜甫选择的是"宁鸣而死，不默而生"。杜甫的执拗、杜甫的坚持、杜甫的责任，让他的死充满了悲剧色彩。

死后的杜甫，仍旧没法挣脱命运的网，杜甫死后，他的妻儿没有能力将他的灵柩运回故乡去，只能停放到了岳阳，这一停就是43年。

43年之后，杜甫的孙子杜嗣业将杜甫的灵柩迁葬于偃师西北的首阳山下。杜甫终于回到了故乡，这个飘零在外将近100年的游子，终于回到了自己生长的地方。一切终于归于宁静，这个奔忙了一辈子的伟大诗人终于可以安静下来，不用担心战火，不用忧虑生活。

杜诗虽因其对现实的深刻批判而受冷落，但是到了中唐，人们终于认识了它的价值。中唐诗人张籍曾把杜诗一卷烧成灰末掺入饭中吃下，目的是"使我肺腑常清新"，用杜诗的精神洗涤自己。当时的韩愈和白居易都积极推举杜诗。此后，随着时间的推移，时代的更替，杜诗获得了越来越深的认识和越来越高的评价。

元稹在《唐故检校工部员外郎杜君墓系铭并序》中所论：杜诗"上薄风骚，下该沈宋，古傍苏李，气夺曹刘，掩颜谢之孤高，杂徐庾之流丽，尽得古今之体势，而兼人人之所独专"。

自宋代起，杜诗注本渐趋增多，而以清人的研究成果较为显著。比较著名的注本有郭知达的《九家集注》、金銮刻的《集千家注杜工部诗集》、胡震亨的《杜诗通》、黄生的《杜诗说》、浦起龙的《读杜心解》、杨伦的《杜诗镜铨》、钱谦益的《杜诗笺注》、仇兆鳌的《杜诗详注》等。当代研究杜诗者亦具规模，杜诗选注本多次出版，又有四川文史研究馆编写的《杜甫年谱》、冯至的《杜甫传》、刘开扬的《杜甫》、朱东润的《杜甫叙论》、陈贻焮的《杜甫评传》等相继问世。陈贻焮先生的巨著资料翔实，见解颇新，每能给人以启发。

"早年感慨恕中晚，壮岁流离爱杜陵"，是冯至先生晚年写的一首绝句中的自白。他不止一次自述他"壮岁流离爱杜陵"的经历。有一次他从一位多年漂泊在美国的朋友的诗集里发现"到底是读杜的年龄了"的诗句，引起了自己强烈的共鸣。

美国的现代诗人雷克斯罗斯提过这样一个观点，他认为杜甫的价值是他所关心的人与人之间的爱，人与人之间的宽容和同情，只有这种品格才能最后拯救我们这个世界。他还认为，有这样一种品格的杜甫所孕育的这种文化，当然也就是我们的中华传统文化。这比孕育了《荷马史诗》的希腊文化更加伟大。

如果把唐诗比作一支交响乐队，那些充满才华的诗人们每个人都奏出了自己的乐章，陈子昂的悲慨，王昌龄的雄浑，刘禹锡的清峻，王维的秀丽，杜甫的沉郁，柳宗元的恬淡，韩愈的险怪，李白的飘逸，李贺的冷艳，白居易的轻俗，李商隐的雅艳……无疑李白的诗是这场交响乐中飘扬最远、飞扬最高的一支曲子，而杜甫则为这支队伍压住了阵脚。

伟大的诗人在大地之上徜徉。

他那双脚徒步不下十万里。

他的眼睛投向多少村落、多少带血的城郭。

这个常常自称"老儒"的长者，用他的一生诠释了儒家标榜的理想人格——人饥己饥，人溺己溺。这种伟大的人格，因为有了杜甫的诠释而洗去了"腐朽"的铅华，光彩照人，令人神往。杜甫也在诗歌之外显得愈加巍峨高大。当代学者傅道彬、陈永宏在《歌者的悲欢》一书中称杜甫为后人建立了一座纪念碑："在这座非人工建立的纪念碑面前，任何一个正直善良的人都会在它的面前低下自己仰慕感念的头颅；任何一个有民族自尊和责任感的炎黄子孙，都会自心底深处升腾起一种民族的自豪感，为我们历史悠久的民族文化能哺育出如此伟大高洁的人格而由衷地自豪。"

第四辑

薛涛

写一首诗想一个人，留一场泪谢一地花

第一节 / 无忧年少井梧吟

多少年后，薛涛仍旧不时地想起自己年少的时光。

那个时候，庭院中的梧桐树还播撒着浓荫；

那个时候，父亲还在和天真烂漫的孩子吟诗对句；那个时候，所有的风暴还在远方。

每个人的心中都会有这样一个充满光亮和美好的"伊甸园"，

那是一切梦和故事的起点，也是一切爱和伤痛的归宿。

唐朝，一个诗歌的国度，一个让人魂牵梦萦的繁华时代。在这个时代，多少颗诗歌的星辰相继闪耀，万古长存，而其中有那么一颗，却散发着独特的光芒——那是一位女性诗人，却有着丝毫不弱于其他星辰的光亮，她朗朗独照，让人仰其孤高，慕其瑰丽，叹其壮怀。

她便是薛涛，大唐第一女诗人。

唐大历五年（公元 770 年），薛涛出身于一个官宦之家。《嘉定府志》记载："薛涛，字洪度，长安人，随父宦流落蜀中，遂入乐籍，辨慧工诗。韦皋镇蜀，召令侍酒，称为女校书，出入幕府，历事十一镇，皆以诗受知。"

一段历史中草草的笔墨就记载了薛涛的一生，多少让人觉得有点愤愤不平。难道就因为她只是一个女子，所以就不肯为她多费笔墨？难道就因为她曾经堕入乐籍，就对她心生鄙夷？她的才情、她的尊严、她的情感，又有谁来为她描摹？

薛涛的一生十分坎坷，真的就如同她的名字一样：涛者，大波也。她起起伏伏，历经波折，到头来真的是"人间没个安排处"，父亲给她取的名字似乎真的是不太好。

不过这些都是后话了，暂且不表。年幼的薛涛生活还是幸福美满的，且薛涛早慧，从小就展露出非比寻常的才华和锋芒。

> 庭除一古桐，耸干入云中。
>
> 枝迎南北鸟，叶送往来风。

唐代李屿的《薛涛传》记载："涛八九岁知声律，其父一日坐庭中，指井梧示之曰：'庭除一古桐，耸干入云中'令涛续之，即应声曰：'枝迎南北鸟，叶送往来风。'父愀然久之。"薛涛才思敏捷，对仗极工，"枝迎南北鸟，叶送往来风"却有迎来送往之意，其父愀然，必是听出其意，恐薛涛将来成为迎来送往的不良之女。

"枝迎南北鸟，叶送往来风。"天才般的美丽少女在梧桐参天的浓荫里朗朗念出的句子，竟镌刻出她一生的命途。

父亲薛郧见女儿聪慧过人，心中欢喜，却也想要试探一番。这一日，凉风飒飒，井梧摇摇，他便寻思着与女儿对诗，于是随口吟出了上句，要薛涛续成一首诗。薛涛知道父亲这是在考自己，稍一思忖，便接出了下句。她看着枝头鸟儿来来往往，听着叶间风声穿梭回旋，仿佛只有这一棵梧桐树是恒久的，张开怀抱接纳所有到来的访客，却也不做任何挽留。她喜欢这棵沉默无言的梧桐树，却不知道自己将来的命运会和梧桐树这般相似。

那个时节，她以为这是父亲与她的一场小小游戏；往后漫长的岁月碾过，她在命运的波涛里跌跌撞撞，直至将一颗心百转千回、零落成尘，才终于懂得了，这游戏的主角从来都是她自己。

只识春色美，不闻人间恶。但见花色清，不知欢情薄。

寂寂高穹，青鸟展翅，勾起一阵浅风，向远。

光影微动，树下的人便大了、走了、老了、死了。如果一切能够重来，她还会不会扬起稚嫩的笑脸，做出这工整而机敏的回答？

时光飞逝，在千百年之后，倾慕者以指尖抚摸着她留下的传奇与诗句，总是会在脑中构建着这个画面：

庭前树下，六岁少女与父亲午后笑语，在对答如流的期盼中，风戛然而止。父愀然久之。

井旁梧，命中人。

少女的命运，便是这一棵井边梧桐，一切美丽于她皆是抓不住的风，一切期盼于她皆是终将离去的飞鸟。

她只剩下了自己，在岁月里风干，在荒野里挺拔，独余她的才情与风姿供后人仰慕、凭吊。

一诗成谶。

《庄子·逍遥游》："藐姑射之山，有神人居焉。肌肤若冰雪，绰约如处子，不食五谷，吸风饮露。"

日出而林霏开，庄子幻想着，在那遥远的仙山之上，有一位神人，她的肌肤像冰雪一样洁白美丽，她不吃五谷，靠着呼吸九天之上的风，靠着啜饮朝朝暮暮的露，便能保持万千年绰约身姿，绝美若唱。这是多少人心中的梦。

吸风饮露，化身为蝉。

蝉居高树，吸食树汁而生，人们见不着它觅食的情景，便以为它仅仅靠吸风而长，饮露而生，镇日不移，扬声高唱。

薛涛往往能从身边的事物中发现新奇的意趣，故而她的咏物诗常常出语新巧，别致有趣，发人之所未发，独具一格。这也许是出于孩子的目光，也或许是天赋的才情，总之，年纪轻轻的薛涛已然独具了慧眼。这首《蝉》正是如此。

> 露涤清音远，风吹数叶齐。
> 声声似相接，各在一枝栖。

起句邈远清澈，仿佛声自天外而来，让人精神为之一振。仿佛是因为终日吸食风露才能有此清越的声音，不沾一丝一毫人间的烟火气息。这不禁让我们想起了唐初诗人虞世南的咏蝉名篇《蝉》：

> 垂绥饮清露，流响出疏桐。
> 居高声自远，非是藉秋风。

同样是描绘蝉的声音，虞世南的蝉更加细腻，也更有画面感，而薛涛则胜在精炼警策。"风吹数叶齐"一句点名时节，已经是秋日天气了。"秋蝉"的意象在古典诗歌中往往意味着一种悲肃凄旷的氛围和基调，蝉声到了秋天就愈加显得悲切，因为它自知时日无多，能这样鸣叫的机会不多了。诗人或以秋蝉自比自伤，感叹岁月不复、年华蹉跎，或以秋蝉寄托自警，心慕高洁，不合俗流。文人爱蝉，咏蝉的诗篇也不计其数，用意自殊。

有托物言志，为表高洁的，如骆宾王的《在狱咏蝉》；有描绘蝉声，烘托幽静的，如王籍的《入若耶溪》；有感怀身世，叹惜时光的，如司空曙的《新蝉》；有客子思乡，苦于飘零的，如白居易的《早蝉》；有壮志未酬，遗恨倥偬岁月的，如雍裕之的《早蝉》……而薛涛与他们都不相同，另出机杼。她不独写一只蝉，而是写蝉声相和，却各在一枝，并不相见。这种新颖的观点是前人所没有的，可见薛涛的才情，也隐约能窥得她心中与众不同的隐秘心绪。她明白自己只不过是个弱女子，不好去学文人自表高洁的志态，因而不去写蝉居高处，声播邈远；也不去写蝉吸风饮露，高洁自爱，而是写蝉声相和，表明希望有人能够听懂自己，与自己相知相交；各栖一枝则表明自己也希望留有自己的空间，不被他人所影响。这种想法不仅新颖，而且难能可贵，薛涛身为一个古代女子，追求的却是独立的人格和自由的精神。

蝉本无知，蝉鸣也本不关愁，然而许多诗人却闻蝉而愁，其实这都是因为诗人自己心中本就有愁，只借一物抒发，正如宋代诗人杨万里在《听蝉》中所说的那样："蝉声无一添烦恼，自是愁人在断肠。"因此王国维在《人间词话》中说道："以我观物，故物皆著我之色彩。"我们也不难明了：五代楚诗人刘昭禹在《闻蝉》一诗中对蝉发出"莫侵残日噪，正在异乡听"的劝阻，唐代诗人卢殷在《晚蝉》一诗中对蝉"犹畏旅人头不白，再三移树带声飞"的抱怨，唐代诗人姚合在《闻蝉寄贾岛》一诗中对蝉鸣"秋来吟更苦，半咽半随风"的描写，宋代词人刘克庄在《三月二十五日饮方校书园》一诗中对蝉"何必雍门弹一曲，蝉声极意说凄凉"的感受，以上都只不过是诗人各自内心情感的外现与物化罢了。

每当我们读起薛涛的这首《蝉》，总是会不自觉地想起那样一个夏日的午后，一棵挺立了百年的高大梧桐，也许正是少女曾经应父题作诗的那一棵，在它耸入云天的枝叶上，响起了一声清越的蝉鸣。

那调子起得很高，那声音拉得很长。衣袂飘飘，翩然入座，姑射山上的神人素手弹起了琴，冰肌玉骨的指尖碰到了纤细的琴弦，压下，勾起，流波在指间飞舞，一声琴音如同一道光箭，倏忽之间，射向了千里万里之外，千年万年之后。

蝉鸣一声声，从春到夏，由夏到秋，听不尽的缥缈仙声。

梧桐树下的女孩，也穿越春夏秋冬，走过四时变幻，脱去稚气，长成一个能诗能书、会吟会唱的少女。

又一次坐到那棵梧桐树下，秋日晶莹的露水沾湿了衣袖。也许是一件和秋色一般无二的鹅黄色襦裙，贴合着她刚刚发育得丰腴而秀美的身体，也许她还细细梳了妆，白皙的皮肤上有浓墨勾勒成的双眸，有远山一样的眉黛，有俏丽而挺拔的鼻，唇心上樱桃一点，鲜嫩欲滴。

她低头读书，或抬头远眺——她在父母宠爱的年华，过着舒适无忧的生活，相伴着挚爱的诗书，这个时候，什么不是美好的呢？

秋露是母亲的手，无言中滋润着天地万物，温柔看护着这一片秋凉、一地枯黄、一种寂寥。蝉声依旧，在这寂静的秋色里，越发显得清彻高远，薛涛抬头看去，明明蝉儿就伏在高树，声音却像来自天外，来自海上仙山。

秋风吹起，落叶飞舞，齐齐摆动，翩然有声。蝉声便是在这样的背景里，一树连着一树，一声接着一声，一曲迎上一曲，天壮地阔般鸣唱起来。

然而，蝉儿虽然一声接着一声，却并不栖身于同一枝干。薛涛有此一句，人皆解读为"蝉"诗。唐时诗文流派众多，各家所长不同，如同百鸟争鸣，也似蝉声相接，既各成其美，又一同构成篇章，爱不尽绝妙巧思，翻涌成浩浩诗史。

一个深闺少女，她有心做青史里的一角，唱出一声蝉鸣，化身读书华章里的一段锦。听起来似是妄语，但若干年岁后，她却以自己的努力与才情做到了。

各在一枝栖，比妄语更妄语，是直接与诗文大家们的对谈——我虽然要与你们站在同样的高度，做出同样的贡献，却并不需要去学谁、像谁，我便是我，栖在我自己的枝上，开出不一样的花朵。

各在一枝栖，说的不仅是诗文道理，表达的也不仅是艺术追求，更成为薛涛的人生格言。读过了那么多的咏蝉诗，只有她的这一首，从骨子里便有高洁意，挣脱了世俗、礼教、正统、传承的牵绊，把个性之美提到如此重要的地步。

在往后的坎坷人生中，无论是身陷乐籍也好，流浪边疆也罢，高至为官，低至隐居，薛涛都能泰然处之，因为她的人生就像她的诗文艺术一样，追求的不是与别人一样的平凡安稳，也不是世人所共赞的某种生活。她能够接受异议，能够接受自己和别人不一样，甚至为别人所不容，不仅不会为之焦虑，反而因这不同而拥有难能可贵的个性。正因如此，才有了薛涛，换上其他心性柔弱的女子，可能已在众多波折中香消玉殒，无那机缘去书写经典。

参天梧桐之下，栖着一只幼凰，当她起飞的时候，美羽流泻华章，啭声直上九天。

那一日，我们已然看到。

水荇斜牵绿藻浮，柳丝和叶卧清流。

何时得向溪头赏，旋摘菱花旋泛舟。

——《菱荇沼》

恰逢柳絮纷飞，整个小城如四月飞雪，尽显诗意。路上女子皆戴起帷帽，皂纱随风摇曳，带着几欲乘风而去的飘然，于匆匆行色中隐隐地漏下几缕风情。薛涛此时身量不高，于人群中走动，就如身处上元节（即元宵节），到处皆是假面，恍恍惚惚走不出来，纵使相识，却因一纱之隔也会擦肩而过。

出城往南走数百米，有一条小溪，溪水不深，水自南山而来，清凉而甘甜。薛涛在溪边休息，眼前水荇开在湖中，如同倒置了无数的小伞，飘来飘去。她找了一处浅水摸下去，山泉的冰冷即刻就从脚心窜上脑顶，她不禁打了个冷战。在水底缠绕着的绿藻将腿肚子包围着，有着滑滑腻腻的触感，每走一步就仿佛丝线扯开一些。它与水荇牵连着，摘一朵荇菜并要想方设法将它从绿藻的丝网中剥离出来，这样就常搅得溪流泥土上翻，水波荡漾，浑浊不堪，这时她便庆幸水是流动着的。

午后的太阳有些毒辣，即使林中有叶子的荫庇却也感受到它的威力。孩子的体力还是有限的，注意力也时常会被打散，摘了一会儿，薛涛便觉得枯燥和疲惫了。上岸，找了株柳树，席地而卧，便觉得要睡去了。风在林间轻轻拂面，拂发，拂过她蒙眬睡眼中那垂吊于溪中的柳枝。水面已经恢复澄澈如镜的原貌，在细风中敲打着湖面的柳条，就如同顽皮的孩童，在缓缓流动的泉水中跳跃。薛涛和着春日的暖意，模模糊糊地睡着了。

从童真的梦幻中张开双眸时，天空晴朗得略有些刺眼，耳畔断断续续地传来若有若无的人声。手边已被阳光烘干了表层水珠的荇菜有点发蔫了。出来的时辰有点长，再摘几束便该回去了。之前若有若无的人声渐渐变得清晰，裙角摩擦树叶的窸窸窣窣声也越来越响，薛涛站在柳树后，几步开外，一行男女打打闹闹地走到溪边，登上一艘从上游而下的小舟，随后嬉笑着顺溪流往下游去了。

那盼望着长大的小童，裙中包着荇菜，在一片葱茏的山野里望着人声沸腾的溪头微笑。如含笑出水的莲花，在春日金色的阳光下熠熠生辉。

今日虽玩得开心，却不甚尽兴，薛涛为这春景吟诗，却意犹未尽地说道：哪一日要游向那小溪上游，一边泛舟而歌，一边摘那菱花。

她脚下漫过的不仅仅是泉水，也是潺潺流去的岁月。

> 色比丹霞朝日，形如合浦圆珰。
>
> 开时九九知数，见处双双颉颃。
>
> ——《咏八十一颗》

蜀中四月，好风好水，正是郊游时候。此时，牡丹、杜鹃、桃花都已经盛开，红的、粉的、白的——花满枝丫，团团簇簇煞是可爱。燕子叽叽喳喳地从南方飞来，衔泥在屋角筑起窝，春色从宅院里生发，一点儿也不安分，争相着蹿出墙头，与院外的春色热烈地呼应着。

三九寒冬，未免好奇的性子致她乱跑受寒，薛涛被拘于家中几月，极少外出。守着候着，终于，春来了，她好动的性情早已压抑到极致，再不能抑。任凭她剪下花枝插入瓶中，抑或爬上矮墙往外探看，年少的烂漫心情还是催促着她，要出去，要出去。

童年的无拘无束被时光褪去一些，靠在满是新绿的回廊上，忆起去年今日与家人外出登高，有一丝丝惆怅蓦然从心底生发。少年愁，说起来未免有些好笑，但身在其中的人，却是认认真真地——认认真真地愁了一秒便忘了。

记忆被睡眠抽空了一格，从馨香中醒来时，薛涛已在车上。四月的午后，蜀中城门外倦怠的春色，被一声透着欢喜的惊呼催醒，愈发明亮。少女欢笑如莺啼，只觉得春草越发高了，天也更加广阔了。

小手拉开车帘，凑过头去看，车外风轻云淡，路上皆是踏春游人，女子披帛如云，男子襕袍翻飞，相携游走。远处，连山叠翠，碧波踏浪，其间有朵朵彩块点缀，白云悠悠，纵使巧笔丹青，画不成！

行至山中，人群渐稀，春意更甚，万顷翡翠色。薛涛想起在路上瞧见两个小童脚踏细泥，手捏柳枝，一派山野之趣，可爱得不得了，这时，自己也不禁想做这样的打扮。行至山腰云雾处，她偶见一棵花树，树干高直，其花色泽明艳，堪比丹霞朝日，形状又似合浦圆珰。

花开九九八十一株，满眼皆是成双成对，如鸟儿上下翻飞。百鸟朝凤，凤起九天，这样的壮阔竟在眼前。央求父亲告知，乃知这花树名为珙桐，亦名鸽子花。

彼时，恰好有一朵被风从树上扫下，她弯腰拾起，细看此花，花呈紫红色，由雌雄两花瓣组成头状花序，宛如一个长着"眼睛"和"嘴巴"的鸽子脑袋，花序基部两片大而洁白的苞片，则像白鸽的一对翅膀。

再抬头仰望，张张白色的苞片在绿叶中浮动，犹如千万只白鸽栖息在树梢枝头，振翅欲飞，为湛蓝的天空平添了几许生命力。

张望间，她心中忽地升起一股化作鸟儿的渴望，渴望着背后能生出一对羽翅来，便可轻轻随风而上，俯瞰山川河流，自由翱翔。人类从远古时期就开始的对飞翔的迷恋，在那一刻侵占了她的身躯，仿佛这一程的跋山涉水就为了一瞬的体悟。想飞，想入高空而历四海。

薛涛兴之所至，取笔将诗提在花面上，然后收入囊中。她穿过一棵棵花树，然后一回眸，被理想化的珙桐，就在细风和山色中活了起来。鸟儿纷纷飞起，其中一只定是她的某个分身，而她一袭红襦裙就这样留在了幼年蜀中的四月里。

　　天色向晚，驱车回城，从囊中取小笺，托于掌心，珙桐的清香仍缠绕在指尖。车帘猛地被风卷起，手中小笺也随风而去。她呆呆地望着成空的掌心，这里一定有她所不能理解的，也一定有她所无能为力的，不然为何它要与风同归，而又归往何方。

第二节 ╱ 酬祝迎送妙音曲

人能够去改变的不是外在的环境，而是自己的心。

心至诚，则希望尚存；心至坚，则尊严尚存。

男子尚且不易为之，况一女子乎？有些东西，会随着岁月的流逝而模糊、隐去，

然而有些东西，历经千载仍熠熠光辉。

薛家有女初长成。

八九岁的薛涛已经知晓声律，能对句作诗。性情敏慧，思想开朗，晓辞辩，娴翰墨。这样一个女孩儿无疑是让人喜爱的，她的成长也让父母亲感到高兴。如果这个少女能够一直这样成长下去的话，必定会有一个幸福的归宿：找一个懂她爱她的男子，生儿育女，读书品茶，花前赋诗，月下对饮。如果一生平平淡淡，波澜不惊，倒也是一种难得的幸福。

然而，世事的变幻就是如此难以预料。薛涛的父亲薛郧为人正直，敢于直言进谏，得罪了当朝权贵而被贬蜀中。这是薛涛人生中遭遇的第一个变故，这次转折也让她与蜀地结下了不解之缘。

薛涛一家人由此开始了颠沛流离的生活，从繁华的长安城搬迁到那遥远的成都，而薛涛也写下了《海棠溪》这一首诗来纪念这一段艰辛的旅程。

> 春教风景驻仙霞，水面鱼身总带花。
> 人世不思灵卉异，竟将红缬染轻沙。

春天让这美丽的景色常驻在仙霞岭，仿若这里就是人间的仙境，常年春光氤氲，美不胜收。一阵柔和的春风吹来，春花飘摇，落红成阵，水面上和鱼儿的身上沾染了飘落的花瓣；春风不绝，落花不止，处处都是碎红的踪迹。人活一世，不去思考那山间充满灵异的花卉植物的殊胜之妙，却都争相用带着红色花纹的绢缬去淘染水中的轻沙。

诗中的仙霞岭位于浙东一带，风光殊胜。但薛涛一家若是从长安出发去四川的话，应当是不会经过浙东一带的，因而有人推测说薛涛的出生地并不在长安，应当在江浙一带。此外，薛涛后来有一首名为《乡思》的诗，其中有"何日片帆离锦浦"一句，似言从水路归家；薛涛的一些诗歌经常用到江南的一些意象，种种关联似乎都说明薛涛与江南有着密不可分的联系。不过这些都只是推测而已，并没有确凿的根据。也有可能是薛涛的父亲担心女儿受不了鞍马劳顿，亦或许薛涛想去江南游玩一番，总之一家人很有可能取道浙东，从水路到达四川。

薛涛一家人跋山涉水，历尽艰辛，终于来到了蜀中，《史记》称"此所谓金城千里，天府之国也"。不过蜀地道路的艰辛也是出了名的，唐代大诗人李白就曾据此作《蜀道难》。后来薛涛的诗集就命名为《锦江集》，据传有诗五百余首，可惜没有流传下来。

从此，薛涛便在蜀地安家落户了。然而不幸的是，没过几年，薛涛的父亲薛郧因出使南诏而染上了瘴疠，不久便离世了。这个时候，薛涛年仅十四岁。父亲的死亡对薛涛的打击是巨大的，那个曾经呵护她、照料她、和她在梧桐树下吟诗的伟岸身影离去了。薛涛大哭了一场，那个时候她年纪还小，还不懂得死亡的含义，她只知道一个重要的人离她而去了，而且再也见不到了。

薛郧的辞世对薛涛心灵的打击无疑是最大的，而且薛涛一家在生活上也面临着窘境。薛郧为官正直，家境也算得上殷实，现在他一死，家道也就此中落，薛涛和母亲相依为命，过起了贫穷的生活。当时的社会也动荡不安，多处叛乱搅乱时局，朝廷开始处理各地藩镇割据的局面，母女俩在蜀中也是小心翼翼，安分过活。

> 阑边不见蘘蘘叶，砌下惟翻艳艳丛。
> 细视欲将何物比，晓霞初叠赤城宫。
>
> ——《金灯花》

自父亡后，久居屋中，如今宅子无人打理，荒芜许久，看着满目破败，她心中未免惆怅。檐角不知名的蛛儿结起了网，蛛丝密密地交叠着，误入其中的飞虫怕是在劫难逃。栏杆上挂着的鸟笼敞开着，鸟儿早已飞走了，只留下空空的笼子在风中晃荡。从回廊穿过，院里了无人气，往日的嬉闹早已散去。日头还没升上来，万物都在静默着，雾气在宅内流动着，寒意从肌肤缓缓地透到心里去。

她推开宅门，"吱呀"一声，门上落下一片灰尘。今日，她要去为亡父扫墓。

到郊外墓园时，晨光已经熹微，透过忽明忽暗的光，可以看到不远处父亲的墓地。昨日下雨，雨水侵蚀着他的冢，遮盖在他坟头的是一株她爱的珙桐树。今日，天晴了，杂草疯长，远远看去荒凉凄清，心开始抽痛。珙桐树已过花期，没有因她的悲伤而停留在四月里。森然的现实如寒剑直插入心，所有的心痛和不安在此刻仿佛都重新催生。四月初下葬，如今已是九月，她这才意识到，父亲是真的离开了。

她忘不了，曾含着泪用颤抖的双手将棺木埋葬；忘不了，跪在坟头亲手栽下鸽子树，抬头仰望，一切仿佛回到多年前与父郊游时初见它的样子；忘不了，父亲新月般明亮的双眼阖上时，那片温柔里她是最后的影像。

习惯了在墓边的凉亭静静地坐着，仿佛这样就能多留住父亲片刻。凉亭四周已经不见丛丛蘘叶，它们消失得突然，无声无息，取而代之的是大片艳丽的花，蔓延了整个坡地。她如同身处一场诡谲的梦，悠长而美丽，不愿醒来。

她忽然看到，父亲从花海的一端微笑着向她走来，像往常一样，在每个黄昏霞光绽放时，她站在宅子门口迎他回来。可是，父亲在几步外停下了。浮云缓缓散开，他与她隔着花海，就这样笑着笑着，然后幻化成无数游离浮动的光斑，融进了霞光里。纵使她飞奔过去，拼命想拉住他，可是透明的空气里，却再也捕捉不到父亲的丝毫气息。在生与死的分界前，谁的爱也挽不回。

她瘫坐在花丛里，眼泪喷薄而出。整个旷野，在此刻都见证了她最为痛彻的失去。

山风掠过，花海浮荡。她抬头，模糊的泪眼中，金灯花根茎直立，花朵盛开在花茎顶端，针形花瓣倒披，向后开展卷曲，摇摇曳曳，孤绝而凄美。她忽然记起，父亲讲过，在遥远的东部，靠近大海的地方，有一座覆盖着赤土的高山，山上有一座状似云霞、望之如雉堞的宫殿，想来，与金灯花很像吧。

金灯花是一种十分奇特的植物，于山野中盛放，在百花烂漫的春光中只见叶子不见花，到了夏末初秋，百花凋尽，金灯花的叶子也随之枯萎，尔后从众多鳞茎中独生出一茎，斜于一侧独自盛开。叶出不见花，花开不见叶，花叶生生两不见。它们的生命无半刻相聚，与它们相比，她该庆幸。

而金灯花一枝花开五六朵，多者约十朵，纷纷列作球状。蒴果如灯笼般下垂。《花镜》中载："深秋独茎直上，未分数枝，一簇五朵，正红色，光焰如金灯。"如今她已亭亭，便只剩她与母亲，生活也还要继续。她必须撑起身子，悍然面对这世界。她起身，将眼泪抹去，那一刻，她如蛹破茧而出，将褪下的所有稚嫩、依恋和悲伤都埋在这片花海里。等花落，来年叶子发，便无人再知晓。

宿命以她父亲的去世为节点，将她推入一场已成定局的跌宕人生。而在被历史抹去的遥远的清晨，那一道倩影于万花丛中坚定地渐行渐远，最后消失在薄薄的雾气里。

薛涛发现，这花儿有着"不与百芳同"的清峻姿态，不争花期，不惜绿叶，不喜聚众，独自于清秋落叶时凌霜盛放，于山野中绽放，不顾赏花者来与否。如此姿态，深深地打动了薛涛，也为她孤傲的性格注入了一分顽强的信念。

上天似乎妒忌薛涛的美好童年和惊艳才情，在失去父亲之后，没过多久，积劳成疾的母亲裴氏也离薛涛而去。正是少女最美好的时候，却接连遭遇人生的打击，薛涛曲折的一生就此开始。

（二）

贞元元年（公元 785 年），薛涛十六岁，接连遭受人生打击的她迫于生计，无奈加入乐籍。

乐籍制度始于北魏，终于清雍正元年（1723 年）。官府将罪民、战俘等群体的妻女及其后代籍入专门的贱民名册，迫使她们世代从乐，是谓乐籍。乐籍中的女子，其身份普遍卑贱，甚至有些沦为奴隶，几与物品等同，专供达官贵人们享乐。但不可否认的是，女乐作为乐籍制度发展过程中的重要因素和乐籍群体的重要组成，她们广泛参与了传统社会中的大部分音乐活动，并承担起中国传统音乐文化的主脉。

到了唐代，教坊迅速发展起来，主要负责管理俗乐，使得乐籍制度更加完善、契合。教坊成了当时乐籍制度下的女乐生存和执业的场所。在乐籍制度下，有"女记小令三千"，可见唐朝乐籍的繁盛。

那时的薛涛已经一无所有，除了容貌和才情，她这样一个弱女子，要如何在残酷的社会中生存？薛涛想活下去，但也不想失去自己的人格和操守，所以她选择了加入乐籍，选择了用自己的才情和智慧去搏击人生的浪潮。薛涛工音律、擅诗文，又有着一张姣好的面容，凭此她足以在乐籍中立足扬名。

出身官宦的闺阁女子沦落风尘，有着绝美无双的面容，才能过人，诗文俱佳，聪慧贤淑，自然引得无数王孙公子、文人墨客前来一睹风采。就这样，薛涛出名了。

同年六月，韦皋出任剑南西川节度使。

说到韦皋，那也是个传奇人物。韦皋，字城武，唐京兆万年（今陕西西安）

人。荫承祖先的功勋，被任命为建陵挽郎，继而擢升为监察御史。因在泾原兵变时助朝廷平叛有功，授御史大夫、陇州刺史，置奉义军，拜节度使。唐德宗还都后，他被召为左金吾卫将军，不久升迁为大将军。贞元初任剑南西川节度使，此后镇蜀二十一年，共击破吐蕃军队四十八万，不但将蜀地治理得井井有条，而且辅佐太子登上皇位，最后授封南康郡工。

韦皋上任之初，就听闻有一个诗伎貌美而才高，遂召而见之，而此人正是薛涛。韦皋为了试探薛涛是否真有才情，在宴会上命她即席赋诗。薛涛并不推辞，接过纸笔略一思忖，便写下了《谒巫山庙》这首诗。

乱猿啼处访高唐，路入烟霞草木香。

山色未能忘宋玉，水声犹似哭襄王。

朝朝夜夜阳台下，为雨为云楚国亡。

惆怅庙前多少柳，春来空斗画眉长。

韦皋惊讶于薛涛的从容淡定，而等到他拿过墨痕未干的《谒巫山庙》时，心底不禁连连赞叹：好字！好诗！原来她不是那惯弄风月、附庸风雅的媚俗女子，而是颇具诗书才情与雅致格调的。

这是一首怀古诗。首联写景，状巫山庙所处之环境，一路拾级而上，目之所及俱是烟霞茫茫，乱猿啼鸣声不绝于耳，空气中飘散着草木的香气，让人不禁怀想起悠悠的历史。颔联触景生情，看着这层层山色，听着这潺潺水声，不觉恍惚起来，一个"哭"字照应首联之"乱猿"，营造出一种悲戚高壮的氛围。

颈联接"宋玉"和"襄王"而来，评述历史，冷静中见睿智。楚国正是这样耽于享乐而导致亡国悲剧的，现在只剩下残垣断壁供人悼念。联系周遭荒寂的景象，历史的沧桑和世事的无常之感顿时浮现出来。尾联借景抒怀，想象妙绝。这巫山的云雨看了多少次庙前杨柳的衰荣繁枯，在一个个春秋的轮回中消磨尽胜败荣辱，只有杨柳在春光中要与女子的娥眉争个短长。一个"空"字，寂寞之极，无奈之极。《名媛诗归》对此评价道："惆怅"二句幽媚动人，又有多少矜荡不尽意之感。整首诗都透着一种悲壮和苍凉的感觉，最后一笔以柔媚带出，更觉有不尽之意，怀古之高致令人追思怅惘。

一首《谒巫山庙》令韦皋大为激赏，她得以从众人中脱颖而出。

薛涛在韦皋的眼中是与众不同的，他觉得她的气质和文采不是寻常"诗伎"可以比拟的，便对薛涛另眼相看起来。此后，每当帅府中有贵客举行酒宴时，韦皋便会召薛涛前来侍宴赋诗。由于韦皋声名在外，帅府中贵客、酒宴不断，薛涛也因此得以频繁出入帅府，成了席间常客，被许多人看成蜀中重大交际场合不可或缺的人物。

薛涛由此开始了她独特的"诗伎"生活。每逢节日宴会，韦皋召薛涛前去，或是奏曲助兴，或是与人唱和，薛涛也因此见识了很多世面，体验了很多世故人情。这一段生活经历让薛涛彻底脱去了小儿女的情态，心智上迅速成熟，逐渐步入男性主导的社会。

薛涛逐渐适应了"诗伎"的生活，然而这样的生活，却是非她所愿的。

整日往来于觥筹交错之间，生活就如同一只色彩浮艳的高脚玻璃杯，人则浮沉在虚名浮华的泡沫之中，不知何时破碎。生活就像一场白日梦，没有一丝一毫的色彩，行尸走肉般穿梭往返。每当在夜深梦回时醒来，她就会发现自己两手空空、一无所有，过着不真实的日子，仿佛脚踏棉花，不知何时就会坠入虚妄的深渊。

这样空虚寂寞的生活，难道只是为了生存吗？这是如此的卑微和无奈，是如此的艰辛和苍凉，人间百态，薛涛年纪轻轻就已经尝遍了。虽然每天的状态都有违自己的心意，但却是不得不进行的生存战斗。

有时候薛涛得闲，看着街上楼下往来的人流，她多么想投入进去成为他们中的一员啊！他们虽然庸碌平淡，但这恰恰就是世俗生活的甜蜜啊！薛涛曾经有过这样安逸的生活，但已经一去不复返了。

薛涛每天面对的都是不同的人，却有着相似的面孔和表情。她遇到形形色色的人，与无数人唱和吟诗，做着近乎麻木的思考。不过薛涛的才情终究是高出常人许多，即便是在这种即席唱和的诗作中，她有时也能稍作巧思，使应酬诗看起来不那么板滞，带着一点活泼的色彩。

譬如这一首《和李书记席上见赠》：

> 翩翩射策东堂秀，岂复相逢豁寸心。
> 借问风光为谁丽，万条丝柳翠烟深。

这是一首和诗，当时应当是李书记在酒宴上赋了一首诗，而韦皋则令薛涛唱和一首，便有了此诗。起句平平，是一般唱和诗的写法，写风度翩翩的李书记在应试中发挥出色，取得了优秀的名次，令人艳羡；但下一句笔锋突然一转，说难道有再次相遇的时候就会豁出真心的吗？这一句可能是针对李书记的诗而言的，所以并不清楚到底指的是什么。"借问"句宕开一笔，写楼外春光明丽，可春光是为谁而明丽？末句以景为结，写河边柳树深深，万千丝绦飘荡交缠，织成一派迷离的青烟，朦胧幽深，难以窥见。这似乎是对李书记进行劝诫，说人心难测；又仿佛在说春色自明，不待他人言说。个中深意，需细细体会。

这一首诗略微不同于其他的诗作，带着一点柔媚的婉约，需要人细细品读，方才能见得深意。其他如《酬吴使君》：

> 支公别墅接花扃，买得前山总未经。
> 入户刿溪云水满，高斋咫尺蹑青冥。

"支公"即晋高僧支遁，字道林，时人也称"林公"，后用来泛指高僧。"扃"在此是门户之意。刿溪是水名，即曹娥江的上游，在浙江嵊县南。唐李白《梦游天姥吟留别》中有"湖月照我影，送我至剡溪"。高斋常用作对他人屋舍的敬称。唐孟浩然《宴张别驾新斋》诗曰："高斋微学问，虚薄滥先登。"青冥在此即指青天。此诗颇有意趣，给人一种活泼开朗的感觉，剡溪的云水似乎就要从窗户中流淌进来，想象奇峻。整首诗清新高远，境界开阔，读之使人神清气爽。

又如《酬祝十三秀才》：

浩思蓝山玉彩寒，冰囊敲碎楚金盘。
诗家利器驰声久，何用春闱榜下看。

浩思犹遐想、畅想。唐韦应物《西郊燕集》诗曰："盛时易徂谢，浩思生飘飏。"蓝山即蓝田山，骊山之南阜也，山出美玉，亦称玉山。利器比喻英才。春闱是唐宋礼部试士和明清京城会试，均在春季举行，故称春闱，犹春试。此诗酬一秀才，写得气魄高远、胸襟开阔，非常人能及。此等情怀真可直追诗仙李太白的风骨气概，其《南陵别儿童入京》诗云：

白酒新熟山中归，黄鸡啄黍秋正肥。
呼童烹鸡酌白酒，儿女嬉笑牵人衣。
高歌取醉欲自慰，起舞落日争光辉。
游说万乘苦不早，著鞭跨马涉远道。
会稽愚妇轻买臣，余亦辞家西入秦。
仰天大笑出门去，我辈岂是蓬蒿人。

再如《酬雍秀才贻巴峡图》：

千叠云峰万顷湖，白波分去绕荆吴。
感君识我枕流意，重示瞿塘峡口图。

"贻"即赠送。"荆吴"是指春秋时的楚国与吴国，后泛指长江中下游地区。"枕流"喻隐士之情志高洁坚卓也，用了"枕流漱石"的典故。刘义庆《世说新语·排调》中载："孙子荆年少时欲隐，语王武子当枕石漱流，误曰漱石枕流。王曰：'流可枕石可漱乎？'孙曰：'所以枕流，欲洗其耳；所以漱石，欲砺其齿。'"后以喻隐居山林。这一首酬赠诗在内容上也颇为有趣。薛涛擅书法众所周知，但薛涛的绘画如何却没有相关资料证明。不过从这首诗看来，薛涛似乎是懂画的。这是薛涛酬谢雍秀才赠画而写的诗吗？或是如同而今，是画家之间以画易画、相互交流？第一、二句是对雍秀才"巴峡图"气势磅礴画面的生动描述和赞美，而第三、四句则是"补述"雍秀才向自己赠送"峡口图"的缘由，并以诗感谢雍秀才对自己"枕流"（归隐）之意的理解或支持。自古书画不分家，恐怕薛涛的绘画技艺，绝不逊色于她的书法。正因如此，像雍秀才这样画艺高超的画家，才乐于与她以画相赠或者相互切磋画艺，这也就是顺理成章的事了。

薛涛不仅才思敏捷，而且其才气有目共睹。《唐语林》里就记载了薛涛的一件趣事。有一次黎州刺史举办宴会，提议行《千字文》令。这个酒令的令格是，取《千字文》一句，句中应带有禽鱼鸟兽之名。刺史率先做示范行令说道："有虞陶唐。"说罢便看着薛涛，她应声道："佐时阿衡。"刺史一下就站起身，哈哈大笑："你这四个字里没有鱼鸟，当罚酒一杯！"薛涛淡定自若，笑着回答说："我这句里'衡'字中间有一条小鱼，刺史大人的'有虞陶唐'中，才是连一条小鱼都没有呢。"众人一闻，哄然而笑，皆佩服薛涛才思敏捷。

高崇文出任剑南西川节度使时，一次在宴会上行酒令，要求"须得一字象形，又须逐韵"。高崇文先行令说："口似没梁斗。"薛涛当即接道："川似三条椽。"高崇文抓住了她的"小辫子"，幽默地说："你这三条椽子，第一条怎么是弯的呢？"薛涛抖了个机灵，答道："您西川节度使这么大的官，用的都是没有梁的斗。我不过是一介贫寒的女子，家里的椽子有点弯，有什么好奇怪的呢？"众人听了，不禁大笑。

这一类酬唱诗在薛涛的诗集中是占有一片不小的席位的。虽说是唱和之作、酬祝往来，却也不时地流露出薛涛的过人才情和智慧。

第三节 ╱ 唱和吟诗无雌声

薛涛身为女子，却不得不暂栖于男人的檐下，求一些生存的可能。

她白日似梦，只有深夜梦回时才得一丝清醒，对月浩叹。

她笔下的诗篇，闪着寂寞的清辉，在星月都失色的漫漫长夜，

慰藉着孤独上路的旅人。

后蜀史书家何光远在《蜀才妇》中说：薛涛"每承连帅宠念，或相唱和，出入车舆，诗达四方，名驰上国。应衔命使车，每届蜀，求见涛者甚众"。薛涛在过了一段小心翼翼的生活后，或许觉得自己在韦皋的心中也有了一定的分量，于是开始变得有些狂傲起来。然而正是这一份狂傲，让薛涛遭受了一次无情的打击。

贞元五年（公元 789 年），薛涛的平静生活又被打破，而这一次，是因为她触怒了韦皋，被罚赴松州。

薛涛自从成了韦皋帐下的一名乐籍女子，就不得不过着以艺侍主的生活，锦衣玉食之下，处处涌动着杀机与忌妒。她的命运被攥在了别人的手心，更何况韦皋翻手为云覆手为雨，完全可以主宰她的生死。这一次，薛涛就被刺史疏远，发往艰苦的边疆。

据五代时期何光远撰的《鉴戒录》所载，"应衔命使者每届蜀，求见涛者

甚众，而涛性亦狂逸，不顾嫌疑，所遗金帛，往往上纳"。就是说，前来蜀地的官员为了求见韦皋，多希望通过薛涛引荐，纷纷给她送礼，而薛涛"性亦狂逸"，不顾瓜田李下之嫌，照单全收。不过她见财不喜，收下之后一文不留，全部上交。她的声名过大，引来诸多诽谤，韦皋听了诸多流言，十分不满，一怒之下，下令将她发配松州作为惩罚，也以此保全自己的名声。

更有人分析，当吐蕃侵犯灵关及朔方之时，韦皋奉召领兵御敌，派遣部下高倜、王英俊领兵两千驻扎在松州，而薛涛按照当时的制度成了政治的牺牲品，作为一介官伎，只能够被派往边城遣劳军。

这一说法并不一定令人信服，但薛涛被罚边塞之事确凿无疑。有人揣测，薛涛年少气盛，恃才傲物，方才引来了这般祸事。

薛涛到了松州，一扫"葡萄美酒夜光杯，欲饮琵琶马上催"的幻想，对于她而言，边陲的艰苦始料未及，正如温室中的孔雀面临风暴一般，哪能经受这样的残酷呢？她忘记了自己的愁苦，想来边塞将士们艰辛的生活触动了她心中柔弱的那一块。从前只是在高枕无忧的府宅之中听说过"将士们生活艰苦"，今日身临其境，方才知道这样的描述背后，有多少血泪与硝烟。

那些狡黠的吐蕃人一再打破盟约，又犯边关，今日狼烟再起，真是愁煞人也。薛涛心中暗忖，此次前来，责任便是将那温柔香软的曲子唱给将士们听，安抚他们思乡的愁苦与厌战的躁动，可这些欢喜香艳的曲调，在这荒凉肃杀的军营里，怎么有心思吟唱出来呢？正如《柳亭诗话》所言，此诗"如边城画角，别是一番哀怨"。薛涛只恨自己弱女子之身，只能不解愁苦地唱着温软的小调，却不能投身沙场。

几千年来，人们都谴责"红颜祸水"，岂不知是男权社会的"英雄好汉"们沉迷声色，方才使一个个苦命的女子遭受凌辱。在醉生梦死的世界里，女性强颜欢笑以求生存，真正的亡国之恨却是由那些醉生梦死的男儿造成的。而薛涛不同于见识浅薄的秦淮商女，也不是那声色犬马的享乐之辈。薛涛诗有豪杰气，亦有慈悲心，不仅没有对战乱之苦不闻不顾，也没有想到自己的沉浮命运，只是为自己的无奈之举感到羞愤。她不愿直接写边塞的艰苦，却将其与远在安逸之所享乐的人们相对比，以讽谏肉食者，更有止战之功。

闻道边城苦，而今到始知。

羞将门下曲，唱与陇头儿。

黠虏犹违命，烽烟直北愁。

却教严谴妾，不敢向松州。

——《罚赴边有怀上韦令公二首》

《名媛诗归》评价这句诗时谈道："此薛涛在高骈宴上闻边报乐府也，有讽喻而不露，得诗人之妙。使李白见之，亦当叩首，元、白流纷纷停笔，不亦宜乎？"

边疆之苦对薛涛的震撼是巨大的，她有感于戍边之苦和自身遭际，又提笔写下了《罚赴边上韦相公二首》：

萤在荒芜月在天，萤飞岂到月轮边。

重光万里应相照，目断云霄信不传。

按辔岭头寒复寒，微风细雨彻心肝。

但得放儿归舍去，山水屏风永不看。

"重光"在此应当指日、月。《文选·陆云〈大将军宴会被命作〉诗》："辰暑重光，协风应律。"李善注引张晏曰："重光，谓日、月也。"辔指马缰。"山水屏风"用典事。唐玄宗初立开元时，宰相宋璟为写《书·无逸》篇，立为屏风，玄宗朝夕相对，颇自振作。及璟罢相，改立山水屏风，志渐骄侈。

在这两首诗中，通篇弥漫着一种挣扎、徒然无力的气息，又有着一种不似以往的怨怼之凄恻。薛涛以"天"喻官府，"月"指韦刺史，却将自己视作荒芜之地上一只微弱的萤虫。萤虫岂可与月争光，何时又能再见月轮？薛涛自知力有不逮，却以"上韦令公"的名义向权柄示弱乞怜。但薛涛到底是薛涛，她在求饶之时也不忘风骨，"万里重光应相照，目断云霄信不传"，隐约带着些许任性与怨念。

向来"无雌声"的薛涛竟无力地向韦皋的权势低头，却是这揽辔行进之时凄寒的心声，狂风萧瑟，细雨凄苦，方才二十岁的她不堪忍受。"彻心肝"既指寒苦环境的摧残，也指韦皋对她的不信任。后一句表明决心，说只要肯让我归去，必定洗心革面，不再犯错。薛涛此时竟是如此无奈，要这样来打动韦皋，诚心认错，希望韦皋能够怜惜她一个女子在边境的苦楚。

这两组诗的感情是十分复杂的，既有对边境恶劣环境的震撼、对戍边将士的同情，也包含被罚松州的苦楚和酸辛，亦隐含对韦皋恳切的歉意，希望他能将自己召回，还有一点隐隐的失望、惊恐和抱怨。这个时候的薛涛，仿佛回到了父母双逝后的那一段孤苦岁月，一个人踽踽前行，失魂落魄。

夕阳一点点地落下去，将霞光一缕缕地抽离天际。它如同潘多拉的魔盒将黑暗放了出来，却把希望收了回去。归巢的鸟儿成群结队地从橙红色的落日前飞过，身上披着霞光，从东边直直地飞往西边，像极了将要返回西天复命的神鸟。这个时候，一阵晚风吹来，已经被埋到黑暗中的林间传来簌簌的树叶声和乌鸦沙哑而蚀骨的嘶鸣，将暗未暗的荒野衬得更加寂寥了。

当落日完全降到地平线下的时候，风开始刮得厉害了。薛涛站在山头，那一如既往的红衣在夜风中张扬着，如同将要起飞的大鸟在蓄积风力。她直直地盯着远方，像一座石像，从晚霞漫天到月光盈地，眼神里融合着很多情绪，像是悔恨、像是不甘、像是无奈，复杂得不像一个花季少女该有的眸子。她的手交织着扣在一起，嘴唇紧紧地抿着，心里仿佛正在进行着极大的斗争。

月亮在无太阳与它争辉的时候亮了起来。如同一面窥探人间的太虚幻镜，又如同千万个世界的通道，遥远而充满神秘气息。然而，在这样月光如水的夜晚，薛涛却只觉得入骨的凉意。此刻，在她的眼中，月亮不再是为作新赋而借来的意象，而是承载着她满满心绪的书信，只待万里外的韦皋相看。

从山的东头飞来几只小小的萤火虫，缓慢地在空中扑扇着翅膀，朝薛涛这边飞来。它在尾巴上点起的小灯就只有一点点，然而在夜里却格外的明亮。"的历流光小，飘飘弱翅轻。恐畏无人识，暗中独自明。"薛涛看着这样执着的小生命，如同看到了自己。虽然弱小，无法与月亮争辉，但却努力地发出亮光来。

离开锦官城已经几日，节度使府中还没有传来任何消息，薛涛不免有些焦急和失望了。以往桀骜不驯，随意狂言，总还是太年轻了，心浮气躁。这几日独自出行，没有筵席，没有邀约，不多说话，也不会做剧烈的动作，整个人都安静了下来。薛涛这才感受到，独自一个人的时候好像才更适合思考。

风更大了，空气变得有些潮湿。从东头飞来的萤火虫带来了许多小伙伴，环绕在薛涛周围，似乎要把她拉到自己的队伍中去。薛涛伸出一只手指，好奇地轻点了下它的小灯，灯忽地灭了。她猛地把手抽回来，却发现它又重新亮起来，就像在与她做游戏。薛涛忽然想起，上个月的这一天，她在节度使府里陪着韦皋宴客。那天的天气好像也如这晚一般，天开始很晴朗，随后有些湿气，再后来就下起了雨。

就在她沉浸在上一年的回忆里时，风呼呼地刮了起来，雨点毫无征兆地落了下来。如一粒粒苞米粒，打在身上格外疼。萤火虫扇着薄薄的翅膀，往来处撤离。薛涛却依旧呆呆地蹲在山边儿，像是要诚心淋一场雨，又像是没反应过来。贴心的侍卫撑了一把伞在她身后，而她就蹲着，不知在想些什么。

这山里的雨来得快，走得也快。大的雨点砸下后不久，便成了淅淅沥沥的小雨，慢慢地雨便停了。薛涛缓缓地站了起来，打了声喷嚏，裹了裹衣服，然后匆匆地回客栈去了。月亮在乌云过后，又重新露出了脸儿，就像洗过一样，更加明亮了。

薛涛抖抖索索地进到客房里，将窗户完全打开，然后便窝到被子里去了。夜间的雨有些凉，她刚刚淋到一些，便觉得略微有发烧的迹象。她整个人蜷缩在被子里，就像一只病猫，看着让人格外地心疼。那时，她心里也着实不想再远行了。精致的鞋子上布满了泥点，那身红衣也有许多处褶皱了。这在薛涛以往的生活里，是不可忍受的，然而，她如今看着，竟不觉得什么了。不知是该庆幸还是该悲哀。

　　明亮的月光通过窗户照射到地板上，好像泛起了一层白霜，从未远离过锦官城的薛涛，此刻内心充满一种迫切回故土的焦虑。她开始有点害怕这漫漫的长路，害怕这未知的前程。

　　她已经失去了一个家，那样的伤痛太大，大到她无法再去尝试。现在，她把节度使府当作第二个可以安心的住所，她并不想轻易地放弃那里，亦不想将如父如兄的韦皋给过她的温暖轻易地丢弃。

　　薛涛想着想着，眼泪便夺眶而出。从父母相继去世到现在，纵使再难她都没有流过眼泪，然而在这个陌生的客栈，她将所有受到的委屈和压力都发泄了出来。她内心渴求着韦皋能够听到她的呼唤，让她回家去。甚至若是让她回去，她可以不再去结识更多的朋友，只是安心地待在节度使府中。

　　一个人脱离她所熟悉的环境后，往往会对未知产生恐惧，特别是当离家越来越遥远的时候，总会有回不去的担忧。

　　　　出入朱门四五年，为知人意得人怜。
　　　　近缘咬着亲知客，不得红丝毯上眠。

——《犬离主》

　　　　越管宣毫始称情，红笺纸上撒花琼。
　　　　都缘用久锋头尽，不得羲之手里擎。

——《笔离手》

　　　　雪耳红毛浅碧蹄，追风曾到日东西。
　　　　为惊玉貌郎君坠，不得华轩更一嘶。

——《马离厩》

陇西独自一孤身，飞去飞来上锦茵。
都缘出语无方便，不得笼中再唤人。

——《鹦鹉离笼》

出入朱门未忍抛，主人常爱语交交。
衔泥秽污珊瑚枕，不得梁间更垒巢。

——《燕离巢》

皎洁圆明内外通，清光似照水晶宫。
只缘一点玷相秽，不得终宵在掌中。

——《珠离掌》

跳跃深池四五秋，常摇朱尾弄纶钩。
无端摆断芙蓉朵，不得清波更一游。

——《鱼离池》

爪利如锋眼似铃，平原捉兔称高情。
无端窜向青云外，不得君王臂上擎。

——《鹰离鞲》

蓊郁新栽四五行，常将劲节负秋霜。
为缘春笋钻墙破，不得垂阴覆玉堂。

——《竹离亭》

铸泻黄金镜始开，初生三五月徘徊。
为遭无限尘蒙蔽，不得华堂上玉台。

——《镜离台》

"悲莫悲兮生别离，乐莫乐兮新相知。"一个"离"字引发了多少惆怅与遗恨。书写生离死别的诗句灿若星斗，直击人们的心灵，引起世人强烈的共鸣。薛涛此时的离情与常人更有着不同，她触怒尊颜，被自己所敬爱的刺史韦皋罚往烽火连天的边疆，她一连赋诗四首"上韦令公"，今又赋《十离诗》以表达离别的沉痛。

这十首诗的作者与创作背景曾引发很大的争议：后周王定保《唐摭言》认为只是府僚薛书记写给元稹的："元相公在浙东时，宾府有薛书记，饮酒醉后，因争令，掷注子击伤相公犹子，遂出幕。醒来乃作《十离诗》，上献府主。后元公作'马上同携今日杯，湖边还折去年梅。年年秖是人空老，处处何曾花不开。歌咏每添诗酒兴，醉酣还命管弦来。樽前百事皆依旧，点检唯无薛秀才'。"这当是政治倾轧中的仕途失意之作，但实际上《与诸客携酒寻去年梅花有感》是白居易长庆四年（公元824年）在杭州任上所作，与元稹无关。而《全唐诗》则认为《十离诗》确是薛涛所作，但是写给后来的情郎元稹的。今人陈文华在《唐女诗人集三种》中详细论证了《十离诗》的创作背景——一代名伎薛涛在被恩主韦皋罚赴边塞时所作。

这组诗中的十首七言绝句一气呵成，讲述了犬离主、笔离手、马离厩、鹦鹉离笼、燕离巢、珠离掌、鱼离池、鹰离鞲、竹离亭、镜离台之悲凉落寞。薛涛把自己视作犬、笔、马、鹦鹉、燕、珠、鱼、鹰、竹、镜，而把韦皋尊为自己所依靠的主、手、厩、笼、巢、掌、池、臂、亭、台。

从诗句所描述的场景看来，主人的宠物因太过任性，不识大体，"无端"犯下种种过失，不小心犬"咬著亲知客"、笔"用久锋头尽"、马"惊玉貌郎君坠"、鹦鹉"出语无方便"、燕子"衔泥秽污珊瑚枕"、明珠"一点玷相秽"、鱼戏"摆断芙蓉朵"、鹰"审向青云外"、竹笋"钻墙破"、镜"遭无限尘蒙蔽"，引起主人不满而被厌弃，失去了以往的恩宠与厚爱，遭遇十种"不得"。

薛涛心中涌上一阵悲戚，小小的波折让她清楚地看到自己的处境和身份。艳名是祸水，才名是浮华，觥筹交错、恭维夸赞都是假的，唯一真实的是——她的命运掌握在别人手中，需要依靠别人的慈悲怜悯才可以立足于世。她努力地冷静下来，收敛起自己的悲切，她知道那是无谓的。

有离思而无离情，说是离思，却没有诚挚的苦意。十句"不得"将它变成一封十足的罪己书。不惊不奇，把身边寻常事物写得曲折动人，娓娓道来，如泣如诉。

这一场较量纵然是韦皋赢了，可也胜得不那么光彩。

然而就是委屈也得生受着。世人多是委屈的，只是姿态不同罢了，像盆景里的病梅，被人剪去枝蔓，拗断筋骨，摆弄成喜欢的模样，有的血泪飞溅，有的却忍气吞声。

薛涛在一再地自我贬低时，仍绵里藏针地对这样的处境进行了嘲讽。的确，薛涛与韦皋关系复杂，欲亲还离，她狡黠地为自己鸣不平，在每首诗的前两句中都夸赞宠物的忠心与聪慧，却在后两句中展示出巨大的反差——只因一时的"无端"之失，引来永远的疏离与厌弃。

但薛涛终究还是引躬自责，恳请主人谅解。韦皋堂堂武侯之才，自然不会和一个摇尾乞怜的柔弱女子斤斤计较。或许韦皋原本就是顾及自己的颜面，方才遣走了薛涛，此时薛涛低声下气地取悦于他，他顷刻间便转怒为喜，又见薛涛如此贤德，便将她接回成都。

无疑，薛涛是时代的佼佼者，但她终究不是超越时代局限的先行者，纵使她的才情无出其右者，她却不得不将命运维系在男人的权柄之下，屈服于社会的侮辱。诗中于卑微无奈中带着些许谄媚，令人揪心不已。那个狂傲的薛涛今天竟向威严的权力低下了高傲的头颅，更令人怜惜。

虽然薛涛得蒙大赦，回到成都并脱去乐籍，但她心知，韦皋喜怒无常，对自己并不十分钟情，此番能够回到成都，她却再也无法像从前那样毫无顾虑地出入朱门，而她委身于韦皋的幻想也彻底破灭。《十离诗》已然耗尽了她对这个男人所有不切实际的妄想，她坚定地选择了自立的道路。薛涛《十离诗》一出，天下奇之，后世颇多效仿，成为诗坛一道靓丽的风景线。

香墨彩笺狼毫笔，诗词歌赋楹楚辞；

笔蘸香墨彩笺撕，诗情画意难亦系。

——《笔离笺》

两厢咫尺如隔山，无言无语情无牵。
落红凄断碎心瓣，情归黯淡爱已倦。

——《爱离情》

这些十离诗，或如前者《笔离笺》皆为游戏之作，或如后者《爱离情》抽象却空洞，皆不似薛涛之作字字言物，却字字含情，一片委屈与离恨跃然纸上，引人爱怜。也正是这样的才华与真情，打动了韦皋，让他连忙将她接回安养。

薛涛自罚赴边作诗十余首上书韦刺史，意味着面临着诗歌生涯的转折点，也是其性格的转折点。她一改曾经的疏狂，将锋芒隐藏在温婉细语中。从前的她受到韦皋的宠爱，也因为少不更事，恃才而骄，满是少女的任性和情思而遭致祸端，此后她越发沉稳大气，如《罚赴边上怀韦令公》般的赌气不再出现，更不会有不识人情世故的妄举。

回到成都以后，韦皋对薛涛十分亲切，并自作主张，命主事的官吏上下打点，让薛涛恢复自由之身。薛涛得到不少安慰，却淡然地领纳谢恩了。可是脱去乐籍以后，薛涛便没有了依靠，不过她也不在乎了，回到成都已是大幸，在这里总会有办法的。她没有料到的是，韦皋竟想得十分周全，在浣花溪畔百里潭的锦浦里择了一个不大却十分体面的房子，将她安置下来。如此一来，薛涛便有了寄身之处，她在浣花溪畔一住就是四十年，创作了几百首诗作，也成就了"万里桥边女校书"的时代佳话。

<h1 style="text-align:center">三</h1>

薛涛在二十岁的时候就开始了自己的隐居生活，倒也不是说看破了红尘虚妄，只是经历了太多，心有些倦了，想停下来歇一歇。浣花溪，一个美丽的名字，和薛涛正相匹配。溪流不知年岁，只是年复一年地浣洗着飘落的花瓣。薛涛也在浣花溪畔洗尽铅华，露出了那个"天然去雕饰"的美丽伊人。

薛涛虽说隐居在浣花溪畔，但也偶有交游活动，不过此时的交游褪去了酒宴席间的那种虚与委蛇，而是十分轻松惬意的。

乐山之东，有凌云山，山间有凌云寺，薛涛与韦皋一行人久闻凌云寺之盛名，大佛竣工日，当薛涛登上山头，只见九峰环抱，寺宇辉煌。该寺建于开元年间，建成后不久，僧人海通和尚便领众依凌云山崖石凿山为弥勒佛大像。佛像高逾三百六十尺，并建七层楼阁以覆之，佛像几度停工，直到韦皋出任剑南西川节度使之时，捐出俸禄建造大像，这一宏伟的工程方才竣工。

这一日，韦皋领着幕僚前来见识刚刚落成的大佛像，于闲暇时往凌云寺一游，薛涛也从锦浦里的小阁中出来，随众人登上山头，一览大佛与高山古寺的胜景。只见新修成的大佛圣像依山面江，头在山顶，足在山麓，俯视江水滔滔。巨佛之膝部以下形成倒凹字形，河水冲入凹处，水势受挫，回流而出后，既可缓和水流，又可避免泛滥成灾。佛像亦壮人胆气，象征慈航普度之精神。

赏玩之时，凌云寺住持邀请节度使韦皋为大佛为赋一篇，以记此蜀中之盛事。韦皋出身书香门第，镇蜀以来却疏于文墨，亦为憾事。其间有好事者怂恿再三，韦刺史假意推辞，终于大笔一挥，于此高山之巅为大佛作了一篇《嘉州凌云寺大弥勒石像记》，勒石刻碑，立于山中，此碑至今犹存，然碑文模糊不可见，其文甚美，臻于盛唐气象。今读斯文，可见韦氏之才、蜀中之风。

惟圣立教，惟贤启圣。用大而利博，功成而化神。即于空，开尘劫之迷；垂其象，济天下之险。嘉州凌云寺弥勒石像，可以观其旨也。

神用潜运，风涛密移，盼鬻幽晦，孰原其故？在昔岷江，没日漂山，东至犍为，与凉山斗。突怒哮吼，雷霆百里；萦激触崖，荡为廒空。舟随波去，人亦不存。惟蜀雄都，控引吴楚，建兹沦溺，日月继及。

……

——《嘉州凌云寺大弥勒石像记》（节选）

众人见刺史如此豪情，皆啧啧称奇，其间虽有恭维之意，然此文的确扬葩振藻，文采斐然。韦皋心下大快，忙呼众人赋诗助兴，在场诸人见薛涛在场，心知她必有佳句，皆翘首以望。薛涛莞尔一笑，自知推辞不得，便说道："承蒙厚爱，小女子在此献丑了，权作抛砖引玉。"

薛涛登临斯楼，本欲盛夸大佛，但韦皋刺史今日难得有此雅兴，写下千字宏文，洋洋洒洒，此日若赋诗咏佛，岂不驳了大人的面子。薛涛心下沉思，既言道抛砖引玉，大可不必就大佛而赋诗。正在思索时，旁人一片惊讶，怎么今日薛涛竟如此忸怩。就在此时，薛涛抬头一看，那正是凌云古寺墙上的青苔，便信手拈来，为此赋诗：

闻说凌云寺里苔，风高日近绝纤埃。
横云点染芙蓉壁，似待诗人宝月来。

山高有寺，直耸入云，终日云雾缭绕，墙壁上长满了斑驳的青苔，然山风不绝，日照犹近，此处不染纤尘。此言既是状物，又兼赞佛，更是人格的自况。身躯虽然卑微，然高蹈出尘的精神凌于高山危楼之上，俯瞰人间。此言一出，众皆愕然，竟有人在此场合下咏青苔，果然名不虚传。

"横云点染芙蓉壁"——墙壁之状，白中透着微绿，明净而不失活泼的风采，更有祥云缭绕，动静相宜，实乃不可名状之景，薛涛放眼一望，正见到月出东山，心下一动，想起一位古人，吟出最后一句诗——"似待诗人宝月来"。这等美景，恐是只有古代的诗僧宝月和尚方有才华来写诗赞美。这一句甚妙，既得抛砖引玉之功，又有自赞之意，在场之人，莫不惊叹。

说起宝月和尚，今人早已不闻，然唐代诗人无不知晓其盛名，今日在这凌云峰上，人们不禁想起了他的佳作《行路难》。登山殊不易，为人更复难，韦皋临近暮年，听闻"宝月"之名，当即就想起了这首诗。在场的皆是边关忠义之将，远离家乡戍守边关，沙场上九死一生赢得令名却英雄迟暮，听到"宝月"之名，皆心中怅然。

见诸人在沉思之中，韦皋直言"再来一首"，欲令薛涛再赋诗一首，以祝雅兴。薛涛亦诗性正浓，却瞥见地上的小花，便借宝月《行路难》之余意，吟出一首绝句：

闻说凌云寺里花，飞空绕磴逐江斜。

有时锁得嫦娥镜，镂出瑶台五色霞。

若登凌云寺，必自江边沿着大佛身旁的石阶拾级而上，而石阶陡峭狭窄，颇具"一夫当关，万夫莫开"之势，诗人谓之"春山古寺绕沧波，石磴盘空鸟道过"。行路难者，其言不虚，薛涛却以花为譬，等闲视之，展现出对困难的蔑视，是薛涛内心豪情世界的呈现，可谓柔中带刚，不落俗套，顷刻间将宝月之意化为己用，并借此称扬了边塞将士乐观的英雄主义精神。

"有时锁得嫦娥镜，镂出瑶台五色霞。"薛涛又借月言花，当月轮升起，花儿与月影重叠，"锁"在一处，便是人间难得的景色，正如瑶台的雕栏玉砌，镂出五色的云霞，这一比喻甚为新奇，在座者皆引为奇句。

这等景象非一般平原上的鲜花所能比，唯有在云间峰巅的花，临寒独放，方可"镂出瑶台五色霞"。此言赞花非凡品，又以花喻人，在这山巅修行的僧人、建造大佛的工匠、笑傲沙场的将士和领众保一方太平的刺史韦皋，皆是盛开在山巅的仙葩。

  凌云寺之行，薛涛再展诗才，令无数英雄折腰称赞，而薛涛却对这山间晨钟暮鼓的清净生活心生渴慕。

第四节 ／ 万里桥边女校书

人一旦过了而立之年，似乎就像迈过了人生的一道坎，会变得成熟而稳重起来。

人生的激情开始慢慢消退，新的景色和新的可能缓缓展现。

薛涛也在经历着这样的变化，三十年的风雨沧桑足以令一个人沉淀、蜕变。

史料记载，元和元年（公元 806 年），西川节度副使刘辟割据西蜀，发兵围攻东川节度使李康。宰相杜黄裳力主讨刘辟，推荐时为神策军将领的高崇文为帅。宪宗乃拜高崇文检校工部尚书兼御史大夫，以士兵五千人，自长武城出兵。是年九月，高崇文连破刘辟军。次年二月，高崇文平定叛乱，入成都。

古来居于兵家久争之地者，家国命运相连。国兴，则民安；国衰，则民苦。自唐玄宗穷兵黩武，一意孤行地用募兵制逐步代替原来的府兵制之后，边镇的军事力量就不断扩大，各地节度使的权力也随之膨胀，地方武装割据局面很快形成。唐后期，全国藩镇众多，各藩镇节度使拥重兵，彼此争权夺利，动辄发动兵变。薛涛所居蜀地，因其独特的地理位置，早已被各方势力视为军事要地，借机便扰上一扰。

此时，薛涛刚刚听闻韦皋离世的消息。前不久还意气风发的刺史韦皋竟然猝然辞世，这对薛涛的打击巨大，而且当时恰逢兵变，一介女流无所依傍，在战乱中的她又一次感受到了久违的惊慌和孤苦。

平定叛乱的是将领高崇文，但平定叛乱后，高崇文仅仅做了一年的西川节度使便请辞离去了。唐宪宗又派遣武元衡前往蜀地代其出任。

武元衡，字伯苍，河南缑氏（今河南偃师市东南）人，是武则天的曾侄孙。武元衡少时天资聪颖，才华横溢。建中四年（公元783年），参加科举考试，因诗赋文佳，金榜题名，位列进士榜首，后任华原县令。累辟使府，至监察御史，后改华原县令。德宗李适曾召见元衡，很欣赏他的才能。因工作出色，一年内连升三级，官至左司郎中，可参政议事，发布号令。贞元二十年（公元804年），武元衡迁升御史中丞，掌监察执法、受公卿奏事、举劾案章之事，常与德宗咨议国事。顺宗立，罢为右庶子。宪宗即位，复前官，进户部侍郎。元和二年（公元807年），拜门下侍郎平章事，寻出为剑南节度使。

武元衡继任之初比较艰难，但凭借着过人的手段和出色的政治才能，很快将蜀地打理得井井有条。《新唐书》记载武元衡镇蜀仅三年，便取得了"上下完美，蛮夷怀归"的卓著政绩。薛涛也是有感于武元衡的政绩，便写诗二首聊表恭祝。

其一
落日重城夕雾收，玳筵雕俎荐诸侯。
因令朗月当庭燎，不使珠帘下玉钩。

其二
东阁移尊绮席陈，貂簪龙节更宜春。
军城画角三声歇，云幕初垂红烛新。

虽然是赞美诗，但也写得十分巧妙，并没有流于媚俗或平庸。华丽的场面自是需要描绘，英勇威武的新任川主自然也需要颂扬，不过如果仅仅是这样的话，那就不是薛涛了。全诗似有一突兀之笔——"军城画角三声歇"，但纵观全篇，这恰恰是薛涛最为着力的地方，也是全篇的绝妙处。正是在热闹欢笑的宴会之间插入了这么三声画角，仿若醍醐灌顶，让人为之一警。是啊，战乱刚刚平息不久，不该这么快就纸醉金迷，我们需要时刻警醒，不能落入靡靡之音的享乐之中。

武元衡自然也读到了这两首诗，心下不禁凛然，同时也暗暗佩服起薛涛这个女子。武元衡不似高崇文，他自己就擅长写诗，与时人多有唱和，早就听说了薛涛的名声，有心想试探一下这位"扫眉才子"。又忽然想起自己在来蜀中的途中曾经过嘉陵驿，有感而发，作了一首《题嘉陵驿》：

悠悠风旆绕山川，山驿空濛雨似烟。
路半嘉陵头已白，蜀门西上更青天。

前二句写嘉陵驿的景色，俱是行舟时所见，似是扑面而来，雄奇劲谲；后两句感怀自身，功业未成而衰鬓先斑，只能仰头望天，顿觉天空海阔，生出无限豪情和思绪。整首诗的艺术感染力显得很强。崎岖的山路，景色也随之变幻无穷，清新空灵，令人内心畅然。蜀道之难，行山之苦使诗的意境急转直下，强烈的景致对比十分地震撼，其艺术感染力之深确如《唐人万首绝句选评》所说的那样："意工、调高、格峻，不厌百回读矣。"

武元衡并未如同前任川主那般即刻召见了薛涛，而是拿了自己的这首诗请她唱和。于是，薛涛写了《续嘉陵驿诗献武相国》一诗回赠武元衡，诗曰：

蜀门西更上青天，强为公歌蜀国弦。
卓氏长卿称士女，锦江玉垒献山川。

李白蜀地一行，发出了"锦城虽云乐，不如早回家"的感叹，可见当地交通不便。蜀地，东有长江三峡险峰叠嶂，南有云贵高原拱卫，北有巴山和秦岭屏障，西有青藏高原以及庞大的横断山脉相扼，往西行进天柱高不可攀，路难修矣，自古便于其他地方隔绝。民间戏言：山高石头多，出门要爬坡。

此前听闻蜀道之峥嵘崔嵬皆在文人的诗中，元和二年（公元807年），武元衡充剑南西川节度使，当他乘车盘旋于如蛇身、如天梯的道路，才真真切切地感受到蜀地的艰险。山已然高耸入云，停驻的驿站四周被云烟环绕，似与人世隔绝。山路漫漫，行至一半时，便觉鬓白。内心的震撼不必多言，"蜀门更上青天"，仅此一句便将心情表露无遗。刘辟叛乱，扰得民不聊生，这个烂摊子现下便要自己拾起来，重整蜀地并不易，想到这里，再看看脚下的云层和身后破烂的栈道，武相国内心更是焦灼，夜不能寐。

世传卓文君与司马相如的传奇，便知蜀郡男女皆有情义，锦江从都城之东挟带丰富的鱼虾缓缓而来，玉垒山雄伟壮丽，直插入云，与天为伴，这一切都诉说着蜀郡来日的富庶。险峻的蜀道啊，纵使难以攀爬，若有满腔热爱，便不足为奇。琴弦慢慢地停下来，续诗已成。武相国脸上的神色，由犹疑到欣赏，转而是惊叹。这份胸襟，并非普通女子可有。其眼光如此长远，即便与幕中谋士相比也不为过矣，随即立即召见薛涛。

随着两人不断地接触，武元衡愈加佩服薛涛，欲奏请她为女校书。校书，顾名思义，即是校勘书籍之意，后来变为官名。譬如在后汉，就以兰台令史典校秘书，如果是以郎任其职，便称之为校书郎；如果是以郎中任其职，便称之为校书郎中。直到魏朝时才设置了秘书校书郎一衔。宋代时，校书一任都有设立，隶属秘书省，直到元代才被废止。武元衡十分欣赏薛涛的才能，"容貌颇丽，才调尤佳，言谑之间，立有酬对""僚佐多士，为之改观"，于是上奏朝廷荐薛涛为校书郎，这可谓轰动一时的事情。自古以来，校书这一官职就没有让女性担任过，而薛涛能够被武元衡奏请为校书郎，无不说明了薛涛的才华，虽是一介女流，却能让须眉失色。虽然最终朝廷没有奏准，但"女校书"之名却不胫而走。后世称伎女而能文者为校书，就是以此为典故。诗人王建就为薛涛赋诗

《寄蜀中薛涛校书》：

> 万里桥边女校书，枇杷花里闭门居。
> 扫眉才子于今少，管领春风总不如。

不过有记载称是在韦皋任上奏请薛涛为女校书，但从时间上来看还是武元衡之说更令人信服。

但不幸的是，元和十年（公元 815 年），噩耗传来：武元衡在早朝时被平卢节度使李师道派遣的刺客刺死，终年五十七岁。薛涛与萧祜，昔日同在武元衡幕府，今日则同悲当年之碑泉犹在而元衡已故。这首诗便是薛涛与萧祜同悼武元衡而作。

> 昔以多能佐碧油，今朝同泛旧仙舟。
> 凄凉逝水颓波远，惟有碑泉咽不流。

昨日，听闻萧中丞约她于摩诃池时，薛涛的心一刹那就如同豁开了一道口子。这日，在应约的车上，她脑袋里一直嗡嗡响着，似乎有许多蚊蝇在耳边飞动，吵得她根本无法思考。一路的天气如何，哪些旧识曾打过招呼，自己又是如何回答的，这些她全然不记得。

当她掀开车帘子，站到摩诃池边时，昔日的场景扑面而来，那一刻她泪流满面。

年前与武相国、萧中丞等人一同到摩诃池游玩。那时，武相国第一次去，站在摇摇晃晃如同行于龙脊上的湖面问摩诃池的名字是由何而来。薛涛打趣嗔其无知，后告诉他曾经有一位僧人路过此地，见到这座湖便惊叹道"摩诃宫毗"，摩诃意为大，宫毗罗为龙，说的是池大如宫殿能藏龙，于是这个名字也就流传了下来。

那时，薛涛因为才能出众，经常出入武相国的幕府，一来二往，两人的关系就亲密了。后来武相国被召回，主张削藩以恢复大唐元气，但遭到了许多反对派的阻挠，薛涛一直十分记挂。现在，萧中丞约在同样的地点，所谓何意，其实薛涛心中已经猜到了，只是不敢承认。

然而当薛涛真的得知武元衡遇刺身亡的消息后，当即如五雷轰顶：命运又和她开了一个大大的玩笑！昔日韦皋离去已经给了她沉重的打击，现在武元衡的死更是让她雪上加霜。薛涛有一段时间都是浑浑噩噩、不知所往的。薛涛不禁想起前段时日在送别卢员外时，还曾提起过武元衡，嘱咐卢员外在武元衡宰相问起自己时，便说薛涛一直向着夷门遥拜，感其旧恩。今日就已天人两隔，世间的命运竟残酷如斯吗？！

几十年来，生活经历了巨大的变动，时间却不曾走慢一点。与韦皋别后，薛涛时时想起这些年的种种，在她一文不值、零落市井时，他的知遇之恩是何其珍贵。她总是会想起年少时的那个夏日，夏蝉有些躁动地唱着，韦皋从席间向她走来，帐内灯火辉煌，而他的眼睛却盖过了那些光亮。而如今，韦皋与武元衡，她生命中的两个贵人，相继故去，茫茫天地，又只剩下她自己一个人，独自地来，独自地去。

第五节 ╱ 一纸红笺赋情殇

"问世间，情是何物，直教人生死相许"，

元好问的这声千古一叹，道出了世间所有有情人的心声。

薛涛已经年过不惑，但她没有真正有过一场恋爱。

所以当爱情的火焰燃起的时候，她义无反顾地扑了进去，

哪怕这火焰会将她焚烧殆尽。

元和四年（公元 809 年）三月，元稹授监察御史，奉命出使东川。

元稹，字微之，和白居易并称的著名诗人。父元宽，母郑氏。元稹二十五岁时与白居易同科及第，并结为终生诗友。元和初年（公元 806 年），为应制策第一。他与白居易共同倡导"新乐府"运动，主张恢复古代的采诗制度，强调以自创的新乐府题咏写时事，从而发扬《诗经》和汉魏乐府讽喻时事的传统。元稹的创作，以诗成就最大，其诗辞浅意哀，仿若孤凤悲吟，极为扣人心弦，动人肺腑，作品被时人称为"元和体"。现存诗八百三十余首，收录诗赋、诏册、铭谏、论议等共一百卷。

就是这样一个声名显赫的诗人才子，在蜀地和薛涛相遇了。据张篷舟先生考证，元稹"为东川监察御史，慕涛欲见。司空严绶潜知稹意，遣涛往侍，涛至梓州晤稹"。按照这种说法，是严绶促成了元稹与薛涛二人的相见，虽说是授意结交，但两人皆倾慕对方之名，相见大概也是必然的事情。

金风玉露一相逢，便胜却人间无数。

这一年（公元 811 年），薛涛四十一岁，元稹三十岁，两人在蜀地相遇了。元稹是一个久负盛名的翩翩公子，薛涛是一个才情不让须眉的脱俗女子；元稹风流多情，期待着一场邂逅，薛涛寂寞无依，渴望着一次爱情；元稹倾慕薛涛多时，薛涛亦闻得元稹之名。一切都是那么凑巧，一切都是那么自然，元稹和薛涛相爱了。

当时的薛涛已经不再年轻，但她如雪的肌肤、出众的气质和卓越的才情依旧使得元稹眼前一亮。四十岁的女人，美在如蕙如兰的气韵，美在坚守自我的风骨，美在不让须眉的才情，美在历经沧桑后的端庄。十年的差距在两人的眼中自然算不得什么，一切在爱情面前仿佛都失去了意义。

薛涛在和元稹的会面之初，就写下了这首《四友赞》送给元稹。

磨润色先生之腹，濡藏锋都尉之头。

引书媒而黯黯，入文亩以休休。

《周礼·保氏》里有载："养国子以道，乃教之六艺：一曰五礼，二曰六乐，三曰五射，四曰五驭，五曰六书，六曰九数。""通五经贯六艺"的"六艺"之中即有书法，可见古人从很早开始就重书法。

古代的文人墨客，若是书法极妙，犹能得他人青眼，甚而被世人传颂。就如同书圣王羲之，他的字"飘如游云，矫若惊龙"，被称为"天下第一书"，就连在帝王书中首屈一指的唐太宗也十分崇敬他。

历史上的薛涛也曾以一手好字被时人称道。《宣和书谱》里这样形容她的书法："作字无女子气，笔力峻激，其行书妙处，颇得王羲之法，少加以学，亦卫夫人之流也。每喜写己所作诗，语亦工，思致俊逸，法书警句，因而得名，非若公孙大娘舞剑器、黄四娘家法，托于杜甫而后有传也。"这样的称赞在女子中可谓极高了。卫夫人本是王羲之的书法老师，她在世人眼中能够与此二人有堪比之处，尽管书中之言不可全信，却也表明了她的书法要高出常人太多。可惜今日《萱草》亦不传，更如《书谱》所言，薛涛未能遇到她的"杜甫"，为之赋诗形容，流传后世。

说到书法，不可不提"文房四宝"——笔、墨、纸、砚，这可是练字之人必不可少之物。值得一提的是，在使用之余，文人雅士还给它们取了人性化的名称，甚至封了官职。中山、新绛、会稽、弘家，皆是出上品之地，于是便有了中山人毛颖、绛人陈玄、会稽褚知白、弘家陶泓的昵称，而管城侯、松滋侯、好侍侯、即墨侯，这四种官职则是出自各自的特性。

这首杂言小诗看起来似乎是在吟诵文房四宝，小巧玲珑，藏锋笔端，而薛涛的用意显然不止于此，她是要用这种方式来告诫意气风发的元稹。"磨润色先生之腹"讲砚台，实则是在告诉元稹要重视腹中学问，须好好打磨；"濡藏锋都尉之头"言指毛笔，而用意也明白，便是"藏锋"，她在告诫元稹要懂得收敛锋芒，不可恃才傲物；"引书媒而黯黯"在说墨，意在说做人要朴实无华；"入文亩以休休"在讲纸，则是在劝诫元稹待人要宽容。

薛涛给元稹写这首诗，并不是为了炫耀自己的才华有多么出众，而是出于友人之间的真心才出语劝诫；之所以采取这种曲折的方式，一方面是文人常用的手法，另一方面也在于薛涛自己小心翼翼。元稹读到这首诗时，也是忍不住惊叹，并不是因为文辞和典故，而是为这一份睿智和勇气。

关于薛涛与元稹情事之真伪，历来众说纷纭。范摅在《云溪友议》里面就说元薛之事是"街谈巷议""草野传闻"，所论"皆不足取"。张篷舟则认为确有其事。不过，坊间传闻必不是空穴来风，而从元稹有意隐匿诗集中与薛涛的唱和来看，两人之间必定有着非同寻常的关系。元稹在《寄赠薛涛》一诗中有这么一句："幻出文君与薛涛。"而在《好时节》中正巧有"面带霜威卓氏前"一句，"卓氏"自然是指卓文君，那么，这一句也让人忍不住猜测，这是否说的就是他与薛涛的相遇呢？

浮生长恨欢娱少，"红杏尚书"宋祁这一句词道尽了天下即将分别的有情人的心声。薛涛与元稹在经历了短暂而热烈的恋爱之后，也不得不面对这人生的别离。元稹此时已经完成了他在蜀地的事务，须离开成都前往京都了。纵然此刻两人都是千般不情、万般不愿，但面对生命中不可转圜的安排，也只得挥泪作别了。千百年来，情人分别的画面总是叫我们唏嘘，无论是"执手相看泪眼，竟无语凝噎"的依依惜别，还是"似此星辰非昨夜，为谁风露立中宵"的苦苦相思，都让我们心有所感，拨动起我们内心深处的某一根弦——也许是因为我们每一个人的心中都有一幅离别的场景吧。

薛涛此时必定是愁苦万分的，这是她第一次真正品尝到爱情的滋味，和元稹共同度过的这一段你侬我侬的日子是她一生中最幸福快乐的时光。在这相处的一年里，薛涛放下了自己的小心翼翼，放下了自己的莫名担忧，全身心地投入到与元稹的爱情火焰之中，而现在分别在即，薛涛怎能抑制住自己心中的失落与痛苦？而且薛涛也隐隐地感觉到：这次一别，不知何时才能够再次见面了，有可能那个时候的她已经人老珠黄，也有可能再无相见之期。佳期如梦，而梦终有醒时。元稹走了，只留下薛涛一人肠断浣花溪。一念辄伤心，题诗聊赠远：

芙蓉新落蜀山秋，锦字开缄到是愁。
闺阁不知戎马事，月高还上望夫楼。

扰弱新蒲叶又齐，春深花落塞前溪。
知君未转秦关骑，月照千门掩袖啼。

——《赠远二首》

　　全诗的意象、典故和设想的场景，皆是闺阁女子思念远行人、妻子思念丈夫、思妇担心戍边人之类，这在薛涛的别离诗和赠别诗中都是十分独特的，全作小女儿设想，相思之情溢于言表。这种近乎直言的方式让我们不得不想到这是首情人分别后的相思之作，甚至在"月高还上望夫楼"一句中直接点出"望夫"二字，可见情愫之深，恍若真是眷侣惜别。纵观薛涛的一生，能让她产生这种情愫、让她提笔写下这些诗行的人，大概也只有元稹一人了吧。在这爱情的火焰中，薛涛投入了自己全部的感情，她知道自己再不好好爱一场就再也没机会了，所以即便她知道这场姐弟恋很难有什么结果，即便她知道一旦分别日后难再相见，她仍旧将一腔真情献给了元稹。在爱情的天平上，没有值与不值，只有愿与不愿。

　　岁月流逝，就在薛涛为了等待远方的来信，夜夜立在清江之畔，相思断肠时，元稹却在新的生活中逐渐淡忘了这一段情愫，终于有一日，他提笔写下了一首《寄赠薛涛》，送给了还抱着一丝侥幸的薛涛。

> 锦江滑腻蛾眉秀，幻出文君与薛涛。
> 言语巧偷鹦鹉舌，文章分得凤凰毛。
> 纷纷辞客多停笔，个个公卿欲梦刀。
> 别后相思隔烟水，菖蒲花发五云高。

　　唐代范摅所著的笔记小说集《云溪友议》中有载：安人元相国，应制科之选，历天禄畿尉，则闻西蜀乐籍有薛涛者，能篇咏，饶词辩，常俏悒于怀抱也。及为监察，求使剑门，以御史推鞫，难得见焉。及就除拾遗，府公严司空绶，知微之之欲，每遣薛氏往焉。临途诀别，不敢挈行。洎登翰林，以诗寄曰："锦江滑腻蛾眉秀……"可见元稹在登上翰林之位后，就将此诗寄给了薛涛。

　　这首诗乍一看是写给薛涛的情诗：首句即写四川锦江钟灵毓秀，涌现出许多惊容绝艳的女子，紧接着就把卓文君和薛涛并列举出，突出薛涛的美貌与才情，一个"幻"字飘逸出尘，令人浮想联翩。颔联设喻，赞美薛涛文辞之新巧和骨气之高奇，其中"鹦鹉"暗扣薛涛曾经写过的《十离诗》中"鹦鹉离笼"一首，足见其巧思。颈联转从侧面描写，用众多辞客和公卿的羞愧和仰慕之情来烘托薛涛才情之高、令名之盛。最后结语点出相思，含蓄自然，"菖蒲花发五云高"形容薛涛居所的菖蒲花盛开时极盛，似有五云之高，同时巧妙地引用了"五云"之典：盛唐时韦陟工于书法，自谓所书之"陟"字如五朵云，诗人皆慕之风采，称其字为郇公五云体，后来人们遂以"五云"赞薛涛之字。

通篇多是对薛涛的溢美之词，最后一联更是表达了自己对薛涛的相思之情，但只要细细品味一下诗题——寄赠薛涛，我们就不难看出，元稹已经不再承认这段恋情了。古人为了表示尊敬或者亲密，称对方一般是用字的，而以元稹和薛涛的关系，即便没有特别的情愫，也不算是泛泛之交了。但这首寄给薛涛的诗中，元稹直言是"寄赠薛涛"，直呼薛涛之名，是一种熟人之间的称法，却少了更进一步的亲密感。薛涛自然是有字的，元稹在成都时称薛涛必定不会如此直接，最不济也该是"洪度"（薛涛的字），甚至一些只有他们两个人知道的秘密的名字。如鲁迅在与许广平热恋通信时互称对方"小刺猬""小白象"等等，俏皮肉麻，真是热恋中的人才会做出的事情。而且这首诗中规中矩，全然不见情人之间的话语和情愫，仿佛隔着远远的距离，发出一声对朋友的赞叹。

聪慧如薛涛者，看到这首诗的题目时，心里岂能不明白元稹的意思：这是在告诉她，两人已经恢复到当初未见面时唱和吟诗的诗友关系，熟悉而又陌生。薛涛知道自己再也没有机会和元稹在一起了，哪怕是朋友之间的散步、交游，心底最后的一丝侥幸也荡然无存。分离后所有的日子都成了空等，日夜相思的煎熬换来的只是一次相负，薛涛忽然发现，所有心甘情愿的守候只是为了给自己一个交代。此时薛涛的心已经生不出悲哀或者愤怒，就仿佛繁夏枝头的绿叶在一瞬间就飘落殆尽，寂静无息。"既然从此你以诗友之名相交，那我也不再多做纠缠，懒得多言，就寄一首旧诗聊作酬唱吧。"薛涛这样想到。

诗篇调态人皆有，细腻风光我独知。

月下咏花怜暗澹，雨朝题柳为欹垂。

长教碧玉藏深处，总向红笺写自随。

老大不能收拾得，与君闲似好男儿。

——《寄旧诗与元微之》

世间文人墨客多能为诗，风调情态尽皆不同，各有殊胜；你诗篇中的细腻风光只有我能够欣赏，而现在我心中所有微茫的心事你都无法也不必去了解了。

过去的我们是那样的情投意合：也曾在月下漫步，吟咏娇弱的花朵，怜惜它们夜间黯淡的神色；也曾在雨天乘兴出游，效法古人于柳叶上题诗，斜斜垂下的柳枝在风中相依。

美人如同碧玉，总是藏于深处，女子纵有旷世之才，却也要被世人埋没，不得见于天日；故此我也无处依靠，只能闲时提笔，在红笺纸上写下幽幽心事，此情谁知？

岁月无情催人老，我也已经过了青春焕发的好时光，现在也是徒增伤悲的老大之龄，很多心绪都茫茫无边，难以收拾了，就如同和你共赴的岁月，也早已湮没在滚滚红尘之中了。

我们难以揣测薛涛写下这首诗时的心情，是早已明白的觉悟，还是难以割舍的情愫，抑或是欲说还休的怅然？一个女子看穿了一个男子的薄情与软弱，却说不出话来，只能任泪水湿了红妆。

《名媛诗归》评价此诗"通诗笔老，而气骨遒劲，虽用婉媚处，皆以朴静里之，挺然声调间"。可见薛涛虽然失恋，却也足见刚强，薛涛不是那种弱不禁风的女子，在骨子里，她有一种如同修竹般坚韧的品质。

心爱的人儿已经远去，只剩曾经的深红小笺还记录着当时的点点滴滴，在记忆中永不褪色。薛涛以诗名世，而另一个为人所称道的便是"薛涛笺"的创制，她这首诗中就有"总向红笺写自随"一句，其中的"红笺"所指的多半就是"薛涛笺"了。而且有人说这传奇的"薛涛笺"与元稹的关系也十分密切，可以说，没有元稹，可能也就没有了"薛涛笺"。

原来，薛涛自边塞回来后，就在成都浣花溪畔隐居，浣花之民多以造纸为业，薛涛日日赋诗，却深感纸张过大，不便题小诗于上，遂命工匠裁剪为小笺。不久，薛涛突发奇想，因素喜朱红之色，乃创造深红小笺，命工匠按自己的意图造纸，题诗于笺上，献于当时的才子豪杰。时人为她的创意所折服，称之为"薛涛笺"。不过也有别的说法，称"薛涛笺"是薛涛在认识元稹之后为寄托自己的思念所制，亦可备一说。

当薛涛的深红小笺甫一制成，她就寄予元稹百余幅，元稹见之，啧啧称奇，正如韦庄之赞——"留得溪头瑟瑟波，泼成纸上猩猩色"，深红漫漫，远非一般白纸所能比，典丽新雅，在纸张本就珍贵的年代更显难得。

笺纸染色，源于晋代，红笺则出自南朝梁简文帝之时，到了中唐还有人使用。而薛涛自创的深红小笺一经问世，便风靡一时，更因此纸张染色之技术益精，各色笺纸乃至金纸、银纸、彩绘，层出不穷，连十色笺都在此后盛行，足见薛涛一举泽及后世，于复兴染色之功不可忽略。

据后世笔记所载：薛涛用毛笔或毛刷把小纸涂上红色的鸡冠花、荷花及不知名的红花，将花瓣捣成泥再加清水，经反复实验，从红花中得到染料，并加进一些胶质调匀，涂在纸上，一遍一遍地使颜色均匀涂抹。再以书夹湿纸，用吸水麻纸附贴色纸，再一张张叠压成摞，压平阴干。由此解决了外观不匀和一次制作多张色纸的问题。薛涛用自己设计的涂刷法，做出了小彩笺。她还将小花瓣撒在小笺上，制成红色的彩笺。薛涛使用的涂刷加工制作色纸的方法，与传统的浸渍方法相比，有省料、加工方便、生产成本低之特点，类似现代的涂布加工工艺。

晚唐诗人韦庄对这种充满才情的小笺颇为着迷，曾为之赋《乞彩笺歌》诗：

浣花溪上如花客，绿闺红藏人不识。
留得溪头瑟瑟波，泼成纸上猩猩色。

手把金刀擘彩云，有时剪破秋天碧。

不使红霓段段飞，一时驱上丹霞壁。

蜀客才多染不供，卓文醉后开无力。

孔雀衔来向日飞，翩翩压折黄金翼。

我有歌诗一千首，磨砻山岳罗星斗。

开卷长疑雷电惊，挥毫只怕龙蛇走。

班班布在时人口，满袖松花都未有。

人间无处买烟霞，须知得自神仙手。

也知价重连城璧，一纸万金犹不惜。

薛涛昨夜梦中来，殷勤劝向君边觅。

古代笺纸多用于长篇书札，行草多见于此，更因"批反"的习惯，纸张多留空白处，因此笺纸甚大，薛涛制笺，短而狭，只用作写律诗或绝句，少则二十字，多则五十六字，十分妥帖。时人以其方便，常效仿此举。小笺的出现，不仅节省了物力，携带也甚是方便，后世流行的红色小八行纸，也被直接称作"薛涛笺"。

如今尚有薛涛笺的仿制品留存于世，如乾隆时所制的"薛涛笺"，为郑振铎的《笺举》所录，清末成都流行的"薛涛笺"，也是红色小八行纸。

"薛涛笺"因种种特性赢得了文人骚客的一致推崇，经久不衰，故后世吟咏"薛涛笺"的诗句亦是甚多，如：十样蛮笺起薛涛，黄筌禽鸟赵昌桃。（《薛涛笺二首》元·袁桷）；薛涛诗思饶春色，十样鸾笺五采夸。（《咏案头四俊锦花笺》元·张玉娘），等等。

"薛涛笺"可谓是一笺难求。在当初，薛涛制作"薛涛笺"成功之后，第一时间就给元稹寄去了百余幅，足见薛涛之心意。"薛涛笺"色深红，正是薛涛最爱的颜色，就像她轰轰烈烈的爱情，在生命中绽放出最绚烂的颜色，令当事人心愧，令后来人倾慕。当时，心如死灰的薛涛看着自己身边随意携带的深红小笺，往日旧事宛然在目，深深的红色是刺入骨髓的痛和寂寞。

昔时烟雨地,梨花深闭门。细看小笺处,犹是旧啼痕。

时光终于将一切都冲淡了,只剩下一些淡漠的微茫闪烁着昨日的光彩。一场轰轰烈烈的爱恋就此陷入虚妄,薛涛也最终看清了、放下了,哪怕争取过,哪怕坚守过。一个女子的话语在那个时代是那么的弱小,一声撕心裂肺的呼喊淹没在文人墨客觥筹交错间的唱和之中,像一滴泪落进了湖泊,它独特的咸味消逝在平平淡淡的湖水之中。没有人觉察到,曾经有人投身过这样一次疯狂而决绝的爱情,义无反顾的决心到头来只是镜花水月一场。于是,薛涛收起了所有的挣扎、呐喊和寻觅,以一种重回孤独的姿态去守望静静的时光。

> 前溪独立后溪行,鹭识朱衣自不惊。
> 借问人间愁寂意,伯牙弦绝已无声。

这首《寄张元夫》就是在描述这样一种落寞的情态。所谓的"前溪""后溪"应当就是指薛涛所在的浣花溪。一前一后,我们可以想见薛涛独自一人在溪畔来回走动,有时静静伫立,有时踽踽独行。首句只七个字,就生动传神地刻画出薛涛孤苦无依的情状和寂寥凄恻的心绪。试想,到底是什么能让一个人在溪畔长久地独自徘徊?到底是什么能让一个人凄清孤苦到这个地步?薛涛没有回答,陪伴她的只有溪畔的鸥鹭。

薛涛重新回到了归隐的状态,然而这不同于她二十岁时的隐居,虽然那个时候的她就已经经历了很多,看透了许多,但这一次,她身上仍旧是最喜爱的朱衣,但这朱衣早已不是当年的期待,而是透透彻彻浸了一心的血泪。

现在薛涛重新回到了浣花溪,回到了往日隐居的时光。"自不惊"三字绝妙,既照应"鹭识"二字,又写出诗人在溪畔徘徊之久:连怕人的鸥鹭都已经认识了薛涛，甚至不觉得惊讶，可见诗人在溪边徘徊伫立了多少时光。这无边的寂寞，到头来只有鸥鹭相陪。

"借问"句是薛涛自语自问，也道出了千古文人共同的愁情：这天地之间，愁苦寂寥之意从何而来？又为何斩不绝、销不尽？此句将前两句的场景凝练概括为"愁寂意"，人间几度闻哀弦，但为君故久沉吟。而现在弦断音消，知音难觅，谁能解我心中哀愁？最后一句，薛涛感叹这世间知音难遇，琴声总是留给听得懂的人来欣赏，而如今伯牙弦已绝，纵然琴音再度响起，也没有了丝毫意义。正因如此，薛涛才会徘徊溪畔，与鹭为友，终日愁苦。

这一首诗的表面意思并没有难以理解的地方，但细细想来却又令人费解：从诗题《寄张元夫》来看，这应该是一首与友人间的酬唱之作，但整首诗似乎并未涉及友人什么事情，只是在说自己踽踽溪畔，孤苦寂寞，整日只有鸥鹭相伴，而后更是说自己独行隐居是由于世间知音难觅，惆怅而神伤，故有此举。这似乎与一般寄赠友人的诗歌不大一样，没有相惜之意，反有诉苦之嫌。显然，这诗题中的张元夫便成了最关键的线索。

张元夫是某任西川节度使的幕府校书，而薛涛素有令名，与张元夫有过交情也属正常。有人据此诗推测他们的关系非同一般，因兴趣相投而暗生情愫，但也止于神交。因为他们相识时，张元夫肯定早有家室，此时的薛涛三十多岁，张元夫应该在长安朝廷中任职，而薛涛也已退隐浣花溪畔。所以薛涛怀着深沉的哀愁与寂寥写下此诗，向张元夫倾吐自己孤独寂寞的心绪。

这种推测其实是毫无道理的。一来，薛涛与张元夫之间不可能有这么深的交情，他们见面的机会屈指可数，仅凭书信往来是不会到这种地步的；二来，这首诗的最后一句"伯牙弦绝已无声"分明是薛涛的绝望之语，如此决绝的心态反倒会让我们想起一个人——元稹。

无巧不成书，元稹有一组诗名为《贻蜀五首》，是酬赠在蜀地的五位友人，其中便有一首《张校书元夫》，诗云：

未面西川张校书，书来稠叠颇相于。

我闻声价金应敌，众道风姿玉不如。

远处从人须谨慎，少年为事要舒徐。

劝君便是酬君爱，莫比寻常赠鲤鱼。

　　首联写两人虽未曾谋面，但书信往来频繁，彼此意趣相投；颔联极言张元夫声望、才情之盛，风姿如玉，令人仰慕；颈联则是勉励劝诫，一副谆谆教导的姿态；尾联更是直言自己出言劝诫是对张元夫的拳拳之意，并非寻常之物可比拟的。整首诗看起来仿佛就是知己之间的挚意问候，但元稹在首句就明明白白地写着"未面西川张校书"，他们连一面之缘都算不上，真正的情谊又能有多少？再来看元稹的《贻蜀五首》，没有一首是写给薛涛的，难道凭借他和薛涛的情谊，他还不肯为薛涛写一首诗吗？

　　元稹岂能不为薛涛写诗，但自己抛弃薛涛，无颜面将自己写给她的诗再拿出来，而删诗之举，元稹已然做过。《元氏长庆集·使东川》元稹自序中说："元和四年三月七日，予以监察御史使东川。往来鞍马间，赋诗凡三十二章。秘书省校书郎白行简为予手写为东川卷。今所录者，但七言绝句、长句耳。起《骆口驿》，尽《望驿台》，二十二首云。"可见当时元稹出使东川之时，曾与薛涛相晤，互有唱和，然元稹将这一期间的诗删去十首，余下的二十二首并无一首与薛涛相关。当时元稹的原配韦丛尚在世间，元稹此举，或是为了杜绝世人的话柄。

　　由此再联系薛涛的《寄张元夫》一诗，似乎一切都说得通了：元稹与薛涛相爱一场后决然离去，徒留薛涛在浣花溪旁苦苦守候，从此两人音尘断绝，薛涛也认清了这一事实，终日徘徊。元稹后来作这《贻蜀五首》，薛涛自然也是读到了，也明白了为何没有自己的一席之地，元稹狠心地划清了跟自己的界限。如今光阴荏苒，薛涛已经能够坦然地去面对曾经的一切，但却依旧无法释然，毕竟是全心全意地付出过，虽不求回报，可遭无情见弃，这是任何一个女子都不能释怀的。因而当她读到《贻蜀五首》的时候，看到元稹竟然和一个素未谋面的人引为至交，薛涛也是哭笑不得的。她不由得想起曾经和元稹交游的时光，想起现在一个人孤独的生活，一时百感交集。她如何不明白元稹的意思，心中也是有些愤然，便写了这样一首《寄张元夫》，讥讽元稹的虚伪与软弱。

终究，所有的爱欲、热烈、缠绵、温情、决绝、后悔、伤痛、苦楚、守候，都随风而逝，一切都尘封在记忆的深渊里。薛涛自此脱下了喜爱的红衣，一心归隐，仿佛旧日只是短梦一场。

薛涛还有一首咏物小诗《柳絮》，也是对此来表明心迹：

二月杨花轻复微，春风摇荡惹人衣。

他家本是无情物，一向南飞又北飞。

就中国文学史而言，元薛因缘是一段千古流传的佳话；但就薛涛个人的角度来说，却只一幕遥远凄清的回忆。

第六节 ／ 旧时池苑更相忆

爱人一去不回，薛涛空把相思说与梁间燕子；

故人游宦天涯，女校书唯以鸿雁传知音；

父母早年客死异乡，薛涛的思念如涌动的溪水流到吴越，

流向东海，化作云霞，梦中犹可归长安。

生离死别，是人世间最令人悲痛的事情，韦皋之逝、元稹之别，给薛涛带来了永远不能抚平的悲伤。不惑之年的薛涛在人生的中点，已与无数诗人唱和往来，她的朋友远比她自由，薛涛送走了一个又一个挚友，却将孤独留在了自己身边。

马车在友人明朗的笑声中远去了，马蹄嘚嘚，将她的祝福和牵挂带向未知的远方。直到马车与笑声完全消失在她的视野与耳朵里，直到清凉的月色再一次覆盖了车辙压过的痕迹，她仍在原地目送，未曾离去。

人间满是离情别意，薛涛的惆怅与黯然，通过一张张深红的笺纸与淡淡的墨香，传递给远方同样寂寞的人们。古往今来，有无数送别诗跃然纸上，而薛涛这首《送友人》尤为受到关注。

水国蒹葭夜有霜，月寒山色共苍苍。

谁言千里自今夕，离梦杳如关塞长。

前两句写秋日别浦晚景。这时节相送，当是格外难堪。诗人登山临水，一则见"水国蒹葭夜有霜"，一则见月照山前明如霜，这一派蒹葭与山色"共苍苍"的景象，令人凛然生寒。

这里是南国水乡，视线里的河道向远方蜿蜒而去，流水潺潺，四野寂静，河边丛丛蒹葭随着夜风摆动，荡出绮丽的波。

河岸边的人在黄昏时分便来了，直到这时，依然不舍得就这样让友人离去。薛涛着一袭浅碧衣衫，在夜里显得有些单薄，她用力握着友人的手，害怕一分开就是永远不再相见。

别离乃人生之常，正如相聚。思之简单，行之却难。

友人的马车停在一旁，车夫已有些困意，却不敢打扰这分别的场景，只捂着嘴巴打了个长长的哈欠。马车前，两匹棕色的马儿长得十分健壮，此时正闲散地摆动马蹄踢着脚边的野草，行动之间，带得车上的响铃断断续续地响。

想是无人愿意见离别，满岸的芦苇被寒夜染上了白霜，森森然的凉气充斥了河岸，像是河神凝着的泪。"嘎嘎"几声鸣叫，一只野鸭从芦苇丛中飞了出来，扑腾着翅膀远去了。

薛涛抬眼向友人将去的方向望去，"前方"这个满含希望的字眼，隐没在无边的黑夜中。友人自是洒脱，她却不免为他担忧起来。关心故生忧，离开了蜀地，前方等待他的将是什么呢？薛涛偏过头想来想去，眉间聚了又散，终于得出答案——怎样都好，只愿他此生平顺，不起波折，安安稳稳，笑看红尘到老。

见着她的神色，友人自是一笑，将她心意明了。天下之大，有人为自己担忧着实是一种幸福。山海之阔，若有人牵挂便不会孤单。友人伸手抚上薛涛的手背，眼睛弯弯地看过去，似在说"我没事，你且放心"。薛涛的心，一瞬间便安定下来。

轻风吹开了薄云，像一只挑逗的手，揭开了月亮环在腰上的黑纱。月色挥洒，天地间便明亮了一层。遥远的山峰在寒月映照下呈现一片深青色，深沉地诉说着别离的哀愁，直教人看成难以入眠的眼。

"当——当——"

山上的寺庙敲起了晚钟。声音像是从天外传送而来，低沉而宽阔。

是真的要离别了。放开手，挥手目送那背影远去，如果缘分捉弄，大概永远不能再见。

友人背转身去的一瞬间，薛涛忍不住叫住了他。此时，她的眼眶已经全湿了。

友人有些怜惜地看着她，倒像今天离去的人是她一样。薛涛吸了吸鼻子，一抬头，突然绽放出一个明媚的笑容，像是风雪乍晴的天空。

友人赴边去，再见不易，除非相遇梦中。不过美梦也不易求得，行人又远在塞北。"天长地远魂飞苦，梦魂不到关山难"。"关塞长"使梦魂难以度越，已自不堪，更何况春梦了无痕，近来连梦也不做了。

在空气里缓缓升起的欢喜里，夜间的寒冷默默褪去了一层。有些寒霜，在离人的心里已经融化了。

知音在世，距离又有什么关系呢？你的心里有我，我的心里有你，我们的梦，便是共通的。纵然身体相隔千里万里，心也能在瞬间相聚。

似这般，世间再无离别苦。真好。

曦轮初转照仙扃，旋擘烟岚上窅冥。

不得玄晖同指点，天涯苍翠漫青青。

——《斛石山晓望寄吕侍御》

在一片熹微的晨光中，薛涛醒来，这是她借宿斛石山的第一个清晨。

日头还在竭力地往上爬，现在，它的头顶还未越过地平线，不过金色的光芒已经挑开了东方的灰蓝帐子，下一刻，似乎要从帐中钻出什么神物来。人烟也还未被催醒，醒来的皆是自然界的生灵。在空中盘旋的飞鸟，微风里摇曳的树叶，含露待放的兰花……它们似乎要赶在第一缕晨光洒向天地时，与万物一同接受阳光雨露的灵气。

朝阳还在吭哧吭哧地往上爬，慢慢地拨开天空的第一缕光束消失在万缕金丝中，东方的天空从橙黄，到赤红，到金黄，到亮黄，而薛涛房里的窗户也慢慢地恢复了它的质感，进而又有一缕"生长了胳膊"的光丝爬上去，带上些微黄的色彩。斛石山在梳妆过后，掀开了雾帘，光鲜亮丽地露出脸来。耸入云霄的重重巨崖上满是苍松翠竹，到处是青葱怡人的绿，一改之前的含羞带怯，尽显豪气。

山间的空气格外清新，迎面而来的风中带着花香和草木腥，沁人心脾，让人精神振奋。回廊两侧栽种了许多兰草，晶莹剔透的露水还沾在花头，在阳光下明灭可见，将花儿点缀得更有光彩。

"白日丽飞甍，参差皆可见。余霞散成绮，澄江静如练。喧鸟覆春洲，杂英满芳甸……"

每次读到谢朓的诗，便觉得在笔墨之外别有一番意味。薛涛叹息道："可惜不能同当年的谢朓一同观赏此等美景。他文辞那般清丽，定能将此等美景描绘出来。"

再扭头望向那棵松树时，鸟儿已经不见了踪影，唯余整座斛石山，在晨光中安然地向世人展现它的苍翠与雄壮。

薛涛想起了远方的友人侍温公，他小薛涛一岁，出生于书香官宦人家，幼学从父，弱冠之年则从陆贽学《春秋》，从梁肃学文章。吕温诗作亦佳，如《白云起封中诗》：

封开白云起，汉帝坐斋宫。
望在泥金上，疑生秘玉中。
攒柯初缭绕，布叶渐蒙笼。
日观祥光合，天门瑞气通。
无心已出岫，有势欲凌风。

倘遣成膏泽，从兹遍大空。

薛涛想起了他，心思一动，便将今日之游尽数写在诗中，寄予友人，盼他能够收到。想罢，她又写了一首《斛石山书事》并在一处，归家后便托人寄出：

王家山水画图中，意思都卢粉墨容。
今日忽登虚境望，步摇冠翠一千峰。

讲一个传说有许多种方式，有的是写入青史，供后人粉墨瞻仰；有的是成诗赋歌，一代代传唱不绝；有的是提笔成画，泼墨间百年岁月如在眼前。

李白登高一句"飞流直下三千尺，疑是银河落九天"为庐山瀑布打下了永久的烙印，崔颢留下"昔人已乘黄鹤去，此地空余黄鹤楼"的故事，将黄鹤楼上的千载白云，缭绕出寂寂仙气与淡淡哀愁。

古时的人们出行并不方便，那些遥远的山水，往往只能在诗书图画里得以窥见，透过字句与笔墨去幻想它们的样子。即使是这样，对那时的人来说，也已十分满足。

薛涛在幼年时期便爱上书画，那些名山大川与它们的千古绝唱，早在一个个对书冥想的午后深深地刻在了她的心里，无奈身为闺中女儿，并不得许多机会外出，便大多数只能在心里畅想。

一页页翻过那雄浑的诗篇，她不禁想象着，"黄河之水天上来，奔流到海不复回"究竟是怎样一幅画面？万里高风，赤日苍穹，忽有一把利斧将天地劈开，于是日下天中，一道骇人裂缝乍然开裂，滚滚黄河从中喷泻而出，泥沙俱下，天地变色，是这样的吗？那么，黄河奔流时卷起的浪有多高？河岸上的沙子有怎样的触感？此去东海，中间流经了多少路程？

有太多的畅想与好奇，在这些诗句图画之中。也许其中的大多数，穷尽薛涛一生都难以得见，但是它们留存在诗画中的美好已让她回味无穷。

王宰是蜀中极负盛名的画家，擅画山水树石。《太平广记》载："尝于席夔厅见（王宰）图一障。临江双松一柏，古藤萦绕。上盘半空，下著水面。千枝万叶，交查屈曲，分布不杂。或枯或茂，或垂或直。叶叠千重，枝分四面。精人所难，凡目莫辨。又于兴善寺见画四时屏风，若移造化。风候云物，八节四时，于一座之内，妙之至也。"诗圣杜甫亦戏歌以赋其作画之精：

十日画一水，五日画一石。

能事不受相促迫，王宰始肯留真迹。

令薛涛见之难忘的王宰笔下的山水，画的是成都以北的斛石山。斛石山是一座形状奇特的山丘，两座山峰由南到北遥遥相顾，形似凤凰展翅，因此后来又被称为凤凰山。这座名山在地理上离薛涛并不远，她却一直没有去过，乍看到画作，不免心中有些黯然。

然而，画作的精致细腻、气象万千，很快吸引了她的注意。两座茂密的山峰构成了凤凰的头尾，其间山势盘桓曲折、尽态极妍，那灵活的线条，似是马上要飞起来。山中一树一石，皆用笔精到，曲则曲、直则直、枯则枯、荣则荣，没有一处不是它们应有的样子，全都灵活自然。

这幅画令薛涛不由得叹服，她也深深记住了画中美景。

斛石山，不远。

这一次，不同于其他印刻在脑海中的山水画卷，永远只能靠想象到达，几年以后，薛涛真的来到了斛石山，亲自登上了这座记忆中粉墨砌成的山峰。

斛石山上有一座至真观，相传蜀人张伯子曾在这里飞升成仙，使得这座名山成了道教的圣地。承载着这样的传说，山间的霭霭云雾，将山林装点成了仙气缭绕的虚境。

为了拜访至真观，薛涛第一次来到了斛石山，而当做出这个决定的时候，这个名字立即让她想到了曾经在韦皋处看到的那幅画。也不是对此中情景没有心理准备，到了山中，仍然会有惊讶之感从心头升起。眼前的景色似是画中景，却比画中景还要震撼和美丽。

拜访过画中楼阁，穿越过水墨森林，薛涛去到了斛石山山顶。

不知该怎样形容此刻的心情，层层叠叠的山峰交错于眼前，碧色连天，山花烂漫，她仿佛看到一千名盛妆女子笑盈盈地向她走过来，她们都有着秋水一样的眉眼、柳枝一样的腰身，华丽的发髻上插着美丽的步摇与翠冠，在晴空下闪着光。

一瞬间，有一个句子冲击着她的脑海——只有真正站在那里，才能看到至美的风光。

再绮丽的诗文，再天才的画家，能还原出的自然之态、意境之趣的，不过万分之一。

山水如是，人生如是。

走千山万水，历世间百态，无论何事都需躬行。在那珠翠缠绕的山顶上，薛涛这样想着。

薛涛的信笺终于寄出，几十年来，从浣花溪畔而出的信件多如牛毛，她收到的却并不多。或许，朋友的家人收到了远方寄来的诗句，可故人已永远闭上了眼睛。思念从世界的每一隅潺潺流出，却不是每一滴相思都能汇入消息之流，它们中的许多，都蒸腾挥发在无名的角落了。

二

故人离去，知交几已零落。薛涛的心中，几多萧疏之意，恐是少不更事的稚子所不能测度的吧。褪去红裳，薛涛已不再是曾经的乐籍艺人，也不是诗坛女校书了，她选择了道袍作为人生最后的妆点。

世事冷暖皆尝尽，人间苦乐在心头。薛涛转身，已然是乡野的一个处士了。似乎在人间已不再有奢求，唯愿在紫阳宫中，长侍三清，随侍瓶钵了。

说起她晚年的转变，不可不谓之必然。薛涛少时即有出尘之意，志兴放达，品格清峻，与歌舞场中虽颇多唱和，却处处透着些许无奈。

少时咏蝉，即谓之曰："露涤音清远。"一如虞世南同名之作——"垂綾饮清露，流响出疏桐。居高声自远，非是藉秋风。"人格傲然屹立于世间，绝不乘风直上，绝不随波逐流，唯有心中一片高洁之境。迎送酬唱间亦迥然出尘，"凄凉逝水颓波远，唯有碑泉咽不流"。既是摩诃池中的梵音仙舟，更是远接碧落的意气清远。

终于她选择了离群索居，在寂寞中夜挑青灯，经卷相伴，以寂寞的姿态默然地退避喧闹的尘世。

紫阳宫里赐红绡，仙雾朦胧隔海遥。
霜兔毵寒冰茧净，嫦娥笑指织星桥。

——《试新服裁制初成》其一

新衣裁成，褪去鲜艳的妆点，薛涛试了试素雅的道袍，微微一笑，开始了青衣素裳的清淡生涯，但是她的才情未曾谢落，随口一吟，便是佳句天成——"紫阳宫里赐红绡，仙雾朦胧隔海遥。"素雅的生活没有掩住她对尘世的眷恋，也没能抚平她对游仙的疑窦。

青衫裁成，可是面对满园春色，薛涛心中压抑不住对曾经歌舞场中繁华的思念，更不能将对韦皋的知遇之恩、元稹的爱恋之情忘怀，以为是天上的紫阳真君见怜，赐下红绡一匹，让自己在万物得时的初春里纵情赏玩，她不禁产生了许多出格的遐想。

为了这样放肆的想法，薛涛不禁对蓬莱瑶池心生疑问，这些遥遥茫然的仙境却在哪里？真可寻得？她虽身着青衣，却在红尘与求道间摇摆不定。

我们去探寻她的心里轨迹并不难，她的诗句早已将心中所有的秘密抖搂出来——"霜兔毵寒冰茧净，嫦娥笑指织星桥。"她以广寒宫中的素娥为譬喻，哀叹自己飘零无助的身世，心中一片萧索，可是她没有放弃对往日鹣鲽情深的追忆，那"织星桥"上站立着一位怎样俊俏的情郎呢？

宋代词人秦观的《鹊桥仙》传唱不衰：柔情似水，佳期如梦。薛涛的心间，何尝没有这么一位"佳期如梦"的知音,可叹如今的女处士,却将入骨不露的相思深埋心底,花容月貌不再为谁妍。霜兔的寒毳、冰蚕的玉茧似乎都洁白而寒凉,是它们陪伴着她走完人生最后的平淡,回首顾盼,处处繁华留芳,这些却往何处去了呢?未来又该如何呢?

带着这些疑问,薛涛心中有着许多犹疑,这一切都被新裁的青衣紧紧地拥裹,一切都被无声地掩盖……她以两难的姿态奔向紫阳宫中,奔向烟涛微茫的仙境蓬莱,因为除此之外,似乎再无别的选择,年华与美貌不再,爱情与知音零落,她在经历了几番起伏后终于走进了命运逼仄的小道里,正是自己幼年所向往的飘零自由,只不过在今天,多了几分无奈与眷念。

> 九气分为九色霞,五灵仙驭五云车。
>
> 春风因过东君舍,偷样人间染百花。
>
> ——《试新服裁制初成》其二

新服裁成,薛涛见到这素雅的衣冠,深知昨日已不可挽留,未来尚需自己独自面对,浣花溪的流水冲散了种种妄想与哀愁,她决心开始新的生活。

"九气分为九色霞,五灵仙驭五云车。"薛涛穿上新的衣裳,大胆地想象着它们的来处——那时天上九气幻作九色云霞,布满天际,麟凤龟龙虎五神兽驾驭着五云神车。这既是薛涛对新裁成的衣裳的想象,也是对游仙生活的遐想。

唐代文坛本就盛行"青年游侠,中年游宦,老年游仙"的风气,薛涛虽一代女流,却不让须眉男儿,人生竟亦雄壮过人:幼年时飘零蜀中,年方二八便入乐籍,后又在二十岁时流落边塞,回成都后退居浣花溪畔,往来酬唱者甚众,得"女校书"之美誉,经历了一番爱恨、相思、聚散、离别,她以一袭道袍了此余生,既是受当时文坛风气的影响,也是一位饱经沧桑的出尘女子必然的选择。

薛涛向道,却不是传统的晏晦清斋,她的道,绚烂如九色云霞,如五灵仙车,充满了对世俗美景的追逐与眷恋。

当时，李唐皇室崇尚道教，时人鱼贯入于道观，然当时许多道士、女尼并非潜心修行，道观、寺庙甚至成为躲避世俗之所。薛涛却不是以宗教作为遁世的手段，她的心中有对神仙洞府、蓬莱遨游的追求，她依旧眷恋红尘，故而她的诗中，将瑰丽的来世遐思与激情的世俗情感结合在一起，化身为一个调皮潇洒的仙童——"春风因过东君舍，偷样人间染百花。"

显然，薛涛向往的道不是清逸出尘的，而是将人间游历赏玩、酬唱往来神格化了。她直以为春风度过东君的府邸，偷来繁华斑驳的春色，汇聚百花的灵秀，制成了身上的青衣，或许正应了那句"绚烂之极归于平淡"。然此时薛涛心中仍旧沟壑纵横，她并不能潜心于青灯黄卷，只为寻得更加繁盛的归处，能够再度开始一番黄金年华。

在这种矛盾的心境中，薛涛放下了对过去的追忆，她将目光投向未来，一面屏退纷扰虔诚事道，一面希望这段生涯能够给年老的自己带来承诺与慰藉。

> 长裙本是上清仪，曾逐群仙把玉芝。
> 每到官中歌舞会，折腰齐唱步虚词。
>
> ——《试新服裁制初成》其三

长裙为春日裁成的新服，薛涛竟为之赋诗三首，她好久都没有这样激动了。此时，女诗人已下定决心转变自己的生命，不断劝诫自己，摆脱纠结和挣扎。

新服裁成前后，大和年间，薛涛由浣花溪畔的锦浦里迁入城内西北隅的碧鸡坊内，并在此建了一座吟诗楼，栖息在吟诗楼内，吟诗写字。碧鸡坊在虽不在闹市中央，却也十分繁华，正如《梁益记》所载："成都之坊，百有二十，第四曰碧鸡坊。"晚唐裴廷裕有诗曰："高卷绛纱扬氏宅，半垂红袖薛涛窗。"大概薛涛之吟诗楼就位于城内西北角落的子云亭旁，与千年以前的鸿儒扬雄为邻。就连近代词学家吴梅也在《读朱素臣》诗中神游碧鸡坊："记取玉箫来世约，虎山山下碧鸡坊。"足见此地声名之盛。薛涛眼见着一幕幕繁盛景象，心中可是更加寂寞了？她的清净生活如何依傍？

薛涛迁入碧鸡坊的原因虽已成谜，但今人却不得不惊叹她的幸运，就在大和三年（公元 829 年），南诏突袭成都，虽然边将御敌得力，成都大城未破，但是南诏军大掠西南郊的人畜数万，如果不是薛涛早已迁入城内西北隅，恐怕也难幸免于难。

薛涛迟暮之年，思乡之情愈切，是对乡土的眷恋让她选择了这里吧？惆怅之余，她又想起久违的长安，那里物阜民丰，车水马龙，年迈的薛涛无力回到长安追寻故园，更何况，即使到了长安，又安能找到故居？薛涛唯有在此地建一座小楼，权把熟悉的川渝口音当作不再熟稔的乡音，寻找些许的安慰。

南宋之时，范成大、陆游皆客居成都，于碧鸡坊多有吟咏，却只字不提吟诗楼，想必那时小楼已不存于世，但他们都不约而同地提到碧鸡坊的海棠之艳，如陆游《病中久止酒有怀成都海棠之盛》诗："碧鸡坊里海棠时，弥月兼旬醉不知。"《清波别志》谈及巴蜀之花时，也特意提及"海棠富艳，江浙则无之。成都燕王宫、碧鸡坊尤名奇特"。

海棠殊为艳丽，为历来文人墨客之所好，民国才女张爱玲酷喜海棠，然其人生有三大恨：一恨鲫鱼多刺，二恨海棠花无香，三恨红楼梦未完。这倾倒众生的海棠，却非蜀中自有，据传闻，剑南西川节度使李德裕到任之时，从洛阳平泉山庄带来嘉木，赠予薛涛，在她的精心培植下，蜀地方才有了海棠。

碧鸡坊的海棠花，自薛涛在此种植，锦官城内始有此花。海棠之艳，与当年流落蜀中之时已然不同，褪去了张扬与好奇，多了几分恬淡与通透，薛涛此时"大隐隐于市"，目睹繁华的街道，依然与友人们往来，全然不觉时光飞逝，也不顾自己的容颜已然苍老，她就这样无所事事地在这里度过了人生最后的几年。

第七节 ／ 风涛滚滚流不尽

风流一朝殁，诗名万古存。薛涛死了，大唐最美的孔雀死了。

她的一生似乎都在遭受命运的戏弄，然而她的一生时刻都在做着与命运的搏斗。

这样的薛涛是令人怜惜的，这样的薛涛也是令人敬佩的。

容颜已逝，只剩下哀伤的诗行还在倾吐着昨日的旧梦。

江水清清，浣花溪如今流淌着谁的叹息？

可怜孔雀初得时，美人为尔别开池。

池边凤凰作伴侣，羌声鹦鹉无言语。

雕笼玉架嫌不栖，夜夜思归向南舞。

如今憔悴人见恶，万里更求新孔雀。

热眠雨水饥拾虫，翠尾盘泥金彩落。

多时人养不解飞，海山风黑何处归。

这首排律是诗人王建为历任剑南西川节度使所饲养的孔雀所题，亦是为蜀中女校书薛涛所题。

大和五年（公元831年），韦令公生前豢养的孔雀在凄寒的秋夜最后一次敛起了羽翼，诗坛才俊皆赋诗哀叹。不出几个月，一代诗坛"孔雀"——"芙蓉空老蜀江花"的薛涛竟走完了绚丽的一生。那个夏天，浣花溪的荷花还没有凋谢，碧鸡坊里海棠鲜艳照人，可薛涛却将一生的漂泊、将满心的爱恋与相思、将清净的冥想与热烈的情感一齐带走了，她永远地离开了这个世界。

她是诗人的情人，是诗歌的女儿，她的一生写下了五百余首诗作，将一切的爱恨留给后人品咂。上穷碧落，下至黄泉，世间再无薛校书。

当时的节度使李德裕唏嘘不已，为之作《伤孔雀及薛涛》诗一首，可惜诗已不存，当时的苏州刺史刘禹锡则为之唱和，写下了《和西川李尚书伤孔雀及薛涛之什》：

> 玉儿已逐金镮葬，翠羽先随秋草萎。唯见芙蓉含晓露，数行红泪滴清池。
> 按：后魏元树，南阳王禧之子。南阳到建业，数年后北归。爱姬朱玉儿脱金指镮为赠，树至魏，却以指钗寄玉儿，示有还意。

这首诗首句即以朱玉儿之典故喻指薛涛的逝世，次句则感伤孔雀翠羽早凋。薛涛去世之时，芙蓉尚含晓露，如红泪滴落，哀悼这位诗坛女杰。

武元衡曾为这只孔雀深情赋诗《四川使宅有韦令公时孔雀存焉暇日与诸公同玩座中兼故府宾妓兴嗟久之因赋此诗用广其意》：

> 荀令昔居此，故巢留越禽。动摇金翠尾，飞舞碧梧阴。
> 上客彻瑶瑟，美人伤蕙心。会因南国使，得放海云深。

"美人伤蕙心"就是对薛涛当时情状的描写，韦皋是张延赏之乘龙快婿，镇蜀二十一年，到了晚年才有纳歌伎玉箫之事，早期除了薛涛出入幕府，又何来别的所谓美人者？孔雀已矣，薛涛毕竟不能释怀，在她的心目中，这既是自己才华的象征，也是韦皋与自己多年来情感的象征，非是寥寥几句诗句所能遣怀，而薛涛此时也必有唱和，可惜今已不传。

与之唱和者，尚有白居易、韩愈等人，可是他们的诗句中只提到了孔雀，未及薛涛，而诗人王建与武元衡关系密切，知其句中之旨，遂作了这首七言古诗《伤韦令孔雀词》。

"美人为尔别开池"便是指薛涛建议韦皋为孔雀建造栖息的小池一事。而这首诗中处处是对孔雀的哀悼，也是对薛涛的劝慰，元稹曾赋诗"言语巧偷鹦鹉舌，文章分得凤凰毛"来盛赞薛涛，此时，王建也以相同的意象来描述她的心境——"池边凤凰作伴侣，羌声鹦鹉无言语。"

从王建之乐府诗中看来，孔雀虽为人所饲养，但其生活艰辛，不能飞翔，却张翅欲飞，求得自由，最终只能在池塘中舔舐着自己的羽毛，聊以慰藉。这正是薛涛一生的写照，雅致已极，寂寞亦极。

薛涛死后，她的遗骨被朋友埋葬在成都附近。大和七年（公元833年），宦游二十载的段文昌再至成都，亲自为薛涛撰写了墓志铭，可惜墓志铭与薛涛墓皆已不存。晚唐郑谷曾游薛涛墓，赋《蜀中》：

> 渚远江清碧簟纹，小桃花绕薛涛坟。
> 朱桥直指金门路，粉堞高连玉垒云。
> 窗下斫琴翘凤足，波中濯锦散鸥群。
> 子规夜夜啼巴蜀，不并吴乡楚国闻。

此诗首联即已点到：薛涛坟在锦江之滨。明代时，薛涛墓址仍有颇多谜团，各种传说浪漫而吊诡，如明代《漱石闲谈》曾记载："成都有耕者，得薛涛墓，棺悬石室中，四维环以彩笺，无虑数万，颜色鲜好，触风散若尘雾。"但《香祖笔记》谈及此说，只道"皆理之不可信者，殆好事者为之耳"。然薛涛墓成谜，乃是后代文人骚客的一大憾事，明代诗人徐𤏡就欲前往凭吊不得，惆怅赋诗曰：

玉垒山高锦水流，黄泉何处觅青楼。
坟头种得桃千树，花落花开怨未休。

云笺彷佛见罗裙，缥缈歌声去不闻。
千树桃花零落尽，不知何处吊孤坟。

所幸的是，薛涛尚有画像传世，徐熥得以凭此寄托幽思，与几百年前的奇女子神交畅游：

濯锦江边一丽人，千秋传得镜中身。
自惭不及高千里，未识花容真未真。
——《题幼孺所藏薛涛小像》其一

半幅丹青异代情，谁人题作校书名。
写生不用桃花纸，两颊芙蓉晕自生。
——《题幼孺所藏薛涛小像》其二

近代的沈轶刘也曾得见薛涛像之拓本，才情涌动，填词《暗香疏影·孙雄白寄武照、薛涛像拓本》一首：

金轮曾斲。化二分孤艳，浣花溪角。狐媚难消，待写秘辛余控鹤。独念枇杷万里，寻故事、仙罗凡郭。问费却几辈工夫，千载竟谁觉。

差异昔年韦李，空山对石友，胜情闲托。谱绎无双，碑拓斜阳，好仗孙郎摹索。手招凉雨乘云上。怕夕贬天香归洛。借松笺、皇泽催诗，蜀客雪鸿能拓。

如今的成都东郊，望江楼公园东侧、锦江之滨、四川大学校园之内，有一座当代所立的薛涛新墓与新碑，以供后人凭吊，碑文正面书三行大字：

公元一九九四年十月立

唐女校书薛洪度墓

薛涛研究会立

碑阴文字为由四川省薛涛研究会副会长刘天文所撰。

"薛涛，字洪度，约生于唐大历五年，卒于唐文宗大和六年，殁后，时段文昌以西川节度使再镇成都，曾为其撰墓志。唐时涛墓今不存，在成都何处亦无考。晚唐郑谷《蜀中》诗云：渚远江清碧簟纹，小桃花绕薛涛坟。朱桥直指金门路，粉堞高连玉垒云。窗下断琴翘凤足，波中濯锦散鸥群。子规夜夜啼巴蜀，不并吴乡楚国。闻有学者认为诗中'朱桥直指金门路'之'金门'即唐时成都西郭金闾门，谓涛墓在城西碧鸡坊近处；另有学者认为，成都附郭河流，惟九眼桥以东一段始称锦江，郑诗有'波中濯锦'句，谓涛墓在锦江之滨，今望江楼附近。两说孰是，仍当以日后有墓葬出土为断。今望江楼之薛涛墓，明万历时已存在。新旧《华阳县志》记涛墓在县东五里处；万历初，夔州通判何宇度《益部谈资》所记，'涛墓在江干，题碑唐女校书薛洪度墓'即指此墓。至清代时，此墓已成旷壤，墓址几不可辨，光绪九年浙西沈寿榕等重加修葺，镌石立碑。近至十年浩劫后，涛墓又荡然无存，今园中游人每访涛墓不得，多怅惘不已。故薛涛研究会仿明时旧貌，重新修建薛涛墓于此，既可慰诗魂于地下，亦可发思古之幽情，诚一盛事也！一九九四年十月记。"

在薛涛墓的后面，乃是四川大学法学研究所所长周应德所撰写的《薛涛墓表》。

薛涛墓表

四川大学周应德撰并书

薛涛字洪度，出生秦陇而长寓蜀川，孤零一世而名垂千载。彩画横溢，志洁心高。盖古代闺中之翘楚，而诗坛之异彩也。涛赋诗五十年，成诗五百首。虽经散佚，犹得"洪度集"七十余首传世。涛诗之绮丽澄莹、与浑朴雄健，兼而有之。无轻薄浮靡之词。古人称涛诗"奇情缥缈，绮思凌云，或高而朴，或古而静，其讬意深远，非寻常裙屐所及"。涛生平爱竹及菊，又尝种苍蒲，岂竹之劲节、菊之超逸、而蒲之苍健有以贰之欤！涛出入西川幕府历十一镇，晚年屏居浣花溪。文宗时登幕府筹边楼，作爱国豪壮之吟。越明年，涛卒。时公元八三二年也。涛墓，原在蜀都治东四里许黄安坝，今四川大学境内。清光绪间重修。年久荒圮。一九九四年别建新冢于园之南隅，今北迁至此。墓旁修竹万竿，清闲静雅，幽荫满园，曲径萦廻，亭阁掩映。可憩可弈，可饮可宴，可留晋贤之醉，可伴舜妃之悲；或凝思而沉吟，或翩跹而起舞，将挥拳而击剑，莎荡楫而长歌，栖迟偃仰，意兴纵横人生逸韵，到此极矣。八六年小平邓公莅园，盛赞薛涛为唐代著名女诗人。涛诗名溢中外，情系古今。念天地之悠悠，有所谓永垂而不朽者，诗人薛涛，庶几足以当之！翠竹青冢，日落黄昏，眄碧落之旷渺，荐窀穸之谧宁。诗魂有知，尚其来格！

四川大学谢蓉助资勒石

公元两千零三年秋望江楼公园建

在薛涛墓的附近，便是读竹苑，薛涛之像伫立其间，神色甚为逼真，令今人可以一览女校书之风采，而石像之侧，正是《薛涛像赞》。

唐诗人薛涛，字洪度。原籍长安。大历中随父郎宦游入蜀，恸少小失怙，由是而孤零偃蹇、凄清自持，绘制彩笺，以为生计。涛生平爱竹，有林下风致。慧颖工诗，与当代名家元稹、白居易、刘禹锡杜牧、王建及西川节度使韦皋，至李德裕诸重臣相友善。皆以文受知。每多唱和之作。着诗五百首，汇为《锦江集》，已佚，今存《洪度集》八十余首传世。书法亦工，笔力峻激，无女子气。世称扫眉才子，载誉百世不衰。甲子之夏园中临池造像，庄娴静雅，修竹掩映。饰唐装素裹，薄罗轻裾。持卷负手，作凝思行吟之状。翩然中唐诗家而名园丽影也。古以宓妃为洛水之神，洪度其锦水之神欤！

西川校书，瑰异不群。

辩慧工诗，落落含情。

文思俊逸，语无雌声。

颂苍苍之劲节，登筹边而行吟。

诚贪羌族焉，怒斥巫山云。

壮压十州，惊天地之荒荒；

月照千门，戎马系闺心。

雨晴眉山，高楼掩映双旌远；

秦关骑杳，伤弦绝而悼知音。

夜立清江，叹人间之愁寂；

浣花溪畔，吟诗楼头，

道服仙冠，步余生而闭门。

涛兮涛兮，

蜀都冷艳，锦水诗魂！

四川大学周应德撰并书

捐资建碑：戴光耀

公元一九九八年戊寅冬镌建

此文不过四百字，却道尽薛涛一生，可谓薛涛之万古知音。斯人已矣，薛涛传奇的一生却仍在被后人所评说。不仅仅是吊诡的薛涛墓风波，薛涛笺、薛涛字、薛涛酒、薛涛井都为她的人格增添了许多动人之处。

第五辑 白居易

道不尽红尘舍恋，咏不完人间诗情

第一节 ╱ 十年游学恍如梦

看着残忍激烈的战争，回想曾经的生活。

少年的心中涌动着一种难以名状的辛酸，正是这种悲伤，在他心中重新燃起了希望。

他希望自己能够像青草一样，为百姓、为国家，带来一片新绿。

茫茫草原，秋风瑟瑟。小草摇晃着身躯，带着欢乐与忧伤，披上枯黄色的外衣。春夏秋冬、阴晴圆缺，一切都是轮回，都是大自然的杰作。没有永恒的生命，只有看不到尽头的时间。随风而去的种子，不知将洒向何处，在何处生根发芽，又在何时归去。

此时，一个十六岁的少年，饱读诗书，胸怀天下。寒窗苦读数十载，只是为一朝可以走上仕途，为朝廷效力，成为百姓爱戴的好官员。光耀门楣、名垂青史，那将是何等的辉煌与荣耀。肩负着这样的责任和使命，他不断地鞭策自己，希望能够实现自己的抱负，报答家人的殷殷期盼。

因此，当离别的思愁与梦想交缠在一起，他便挥笔写下了传颂千古的诗篇。

离离原上草，一岁一枯荣。野火烧不尽，春风吹又生。

远芳侵古道，晴翠接荒城。又送王孙去，萋萋满别情。

——《赋得古原草送别》

熊熊的火舌旋转着刚劲的舞步，踏上这已经枯槁的草原，这是摧毁万物的力量，这是一种没有生命气息的凄凉。

寒冬冰封了整个世界，没有人知道厚厚的白雪下面沉睡的是什么。那是希望的种子，等待召唤的生命。一丝丝春风轻柔地抚摸着大地的身躯，这柔软的情、温暖的爱，唤醒了大地沉睡的记忆和蕴藏的生命力。

不同的视角，亦是不一样的生命，开始意味着结束，结束预示着新的开始。弯弯曲曲的古道两旁长满了青青的小草，互相依偎着，像团结奋进的战士。远处的城池显得那么沧桑、荒芜。这是一种苍凉的美好，寂寥的忧伤，就像诗人此时的情绪。

离愁别绪汹涌在心头，一次次的团聚，一次次的别离，让他尝尽离愁滋味。可男儿志在四方、心怀国家，其天生的使命就是报效朝廷、光宗耀祖。

只是，男儿也有柔肠，遥望远方的苍穹，视线渐渐变得模糊。送君千里终须一别，还是不忍离去，一直远远地眺望，心里开始默默计算再次团圆的日子。路边的草儿开始随风摇曳，变得格外壮观，他们像是读懂了人类的眷恋和无奈，希望着今日离别的人儿能够早日团聚。

在这个青涩又热血沸腾的年纪，他有着搏击长空、名垂青史的豪情壮志。治国、安邦、平天下，金戈铁马驰骋沙场的豪迈，保家卫国的壮志，才是男儿本色。

看着残忍激烈的战争，回想曾经的生活。少年的心中涌动着一种难以名状的辛酸。而正是这种悲伤，在他心中重新燃起了希望。他希望自己能够像青草一样，为百姓、为国家，带来一片新绿。

这个少年就是白居易。

（二）

白居易出生于官宦世家，祖辈都在为朝廷效力，一心为君主分忧，为百姓造福。他深受祖辈影响，一生忧国忧民。看到百姓处在动荡的年代，饱受战乱的摧残与折磨，这也使他更渴望国泰民安，百姓安居乐业。

白氏的祖籍在山西太原。秦朝时，他的先人白起，受奸人所害含冤而死。当一切水落石出后，秦始皇觉得对其有愧，便赐太原于其子白仲。至此，白氏便与太原这片土地结缘。

后来白家为了躲避战祸，举家搬到了河南郑州的新郑，白居易的童年就在这个地方度过。

那里有他的亲人，却常常很少见到父亲的身影。因为父亲在外做官，很少回家，所以教导兄弟几人的多是母亲。白居易也曾经回忆说："及别驾府君即世，诸子尚幼未京师学；夫人亲执诗书，昼夜教导，循循善诱，未尝以一呵一杖加之。十余年间，诸子皆以文学仕进，官至清近，实夫人慈训所致也。"

白居易和兄弟的教育是由母亲以及外祖母负责，母亲对他的期望非常高，所以向来都很严厉。从《三字经》到"四书五经"，从诗词歌赋到仕途学问，母亲没有让他错过任何有用的书籍和历练的机会。白居易与母亲之间的关系非常亲近，她不仅是给了他生命的人，还是教他知书明理的启蒙老师。

白居易三岁时，便跟随母亲学习写字。五岁时，白居易已经开始学习赋诗。那一年，白居易有了一个可爱的弟弟——白行简。就这样，兄弟俩在母亲的呵护下，快乐地成长起来。

虽然父亲并未过多地参与他童年的时光，但是白居易一直对父亲敬仰有加。

记忆里，父亲一直是一个威严的角色，他有些畏惧，但更多的是崇拜。后来，他没有迟疑、没有犹豫，毅然走上了仕途，并一生为此奋斗，就是因为在他心里，一直向往成为一个像自己父亲一样的好官。

白居易的祖父白鍠，"善属文，尤工五言诗"，是当时有名的文人。虽然官阶不高，但为官清廉，广受爱戴。

所以，长辈们的品格与血脉流淌在他的生命里，促使他走向人生的征途。白居易曾有过了一段美好的年少时光。然而，那些美妙的时光像风一样，转眼便被命运吹散。

大历八年（公元773年）五月三日，祖父病逝于长安，父亲白季庚辞官回家丁忧居丧。在那段时间白家人终于团圆。只是三年时间一晃而过，父亲服丧期满，被调至宋州司户参军，并于德宗建中元年（公元780年），授彭城（今江苏徐州）令。那时的白居易只有五岁，虽然不舍得父亲离开，却只能注视着他远去的背影。

父亲再度远行为官，守护大唐江山。只是长达八年之久的"安史之乱"使得这个曾经鼎盛的王朝已经开始颓败。各种势力不断交锋，而在战火之中，受伤的永远是百姓。

在经历战争洗礼后的百姓，惶惶不安，而此时，战火也波及新郑，那个白居易曾经留下过无数欢声记忆的地方。

为保家人安全，父亲便将一家亲眷带到了自己的辖区符离。

那一年，白居易十一岁，战争让他早慧，更让他懂得了哀愁。当他离别曾经生长的小城时，不禁被清澈的泪花迷了眼。还好，父母、兄弟都在身边，对于身处战争岁月的人们，这已经算得上是一种奢侈的幸福了。美丽静雅的彭城，很快赢得了少年的青睐。

当时彭城虽然暂时逃离了战火，但是周围战势愈演愈烈，危险仍是一触即发。为保子嗣安全，白家人决定将孩子送到远离战火的城市。

此时的白居易只是一个十二岁的稚嫩少年，而他前方的路上，将开始写下漂泊与孤独。

白居易决心前去投靠时任溧水县令的叔父白季康以及任乌江主簿的十五兄，还有其他的一些在江南任职的白氏族人。

白氏族人在生活上给予了白居易很好的照顾，但是却难以抹去他的思乡之情。江南风景如诗如画，却难以掩盖他寂寥的心。十五岁那一年，四处走访亲友的白居易写下了这首《江南送北客因屏寄徐州兄弟书》：

故园望断意如何？楚水吴山万里余。

今日因君访兄弟，数行乡泪一封书。

随着时间的推移，白居易的学识也渐渐增长。离家岁月自然是家书抵万金，从一封家书中得知，家里又多了一个小弟弟，他很是欣喜，并无数次地在心中勾勒着弟弟的模样，却总由此勾出心底的千行思念。

十六岁的翩跹少年，乘着命运的风，怀揣着理想与希望，来到了唐朝富丽繁华的国都——长安。他希望自己就像那漫山遍野的小草一样，能够抗住严寒的摧残、烈火的焚烧，最后成为绿莹莹的一片天地，没有人可以小觑。

那张还有些稚嫩的脸，望着远方未知的道路，他的心中充满希望，那是一种年少气盛的畅想，还有对未知世界的好奇以及恐惧。一个年轻的生命总是承载着太多的单纯和热情，想象着以后能够成就的伟大事业，能够成为名垂青史的人物。

苍茫的大地上，还有轻柔的风、温暖的阳光、晶莹的露珠一直陪伴着小草成长。当冬天来临时，冰冷刺骨的空气席卷了一切绿色与温柔，大地一改以往的仁慈和博大，变得坚硬、寒冷。草儿在恶劣的环境下却变得更加坚强，铸就了强韧的个性和不屈不挠的精神。

白居易要像草儿一样坚强，一样经得起失败与折磨，承受得了寒冷的考验，成为父母亲的骄傲，成为一个顶天立地的男人，成为为国为民的好官，这就是他此刻最大的愿望，心中最深沉的呐喊。

三

初到长安时，他内心激荡。天子脚下，皇城名都，这个城市是为官之人都想要到达的地方。新奇和兴奋的心情让他神采奕奕，他想在这个城市站稳脚跟，功成名就报答父母多年的栽培。

他首先要做的就是拜师，成为一个知名人士的弟子，这是他崭露头角的一种方式。

顾况是当朝宰相李泌的挚友，在文学界也有较高的声望，而他就是白居易第一个要拜见的人物。然而，当时的白居易只是一个初出茅庐的少年，很难引起重视。当顾况听到来者名曰"白居易"时，便戏谑道，"长安米贵，居大不易。"

白居易是个聪慧的少年，他听出了这话其中戏谑之意，却不卑不亢地说："大人说的是。不过，我这次来长安并无久居之意，只是为了向大人献上拙诗，敬请大人不吝赐教。"

与此同时将自己所作诗文呈给顾况。顾况看到了那首《赋得古原草送别》，读罢，又重新审视了少年一番，眼眸中暗暗有了赞赏之色，改口曰："有才如此，居亦易矣！"

顾况说："白公子有如此高的诗才，写出这样的诗句，不要说久居长安，就是久居天下又有何难！老夫刚才的话不过是句玩笑话，请白公子不要介意。"

顾况对白居易赞赏有加，是对他莫大的鼓励。顾况身边的朋友也开始知道这个年轻人，大家都认为，白居易的才华横溢，以后前途不可限量。

顾况的赞许，增添了白居易的信心，他期待着在长安城里写下浓墨重彩的一笔。

昼夜轮换之下的长安城，自顾自地演绎着繁华故事。白居易将他眼见的故事，一一收藏到了笔墨里。

> 轩车歌吹喧都邑，中有一人向隅立。
> 夜深明月卷帘愁，日暮青山望乡泣。
> 风吹新绿草芽坼，雨洒轻黄柳条湿。
> 此生知负少年春，不展愁眉欲三十。
>
> ——《长安早春旅怀》

长安城里，车水马龙，人潮涌动，有着令人炫目的繁华。每一天都热闹非凡。集市上人们都忙着做生意，有说有笑地谈论着价钱，富人坐着轿子在人流中穿梭，偶尔还有壮士骑着骏马飞驰而过，到处都洋溢着欢乐的气氛。

白居易独自走在这人来人往的大街上，偶尔停下来看看，却有一种身处闹市的孤独，因为一切的热闹都与自己无关，他仿佛是个局外人，也正因如此，他才能细致地欣赏这无边的美景。

风儿轻轻地吹动着小树，嫩绿色的枝条上开始慢慢冒出新芽，准备着长出新的枝和叶。春雨贵如油，细细的雨，轻轻落下，将柳条及道路浸湿。水珠顺着树梢和柳条一直滴落下来。这是春天特有的美景，暖暖的、淡淡的，却让人心情愉快。

经过一个白天的喧闹，长安城开始进入梦乡，所有小店早已打烊，只有打更的老人敲着铜锣，走过大街小巷。夜晚的长安城显得尤为安静，好像一个熟睡的孩子。白居易打开竹帘让月光照进屋子，看着对面的窗户早已经没了光亮，那家人应该已经进入了梦乡。然而，他却毫无睡意，看着那皎洁的月亮，心开始变得透亮。

夜深了，凉意渐浓，更加没有睡意，不知道他思念的人有没有就寝，思人梦中是否会有他的影子。出现在别人的梦里，抑或是住在别人的心里，那都是幸福的事情。

长安再繁华也不是故乡，暮色为长安染上了寂寥的黑色，也晕染了白居易思乡的心。就这样，他在日复一日的繁华与思念中，度过了许多光阴。

时光匆匆而过，转眼白居易已是弱冠之年，他的人生刚刚开始熠熠生辉，却遭遇了坎坷。疾病的肆虐，几乎要夺去他的性命。让正值韶华的他，不得不卧倒在床榻！而这样的时刻，只有家书可以慰藉他失落的心灵。而此时的白家经济开始拮据，父母的生活也十分艰难，但是，父亲还是告诫他要在长安好好发展，家中的一切都不要担忧。

但白居易的心中依然焦虑，一个身强力壮的男儿，却还是要家中供养生活，在长安许久，依然没有实质性的收获。这让白居易真正地体会到了"居大不易"。还好，不久，给白居易的生活有了转机。

德宗贞元四年（公元 788 年），朝廷便将白居易的父亲白季庚派遣至江南大理改除少卿兼衢州别驾。白居易刚从长安回到越中，便收到家书得到父亲即将南下的消息。父子一别六年，心中千言万语难以诉说得尽。

为了让父亲看到自己的成长，白居易在见到父亲后，拿出了自己的所作《相和歌辞·王昭君二首》给父亲看。

其一
满面胡沙满鬓风，眉销残黛脸销红。
愁苦辛勤憔悴尽，如今却似画图中。

其二
汉使却回凭寄语，黄金何日赎蛾眉？
君王若问妾颜色，莫道不知宫里时。

这两首诗词，像两幅流动的画，将昭君出塞的情景浓缩在字里行间。

诗中，王昭君明白自己的处境，美貌既是她的荣耀又是她的灾难，因为容颜易老，没有人可以永葆青春，那时候她更没有回家的希望，所以，她告诉使节不要告诉汉宫中的人她已经不再那么貌美如花，而已经是一个历经沧桑的妇人。从她的心理活动也可以感受到她的恐惧，以及统治者的无情。

她的一生受尽了苦难，一个绝色的女子，一个洗尽铅华依然动人心弦的女子，她的人生却没有如她的容颜般美好。但她的美丽成就了一段佳话，她的苦难让世世代代将她铭记。

白居易的父亲见了诗文，颇为赞赏和欣慰，儿子的才学，从诗中可见一斑。他更知道，经过这六年岁月，白居易已经成长为一个有思想、有抱负的青年了。

父亲任衢州别驾的日子，虽说父子不能常伴，但是父亲就在身边，白居易心中有了许多慰藉。于是，他又开始了一边漫游一边学习的日子。

德宗贞元七年（公元791年）初春，他刚刚结束一段游学旅程回到父亲身边。十年，恍如一梦，个中滋味，也唯有他自己懂得了。恰逢父亲在衢州任别驾的时间已满，父子二人便借此时机，一同北上，回到那阔别已久的符离。

回到符离的家中，看着满面皱纹的母亲、乖巧可爱的弟弟，白居易的心中涌出了难以名状的酸楚和温暖。

十年漂泊，他尝尽了人生百味。如今的他已不是母亲膝下贪玩的孩童了，而是一个满怀壮志的青年。所以，在家中的那段时光，他依然没有放松，而是继续努力，刻苦学习。

后来在写《与元九书》时，白居易回忆起这段生活时说道："二十已来，昼课赋，夜课书，间又课诗，不遑寝息矣。以至于舌成疮，手肘成胝，既壮而肤革不丰盈，未老而齿发早衰白，瞥瞥然如飞蝇垂珠在眸子中也，动以万数，盖苦学力文所致，又自悲矣。"

有亲友为伴的日子，是幸福的，而幸福的时光，又总是过得飞快。

贞元八年（公元792年）二月，襄阳发生了军乱，白季庚被派去协理事务。于是，他再次南下，白居易只能再次同父亲挥手作别。

父亲的远行，似乎带走了家中的阳光。父亲离开的半年后，白居易最小的弟弟金刚奴就去世了。这让白居易第一次感受到了生死的沉重，而母亲的痛苦更是难以言说。幼子的夭折对白季庚而言也是沉重的打击，他已经老了，为祖国贡献了一生，唯今只想和一家人团圆。

于是，白居易与母亲和兄弟一同，投奔父亲，来到了历史名城——襄阳。一番周折的旅途后，他们被安顿在一处宁静的宅院，父亲为院落取名"东郭"，一家人便开始了宁静的生活。生活重新步入轨道，母亲的身体也渐渐硬朗起来。也许，风雨和阳光交替，这便是命运。

白居易开始一边刻苦读书，一遍寻访名迹，增长见识。此时岁月静好，却在两年后被一个噩耗打破。

贞元十年（公元 794 年）五月二十八日，白居易的父亲因病离世。家中的顶梁柱轰然坍塌，只留下孤苦无助的母子。再一次与至亲的生死永诀，让他们无力承受。

没有父亲的襄阳城，是孤独空旷的，曾经宁静的"东郭"小院，如今却成了这一家人不敢触碰的回忆。所以，白居易在为父亲料理过后事之后，便带着母亲回到了符离，这是他们的第二故乡。

途中，白居易满目悲凉，忧心忡忡。失去亲人的痛苦时刻刺激着他的神经。依唐朝礼仪规定，子丧父，需停止一切工作，守孝三年，行丁忧之礼。由此，白居易也开始了他苦涩的丁忧生活。

回到符离的日子虽然平静，却始终萦绕着挥之不去的哀伤，父亲的身影、父亲的教诲，常常浮现在他的脑际，那是美好而珍贵的回忆，亦是永久的伤痛。

孤寂时刻，白居易也会常常想念其他的朋友，然而曾经的好友都四散各处，张彻拜师韩愈门下，张复已去长安，刘五也不知云游何方。唯有自己，在这座宁静的小城里，独守寂寞。

这时，一个如水般柔美的女子，走入了他的视野，走进了他的生活。他们交谈、喝酒、作诗，别有一番滋味，她便成为他心头的那颗朱砂痣。

她是美丽的湘灵，从仲秋到暮秋，从日出到日落，短短几十个日日夜夜，便成了他们彼此人生中最灿烂的时光。

他写《寄湘灵》，写《冬至夜怀湘灵》，湘灵系列情诗，宛如袅袅情书，缠缠绵绵，飞至她的手边：

> 泪眼凌寒冻不流，每经高处即回头。
> 遥知别后西楼上，应凭栏干独自愁。
>
> ——《寄湘灵》

然而，情深不寿，奈何缘分浅薄，白居易的母亲强烈反对他与湘灵的亲事。一面是亲情，一面是爱情，白居易站在情感的天平上，左右为难，心中装满了痛苦。痛苦堆积在胸口，诗词便成了他唯一的宣泄。

> 夜半寒衾冷，孤眠懒未能。
> 笼香销尽火，巾泪滴成冰。
> 为惜影相伴，通宵不灭灯。
>
> ——《寒闺夜》

那是一个深秋，树叶开始变得枯黄，轻轻飘落。母亲站在树下，静静地注视着这一切。她就像是这个夏天遗留下来的花朵，有一种静默的美丽。白居易将这美景默默记在心间。

在白居易的记忆中，母亲无数次站在门口注视着远方。每当到了父亲回家的日子，她总是亲自下厨做很多父亲喜欢的小菜，将思念与哀愁都默默糅入生活的细枝末节里。

在院落里那颗杏树下，母亲与他轻轻交谈。她谈吐文雅，举止得体，举手投足间却透露着一丝丝的伤感。他知道母亲过得不快乐，像是在等待，又像是在苦苦挣扎。

油灯的光线慢慢暗了下来，屋子里的光线变得羸弱，像是一个即将油尽灯枯的老人，又像母亲饱经沧桑的心。

如今，他找到了幸福，但是他如何才能去放任自己的情感，而不辜负可怜的母亲。无数的思绪纠缠着诗人，也缠绕着他的心。

深夜里，明月皓洁，繁星淡淡，偶尔还有鸟儿凄凉的叫声。窗外一切开始变得寂静，就像他们感情的未来，一片空茫、晦暗。

烛光将人的影子拉得细长，只有影子是最忠实的伴侣，而他与湘灵，却不得不面对即将到来的别离。

湘灵是那么美丽，犹如仙子一般，也许，未来她会嫁给某个男人，就像所有的女人一样，走过平静安稳的一生。这算得上是一个幸福的结局，只是没有了他的参与。一段炽热的情感，最后只有一个凄凉结局。

贞元二十年（公元 804 年），时过九年后，他回符离搬家，却又触动了久违的记忆，曾经的点点滴滴，在他心中苏醒，而此时的湘灵，已经嫁为人妇，成了他永远触不可及、又永难忘怀的一个梦。

爱如覆水，想要收回，谈何容易。

汴水流，泗水流，流到瓜洲古渡头。吴山点点愁。

思悠悠，恨悠悠，恨到归时方始休。月明人倚楼。

深画眉，浅画眉，蝉鬓鬅鬙云满衣。阳台行雨回。

巫山高，巫山低，暮雨潇潇郎不归。空房独守时。

——《长相思》

湘灵的倩影在白居易的诗中频频出现，可见她在诗人心中的重量。每当写到爱情时，白居易的诗就会充满温情。他的诗以语言直白著称，只有触碰到他的心底，他才会变得温柔、婉转。

思念就像一根无形的绳索，牵绊的总是那个抓得最紧的人。

他与湘灵的这场爱恋，纠葛几年，却耗尽了他一生的情感。他可以写出浸着饱满泪水的《长相思》，可以写出含着爱情诗意的《长恨歌》，却再难品尝到曾经纯澈如泉的爱情味道。

　　长相思，长相忆。他把这份难以忘却的情感幻化成一首首脍炙人口的诗篇。汴水浩浩荡荡向南流去，望不到尽头，前方就是等待它的泗水河，它们默默地等待着彼此，奔流、融合。孤寂的大河尚有相聚的日子，何况人乎？两条河流变成一条大河，它们拥抱着，一同前往瓜州的古渡头，这亦是他所期许的未来。

第二节 ／ 故园迷处堪白头

经过数月的战火洗劫，符离已是满目疮痍。

曾经梦境里，美好的家乡，而今在战火的洗礼下，变得颓败而荒凉。

　　人生无常，每一个人都只能跟随命运的脚步。爱情随风离去，而时光和命运正是吹散了爱情的"风"，白居易也迈向了人生崭新的征途。三年的丁忧生活一过，他便离开了符离。长兄白幼文寄来家书，说他要赶赴饶州任浮梁县主簿，白居易便去投奔了大哥。

　　此时的白居易，看不到未来的景象，却不能停下脚步，再一次南下，又见江南风光，心中却是五味杂陈。愁与烦，纠缠在一起，侵袭着他的心。

　　　　明月满深浦，愁人卧孤舟。烦冤寝不得，夏夜长于秋。

　　　　苦乏衣食资，远为江海游。光阴坐迟暮，乡国行阻修。

　　　　身病向鄱阳，家贫寄徐州。前事与后事，岂堪心并忧。

　　　　忧来起长望，但见江水流。云树霭苍苍，烟波澹悠悠。

　　　　故园迷处所，一念堪白头。

　　　　　　　　　　　　　　　　　　　——《将之饶州，江浦夜泊》

他写的这首《将之饶州，江浦夜泊》清晰地展露了他的心事。苍茫的愁情，充满了他的心，也笼罩着他的人生。

白居易先是到了宣州溧水，他的叔父白季康在那里任一县之令。叔侄二人，相见甚欢，而白季康面对满腹经纶的侄儿，更是畅所欲言，并给白居易提出了建议，让他参加溧水县即将举行的乡试，以备将来走科举取士之路。就这样，二十七岁的白居易，成功地通过了乡试，叩响了科举入仕的大门。

按唐朝科举惯例，州试一般在乡试的下一年。所以，白居易便拜别了叔父，前往兄长白幼文在饶州浮梁的住所，与长兄会合。

他在《伤远行赋》中写道：

> 贞元十五年春，吾兄吏于浮梁，分微禄以归养，命余负米而还乡。出郊野兮愁予，夫何道路之茫茫。茫茫兮二千五百里，自鄱阳而归洛阳。

在离家近一年时，他又启程赶回洛阳，与母亲相会。母子常常在别院里，闲话家常，安宁岁月里，有一种历尽沧桑后的温馨。

时光的步履匆匆，转眼间万物萧索，天气转凉。白居易便赶赴宣州，参加第二场考试。满腹才华的白居易，顺利地通过了考试，并赢得了主考官崔衍的赏识，他被推举参加长安城的进士考试。自此，进士及第的大门一层层地为白居易敞开。

初冬时分，他填写了各种需要报送礼部的表格，便回到了洛阳，等候通知，然而，触目所及的战乱，时时刻刻地冲击着白居易的胸怀。

> 时难年荒世业空，弟兄羁旅各西东。田园寥落干戈后，骨肉流离道路中。
> 吊影分为千里雁，辞根散作九秋蓬。共看明月应垂泪，一夜乡心五处同。
> ——《望月有感》

贞元十五年（公元799年）春，宣武军节度使董晋去世，兵将叛乱，战事连连，四处硝烟，百姓流离失所，妻离子散。万亩良田都已经荒芜，只有痛苦的呐喊在山谷间回荡。男耕女织的繁荣成为记忆中的美景，安居乐业成为一个遥远的希冀，活下来成为最现实的问题。留得青山在，不怕没柴烧，求生成为人们最强烈的愿望。

白居易的家乡赫然变成战场，旱灾严重，庄稼几乎颗粒无收。加上战事的摧残，很多人更是饥寒交迫，最后死在冰冷的荒郊野外。这凄凉的景象怎能不让人寒心？

白居易一直生活在这样战火纷飞的年代，他的心已经被那无情的场景摧残得千疮百孔。这些人与事，触动了他心灵深处最柔软的情感，也激发了他如火般炙热的大义。

为了生存下去，许多家庭会逃往不同的地方，很多父母在路上丢失了自己的孩子，兄弟姐妹也就此失散了，这种别离，很可能是一辈子。生活没有给人喘息的机会，逃亡的人只能朝前看，一直走，不能回头，希望和活路都在前方。大家相约，只要战事结束还要回到家乡，一起开怀畅饮。只是不知道，那一天还有多久才能到来。

那一片小麦地，春夏秋冬都有不同的景象。他走在田垄上，追忆着曾经的美好，仿佛闻到了新鲜泥土的味道。

那时，春天绿油油的小麦苗，就像小孩子一样，充满活力和生机，随风摇摆着自己灵动的身躯。夏天它们一天一天长大、长高，慢慢从绿色变成金黄色，这种成熟的蜕变对于人们来说是一种惊喜，因为这预示着收获的季节就要到来了。农夫们拿着镰刀，将沉甸甸的麦穗带到家中，这是解决一家人温饱的果实，有了这些，他们的心就踏实了。一年之中最欢乐的时刻，就是农家们聚在一起庆祝丰收。冬天，大家都盼望着下雪，麦盖三层被，来年又是丰收年。

然而，繁荣的景象已经不复存在，取而代之的是一片寂寥。田地上已经长满了杂草，附近的村落也已经没有了人烟。大大小小的路上总能看见一脸疲惫的人们带着一家老小正去往别处。骨肉亲情在此时变得尤为重要，大家彼此依靠，相互照顾。祖宗留下的基业已经成为昨日的辉煌，此刻山河破碎，人人自危。

面对此景，白居易只能在心中默默地为散落各处的亲友祈祷，希望他们一切平安，也希望这一切能够快点结束，团圆的日子快些来临。

这是一个思乡的日子，亲人们一定在各自的地方思念着彼此。就像李白的诗句："举头望明月，低头思故乡。"故乡是一个让人温暖的地方，最让人留恋的不仅仅是那里山山水水的记忆，更是与亲人们朝夕相处的那份感恩。离别之后才知道珍惜相聚的时刻。

只有经历了生离死别才知道生命的可贵，经历了战乱才知道和平的美好。他的心中有一幅蓝图，那里就是他想象中的生活。他希望自己能够进士及第，为民请命，辅佐圣上建立太平盛世。

春节刚过，他便告别母亲，匆匆离开洛阳，赶赴长安，开始准备大考。此时的长安城，热闹非凡，繁华依旧，到处彰显着盛世的气息。大江南北的有识之士都聚集在这里。

走出那个几近荒凉的小城，站在离权力中心最近的地方，他的心中充满了波澜。壮丽的山河，以及形形色色的人，他们都是大唐的子民，他们都依附于这个城市，臣服于这个城市的权利与庄严。

贞元十六年（公元 800 年）二月十四日，他与其他应试者一起，参加了由中书舍人高郢担任主考官的进士考试。考场上，白居易不敢有半点放松，几乎用尽自己所有的才学去完成这张决定他命运的考卷。

等待发榜的日子，他心中忐忑不安。但是，当他在红榜上找到自己名字的时候，他的心瞬间被点亮了。他以第四名的优异成绩及第，并且是同榜十七人中年纪最小的一位。

唐朝有为新科进士在杏园举行庆祝宴会的传统，只是他已无心多留，多少年的学海艰辛，多少年的漫长等待，此时，他只想将关系家族兴衰的喜讯，带回家，带到母亲身边。

背井离乡多年，人生终于有了转机，他已经归心似箭，但是沿路的景象依然令他担忧，战争的影响还在继续。还有一些山贼趁火打劫，经常进入村庄烧杀抢掠，官府也没有更好的办法治理。这一切苦的都是百姓。

北风吹，黄沙满天。虽归心似箭，他依然没有忘记自己的使命，沿途观察民俗风情，看看普通百姓的生活现状。他开始变得心情沉重，这条路一定很艰险。然而，不论以后的结局如何，现在的他还是充满了幻想和抱负。与他志同道合的朋友已经在各处施展自己的抱负，他也要实现自己的理想。

他索性直接去探望他们，因为离别的时间太长了，他不希望彼此之间有陌生感。他还要去探望自己的兄长，也希望他能给自己一些意见，帮助自己成为一个好官。

为官之道是一门深奥的学问，他不求名垂青史，成为举世瞩目的名臣，只想尽自己的力量为百姓做点力所能及的事情。经过多年的漂泊和游历，他的阅历已经逐渐丰富起来。他想，自己的一生一定是丰富多彩的，苦难造就了他坚毅的性格。

兄弟姐妹之间见面的机会越来越少，尤其是女儿家，自从嫁入夫家之后，几乎就再没有见过。兄弟们也在不同的地方做官，好多年才能聚一次。

白居易不由地想起小时候与兄弟们一起在榕树下背书的情景，到了金秋时节还会到果园里摘果子吃。有时候，因为贪玩没有好好读书，还会遭到母亲的责罚。再回首时，原来的一切都是那么美好，儿时的趣事已经变成人生之中最纯美的回忆。

与兄弟小聚后，他便快马加鞭，回到了家中，而在家中母亲早已得到喜讯。多年的苦涩生活，如今，得到了最好的报答。但白居易知道，这仅仅是一个开始，未来的路，他还要一步步坚定地走下去。

《新唐书》上云："选未满而试文三篇，谓之宏辞；试判三条，谓之拔萃，中者即授官。"在唐朝，进士及第并不能马上授予官职，只是取得了做官的资格而已。白居易要想取得官职，还需要参加由吏部组织的更高级别的"拔萃科"考试。

他恐岁月不等人，只在洛阳停留数日，便南下往宣城去了，向宣州刺史崔衍拜谢，为此他还特地作赋一首，大力歌颂崔衍的"德政"：

> ……
> 身忝乡人荐，名因国士推。提携增善价，拂拭长妍姿。
> ……
> 霄汉程虽在，风尘迹尚卑。敝衣羞布素，败屋厌茅茨。
> 养乏晨昏膳，居无伏腊资。盛时贫可耻，壮岁病堪嗤。
> 擢第名方立，耽书力未疲。磨铅重剸割，策蹇再奔驰。
> 相马须怜瘦，呼鹰正及饥。扶摇重即事，会有答恩时。
>
> ——《叙德书情四十韵，上宣歙翟中丞》

崔衍读罢很高兴，伯乐与千里马，自有惺惺相惜意。在宣城小住几日，白居易便去看望自己的兄长，后又回到了符离。此时母亲也已归来，回到了那个小小庭院。

> 九月徐州新战后，悲风杀气满山河。
> 唯有流沟山下寺，门前依旧白云多。
>
> ——《乱后过流沟寺》

经过数月的战火洗劫，符离已是满目疮痍。曾经美好的家乡，而今在战火的洗礼下，变得颓败而荒凉。

贞元十七年（公元 801 年），白居易已进入而立之年。这一年，他的生命再次遭遇伤痛。在草长莺飞的人间四月天，他的外祖母陈氏病故，那时的白居易未能赶回去见上外祖母最后一面，心中感到无限的愧疚。

　　对此一直耿耿于怀的白居易在祭文中沉痛地写道:"恭惟夫人,女孝而纯,妇节而温,母慈而勤。呜呼! 谨扬三德,铭于墓门。恭惟夫人,实生我亲,实抚我身。欲养不待,仰号苍旻。呜呼! 岂寸鱼之心,能报东海之恩?"

　　然而,噩耗却接连而至,白居易在符离任主簿的六兄、十五兄也相继抱病离世。亲友的相继离世,让白居易深深地感受到了生命的脆弱。人生无常,他们还未来得及实现梦想就已经随风离去。

　　在送走了亲友之后,白居易回到符离,收敛心思,继续埋头苦读,准备参加下一年的拔萃考试。

三

　　时光匆匆,在书卷的开合间,无声划过。贞元十八年(公元802年)的冬天,白居易再次赶赴长安,参加了拔萃考试。翌年三月发榜,同科及第八人:白居易、元稹、李复礼……在八人中,他位居甲等,与元稹一同被任命为秘书省校书郎。这一年,经过多年的苦读,他终于走向自己的仕途。长安城中的繁华,将不再是梦想,而是实实在在的脚下的路。

　　走上仕途,对于一个多年苦读的学子来说,自然是满怀喜悦的。他已经成为一个顶天立地的男子,再也不用亲友的资助,他可以回报自己的母亲。白居易在长安城里租下了房子,四五间茅屋,一马俩仆夫,不为衣食而忧,不为人事所拘,这便是他最渴望的生活。然而,初入仕途的喜悦被迷茫替代。皇帝昏庸,政界腐败,宦官专权,百姓劳苦……报效祖国,造福百姓的梦想,成了遥不可及的海市蜃楼。他不禁自问,这条仕宦之路能走多久?

　　闲暇时,他会到乡野游玩,走在田垄上,体味百姓生活。

　　百姓衣衫褴褛,家中只有破旧的房屋,寥寥无几的家具,还时常忍饥挨饿,除了这些惨痛的经历,他们的生活就只剩下苦中作乐。贵族们却过着骄奢的生活,君王亦是整日过着昏聩的生活。这不禁让白居易联想到了曾经的楚王。

楚王多内宠，倾国选嫔妃。又爱从禽乐，驰骋每相逢。……色禽合为荒，刑政两已衰。云梦春仍猎，章华夜不归。……有一愚夫人，其名曰樊姬。不有此游乐，三载断鲜肥。……

——《杂兴三首》节选

历史的长河中，不乏英明的君主，那是百姓之福。荒淫无道的帝王却也不少见，使得民不聊生，国破家亡。白居易看到百姓苦难的生活却得不到援助，心中充满了忧愁。他认为百姓的疾苦不是没有办法改善，只是当权者的心思并没有用在百姓的身上，终日沉溺于声色犬马之中难以自拔。

可如今在朝中，君主又从哪里能知晓百姓苦难的生活？官员享受朝廷俸禄，就是要充当君主的"眼睛"和"耳朵"，成为君主与百姓之间的桥梁。在白居易的心中，大臣和官员的不尽职是导致百姓生活苦难的原因，作为大唐的官员，便应该劝谏君主，守护百姓。

经过安史之乱，还有一些流寇、山贼的侵袭，国家的根本已经开始动摇，变得岌岌可危，只是没有人正视这个问题，就算是看到这个状况的官员也是不敢直言，只能看着这种状况继续下去。白居易忧心忡忡，灾难并没有使人清醒，反而使更多的人将自己的利益放在了第一位，学会了明哲保身。这种不良之风已经严重阻碍了大唐王朝的发展。

白居易希望自己可以像樊姬那样赤胆忠心、敢于劝谏，只是自己没有机会与君王接触，只能用诗句表达心中深沉的感受。

第三节 ╱ 此恨绵绵无绝期

白居易是一个感情细腻的男人，也是一个怜香惜玉之人，

他爱惜那些花一般的女子，她们美丽、脆弱，充满了感伤。

越是耀眼的女人，越是要承受诸多的磨难。

于是，许多女子哀伤的身影，浓缩在他的笔下，轻舞在他的诗中。

元和三年（公元 808 年），白居易与杨虞卿的堂妹完婚。妻子知书达理，与他心灵契合，所以婚后生活惬意非常。白居易是一个感情细腻的男人，也是一个怜香惜玉之人，他爱惜那些花一般的女子，她们美丽、脆弱，充满了感伤。越是耀眼的女人，越是要承受诸多的磨难。于是，许多女子哀伤的身影，浓缩在他的笔下，轻舞在他的诗中。这其中，最负盛名的要属《长恨歌》了。

汉皇重色思倾国，御宇多年求不得。杨家有女初长成，养在深闺人未识。

天生丽质难自弃，一朝选在君王侧。回眸一笑百媚生，六宫粉黛无颜色。

春寒赐浴华清池，温泉水滑洗凝脂。侍儿扶起娇无力，始是新承恩泽时。

云鬓花颜金步摇，芙蓉帐暖度春宵。春宵苦短日高起，从此君王不早朝。

承欢侍宴无闲暇，春从春游夜专夜。后宫佳丽三千人，三千宠爱在一身。

······

临别殷勤重寄词，词中有誓两心知。七月七日长生殿，夜半无人私语时。

在天愿作比翼鸟，在地愿为连理枝。天长地久有时尽，此恨绵绵无绝期。

——《长恨歌》

唐玄宗与杨玉环的故事一直广为流传，白居易也被这一段感情深深地打动。

深宫院落里，杨玉环轻舞在花丛之中，春去秋来，牡丹花的颜色在她的身旁逐渐变得暗淡。多少人想一睹她的容颜，都未能如愿以偿，王侯将相、一介布衣皆以一睹她的容颜为荣，而这样的女子绝对不会沉寂在历史的长河中，华丽的轿辇将她抬进了神圣的宫殿，雕栏玉砌，富丽堂皇，那是世间最权贵的地方。一层层的纱帐里是那个拥有全天下的男人，他在等着她，她感受到了他炙热的心，那是可以灼烧一切的狂热。为了得到她，这个男人背弃了太多。

他是这个世界的主宰，却那样宠爱着她，前世今生，那是因缘的轮回。

红色的屋顶上，停着几只雪白的鸽子，蓝蓝的天空将眼前的宫殿衬托得更加华丽。院中有精美的雕刻、色彩斑斓的壁画和各种名贵的植物。走进他为她准备的住所，有点透不过气，她虽生在富贵人家，却也没有见过如此奢华之地。

偌大的宫殿，只能承载他们的爱情，别人早已没有了位置。他不再愿意注视别的女子，只有她是他心中唯一的牵挂。曾经的他灵魂飘零在空荡荡的宫中，心灵没有着落，没有归宿。而她的出现，让他甘愿将世间所有美好的东西都献上。

每当深夜总有幽怨的声音在宫中回荡，不知道又是哪一个被送进冷宫的女子发出的悲鸣。他拥有后宫三千佳丽，却只钟爱她一人。

白居易深深地同情着后宫中的女子。在他的身边也有很多女子被送进了宫中，她们抱着最美好的希望，最后却发现那是万丈深渊，青春和美貌将在黑暗中蹉跎。只有极少数的人能够得到帝王的垂爱，其他人只是那深宫后院的牺牲品。

然而，万千宠爱集于一身又能如何？终究还是有那么多人不得善终。生前看似无限风光，死后却是那般凄凉，或许是后宫的女人怨气太重，灼伤了她们的幸福，抑或是过于奢靡的生活遭到了世俗的妒忌。

丝竹管弦的声音在骊山上幽幽地响起。骊山高处，耸入云端，这是他与她追逐浪漫的地方。在那里有优美的音乐围绕，有心爱的人儿陪伴，这是世间最大的美事。他是这个世界上最幸福的男人，他拥有至高无上的权力，还得到了美人的芳心和爱情。骊山别宫因为他们绝世之恋的渲染而更加美丽。

他们的爱情，纵使名垂青史，也不过是昙花一现。

虽然，杨贵妃不得善终，但在白居易的眼中她比很多长命百岁的女人更加幸福，因为她得到了一个男人完整的爱情，这是多少女人望尘莫及的。

他更是感受到了帝王的落寞，李隆基只是想与自己心爱的女人一起终老，这样简单的愿望到最后都变成了奢望。

而心中存有遗憾的帝王不仅仅是李隆基，还有痴情的汉武帝。一颗敏感的心，穿透时光的城墙。白居易似乎看见了汉武帝的悲伤，武帝招魂的疯狂举动足以表现出他对李夫人的深情。

汉武帝，初丧李夫人。

夫人病时不肯别，死后留得生前恩。君恩不尽念未已，甘泉殿里令写真。

丹青画出竟何益，不言不笑愁杀人。又令方士合灵药，玉釜煎炼金炉焚。

九华帐深夜悄悄，反魂香降夫人魂。夫人之魂在何许？香烟引到焚香处。

既来何苦不须臾，缥缈悠扬还灭去。去何速兮来何迟，是耶非耶两不知。

翠蛾仿佛平生貌，不似昭阳寝疾时。魂之不来君心苦，魂之来兮君亦悲。

背灯隔帐不得语，安用暂来还见违。伤心不独汉武帝，自古及今皆若斯。

君不见穆王三日哭，重璧台下伤盛姬。又不见泰陵一掬泪，马嵬坡下念杨妃。

纵令妍姿艳质化为土，此恨长在无销期。生亦惑，死亦惑，尤物惑人忘不得。

人非木石皆有情，不如不遇倾城色。

——《李夫人》

汉武帝是汉朝的第七位皇帝，开拓汉朝最大版图，功业辉煌。他是一位令人敬佩的君主，杀伐百万，血洗疆场，从容应对，是铁骨铮铮的男人。世人都仰视他、崇拜他。但他有侠骨亦有柔肠，他对李夫人这样一位佳人总是魂牵梦萦，难以割舍。

"北方有佳人，绝世而独立，一顾倾人城，再顾倾人国。宁不知倾城与倾国，佳人难再得。"

李夫人病入膏肓，一直遮挡着自己的面容不与汉武帝相见，她只想将自己最美好的容颜留给她崇拜、深爱的男人。李夫人红颜薄命，进宫几年就香消玉殒，而汉武帝思她心切，夜夜不得安寝。

听闻有人可以将亡者的魂魄带回阳间，汉武帝十分高兴，在宫中举行了法事，希望能再见夫人一面。这种深情令人感动，得到一个帝王纯真的爱是一个女人的幸运，毕竟那是极少数的荣耀。

既然是注定要别离的结局，为什么还要相遇？以痛苦收场的感情，为什么还要开始？越是在乎的东西，越经不起时间和世俗的纠缠，因为只要些许的变化都会造成巨大的伤害。活着的时候，是生存的烦恼，还有很多因素影响着彼此的生活。各种利益的纠葛以及礼教、身份、地位等，任何一种都会影响到内心的情感。死亡是残忍的掠夺，是留给活着的人的最大伤痛。

如铁石般坚硬的心肠也会有柔软的一面，自古情关难过，只要动了真情，那就是一场"浩劫"。"问世间情为何物，直教人生死相许。"这就是爱情的美妙之处，可以让人生，亦可以让人死。

历史上很多帝王与绝色佳人之间的故事，少有白头偕老，却多有凄美、哀婉的结局。

帝王的世界看似风光，实则却要承受常人无法预知的伤痛。他要比一般人更加坚强，更加决绝，这也是他的命运。走在望不到头的长廊上，他也恐惧过那漫无边际的黑暗，而为了他的国家、他的子民，他必需独自走过去。

偌大的皇宫，成千上万的灯都照不亮那黑暗的天空，他想看清她的脸，殊不知，那只是一个遥远的梦。天人永隔已经成为不争的事实，他默默地离开了神坛，他没有怪任何人，因为他知道是自己在要求一个不可能实现的奇迹。他开始变得安静了，一切都恢复到了从前。只愿梦里再与爱人相见，再看一眼她美丽的容颜。

白居易欣赏这个至情至性的男子。他是至高权力的拥有者，他的一生杀伐决断从未有所犹豫。在世人的眼中，他是一个只会征战的勇士，谁都不会想到他会为了一个女子如此伤怀。仿佛他一下子从高高的神坛上走来下来，成为一个普通男人。

触动白居易敏感心绪的，不仅是帝王恋歌，更有命运悲苦的宫女。自古宫中女子多仇怨，何况是看守陵园的女子。她们是活着的殉葬品，一生的青春和时光都奉献给了一个已经死去的人。皇室一直坚持着这个残忍的陋习，白居易憎恨这些不平等的制度，只是普天之下莫非王土，率土之滨莫非王臣，谁又能躲过那铺天盖地的皇权？

陵园妾，颜色如花命如叶。命如叶薄将奈何，一奉寝宫年月多。

年月多，时光换，春愁秋思知何限。青丝发落丛鬓疏，红玉肤销系裙慢。

忆昔宫中被妒猜，因谗得罪配陵来。老母啼呼趁车别，中官监送锁门回。

山宫一闭无开日，未死此身不令出。松门到晓月裴回，柏城尽日风萧瑟。

松门柏城幽闭深，闻蝉听燕感光阴。眼看菊蕊重阳泪，手把梨花寒食心。

把花掩泪无人见，绿芜墙绕青苔院。四季徒支妆粉钱，三朝不识君王面。

遥想六宫奉至尊，宣徽雪夜浴堂春。雨露之恩不及者，犹闻不啻三千人。

三千人，我尔君恩何厚薄。愿令轮转直陵园，三岁一来均苦乐。

——《陵园妾》

　　为皇帝守灵的宫女们年轻貌美，不知是谁家的女儿如此不幸。她们有着花朵一样的容颜，命运却连花叶都不如。生在这个时代就要承受这时代赋予自己的命运。

　　时光流逝，岁岁年年，已经忘记来到这里之前的岁月，只有那些春愁秋思还牢牢地记在心间，只是不知道这样的孤苦有没有尽头。

　　忧思过度，鬓角的头发已经脱落稀疏，身上的裙子越来越宽松了，时间让她们变得更加憔悴。只能默默地忍受，等待着有一天可以放她们离开这个地方，过上正常人的生活。曾经因为在宫中被奸人陷害，才发配到皇陵为已经故去的皇上守灵。母亲们一路哭喊着，跟在马车后面不肯离去，宫中的太监将她们锁在皇陵就离去了。

　　山宫的门一旦锁上就难再开，大概只有死去才能离开这里。陵园植松为门，月光照耀在松树上银光闪闪。陵园里面还种满了柏树，每日都寒风瑟瑟，整颗心更是被冰冷所包裹。

　　松柏围成的黑暗城门终日紧闭着，只有听着鸟叫才能感觉到一丝丝的生气。看着菊花的花蕊黯然落泪，手里拿着梨花心中却更冰冷。掐一朵花儿轻轻哭泣，不想让人看见，其实她们心中也明白不会有人会因为她们的眼泪而感伤。陵园里的青石板长满了青苔，像是没有活人在这里生活一样。

　　一年四季白白发给她们胭脂水粉，打扮了也没人欣赏，因为这里只有躺在陵园里已经仙逝的皇帝，而她们此生都见不到现在皇上的龙颜，那些胭脂水粉对于她们来说都是些无用的东西。

　　平常百姓很难知道皇家的这些事情，他们不知道自己的孩子入宫中之后生活的凄凉，甚至还有人想尽办法希望自己的女儿进宫。他们只看见那些得宠妃子的荣耀，却看不到后宫里黑暗的生活。

　　白居易通过描写宫女对自己生活的回忆，他想让更多人了解宫女悲惨的生活。一个花容月貌的女子却只能与枯骨为伴，这是多么令人寒心的事啊！

　　又是一年寒风凛冽时，皇上就寝的宫殿里一直亮着灯，暖炉里一直烧着炭火，一群宫人在皇上身边服侍着。外面掌灯的宫女，站在门口，冷得发抖，一直注视着手中的灯笼，生怕一不小心，那细微的烛光被吹灭。

黑暗的夜里，陵园里的宫女们还在为亡灵念着佛经，这是她们每天例行的事务。只有念着佛经的时候才会觉得心是宁静的，希望她们守护的亡灵能够感受到这些活人真诚的期盼。

她是一个小官的女儿，因为父亲爱慕虚荣将她送进了皇宫，希望她有一天陪王伴驾，那将是整个家族的荣耀。她就是肩负着这样的命运进入了宫中，姣好的容貌是她唯一的资本。没有想到，她进宫不久就受到奸人陷害，被送进了这个不见天日的地方。重获自由之时，她从一个少女已经变成了一个老妇，只是不知道她还能过多久。

白居易见到这个年迈的宫女，与她聊起了宫中的生活。她哽咽着向白居易讲述着自己的经历，真是闻者难过，见者伤心。现在她成为孤苦无依的老人，只能依靠辛苦攒下来的积蓄艰难度日。若是没有进宫，或许她现在已经子孙满堂，享受着天伦之乐。他同情她，这个妇人一定承受了平常人难以想象的孤独与寂寞，即便如此，她依然心存感激，在有生之年，她还能获得自由，还能吸收到外面世界的空气，她已经很知足了。

听到这里，诗人也落泪了，不知道深宫中还有多少女人忍受着这样的苦痛，没有出头之日。他希望有一天，人们过着饱暖、富足、平等的生活，没有这样的不公，没有身份地位的差距，幸福快乐地生活在这个世界上。不知道他的愿望何时才能实现？

第四节 ╱ 日出东山别样红

褪去了年少的稚嫩与激情，此时的白居易身上更多了一份成熟的味道。
他以剑明志，心觉在朝为官的人应该敢议国家大事，刚正不阿，不惧奸佞，
不计私仇，忠于职守。这是作为一个真君子应有的节操。

白居易在官场几载沉浮，就经历了纷繁多变的政治斗争，反复的变换、
昏暗的官场让他身心疲惫，也深深地体会到为官不易。有一种声音时常在他的
心中回荡，"达则兼济天下，穷则独善其身"，他经常告诫自己，纵使仕途通达，
官禄攀升，也要时刻保持清醒的头脑。任何时候，无论身居何职，都要淡泊名
利，始终守住本心。

天可度，地可量，唯有人心不可防。
但见丹诚赤如血，谁知伪言巧似簧。
劝君掩鼻君莫掩，使君夫妇为参商。
劝君掇蜂君莫掇，使君父子成豺狼。
海底鱼兮天上鸟，高可射兮深可钓。
唯有人心相对时，咫尺之间不能料。
君不见李义府之辈笑欣欣，笑中有刀潜杀人。

阴阳神变皆可测，不测人间笑是瞋。

——《天可度》

天有多大可以测算，地有多长也可以丈量，唯有险恶的人心，却是难以预料、难以防备的。这是白居易作为谏官对官场观察后的高度概括。诗中有愤慨，心中有悲壮，这世事，无处不让他感到凄凉。

《天可度》是新乐府中的诗。正如他在《新乐府序》中明确宣布，他的诗是"为君、为臣、为民、为物、为事而作，不为文而作也"。

当时，曾经繁盛的唐朝已经逐渐走向衰落，这是每一个封建王朝的命运，从建立走向繁荣，再步入衰败。白居易看见了王朝衰落的趋势，心中忐忑不安，究竟是什么原因让一个王朝走不到历史的尽头，纵观历史，没有那个朝代能够长久的统治，最后，必然内忧外患，硝烟四起，走向败落。

百姓的苦难如同浪涛，一波一波地涌入白居易的眼帘。悲愤之余，他大呼，鸟可射，鱼可钓，唯有人心不可测。微笑的背后隐藏着冰冷的刀锋。权谋利欲，抹杀了人性。这不堪的世道里，尽是些残酷悲凉的故事。

普天之下莫非王土，率土之滨莫非王臣。只是他只感受到了与生俱来的责任与压力，却没有感受到天子的恩泽庇佑。从童年开始他就一直生活在战乱之中，饿殍遍野，流离失所，无家可归是他看到的生活。他又是幸运的，没有受到战争的摧残，但是那些令人恐惧、难忘的场面却不曾忘怀。

小时候，忠君爱国的思想就已经在他的心中深深地扎下了根。他仰视着天子，仿佛那就是他的神。走上仕途的人，都梦想着有一天可以为百姓创造幸福的生活，为君王排忧解难，这就是他们的人生目标。

元和三年（公元 808 年），白居易被任命为左拾遗，成为皇帝身边的谏诤之官，自此，他的心中便生出了一种正义和责任感。他希望自己能成为一面铜镜，为君王呈上世事的真相。

百炼镜，镕范非常规，日辰处所灵且祇。江心波上舟中铸，五月五日日午时。

　　琼粉金膏磨莹已，化为一片秋潭水。镜成将献蓬莱宫，扬州长吏手自封。

　　人间臣妾不合照，背有九五飞天龙。人人呼为天子镜，我有一言闻太宗。

　　太宗常以人为镜，鉴古鉴今不鉴容。四海安危居掌内，百王治乱悬心中。

　　乃知天子别有镜，不是扬州百炼铜。

　　　　　　　　　　　　　　　　　　——《百炼镜－辨皇王鉴也》

　　上好的铜镜一定要用非同一般的模具，还要恭敬地挑选好的时辰、好的地点才能铸成，同时必须拥有一颗诚挚的心，真心的期盼才能得到最精美的铜镜。它可以将人的内心看穿，将一切的丑恶都显现出来。这面神奇的镜子一定要经过千锤百炼才能得到。

　　在长江中心的小船上，在五月初五那天的午时，开始铸造铜镜，等着铜镜出炉的那一天，一定光芒四射，所有的人都会为它倾倒。琼粉金膏将铜镜装饰得玲珑剔透，仿佛是一潭秋水一样，平静、清透，没有一丝波澜。

　　将铜镜放在蓬莱宫中，期盼神灵赐予它神奇的力量，能将世间的奸恶尽数照出，让丑陋无处可藏，那么，整个世界就像这面镜子一样干净。扬州官位最高的官员亲手将镜子封藏。等待着国家进入黑暗时，希望它能够变成太阳将天空照亮。

　　人间的凡夫俗子不应该去照这面镜子，只有神圣的君主才有资格使用这面镜子。人人都说这面镜子是天子镜，这让诗人想起了唐太宗的事迹："太宗尝谓侍臣曰：夫以铜为镜，可以正衣冠；以古为镜，可以知兴善；以人为镜，可以明得失。"君王应该有这样的气度，用历史的兴衰成败时时鞭策自己，身边的忠臣则是皇帝的另一面镜子，可以让他知道自己的过失与功绩。

　　唐太宗常常以人为镜，可以让他更加清楚地明白古时今日的一切，千金难买的是一颗为国为民的心。天下的安危都在皇帝的手中掌控，天下苍生的幸福都在他一人肩上。

　　然而，"贞观之治"的辉煌一去不复返，唐太宗的后辈躺在祖先开创的江山中安然享受。他们看不到祖辈辛苦打下的江山正在被一点点侵蚀，白居易认为当时的君王最需要的就是这样一位敢于说出真话的谏臣，让他感受到时局的动荡、百姓疾苦，并下决心整改，那么唐王朝一定会更加繁荣。白居易不期待自己在这乱世里加官晋爵，只希望战乱纷争能够早日结束。

白居易对唐太宗那样的贤君充满了敬佩之情，认为只有那样的贤君才能带领一个国家走向繁荣，才能让百姓过上安定的生活。拥有这样的君主是天下子民的福分，同是李家王朝，都是唐太宗的子孙，差距却是那样悬殊，真是令人感叹。

白居易认为皇帝不进行改革、不勤于朝政是因为天下缺少能够直言不讳的臣子，现在才发现主要的根源是贤臣遇不上贤君。奸佞是每个朝代都避免不了的，只是忠心耿耿的贤臣却是贤明的君主挖掘并且培养出来的。他想，若现在的君主是像唐太宗那样的明君，那他也可以成为像魏征那样的贤臣，辅佐那样的君主定是一个臣子毕生的荣耀。他愿意成为一面镜子，照尽天下奸佞，能将帝王的心照亮，为百姓照出一条光辉大道，哪怕是粉身碎骨也觉得欢欣愉悦。但这个世界并没有给他实现理想的机会，他只能将这份心情默默地收藏。

所以，白居易在职期间，奏请皇帝免去江淮灾民的赋税，释放一些宫人，尽量消除妇女孤居之苦，减少公众开支，罢免宦官职务……总之，建议众多，皇帝采纳了其中的一部分。

昏聩的皇帝，混乱的朝政，他只能凭借自己的能量，支撑一片光明，而未来是什么模样，他却始终迷茫。

不久之后，一件事再次刺痛了白居易的心，白居易的好友元稹与宦官刘士元发生了挣厅事件。宦官刘士元动手打伤了元稹。

白居易听说后，大为震惊，从古至今，宦官殴打朝廷命官都是一件违法的事。可是皇帝没有治刘士元的罪，反而贬了元稹的官职。白居易义愤填膺，数次觐见，为好友申辩，却没有起到半点作用，最终元稹还是被贬江陵。

好友被贬，从此远隔天涯，他的心情更加孤闷。嘈杂的长安城，他却觉得空荡荡的。奸佞当道，世事险恶，盛世背后隐匿着腐朽和衰亡。

官场上的钩心斗角、尔虞我诈、相互猜忌，让白居易受够了。就连内廷的月亮，也似乎被这尘世间的污泥玷污了。

一个人能把国家的、人民的事情系在自己身上，那么，他的生命便会和国家人民的命运连在一起。人民的疾苦会触痛他的每一根神经。

所有的痛，都在他的脑海里盘旋沉淀，最后在他的生命中留下深深的烙痕。他将心中的热血和痛用诗墨化成了利剑，尖锐地刺破封建阶级虚伪的面纱。所有黑暗、动乱、肮脏，被他暴露在日光之下。他的笔，不会对黑暗留情，上至宫廷，下至官吏，他的每一句诗，都是利剑刀锋。

他公然举起一杆光明和正义的旗，与那些黑暗腐朽的力量为敌。他的所作所为，让这个封建陈腐的社会震惊。毋庸置疑，他必将面对社会的非议，所有唇枪舌剑都会直指他。最痛之痛，是他的枕边人和他的孩子，都说他不该如此尖锐。于是，在这个世界里，他越来越孤独。

《新乐府》五十首，每一首都有一个题解，一个题解就是一个中心思想，一个中心思想就是一个宣言，"苦宫市也""伤农夫之困也""贪女工之劳也""戒边功也""忧蚕桑之费也""念寒隽也""戒求仙也""刺佛寺浸多也""疾贪吏也"，这些都是他的心血。

每一首诗中，都有他的痛、他的怜、他的恨。既然恨，就要恨个彻底，既然他还有握笔的力量，就要奋战的到底。他要用笔尖的力量，刺痛那些虚伪狡诈的人、那些坑害百姓的人。

时至今日，我们依然能够感受他那一颗火诚火热的心。

唐宪宗元和五年（公元810年），白居易由左拾遗改任京兆府户曹参军。水能载舟亦能覆舟，这不仅仅是帝王应该思考的问题，更是一个为官之人应该明白的道理。他关注民生，深入百姓生活，以笔书写民间疾苦，《盐商妇一幸恶人也》《观刈麦》《秦中吟·重赋》《新制布裘》等诗作都是在此期间完成，他希望所有的有志之士都能为百姓着想，创建一个属于全天下的世外桃源、一个真正国泰民安的繁华盛世。

然而，元和六年（公元811年），大雪封城，皑皑白雪之下的长安城，庄严而平静。一个消息，像一股飓风，在瞬间惊扰长安。曾在"科举案"中被改革派打压，被宪宗贬谪的李吉甫，重新得到朝廷的任用。

李吉甫的回归昭示着旧贵族再一次崛起，而白居易作为进士派的重要人物，再加上曾经的旧怨堆积在一起，白居易必然会成为被打击的对象。此时的白居易已经受够了政治的斗争。他曾多次直言进谏，却遭到了君王的漠视。他的激情渐渐被浇熄，他的心，也逐渐冷却。

另一个沉痛的消息，更是加剧了白居易心中的悲凉：白居易的母亲在接连遭受亲人离世的打击后，身心不堪重负，最终投井自尽。

　　慈乌失其母，哑哑吐哀音。昼夜不飞去，经年守故林。夜夜夜半啼，闻者为沾襟。
　　声中如告诉，未尽反哺心。百鸟岂无母，尔独哀怨深。应是母慈重，使尔悲不任。
　　昔有吴起者，母殁丧不临。嗟哉斯徒辈，其心不如禽。慈乌复慈乌，鸟中之曾参。

——《慈乌夜啼》

他以慈乌比喻自己的心情，母亲离世，令他十分难过。母亲还没有享受天伦之乐就匆匆离开这个世界，他的心中充满了遗憾和不安。曾经对母亲的允诺，现在已经成为一个永远无法实现的诺言，只求来生他还能成为母亲的儿子，将这些未能实现的诺言全部兑现。

母亲去世，白居易开始三年的丁忧生活。他回乡躬耕田园，日子清苦却也算怡然自得。但随着时间的流逝，一家人的经济也陷入了窘境。朋友连番接济，却只能解皮毛之急。为此，白居易的弟弟白行简，去往梓州担任节度使卢坦的幕僚。而白行简的收入，也不足以使白家的生活状况改变。加之内心始终对朝廷与百姓有一份担忧，白居易渴望能再次为官，再为朝廷与百姓做一点贡献。

于是，他给好友钱徽和崔群写了一首诗《渭村退居，寄礼部崔侍郎、翰林钱舍人诗一百韵》，希望二人帮忙为其谋求一官半职。

圣代元和岁，闲居渭水阳。不才甘命舛，多幸遇时康。朝野分伦序，贤愚定否臧。重文疏卜式，尚少弃冯唐。由是推天运，从兹乐性场。笼禽放高霄，雾豹得深藏。世虑休相扰，身谋且自强。犹须务衣食，未免事农桑。薙草通三径，开田占一坊。昼扉扃白版，夜碓扫黄粱……

他将所有心迹汇于诗中，漫长的等待过后，白居易迎来了新的曙光。当年因"科举案"遭到贬谪的主审官韦贯之，再度复出成了进士派的领导人物。白居易与他私交甚好，当年，因为白居易曾直言觐见，为韦贯之鸣不平。

如此，经韦贯之、崔群和钱徽三人运作，白居易被召回朝中，担任太子左赞善大夫一职。左赞善大夫一职是专为东宫太子而设的，主要是向太子规劝提出一些谏言，一般情况下是不得干涉朝政的，所以，离皇帝很远。这样一个官职，正和白居易的心意。所以他在接到诏书之后，顾不得天寒地冻，便奔向长安城而去。

人生几十载沉浮过后，白居易已经失去了往日的激情。再次走上官途的他，只希望能够遵从本心，淡出官场的圈子，和志同道合的人结交。

幸运的是，元和十年（公元815年）正月刚过，白居易的挚友元稹就回到了长安。之后，刘禹锡、柳宗元也都相继被召回了京城。曾经的好友，在命运的驱使下，又重新聚到了一起。这对于白居易来说，是一件天大的幸事。曾经沉闷的生活，也忽然变得热闹起来。他们结伴同去游山玩水，游历佛寺，饮酒赋诗。这段美妙的时光，白居易也写进了诗里。

在《朝归书寄元八》中，他畅快地写道：

进入阁前拜，退就廊下餐。归来昭国里，人卧马歇鞍。

却睡至日午，起坐心浩然。况当好时节，雨后清和天。

柿树绿阴合，王家庭院宽。瓶中鄠县酒，墙上终南山。

独眠仍独坐，开襟当风前。禅师与诗客，次第来相看。

要语连夜语，须眠终日眠。除非奉朝谒，此外无别牵。

年长身且健，官贫心甚安。幸无急病痛，不至苦饥寒。

自此聊以适，外缘不能干。唯应静者信，难为动者言。

台中元侍御，早晚作郎官。未作郎官际，无人相伴闲。

　　但危机再一次悄悄地浮出水面。他们常一起出现在朝中，这很快引起了旧贵族和宦官集团的注意，利益的纠葛，让他们将白居易一行人视为威胁。所以，一番权谋风雨过后，刚刚回朝的好友，便又要离开。刘禹锡、柳宗元等人再次被贬至人烟稀少的荒凉之地，而白居易因为在朝中的官职无关紧要，得以幸免。

　　他们来了，又走了，这一切像一场梦，却留给白居易一片痛苦的落差，而后他的生活又陷入了孤单。

　　每当夜深人静，寂寞来袭，他只能将自己的愁思放逐于书墨之间。然而，悲郁的心情让他的眼疾愈加严重。有时疼痛难忍，便只能合目入梦，排遣寂寥。

　　在梦里，他见到了曾经的挚友裴垍，往昔的故事在梦中重演。曾经他们共同在朝为官，共同在月下举杯畅饮抒怀，畅谈时政，抒发理想……回忆里的一切，如此丰盛温暖。可梦醒过后，一切又归于寂寥。于是在空虚与失望之际写下了这首《梦裴相公》：

　　五年生死隔，一夕魂梦通。梦中如往日，同直金銮宫。仿佛金紫色，分明冰玉容。勤勤相眷意，亦与平生同。既寤知是梦，悯然情未终。追想当时事，何殊昨夜中。自我学心法，万缘成一空。今朝为君子，流涕一沾胸。

　　人生坎坷，白居易只能将满腔情怀遣于佛法之中。他后来闲游到安国寺，与广宣和尚品茗礼佛，还留下了著名的诗作《广宣上人以应制诗见示因以赠之诏》：

　　　　道林谈论惠休诗，一到人天便作师。香积筵承紫泥诏，昭阳歌唱碧云词。红楼许住请银钥，翠辇陪行蹋玉墀。惆怅甘泉曾侍从，与君前后不同时。

　　闻名遐迩的广宣法师被皇上拜为佛学老师，多次出席皇上的宴席，也曾应制作诗。皇上对他非常赏识，赐他入住安国寺红楼院，广宣法师因此得到了特殊的厚待，他时常乘坐皇上的车辇出行于皇宫内外。白居易感慨自己与广宣和尚都曾是皇上身边的近臣，而自己却不能侍奉皇帝，心中不免难过。

第五节 ／ 仕途自古多蹉跎

八月微风乍起，夏末的微凉带来了桂花的芬芳，

也带来了白居易等待已久的贬谪诏书。

那一刻，白居易的心安稳了、平静了，也踏实了。

一纸诏书，成了他人生当中的又一个结点，也代表了一个新的开始。

命运已然如此，渺小的白居易也只得听天由命，随着命运的风，继续漂泊下去。

元和十年（公元815年），白居易听到彰义军节度使的儿子吴元济背叛了朝廷，并且暗杀了宰相武元衡的消息，气愤不已。难抑胸中的不平，于是，他上书宪宗，要求惩处凶手。可谁料到，自己的这一行为却被指责为越级上书有违朝纲。宪宗迫于旧贵族的压力，也只能采纳旧贵族的意见，对白居易进行惩治。

之后，旧贵族火上添油，有人又将白居易当年所作的《赏花》《新井》两首诗与其母亲坠井而亡的事捏造在一起，说其有大不孝的行为，如此品行之人留在太子身边，极不合适，白居易被贬为江州司马。对于被贬谪之事，白居易早已经看开，只是，在这一场斗争中，母亲的死竟然成为他被贬官的导火索，这让他感到无比心痛。

贬谪是祸事，也是幸事。江州的日子，远比想象当中的要舒适得多。白居易不必再去理会尔虞我诈的朝廷，也不必再去应付复杂多变的人际。在这宁

静的一隅，家里亲人的到访也会使得这个小小的庭院充满欢声笑语，这是属于亲情的温暖，即便有些吵闹，也是温馨的。

冲破黑暗，就会迎来希望的明亮，就像是狂风暴雨过后，迎来彩虹的绚烂一样。此时的白居易不仅拥有理想的生活状态，也拥有了属于自己的女儿——阿罗。

这对于曾经有过丧女之痛的白居易来说，无疑是最好的抚慰。这个小生命的到来为白居易的生命重新注入了新的生机。婴儿的啼哭驱散了曾经的忧愁，取而代之的是喜悦与希望。

生老病死，聚散离合，犹如月亮的阴晴圆缺，江河湖海的干枯充盈，都充满着大自然强大的魔力，是无法控制的。世间奇妙亦平常，有相聚，就会有分别。又是一年秋来到，一声凄切的蝉鸣，不知怎的就招惹了寒凉的秋。此时的白居易再一次面对离愁。

送走亲人，他独自矗立船头，心中备感凄凉。静谧的夜，仿佛在黑暗中透露着神秘的色彩。侵吞一切的夜，能将人的哀思悄悄掩藏。已是深秋，枫叶已经红成一片，江边的荻花也争相开放，点缀着这个萧条的秋季。秋风吹动着草木发出瑟瑟的声音，忽远忽近地飘进耳朵，那是秋天的味道。

波光粼粼的江面传来琵琶的声音，多么美妙的声音，让人不禁为之所感染。弹奏的人到底是怎样的一个女子呢？他带着那想要一探究竟的好奇心，慢慢地向声音靠近。

曲子逐渐接近尾声，细腻忧伤的收尾，她的神情开始恢复平静，最后竟有些许严肃。也许这是她的一种独特的自我保护的方式吧，只因不想让别人窥探到自己的脆弱。

听见琵琶声已觉感伤，大概他们同是天涯沦落人，虽然素不相识，但是仍然觉得熟悉。自古知音难觅，忽逢知己，他心中充满了激荡。

她的歌声、她的故事、她的哀愁、她的悲戚，从那一晚开始，就一直萦绕在白居易的脑海中，久久不曾散去。心有思绪万千，白居易选择写诗来抒发无法言语的情愫。于是，就有了那首流传古今的《琵琶行》：

　　浔阳江头夜送客，枫叶荻花秋瑟瑟。主人下马客在船，举酒欲饮无管弦。醉不成欢惨将别，别时茫茫江浸月。忽闻水上琵琶声，主人忘归客不发。寻声暗问弹者谁，琵琶声停欲语迟。移船相近邀相见，添酒回灯重开宴。千呼万唤始出来，犹抱琵琶半遮面。转轴拨弦三两声，未成曲调先有情。弦弦掩抑声声思，似诉平生不得志。低眉信手续续弹，说尽心中无限事。轻拢慢捻抹复挑，初为《霓裳》后《六幺》。大弦嘈嘈如急雨，小弦切切如私语。嘈嘈切切错杂弹，大珠小珠落玉盘。间关莺语花底滑，幽咽泉流冰下难。冰泉冷涩弦凝绝，凝绝不通声渐歇。别有幽愁暗恨生，此时无声胜有声。银瓶乍破水浆迸，铁骑突出刀枪鸣。曲终收拨当心画，四弦一声如裂帛。东船西舫悄无言，唯见江心秋月白。沉吟放拨插弦中，整顿衣裳起敛容。自言本是京城女，家在虾蟆陵下住。十三学得琵琶成，名属教坊第一部。曲罢常教善才服，妆成每被秋娘妒。五陵年少争缠头，一曲红绡不知数。钿头银篦击节碎，血色罗裙翻酒污。今年欢笑复明年，秋月春风等闲度。弟走从军阿姨死，暮去朝来颜色故。门前冷落车马稀，老大嫁作商人妇。商人重利轻别离，前月浮梁买茶去。去来江口守空船，绕舱明月江水寒。夜深忽梦少年事，梦啼妆泪红阑干。我闻琵琶已叹息，又闻此语重唧唧。同是天涯沦落人，相逢何必曾相识。我从去年辞帝京，谪居卧病浔阳城。浔阳地僻无音乐，终岁不闻丝竹声。住近湓江地低湿，黄芦苦竹绕宅生。其间旦暮闻何物，杜鹃啼血猿哀鸣。春江花朝秋月夜，往往取酒还独倾。岂无山歌与村笛，呕哑嘲哳难为听。今夜闻君琵琶语，如听仙乐耳暂明。莫辞更坐弹一曲，为君翻作《琵琶行》。感我此言良久立，却坐促弦弦转急。凄凄不似向前声，满座重闻皆掩泣。座中泣下谁最多，江州司马青衫湿。

　　男儿有泪不轻弹，只是未到伤心处。遇到一个与自己经历相似的女子，白居易觉得她就是自己的知己。她弹奏的琵琶曲已经是世间绝唱，她内心的苦恼，他也感受到了，只是没有想到他们竟是如此的相似。

曾经的他以满腹才华受到当时权贵的赏识，他认真做好自己分内的事物，京城中不少权贵都是他的朋友。只是没有想到一朝失足便是今日的下场，成了冰冷江边的不起眼的一个官员。人走茶凉，京城的人也渐渐将他遗忘，定会有新人代替他。

曾经的她红极一时，现在离开京城，想来已经没有人知道曾经在这个地方有一个绝色的奇女子。她现在就算走在最嘈杂的街道上也没有人能够认出她。追随她的权贵们如今不知道进了谁的帐，也不知在为见到谁而苦恼，只是这都不会再是她。

他不只是为她哭泣，也是在为自己伤怀。十六岁开始踏上仕途的征程，他比别人更加努力，更加爱护百姓，不求大富大贵，但求无愧于心。这么多年，他一直保持着那份高傲的姿态。他只想在自己为官期间多为百姓做事，看到百姓苦难的生活，他经常落泪，那是最真诚的泪水。小人当道，他被奸人陷害，现在沦落到这步田地，他心中有太多不甘。

白居易跌到了人生的谷底，这是他一生之中最煎熬的阶段。听到琵琶女的故事，他脸上的泪水不仅是为这位可怜的女子而流，也是为他自己。他是一个被抛弃的人，曾经的抱负还有欢乐也都随着这次的贬官成了泡影。世事无常，人不仅要受得起富贵还要经得起挫折和失败。只是人到中年，不再有那么多激情，虽然岁月沉淀了豪情，让人慢慢变得沉稳，但承受能力好像也变得弱了。或许是随着年龄的增长，人却变得越来越经不起失败的考验。

随着时间的推移，他慢慢适应了被贬官之后的生活。在这段时间里，他逐渐找到了自己的人生方向和情感寄托。他不再将自己全部的精力放在仕途上了，而是停下来思考自己的人生。

不仅在别人的眼中，他是一个古板的人，现在他自己也觉得生活十分单调。在大半生里，他心中只有国家的安危。他一直觉得自己的生活很充实，当世俗的利刃将他一次次伤害，他渐渐失去了曾经的理想。

（二）

人间四月芳菲尽，山寺桃花始盛开。

长恨春归无觅处，不知转入此中来。

——《大林寺桃花》

身在江州的白居易并非都是沉郁的心情，这首《大林寺桃花》正是他在参悟禅机的时候，对寺里的桃花有感而发，写出了这首积极向上的诗。

天气大好，待在家中是浪费大好的时光，走进大自然才能得到内心的愉悦。穿上新做的衣服和靴子，心情大好，湛蓝的天空万里无云，胸怀也变得宽广了，就好像走到了辽阔的海边，那些在心头萦绕的琐碎瞬间瓦解。站在高高的山顶，一览众山小，视野宽广无限。走进大林寺那扇森严的大门，树上鲜艳的桃花映入眼帘，不禁令人吃惊、感叹：这样的时节，居然还有开的如此好的桃花，真是让人眼前一亮。

来到大林寺之前一直在感叹错过了最美的春色，只有等待来年才能欣赏到心中向往已久的景色。恨自己的迟钝，竟忘记了季节。正当懊悔不已的时候，一个不经意的执着，坚持走到了山顶，走进了大林寺，最后竟然有这样意外的收获，这样美妙的景致。

或许人生就是如此，总有意想不到的收获，永远不要失望抑或是绝望，希望就在下一个路口，就像此刻眼前这满树的桃花，明艳的颜色已经让人心旷神怡，忘了归路。

他想到，自己曾因为惜春、恋春，以至怨恨春去的无情，但谁知却是错怪了春，原来春并未归去，只不过像小孩子跟人捉迷藏一样，偷偷地躲到这块地方来罢了。只要耐心地寻找，即使节气已过，依旧会有另一片春色等待着自己。只要没有绝望、没有放弃，终会看见自己喜欢的景色。人生或许真的不应该绝望，勇敢地前进，再大的挫折都抵不过一个人的坚强意志。只有微笑地面对生活，生活终会回报给你惊喜。

第六节 ／ 寂寥没世空悲恨

色彩缤纷的花儿迷了游人的眼睛，小小的花骨朵儿，漫山遍野犹如闪耀的星光。

青山绿水，鸟语花香，就连心情也随着这轻盈的空气变得开朗。

凡尘中的是是非非已经变成了过眼云烟，灵魂的洗礼从看见西湖的第一眼便开始了。

这份惊喜出现于元和十三年（公元 819 年）十二月十二日，白居易突然接到了朝廷的诏书，让他代替李景俭出任忠州刺史。双手捧着诏书，白居易控制不住地颤抖，心中的激动难以抑制，白居易喜极而泣，老泪纵横。苦尽甘来，他终于盼到了自己希望的结果，等待的苦楚无人知晓，只要结局是好的，再多的等待都是值得的。但白居易却明白，自己如今可以出任忠州刺史，不仅仅是自己的等待，更重要的是崔群等人在朝中奔走的结果。尽管前方的路途是个未知数，但这终归还是一个新的转机。薄薄的一纸诏书，对于白居易来说却是仕途的新生。

转年春天，他骑着一匹骏马，带上自己的喜欢的书籍，伴着朝阳和微风，踏上了回京的道路。热情奔放的黄河，巍峨的黄山，还有那如镜般的湖面，一切都是那么令人沉醉。孑然一身，放空自己的灵魂，聆听着大自然的呼唤。那一刻，曾经令人不愉快的往事、令人厌恶的人，都从脑海中消失了，是是非非都已经成为往事，他在默默地期盼着那即将到来的最佳机遇，期盼自己的理想慢慢实现。

时间在流逝，没有什么会永垂不朽，也没有什么会恒久不变，因为这世界上唯一的不变就是改变。

这一年的白居易，仿佛受到了幸运女神眷顾。回到长安，白居易便与元宗简一同被封为朝散大夫，之后的不久，白居易又被提拔为了上柱国，官居正二品。幸运的还不止白居易一人，就连他的妻子杨氏也被穆宗封为了弘农县君。封妻荫子，对于白居易这样的旧时文人来说，可以算得上是最为光荣的事情了。这不仅是对妻子的肯定，也是对自己的肯定，甚至还可以光宗耀祖，造就一段流芳百世的佳话。而后的十月，皇上又封白居易为中书舍人，如此，他也走上了高官的行列。

仕途上虽然平步青云，但曾经多次被贬的白居易，早就变得宠辱不惊。他在远离皇城的一处土地购置了新宅院。不明真相的人都嫌那地方太过于偏远，可唯独白居易却很是喜欢那里。那里前有青龙寺，后有丹凤楼，闲来无事时，他还会摘花种草，修筑围篱，开渠引水。一番整修之后，这个宁静的宅院俨然成了一个修身养性的好去处。

参悟禅理，休养生息，此时的白居易静以修身，俭以养德。越是过多了修身养性的日子，他就越觉得曾经自己向往的京城不再适合自己。他想走出长安，因为那座方方正正的城，已经不再是他理想的王国。曾经一心求仕途的日子一去不复返，遍览祖国的大河大山才是他追求的生活，走进大自然的怀抱，享受生命最初的感动。这个能实现他理想的地方，便是江南。

> 客从江南来，来时月上弦。悠悠行旅中，三见清光圆。
> 晓随残月行，夕与新月宿。谁谓月无情，千里远相逐。
> 朝发渭水桥，暮入长安陌。不知今夜月，又作谁家客？
>
> ——《客中月》

江南，柔美多情的代名词。年少时的白居易曾经游历过一次杭州，可就是那一次短暂的交集，让他从此深深爱上了这个说着吴侬软语的、名为"江南"的地方。他想要生活在这里。

就在白居易五十一岁的这一年，他主动请求穆宗将他外放任杭州刺史。在得到穆宗的同意后，少年时的梦想照进了现实，一切都成真了。

同之前的贬官不一样，此时的白居易不是被贬之臣，没有了以前的清冷落寞。几十年后再一次来到江南，白居易难以抑制自己心里的激动和兴奋，可这样的喜悦却不容他忘了现实的处境。出任杭州刺史并不是一件简单的工作，而为了报答穆宗的知遇之恩，白居易更是下定决心要竭尽全力当好这一州之长，如此才能不负穆宗的恩泽。

但是，被政务长久缠身之后，白居易的身体开始有些吃不消了。病痛折磨着他的身体，在每一个夜深人静的晚上，白居易都会因为身体的不适而彻夜难眠。他的身体日渐消瘦，面容也日渐憔悴。

杭州的春天来的是那样的早。不过初春，杭州早已春暖花开，草长莺飞。天气转暖，人们也都愿意出门去感受春的气息。熙熙攘攘的人群带来了生机，而此时白居易的病情也似乎因为春的暖意而逐渐有了好转。或许他天生就属于无拘无束的大自然，或许是他天生就有一种艺术家的气质，能够发现细微的美。身体刚有所好转，白居易就又萌生了游历的想法。一首《钱塘湖春行》写尽了无数人向往的西湖美景，也成了千古的佳作。

孤山寺北贾亭西，水面初平云脚低。

几处早莺争暖树，谁家新燕啄春泥。

乱花渐欲迷人眼，浅草才能没马蹄。

最爱湖东行不足，绿杨阴里白沙堤。

香火鼎盛的孤山寺庄严地屹立在高高的山顶，蓝天白云与那屋顶的绿瓦连成一片，寺北蜿蜒着的小路一直通向贾公亭——一个休息的驿站。站在山门外，西湖美景尽收眼底。她婀娜多姿，清澈明亮，仿佛是美丽的仙子。

重重叠叠的白云与平静的湖面争相呼应。贾公亭中的雕刻，最是吸引人，繁华又不失优雅。坐在亭中观赏，别有一番情趣。抬头仰望孤山寺像是蓝天下悬挂的一盏明灯，低头俯瞰西湖像仙人的一面镜子。

原本光秃的树枝上开始时长出嫩芽，几只早出的黄莺站在枝头唱着欢快的歌，它们好像嗅到了春的气息，挣脱了母亲的束缚，独自飞出，想要感受新鲜的空气、温暖的阳光。即使春寒料峭，也不能阻挡它们追求自由的脚步。燕子们开始修建自己的家，他们用自己的勤劳换来安逸的生活。又是一年春来到，全新的生活开始了。

色彩缤纷的花儿迷了游人的眼睛，小小的花骨朵儿漫山遍野犹如闪耀的星光。青山绿水，鸟语花香，就连心情也随着这轻盈的空气变得开朗。凡尘中的是是非非已经变成了过眼云烟，灵魂的洗礼从看见西湖的第一眼便开始了。

长安城中每天都是嘈杂的声音和熙熙攘攘的人群，离开那片喧嚣，整个人都变得轻松了。这个充斥着吴侬软语的地方，就像是一个迷幻的梦境，进入梦境的人因此着迷，失了心智，在这美景之中兜兜转转不忍离去。

世人都喜欢繁华，因为所有美好的事物都要向天子的脚下聚集，向繁盛的地方靠拢。那么多儒生，读万卷书，行万里路都是为了有朝一日能够成为天子器重的人，享尽富贵荣华。

人往往会被这些表面的风光所迷惑。长安城里那些文人墨客，有多少已经忘记了自己作诗的初衷，只把它当作走上仕途的捷径，文风早已没有了曾经的淳朴。殊不知，亭台楼阁、雕栏玉砌都是镜中月、水中花，它们只会迷乱了你的心绪。

大自然，是最接近真实的地方，没有刻意的人工雕琢，一切都是那么自然、清透。白居易热爱这种无拘无束的生活，没有欲念，只有一颗热爱自然的单纯的心灵。若是他没有背负那么多人的期望，他想在这山水之中了却余生。

踏着青草的芬芳，一切琐事都已经飘然远逝，那些官场风波只会在那个遥远的地方上演，这里从来都是干净之地。若只为自己而活，若人生没有那么多无奈，他是否会成为这山水间的一名隐士？

行游在山水之中，感受大自然的美妙，让白居易开始喜欢上了旅行。他一生之中走过了很多地方，而他的那些诗作中很多都是在旅行路途中的所见所闻。

游历山水无疑成了他创作诗作的源泉，而游历与写作也让他的生活变得丰富多彩，让他看到了不一样的人生，一如这世间，还有同长安城的繁华不一样的江南水乡。

杭州，无论是在当时还是现在，都是以其独特的美景而闻名，在众多名山大川秀丽的风景间，它都以其独有的气质在静默中凸显。西湖有着许多的佛寺，星罗棋布地点缀在其周围，成为翡翠般的娟秀美丽景象。

一旦感受到了西湖的诗情画意，白居易就止不住游玩的兴致。孤山寺、天竺寺、恩德寺都成了他的好去处。经常同行的还有好友范阳卢贾、汝南周元范、兰陵萧悦、清河崔求等人。

那一次，白居易与友人来到了灵隐寺前的侯仙亭饮酒，同往日一样，他也带了几位舞女。一番饮酒作乐之后，白居易显得酣畅淋漓，诗兴大发，随即作了一首《侯仙亭同诸客醉作》：

> 谢安山下空携妓，柳恽洲边只赋诗。
> 争及湖亭今日会，嘲花咏水赠蛾眉。

白居易不仅会带着舞女出游玩赏，还会在节日期间欣赏舞女们的表演。白居易是喜爱歌舞的，当年在朝中，他欣赏了不少西域和宫廷歌舞，并且他还用诗歌描绘了这些歌舞的场面、舞姿、造型、服饰等。

如今来到了杭州，那些舞女们特别擅长歌舞，白居易觉得这里是歌舞的天堂。于是，他便把那些曾经欣赏过的西域歌舞和宫廷歌舞教授给她们，而这其中，最著名的就要数《霓裳羽衣曲》和《霓裳羽衣舞歌》。

我昔元和侍宪皇，曾陪内宴宴昭阳。千歌万舞不可数，就中最爱霓裳舞。舞时寒食春风天，玉钩栏下香案前。案前舞者颜如玉，不著人间俗衣服。虹裳霞帔步摇冠，钿璎累累佩珊珊。娉婷似不任罗绮，顾听乐悬行复止。磬箫筝笛递相搀，击扠弹吹声迤逦。散序六奏未动衣，阳台宿云慵不飞。中序擘騞初入拍，秋竹竿裂春冰坼。飘然转旋回雪轻，嫣然纵送游龙惊。小垂手后柳无力，斜曳裾时云欲生。蛾蛾敛略不胜态，风袖低昂如有情。上元点鬟招萼绿，王母挥袂别飞琼。繁音急节十二遍，跳珠撼玉何铿铮！翔鸾舞了却收翅，唳鹤曲终长引声。当时乍见惊心目，凝视谛听殊未足。一落人间八九年，耳冷不曾闻此曲。溢城但听山魈语，巴峡唯闻杜鹃哭。移领钱塘第二年，始有心情问丝竹。玲珑箜篌谢好筝，陈宠觱栗沈平笙。清弦脆管纤纤手，教得霓裳一曲成。虚白亭前湖水畔，前后祗应三度按。便除庶子抛却来，闻道如今各星散。今年五月至苏州，朝钟暮角催白头。贪看案牍常侵夜，不听笙歌直到秋。秋来无事多闲闷，忽忆霓裳无处问。闻君部内多乐徒，问有霓裳舞者无？答云七县十万户，无人知有霓裳舞。唯寄长歌与我来，题作霓裳羽衣谱。四幅花笺碧间红，霓裳实录在其中。千姿万状分明见，恰与昭阳舞者同。眼前仿佛覩形质，昔日今朝想如一。疑从魂梦呼召来，似著丹青图写出。我爱霓裳君合知，发于歌咏形于诗。君不见我歌云"惊破霓裳羽衣曲"，又不见我诗云"曲爱霓裳未拍时"。由来能事皆有主，杨氏创声君造谱。君言此舞难得人，须是倾城可怜女。吴妖小玉飞作烟，越艳西施化为土。娇花巧笑久寂寥，娃馆苎萝空处所。如君所言诚有是，君试从容听我语。若求国色始翻传，但恐人间废此舞。妍媸优劣宁相远，大都只在人抬举。李娟张态君莫嫌，亦拟随宜且教取。

——《霓裳羽衣舞歌》

那是一段浮华的回忆，帝王之家定是奢靡到极致的，仿佛看见了当时那个繁盛的场面，这也让白居易想起了年轻时候在宫中见到的情景，那时候的他对于未来充满了希望。如今，他到了迟暮之年，有时仰望明月才发现，现在的自己与当初理想中的自己相差甚远，那些熊熊燃烧的火焰慢慢地熄灭了，只剩下灰烬在风中飘荡。

当时春寒料峭，一群舞姬在玉钩阑下的香案前纵情地舞蹈。彩色的纱衣给这个春天增添了很多生机，她们就像是树上的新芽，让人看见希望。舞女容颜如玉，温润清透，仿佛不食人间烟火。她们身上佩着五颜六色的装饰，舞动时佩声叮铃。优美的舞姿配上悠扬的音乐，那是一种完美的体验，让人恍如身处天宫之中。

舞女们的舞衣如阳台峰上驻留的宿云片片，美妙得令人难以言表。他的心也随着音乐开始飘荡。猛然间，音乐开始发生变化，又将大家带入了另一段情景之中，其声如秋竹爆裂，如春冰化开。

瞬间，所有的柔情变得异常强烈，让人无法抗拒，只能闭上眼睛慢慢回味。轻盈旋转的舞姿如回风飘雪，嫣然前行的步伐如游龙娇捷。垂手时像柳丝娇柔无力，舞裙斜飘时仿佛白云升起。黛眉流盼说不尽的娇美之态，舞袖迎风飘飞带着万种风情。这样的舞蹈只能在宫廷之中才可以看到，民间难得一见。

只是没有想到，自己与这美景竟只有一面之缘。自从到民间，再也没机会观赏此曲此舞。最喜爱的舞蹈就成了自己的牵挂，只有那一次，却一生铭记在心间。就算看再多的歌舞，即便是绝美的柘枝舞，也抵不过他最爱的《霓裳羽衣舞》。

又一个盛夏来临，转眼之间，白居易在杭州已经任了三年的刺史。还没等任职期满，朝廷就下了诏书，封白居易为太子左庶子分司东都，这意味着他要离开江南了。可这里的一切让他留恋，他没有急于赴任，只想要趁着这段时间尽情地游玩。

游寺、饮酒、观花、吟诗、作画，想到这杭州所有的欢乐都要结束，白居易的心里有一些落寞。

第七节 / 人生佛魔皆是缘

秋日的金黄淹没了夏日的翠绿，凋落凄凉代替了葱郁茂盛。

转眼间，初冬来临，没有秋季的浮躁，整个世界都格外清爽。

只是那冰冷寒意，早就不能浸染白居易的心。

人生过半后的白居易，心中已经沉淀下了一种厚重温暖的生命力量，

足以抵挡一切的严寒。

宝历元年（公元 825 年），白居易被任命为苏州刺史。宝历二年（公元 826 年），因病去职，临别那一天，前来为白居易送行的人络绎不绝，堵满了大街小巷，这般的情景堪比当初他离开杭州时。可再壮观，依旧是送别，依旧摆脱不了残忍的分离。越是人头攒动，白居易就越是不舍。但他知道，自己终究是要离开的，与其恋恋不舍，不如干脆利落。

顺水来到广陵，白居易巧遇在此停泊的刘禹锡。多年未见的好友意外相遇，彼此的激动无以言表。他们同是豁达坦荡之人，相遇之后两人当即决定同去游玩。

广陵有一座著名的寺庙，名叫大明寺，对于痴迷于佛学的白居易与刘禹锡来说，自然是不能错过这个游赏的机会。诗人李白也曾游历过大明寺，还为寺中的栖灵塔题诗一首。今日登上栖灵塔，放眼遥望，让白居易感到震撼无比，

那样壮阔的景象，让白居易也忍不住赋诗一首《与梦得同登栖灵塔》：

> 半月悠悠在广陵，何楼何塔不同登。
> 共怜筋力犹堪在，上到栖灵第九层。

好友异地相逢，总是有着太多话要说，好像时光总也不够用，再加上几日的同游，二人更不舍得分离。正巧此时刘禹锡也被除去了连州刺史一职，正在等待新的任命。于是，二人决定结伴向东都洛阳进发，有好友陪伴，也免去了路上的寂寞无趣。

宝历二年（公元 826 年）的正月底，白居易与刘禹锡到了洛阳，安定下来之后，白居易听到了一个令人心痛无比的消息，弟弟白行简在去年冬天因病去世了，遗憾的是，一直在路上的白居易竟然没有得到一点消息。

年幼时一起的玩乐和兄弟相继去世，这让年过半百的白居易感到了无限的悲凉。时间如白驹过隙，转眼之间他们都已不再年轻，生离死别将是心中永远的痛楚，不知道哪一天，自己也会追随着兄弟们去了。

不久之后，连白居易自己也不曾想到，在生命的末尾，还会迎来更加有利于自己官途的发展。一次朝廷政变没多久之后，好友裴度和韦处厚就拟定了升迁白居易的诏书，召他回朝，出任秘书监。

在唐朝，秘书监是秘书省的最高行政长官，这对于曾做过校书郎的白居易来说是驾轻就熟的，对于秘书监的工作环境也是相当熟悉。政变后再回到都城，白居易也不用担心自己会被卷入朝廷内部的斗争中了。无疑，这对白居易来说是一件喜事，他很愉快地接受了这份官职。

三月初春，雨淅淅沥沥，那是上天对草木花朵的恩泽，渐渐地大地被似有似无的嫩绿覆盖。在这样一个充满希望的季节里，白居易带着自己的家人再一次回到了长安，回到了自己曾经的家，而白居易的朋友们也都回到了长安。三五好友时常聚在一起，每逢到了闲暇时候，一行人就结伴去山林间游玩，沉淀身心。

　　最让白居易记忆犹新的是去终南山那次。终南山又名太乙山、地肺山、中南山、周南山，简称南山，是秦岭山脉的一段，西起陕西眉县，东至西安蓝田县，千峰叠翠，景色幽美，素有"仙都""洞天之冠"和"天下第一福地"的美称。"福如东海长流水，寿比南山不老松"中的"南山"指的就是此山。终南山最著名的则是"南五台"，这五台分别为：观音台、文殊台、现身台、灵应台、普贤台。登上观音台，望着远处的长安城，白居易浮想联翩，拿起笔，一首《登观音台望城》悄落纸上：

　　　　百千家似围棋局，十二街如种菜畦。
　　　　遥认微微入朝火，一条星宿五门西。

　　那长安城的百千家如星罗棋布，十二条大街把城市分隔得像整齐的菜田。远远望见官员们上朝打的火把，就像是一串串星宿在大明宫的宫门附近一样。

　　登高远望，总是会给人不一样的感受。站在灵应台上，已经望不见长安城了。顿时，佛教中色空的感觉充满了《登灵应台北望》这首诗中：

　　　　临高始见人寰小，对远方知色界空。
　　　　回首却归朝市去，一稀米落太仓中。

　　登上高处，才发觉人的微小；遥望远处，才明白物的空虚。回首归于朝廷政坛，就像是一粒米跌落在了太仓之中，被淹没、被覆盖。

　　从南五台回来后不久，白居易又来到了长安朱雀门街之东第五街的普济寺。对于普济寺，白居易还是很熟悉的，他曾经与韦处厚一同任官中书舍人，来到普济寺跟从道宗律师接受"八戒"，各自持十斋。

　　时至当日，白居易已经有八年的时间没有来到这里了。走进道宗律师的法堂，白居易看到墙壁上挂满了前宰相郑余庆、尚书归登、京兆少尹元宗简以及尚书左丞钱徽的诗作佳品。看到这些诗作，白居易才发觉这些都是道宗律师的唱和之作，原来道宗律师是一个深谙诗作的诗僧，为此，白居易还特意为道宗律师题写了一首诗：

> 如来说偈赞，菩萨著论议。
>
> 是故宗律师，以诗为佛事。
>
> 一音无差别，四句有诠次。
>
> 欲使第一流，皆知不二义。
>
> 精洁沾戒体，闲淡藏禅味。
>
> 从容恣语言，缥缈离文字。
>
> 旁延邦国彦，上达王公贵。
>
> 先以诗句牵，后令入佛智。
>
> 人多爱师句，我独知师意。
>
> 不似休上人，空多碧云思。

——《题道宗上人十韵》

作为诗人，白居易觉得写诗就应该像道宗律师这样，一来是诗的语言形式吸引读者，二来则是要让读者进入到佛教的智慧当中。

此时的白居易对于佛教的痴迷已经到了尽人皆知的地步。在众人眼中，白居易就是一个儒释道的集大成者，他在官场中合理地运用着儒家的中庸思想，被贬官后却懂得用佛学开导自己，在看透了官场的争斗后，又可以功成身退，享受着道家无为而治的思想所带给自己的欢愉。

时光匆匆，倏然划过，这段时间白居易的生活可谓是从没有过的安宁顺和，他不用为生活发愁，也并无过多的官场烦忧，可以尽情地沉浸在佛理禅宗的海洋里，汲取自己所需的能量。

幽幽时光下，一份难得的宁静让他暂时忘却了过去的烦恼与未来的忧虑。静下心来，饮一口酒香，画一笔花开，写一首诗词。在恣意的日子里，与众花同乐，与群鸟同喜，不再伤心，不再忧郁。

二

大和四年（公元 830 年），朝廷党派之间的你争我夺继续上演。武昌节度使牛僧孺入朝，宰相李宗闵升为兵部尚书，李德裕一党却在此次的党派之争中完败，被排挤出了朝廷。曾经的好友元稹也因为受到过李德裕的提携，而被新上任的宰相贬为了武昌刺史。

身在洛阳的白居易庆幸自己远离了长安城，没有卷入这场党派的斗争中。然而虽身处事外，那些同朝为官的大臣们，无论他们当中谁受到伤害或是遭到贬谪，都是白居易所不愿看到的。

朝廷的争斗硝烟弥漫，而白居易却更愿沉醉在美景与佛海之中。他已经厌烦了官场的生活，他需要的只是一片净土而已。

三月份，白居易独自游览了玉泉寺。三月份的石榴花鲜红地绽放，独自欣赏着石榴花，一首《独游玉泉寺》已成型于心中。

> 云树玉泉寺，肩舁半日程。更无人作伴，只共酒同行。新叶千万影，残莺三两声。闲游竟未足，春尽有馀情。

四季交错，盛夏时节的洛阳城内无法再居住了，所以白居易便来到了洛阳城外的香山。香山上有一座寺院名叫香山寺，是龙门十寺中最著名的寺院。寺院里面的石楼边，有一个龙潭，潭水清凉澄澈，炎热的夏季，倘若能用龙潭水清洗一番，必定是惬意舒爽的事情。白居易的《香山寺石楼潭夜浴》就记录着这样的情景。

> 炎光昼方炽，暑气宵弥毒。摇扇风甚微，褰裳汗霢霂。
> 起向月下行，来就潭中浴。平石为浴床，洼石为浴斛。
> 绡巾薄露顶，草屦轻乘足。清凉咏而归，归上石楼宿。

转眼凉秋到来，没有了夏季的炎热，似乎更适合游览观赏。这一年的秋天，白居易来到了平泉庄游玩。在这座平泉庄里，住着一位处士韦楚，滋味不接于口，尘埃不然其心，二十余年隐居山林，多少有一些名气。平泉庄的西面有一寺，闲禅师便居于此。二人听说白居易来此地，当即十里相迎。白居易很是高兴，随即写下了《秋游平泉赠韦处士、闲禅师》：

> 秋景引闲步，山游不知疲。杖藜舍舆马，十里与僧期。
> 昔尝忧六十，四体不支持。今来已及此，犹未苦衰羸。
> 心兴遇境发，身力因行知。寻云到起处，爱泉听滴时。
> 南村韦处士，西寺闲禅师。山头与涧底，闻健且相随。

从诗中我们不难看出，此时的白居易身体状况良好，即便是游览了一番之后仍然不觉得疲倦，依旧能健步相伴于韦处士和闲禅师左右。

只是在这不久后，朝廷的诏书还是下达了，牛僧孺等人感念当年的恩情，授白居易为河南尹。这个职位在当地是拥有相当高的地位，并且俸禄丰厚，权力也很大，既可以远离皇城，又可以不必为生计苦恼，再三斟酌后白居易便同意了。

经历了这么多年的辗转与漂泊，如今的白居易再也没有在苏杭两地任刺史时的那份斗志了。他想要为百姓谋福利的想法依旧不曾改变，但却着实感到力不从心。一个饱经风霜的老人，此刻需要的只是一份安逸。于是，白居易将自己剩余的精力都放在了修筑自己的府邸上，他想在这个山清水秀的地方为自己创造一个舒适的环境，能够让自己安享晚年，不再过问外界的一切。

生活不怕索然无味，怕的是突遭晴天霹雳，那种让人措手不及的事发生是一般人无法经受的。花甲之年的白居易突闻唯一的继承人阿崔离世的噩耗，让他感到痛苦不已。阿崔是他的小儿子，年近花甲的白居易本来以为自己后继有人，谁知白发人竟要送黑发人。

白居易很长时间都无法接受这个残酷的现实。痛苦难耐时，他只好给元稹写信，以此来求得安慰。好友刘禹锡等人听到了这个消息后，也都纷纷来信劝导白居易节哀顺变，不要过度悲伤，毕竟生死之事，无法预料。

痛苦总会随着时间的推移而减缓，心中的伤痕也迟早会被岁月抹平。但不幸的是，刚从丧子之痛中回过神来的白居易却再次被噩耗打击得不知所措——老友元稹在武昌任职期间突发疾病，与世长辞。好友往日的风采依旧晃动在眼前，但从今后，他像风一样，在白居易的生命中轻轻离去，却给了白居易以重重的一击。

白居易与元稹相识于儿时，元稹比他小几岁，算起来他与元稹相识也有几十年了，对于佛理深有体会的白居易曾将他与元稹的关系比作形与影的关系。而今，形还在，影却独自离开。形只能孤零零的，独自哀伤。悲痛中，白居易为老友元稹写下了祭文，向他做了生命最隆重的告别，以此来送元稹最后一程。今生彼此间的故事已经走到了终点，那些未完的心事，只能等来生再诉说。

料理完元稹的丧事，转眼间已经是大和六年（公元 832 年）。这些年的洛阳收成不错，社会也算稳定和谐，这一年，"瑞雪兆丰年"的大好寓意在初春就表露无遗。醉心美景的白居易怎能放过眼前的美好，于是便借此机会邀请洛阳各界名流来家中饮酒赏雪。

洛阳一片安定祥和之景，作为当地长官的白居易自然也可以暂时安心地享受一下生活了。那时，他最常游历的莫过于香山寺。

洛阳有十所后魏时期所建的古刹，其中最著名的要属奉先寺和香山寺了。到了中唐时期，香山寺也逐步走向没落，每当白居易游历到此地时，都不禁慨叹这里的宁静淡雅。

七月初，元稹的灵柩要迁到咸阳去了，相识几十载的老友要永远地离开了，就算以后想要拜祭，也要远走他乡，所以，身为好友的白居易为元稹写了《墓志》，来寄托自己的哀思。惋惜之余，白居易不忘拿出元稹托人带给自己的、为其撰写墓志铭的酬金来重修香山寺，也算是为元稹积累功德。

八月一日，历时三个月的重修香山的工程顺利竣工了，白居易欣喜地写下了《修香山诗记》：

> 洛都四野山水之胜，龙门首焉。龙门十寺观游之胜，香山首焉。香
> 山之坏久矣，楼亭骞崩，佛僧暴露。士君子惜之，予亦惜之，佛弟子耻之，
> 予亦耻之。顷予为庶子宾客分司东都，时性好闲游，灵迹胜概靡不周览，
> 每至兹寺，慨然有葺完之愿焉。迨今七八年，幸为山水主，是偿初心、
> 复始愿之秋也。似有缘会，果成就之……

独坐在香山寺中，虽然这里已被修筑一新，但还是无法还原香山寺最初的模样。身边的朋友，也逐渐逝去，物是人非。

岁月如歌，静默着，静默着，风干了双眼。

还没能从亲人朋友离去的悲伤中走出来，命运就再一次让这种痛苦加深。就在白居易送走元稹后不久，他就接到了吏部尚书崔群逝世的噩耗。白居易与崔群不仅是同僚，还是有十几年交情的老朋友。他们不仅同朝为官，年纪相同，在白居易两度处于低潮的时候，也都是崔群给予他最大的支持和帮助。这样的情谊，是白居易永生难忘的；这样的痛楚，也是白居易无以言表的。

别离是伤感的，那滋味有着千万种不同，有悲伤，有无奈，有不舍，有惋惜，有绝望。理不清的种种哀愁，无处可诉的情绪，在永别的那一刻都会化作一个个文字，浮于纸上，炼成了千古传诵的佳句，酿成了蕴含百味的诗词。

身边的亲人朋友相继离去，就连府里的歌姬、舞姬也离开人世多年。伤感之余，白居易写下一首《府酒五绝·谕妓》：

> 烛泪夜粘桃花袖，酒痕春污石榴裙。
> 莫辞辛苦供欢宴，老后思量悔煞君。

看惯了太多的离别，才知道离去后那一段回忆是对思念的祭奠。离别是痛苦的，回忆是幸福的。那根让人痛苦的神经不停地痉挛着，泪流进酸楚的心

房，晕染了回忆的点点滴滴。

离去的人就让他离去，留下的却人还要继续。朋友不忍心看着白居易这样伤感颓废，便在秋高气爽的九月，邀请他一同游玩嵩山，也借此释放一下心中的伤痛。

这一次的嵩山之旅，主要是游览寺庙。一行人来到了龙潭寺，当晚就住在了那里。夜晚的龙潭寺寂静无声，空中繁星闪烁，飘着丝丝浮云，安详沉谧，让人舒心。

在游览龙潭寺后，白居易和朋友们还来到了著名的少林寺。少林寺位于嵩山南麓，背依五乳峰，周围山峦环抱，峰峰相连，错落有致，成了少林寺的天然屏障。少林寺有着"禅宗祖廷，天下第一名刹"之誉，是中国汉传佛教禅宗祖庭，始建于北魏太和十九年（公元 495 年）。三十二年后，印度名僧菩提达摩来到少林寺传授禅法，敕就少室山为佛陀立寺，供给衣食。此后寺院逐渐扩大，僧徒日益增多，少林寺声名大振。达摩被称为中国佛教禅宗的初祖，而少林寺则被称为禅宗的祖庭。一时兴起的白居易，还作了一首诗：

山屐田衣六七贤，搴芳蹑翠弄潺湲。九龙潭月落杯酒，三品松风飘管弦。
强健且宜游胜地，清凉不觉过炎天。始知驾鹤乘云外，别有逍遥地上仙。

——《从龙潭寺至少林寺题赠同游者》

彼时的白居易身体状况还算不错，还能够自由自在地游玩。借着兴致，白居易又来到了法王寺。相传法王寺是东汉明帝刘庄在永平十四年（公元71年）创建的，是中国最早的寺院之一。白居易在法王寺游览一番后，天色已经暗了下来，有僧人觉得月色皎洁，便建议趁着夜色去岳寺。岳寺又叫作嵩岳寺，在太室山的南麓，地势要比法王寺低，所以白居易并不觉得累。夜深人静的夜晚，走在蜿蜒曲折的山路上，总是会惹出许许多多的遐想。白居易一边走，一边咏出了《夜从法王寺下归岳寺》：

双刹夹虚空，缘云一径通。

似从忉利下，如过剑门中。

灯火光初合，笙歌曲未终。

可怜狮子座，异出净名翁。

听从了僧人朋友的建议游历嵩山，还真是尽兴而归。只是生活的残酷，怎么能如此轻易地就从波澜变成宁静？

就在这一年的十二月份，白居易再一次接到了朋友离去的噩耗——循州司户杜元颖病逝，那颗刚刚得到宽慰的心再一次陷入了悲痛。杜元颖与白居易是同一年的进士，关系甚是亲密，没想到友人会突然地离开自己。六十一岁的白居易在震惊的同时，也真真切切感觉到了死亡的威胁。

生命中的悲欢离合，是我们不能避免的，就像那天上的月亮，有圆满的时候，有缺损的时候；亦如那奔腾的海水，有涨潮的时候，有退潮的时候。

如同流光总是那样的公正，它从不会对某一个人分外照顾，岁月的河，只能匆匆向前。流光中的白居易已经不再是一个无知的少年，如今，他已经从青涩懵懂迈向了花甲之年。

也许，白居易还是希望自己可以返老还童，希望时间可以静止，但这也只是美好的愿望。

三

大和七年（公元833年），春节将至，洛阳当地的群众都沉浸在春节的喜庆氛围中，而唯独白居易却无法被这氛围所感染，因为他还沉浸在朋友相继离世的痛苦中。

如今的他再也不用为了生计而忧愁，但他却觉得一切都是虚幻，追逐了一生的名利，都将随着生命的陨落而变得失去意义。白居易打算辞去河南尹一职，回归山林度过自己的余生。

不久之后，长安终南山宗密上人来拜访白居易。白居易欣喜若狂，因为他早就听说了宗密上人的威望。宗密禅师曾经在长安华严寺学习过华严教义，成了华严的五祖，而且他还广收禅宗言论，主张禅教一致，这在当时的影响很大。与宗密上人接触几日后，白居易便觉得宗密上人学识渊博、教义精湛，由衷地感到钦佩，而宗密上人也对白居易这位诗人对佛教的独特理解深感佩服。有时候二人相对静坐，或是高谈阔论，或是静默无言。临别时，宗密上人希望白居易能够给自己写一首诗，于是白居易写道：

> 吾师道与佛相应，念念无为法法能。
> 口藏传宣十二部，心台照耀百千灯。
> 尽离文字非中道，长住虚空是小乘。
> 少有人知菩萨行，世间只是重高僧。
>
> ——《赠草堂宗密上人》

一日，白居易再一次独自来到香山。在洛阳的十八年，白居易早就与香山寺结下了不解之缘。一座普通的庙宇，它并没有什么神奇的地方，但却吸引了白居易的目光，让他此生这般地爱慕着它。或许这就是佛家所说的缘分，有缘分的人或物不论隔着千山万水，还是历经千辛万苦总会相遇，成为彼此的需要与牵挂。他就是这样深深地热爱着香山寺。

只有在香山寺里，白居易才能感受到自己的灵魂已经完全与那个尘世脱离。他享受这种逍遥的生活，闲来坐在山头看看天上的浮云，感受清风拂面的温柔美好。他将自己今后的生命都与这座古寺紧紧地联系在了一起，同生死共命运。

所以，白居易才不遗余力地修缮了香山寺，而这里也成了白居易后半生主要的栖息之地。他基本上有一半的时间都在寺庙里度过，与住寺的僧人们一起聊天讲经，通晓了许多大道理，那些小恩怨也就慢慢遗忘了。到了这个年纪，该放下的东西也就慢慢放下了，不该执着的事情渐渐放弃了。

走到晚年，白居易开始悟禅，这是他人生一个新的阶段，曾经执着于仕途的他，在经历了多次的打击之后，便开始慢慢看淡功名，而香山寺就是他悟禅的地方。白居易完完全全沉浸在了佛教的浩瀚海洋里，他将自己生活的重心放在了这里，只为自己内心的安宁。

其实，归根结底，白居易一直都在生命中找寻一个安静的角落，努力感受着自己的灵魂，用文字堆砌成一座堡垒，笑看走过的岁月。他愿倚在时光的寂静深处，让淡淡的人生如溪水一般潺潺而过。

闭上眼睛，静静聆听树叶归于尘土的声音，轻触地面，发出几声犹如山谷间清泉碰触岩石的清脆响声，与房间内的嘈杂截然不同。我们无法时常沉浸在这静谧中，无法穿透宿命的前尘，越过黄泉的无奈。那淡淡的哀愁、浅浅的忧伤永久地充斥在我们的心头。

花甲之年的白居易已经学会了笑看朝廷中的风云变幻，他深知朝代终将会在不断地斗争中向前推进的，这就是历史的演变，无论你是否身处其中，都是这历史中的过客，在时代的更迭中体会着作为世人的悲哀。

朝廷中人事怎样变动，都与这个年过六旬的老人无关了，他需要的只是安静的生活，有一个能让他继续徜徉佛海的机会。

他一生看了太多别人的故事、他人的遭遇，每一次他都会认真聆听，细细思量。将自己的见闻用诗句记录下来，才有了后来那么多名诗名句被后人传颂。他的经历决定了他对待事物的态度，只有看尽了离合悲欢才会这样坦然。

人生能够如此，他已经觉得满足了，那些战乱、灾祸并没有将他的生命夺走，也没有令他一蹶不振，最后，他还是坚强地活了下来。他一生之中虽没有经历什么大的富贵，也算是衣食无忧，每年朝廷的俸禄足够他的生计，甚至还有一些盈余。他也不曾想要过多么富贵的生活，所以在金钱方面他从来没有挣扎过。有的人一生都成为金钱的奴隶，那样的人生是悲哀的。他们从来没有自我，不知道人情温暖的感觉，看似风光的背后只有冷漠、麻木。以致其弥留的那一刻除了用不完的钱，其他什么都没有。

　　想自己这一生，可以游玩，可以舞蹈，可以赏花悟禅，可以饮酒对诗，不用再去理会朝廷的尔虞我诈，不必再去担心未来的仕途，这样的淡然，怕是有些人一辈子也体会不到的幸福。怡然自得的老年生活，几杯美酒，三五好友，没有比这更加安逸的了。

　　七十岁高龄的白居易慢慢看透了生死，他曾经惧怕死亡，虽然这只是一个俗世、浊世，但是却是这样令人留恋，或许只是留恋这个世界上的人与情，只有这些才是最让人难以割舍的。在经历了许多变故后，他开始参悟生死。

　　他的诗中没有提及丧子之痛对他的打击，或许是这样过于伤痛的事情直到死亡的那一刻他都不愿想起。

　　经历了那么多伤痛，只要没有一蹶不振，终究会看透这个世界的是是非非。大悲无泪，大悟无言，大笑无声。能够表现出来的情感并不是最深沉的，只有那些深深埋藏的情绪才是最撕心裂肺的。当时间的脚步碾过岁月的裙角，那些曾经的血泪和欢笑变得索然无味，他已经记不清当时为何如此执着。步入古稀之年，不知道是年龄摧残了人的记忆，还是时间抹杀人的情感，很多事情逐渐变得模糊，只剩现在这个躯体，还有什么不能失去的？

　　可悲啊，可悲啊，可就连仅剩的躯体，也在日渐残败。晚年的白居易，身体一直不好，每日要喝一些汤药，医生叮嘱的事情，他很少能够记在心里。他总是我行我素，不知道自己还有多少时间可以活，所以他很豁达。

　　虽然他一直有病在身，但是他的精神却是非常好。他经常与友人一起爬山、吟诗，游历大山名川。他是一个懂生活的人，他知道每天无所事事就是浪费时间，他一直在给自己寻找乐趣，快乐的心境让他更加容光焕发。那些比他年纪还小的人一直都羡慕他的精神头，不得不佩服这个倔强的、不服老的人。

　　后来的后来，白居易开始将自己家中的马儿卖给别人，将家中侍候他的歌姬也都遣散了，那些他已经不再需要，也不想让她们跟着自己受苦。他将自己毕生的积蓄留足家用之后，都捐献给了周围的百姓。这样的人怎能不让人敬佩？他想为后世开太平，虽然他的力量有限，但是若是将这些善举都汇聚起来，那将是一股强大的力量。他希望自己的行为能为成为众人的表率，能让更多的人受到庇佑。后人中也有很多诗人抒发了自己的情感，他们将白居易当成自己的榜样，百姓的安慰就是自己最大的心愿。

直到会昌六年（公元 846 年）八月的一天，这位饱经沧桑的老人最终安详地闭上了双眼，去往他曾经一心向往的极乐世界，也许对白居易来说那是一场美妙的梦。梦中的他终于可以和那些阔别已久的老友们相聚了，在另一个世界里，他们把酒言欢，吟诗为乐。他再不用为官场之事烦恼，他终于真正到达了那个属于他的宁静之地，那里有他喜爱的美景，更有他挚爱的父母……

他走了，这是每个人的必经之路，他并不知道自己的名字会让世人记住；他也不知道自己的雄心壮志以及善举能被世人赞美；他甚至不知道自己为后世留下了很多脍炙人口的名诗名句。他的一生历尽了艰辛，但是却是成功的，因为他是一个被后人赞美的诗人、一个好人、一个好官。他的名字永远地留在了浩瀚的历史长河里。

一代文坛巨匠铸就了属于他的光彩，留下了无数感人肺腑的诗篇，即使生命终止在七十五岁这一节点之上，但这位老人将带着他那颗淡泊之心微笑着向自己心中的净土缓缓走去。

第六辑 | 元稹

三生三世却非十里桃花

第一节 ／ 习文弄墨赤子心

在元稹的心里，那段岁月就像历久弥香的老酒，

在二十多年的记忆里，一直未曾远去。

童年的玩伴们虽然飘零天涯，悲欢离合，阅尽沧桑，但当日的赤子的单纯与稚嫩，

却犹如一座感情的温床，孕育出诗人多少连绵诗绪。

每一段传奇，都从俯瞰一座城市开始。长安城，这座在终南山脚下熠熠生辉的明珠，如同一位守望者，静静地诉说着浮世百态、人间悲喜。皇帝、武将、文人、歌姬，伴随着叮咚碰响的酒杯，他们的故事缠绕住多少不甘寂寞的灵魂，岁月流转，情味依旧。元稹的传奇，也从这座长安城开始。

"安史之乱"之后，昔日强盛的李唐王朝开始走向没落，至于这场祸乱纠葛的原因，与其说是权臣谋逆导致的举国之乱，不如说在奢华糜烂的王朝背后，党羽之争如同一个毒瘤，早已腐蚀着朝廷的根基。曾经不可一世的大唐王朝，如今已是劣迹斑斑，风雨飘摇，内忧外患，民不聊生。

即便如此，朝野上下，官员们仍沉浸在盛世王朝的美梦之中，他们贪图享乐，不问政事，将自己的身体和灵魂交于美酒舞姬。觥筹交错之中、醉眼蒙眬之际，权力的游戏不断上演，戏码却是那些无辜的黎民百姓。为人臣子，他们已然不知身处何地，不知责任为何。

对于安史之乱，他们不觉得是朝廷的不祥之兆，只以为那是刁民之举，不值一提。那种走向衰落的危机感，亦丝毫没有在官员心中荡起涟漪，他们依然悠哉乐哉，在花鸟虫鱼中消遣着士大夫的情怀——这其中就包括元氏家族。

元氏一族的祖先是鲜卑族，姓拓跋氏，自魏建立之后，家族将姓氏改为元，虽然在北周年间，家族一度欲将姓氏改回为拓跋氏，但最终没有实现。从隋朝开始，家族正式将元作为自己的姓氏，并世代传承。自随魏孝文帝迁都洛阳之后，元家便一直生活在这里。

说起元氏家族，在朝廷里也算得上是首屈一指，家族绵延百年，人才辈出，从后魏开始，历经北周、隋朝，到如今的唐朝，元家子弟入朝为官者不计其数，上到尚书、侍郎，下到刺史、县令，鸿儒俊彦，皆出元门。可以说，元氏一脉在当时算得上是名门望族，不可小觑。

元府当时所居的庭院，位于靖安坊的西北隅，这座庭院历史悠久，在隋朝时，时任兵部尚书平昌郡公元岩出兵有功，皇帝御赐此地作为犒赏。庭院大气磅礴，又不失幽微之趣，一条曲折的小溪贯穿南北，两边满是花草树木，既有偌大的古槐遮阳蔽日，又有数种花草布满院落。树荫蝉鸣、流水花香，元家人便在这样安适的小天地中过着富裕而悠闲的生活。

中唐时期，这里便是元宽和弟弟元宵的府宅，元宽当时在朝廷任舒王府长史，而弟弟则任侍御史，两人虽然官位不高，但是靠着雄厚的世家基业与家族势力，依然过着衣食无忧的生活。

公元779年，正值春风得意的元宽，却是喜忧参半：忧的是唐代宗李豫御驾归西，长子李适登基，新主登基，根基未稳，朝臣们要么趁机结党营私、卖官鬻爵，要么忙着歌功颂德，以求得宠，原本风雨飘摇的朝廷更加令人忧心；喜的是就在同年，年近五旬的元宽，终于老来得子，这个姗姗来迟的男婴便是元积。

元积的降生对于元家来说是大好之事，衣食无忧的世家，自然是希望家族人丁兴旺，子嗣绵延。虽然时局有些混乱，但父亲元宽坚信这只是一时之乱，官兵自会平定，因此怀抱着呱呱坠地的元积，元宽不禁喜出望外，虽然在元积之前，他已经有三个儿子和两个女儿了，但是论才华和潜质，这些儿女都让元宽不甚满意。小儿子眼眸明亮，五官和他极其相似，欣喜之余，元宽也对他寄予厚望。

按照曾祖的排序，元稹排行第九，虽然排行最小，但父亲对他却是异常喜爱，空闲之时，元宽便常伴元稹左右，或与他在府中嬉戏玩耍，释放孩童贪玩的天性，或带他游览城中景色，教会他捕捉自然之美。总之，对于元稹，元宽是关心备至，宠爱有加。

闲来无事时，元宽常把元稹揽入怀中，与他讲述家族的光辉历史，比如祖上曾常伴帝王左右，权倾朝野，位极人臣；比如自己出入宫内的所闻所见，所感所想，面对这个不谙世事的稚子，他似乎要把自己这些年来所有的经历和感悟都传授给他。

元家虽是衣食无忧，但是元宽在朝廷里却过得不尽如人意：新皇继位，朝野动荡，原先依附旧主的官员因各种理由相继被贬，身为舒王府长史的元宽的地位也岌岌可危。

此时的元宽顿时慌了手脚，祖上打下的基业和自己苦心经营的官位，瞬间就可能付诸东流，今后何以安身立命，已过不惑之年的元宽却不得而知。

元宽的担心并非杞人忧天，不久，朝廷便以整顿之名对元宽进行了降级处理。其实，如不看在元家世代为朝廷效力的缘故，他甚至可能会被撤职流放，所以对于这样的处理，元宽也只能默默地接受了。

受到这样的处理，元宽心绪愁苦，终日眉头紧皱、郁郁寡欢，元稹看到父亲不似往日那般宽厚温和，便撒娇似的扑到父亲怀里，试图揣度他的心事。元宽看着他最为疼惜的儿子，用手轻抚着元稹的头，告诉他要忘了曾对他说的家族旧事。

元稹心中不解，为何父亲原先要自己铭记在心的事情，现在便要自己忘记呢？此前元稹还在为自己家族的历史骄傲不已，如今父亲的话让他好生疑惑。

看着面前最让他心疼的儿子元稹，元宽心里百感交集，原来自己就是宦海之中一粒细沙，千淘万漉皆不由他。如今朝野暗流涌动，连他这样卑微的官职亦不能不受到冲击，贬官之后，如何东山再起，全家老小的生活如何应对，无不令他心焦如焚。

虽然父亲此时万分忧虑，但是在元稹心目中，早已把自己当成衣食无忧的世家子弟了，事实上，他自出生以来，就过着锦衣玉食的生活，由于家里世代官宦，元家享受着朝廷恩惠的诸多特权，元府不用交税，族人也不用服兵役，所以对于那时的元稹来说，他不懂得什么是生活的压力。

显赫的家庭背景，还有父亲的言传身教，元稹的心中渐渐产生了远大的志向，他勤奋苦读，钻研经典，希望像父亲和叔父那样，通过科举考试，一举成名，入仕为官，光宗耀祖。

但此时的朝廷，却和元稹想象中的判若两样，在元稹所成长的7年之间，朝廷内外混乱不堪，民间叛乱此起彼伏，几年间平定了李希烈、王武俊等十余起叛乱，社会动荡不安，这也使元稹一家发生了巨变。

贞元二年（公元786年），元稹的叔父元宵因病去世，此事让元宽痛不欲生、心灰意冷，一向坚强的元宽就此病倒，虽然他心中仍有层层忧虑，无奈大势已去，即便他耗尽全身气力，也终究无法挽回，数月后，元宽在家中与世长辞。

半年之内连失两大支柱，这彻底击垮了元家的老老小小，这意味着他们不仅要承受接连丧失亲人的剧痛，而且也要面对家里的经济来源被彻底切断的现状，元家老小的生活从此将无依无靠。

元宽、元宵家中内人未曾料到他们的夫君就这样撒手西去，更没有想过百年家族会就此衰落，她们终日郁郁寡欢，家里的开支也是一省再省，无奈府中人口众多，每月还是要消耗一大笔开支。

有人提出要外出经商赚钱，但是想到外面时局动荡，兵荒马乱，最后还是放弃了这个念头。家里的妇女都把自己的金银首饰卖掉，以换取散碎银两，最后，不得已辞退了所有奴婢杂役，一家人才得以活下来。从富有到没落，元家上下苦不堪言。

此时的元稹，还无法从失去父亲的阴影中走出。自记事以来，父亲便是他的精神楷模、理想典范，面对父亲的离世，元稹心中高大的支柱瞬间崩塌，父亲和叔父的音容笑貌依旧，只是如今只能在梦中与之相会，而那考取功名的理想，也与他渐行渐远……

对于这个从小生活在富足与幻想中的孩子来说，家族落寞的事实，无疑让他难以接受，之前自己勾勒的所有美景，如今似乎都被打碎。他一直对父亲充满了感激与怀念，以至于后来他在为姐姐编写墓志铭的时候，也带上了对父亲那种深深的眷恋，令后人读之黯然涕下。

元稹的童年是不幸的。只是年幼的他还未能洞穿世间百态与人情冷暖，那刹那间的阵痛也还未一点点地分散、渗入到他的内心深处。此刻，更为难过的是他的母亲郑氏，她像一枝饱受风霜摧残的雨荷，孤独、脆弱，又顽强。她努力地张开身体，为的只是臂膀下那个稚嫩的元稹。

长安城里，时光依旧温柔而缓慢。灞河上的涟漪搅动着人的心扉，户牖下的月光映照着思妇的面颊，秦楼内的歌声撩拨着骚客的思绪，从山间古寺传来的钟声，熄灭了最后一丛渔火。远处，平安坊内，歌舞升平不知倦，火树银花不夜天。

此刻长安对于元稹母子而言，已变成了伤心之处。郑氏丧夫之后，眼前所见，皆是物是人非，既然痛苦不能改变，倒不如远走他乡，将过去就埋葬在此处。

经过郑氏的反复斟酌，在与元家上下商量之后，决定带着元稹和哥哥元积投奔自己的姐姐和舅族，那里的条件虽然与长安不可相比，但好在有亲人相伴，或许此时的郑氏母子，最需要的就是亲情的慰藉。

郑氏的姐姐和舅族住在西南的凤翔（今陕西省宝鸡市），那也是郑氏生长的地方，原先郑氏一家和舅族离得很近，父母死后，郑氏和姐姐相依为命，舅族的亲人们也时常去关照郑氏姐妹，后来郑氏嫁到长安，家里只有姐姐一家和那些舅族的亲人了。所以当郑氏为以后打算的时候，首先想到要投奔姐姐。

带着幼子重回故乡，郑氏心中有几多感慨，又有些许委屈，而回到故乡，又意味着回归、意味着温暖。

元稹习惯了长安城里的繁华世界，看到眼前这种寂静与空旷，使他非常好奇，这里的人生活贫苦，衣着朴素，虽然元家已经败落，但是他所穿的衣服还是要远远好过这些农民。新奇之余，他也意识到，这个王朝只是外表浮华，普通百姓的生活依然十分艰辛。

虽然从未见过姨母，但是郑氏姐姐的热情还是让元稹消除了距离感，姨母有一个女儿和女婿，都与她一同居住。元稹的姐夫是陆翰儒业的先生，颇有些学问，所以元稹一见到他，就觉得分外亲切，迫不及待地向他请教学问之事。

一切安顿好之后，郑氏向姐姐诉说了元家的遭遇，期间，两姐妹不时抱头痛哭，姐姐十分同情妹妹的遭遇，像她们这种穷苦家庭的女子来说，就盼着嫁一个好的夫君，好安安稳稳地过日子。可如今，妹夫过早离世，妹妹又带着两个孩子无处可去，如此可怜的妹妹，怎能让她不同情和难过。

好在家里虽然清贫，但日子还算过得去，郑氏从长安来的时候，也带来一些银两和准备典当的首饰，如果精打细算，也能度过一些时日。所以元稹一家就在凤翔暂时住了下来。

到了凤翔，元稹仍不忘看书念诗，即便姨母带他们出去游玩，元稹所注意的，也都是和书有关系的地方。有一次，他在一个书肆边驻足了很久，姨母看到之后走上前去，见元稹非常投入地在看书，双手轻轻捧着书，害怕把书弄坏了。抬头时看到姨母，他立即合上书，在身上擦了擦之后，又放回原处。

姨母见状，便问他是不是很喜欢这本书。元稹连忙摇头，但姨母看出他的心思，便掏出钱来，把那本书买下。元稹接过姨母给的书后，既惊讶又感动，连声向姨母道谢。

这几声"谢谢"，忽然令郑氏的姐姐感到一丝心痛，元稹来自于都城长安，算是世家子弟，但命运却总是为难这样一个孩子。元稹为了不给家里添加负担，他只能强忍着对读书的渴望，真是个懂事的孩子。经过此事之后，郑氏的姐姐便决定要帮帮这个孩子。

晚上，她找来自己的女儿女婿，说起今天发生的事情，希望女婿可以利用空闲的时间教他读书。女婿身为先生，自然对这种勤奋刻苦的孩子非常喜爱，也就答应了岳母的请求。每逢早晚和书院休息的时间，元稹和元积就去姐夫的房间。

这是元稹第一个真正意义上的老师，虽然与以前父亲给哥哥姐姐们请过的那些先生相比，学识和名气都稍有逊色，但是能有一位专业的先生来指导学习，他已经心满意足了。

在学习过程中，陆翰亦被两人的刻苦所打动，尤其是元稹，他不仅刻苦，而且在诗歌方面透着一种灵性，在学习中他能够举一反三，能把当前学习的诗文与其他相关文章联系起来。陆翰还惊奇地发现，元稹所涉猎的文章、诗歌，已经远远超过了同龄人，有些甚至自己都没有听说过，所以他十分器重元稹，立志将毕生所学授予这个学生。

其实，陆翰之所以如此喜欢元稹，还有一个原因：自己幼年的家境也不好。陆翰从小生活在越州山阴，家里十分贫穷，为了找到一个愿意教自己的先生，他不远千里找当时著名的诗人。看到元稹之后，他立即想起了过去的自己，他太清楚求学之路的艰辛，如果能够借助他的臂膀让元稹一飞冲天，对老师而言，亦是最大的安慰。

有时看到眼前的元稹，陆翰心中生出些许酸楚，穷人为了谋求功名，他们便要付出比常人更多的辛苦与努力，心里的那份隐忍和痛苦谁人能知？寒门若想出贵子，便要踩着荆棘步步向前。

由于条件有限，陆翰家里藏书不多，但是他向元稹、元积二人承诺，只要想读，随时可以去他房间里拿，即使他不在家，也可以找姐姐去拿。

除了在家读书之外，陆翰还经常带着元稹、元积两兄弟出去游玩，他知道这两兄弟喜欢读书，便带着他们去当地最好的书社。有一次，陆翰带着两兄弟，来到了自己的好朋友家里。陆翰的这位朋友也是喜欢读书写诗的，因为家境富足，所以书房的墙壁上，有好几百本藏书。元稹、元积两兄弟看到之后，惊讶驻足，眼里似乎没有其他人和物了，陆翰的朋友看到后，微微一笑，将他们带到书架面前，要他们不必拘礼，随意观看。

见满屋藏书，元稹心中又喜又惊，惊的是在这落后的乡野之地，竟有如此藏书颇丰之人；喜的是既可以随意观看，以后读书便有了好去处。那装帧精美的线装古书，是如此强烈地诱惑着他，让元稹迫不及待地前去观看。

陆翰和这位朋友虽然家境悬殊较大，但是两人以文相识，朋友丝毫没有在意陆翰家境之贫寒，反倒对其非常尊敬，认为陆翰是一个尊师重道之人，所以与他交往十分密切。前几日，陆翰与他聊天时，谈到了元稹、元积两兄弟读书之刻苦、悟性之敏捷。他当时就对陆翰说，有空一定要带他们两兄弟到家做客，今天见到元稹、元积两兄弟果真如他所言，便心生喜爱，决意为这两个好学的年轻人提供必要的帮助。

临走时，他把元稹、元积没有读完的书重新交还给两人。告诉他们，什么时候读完，再还不迟，并且欢迎他们随时来读书、借书。元稹受到如此礼遇，自然十分开心，回家路上手捧书卷，脸上不时露出些许笑容，这样的笑容，自父亲去世以后，还是第一次出现在他的脸上。

除了跟着老师学习之外，元稹、元积还认识了姨兄胡灵之、吴士则、吴士矩等十几个同龄伙伴，几番玩耍之后，元稹、元积两兄弟就与他们渐渐熟悉。与元稹在长安的那些朋友不同的是，他们身上都流露出农村少年的简单、质朴之气。他们很重义气，也很亲和，和他们在一起，元稹感受到一种久违的亲切感。

自从父亲去世之后，他大多数时间都和家人在一起，很少有机会和其他同龄人一同嬉戏，过早的成熟使元稹总觉得自己的心思有别于他人，总怕别人嘲笑自己，直到遇到胡灵之等人之后，天真、顽皮的性格才重新回到这个少年身上，在元稹后来所写的《答姨兄胡灵之见寄五十韵》中，对当时的情节进行了生动的描写：

      九岁赋解诗，饮酒至斗余乃醉。时方依倚舅族，舅怜，不以礼数检，故得与姨兄胡灵之之辈十数人为昼夜游。日月挑掷，于今馀二十年矣！期间悲欢离散，可胜道哉！

忆昔凤翔城，龆年是事荣。理家烦伯舅，相宅尽吾兄。诗律蒙亲授，朋游忝自迎。

元稹从来没有如此放肆的玩耍过，从文中可以清晰地看出元稹当时的开心，直到他长大成人，仍把此当作童年最为珍贵的记忆。在元稹的心里，那段岁月就像历久弥香的老酒，在二十多年的记忆里，一直未曾远去。童年的玩伴们虽然飘零天涯，悲欢离合，阅尽沧桑，但当日的赤子的单纯与稚嫩，却犹如一座感情的温床，孕育出诗人多少连绵诗绪。

这些孩子都是穷苦人家出身，所以他们更懂得珍惜身边的一切，在他们心中，只要能过上平平安安的生活就足矣。安稳，是他们对一切生活的希冀，在小农经济的包围中，他们脆弱的家庭生态根本经不起什么变故，生命的至重亦不过长久二字。

和这群孩子长期相处，元稹的心性也发生了极大的改变，在这过去未曾触碰的世界里，他懂得了人生的艰难与不易，一种悲悯情怀自此笼罩着他，这种情怀亦对他后来的创作产生了深远影响。

第二节 ／ 明经及第年少成

几日之后，长安传来圣旨，元稹考取了明经，即日起身前往长安任职。

那一刻，母子二人抱头痛哭，以这样的方式回归长安，是对过往岁月的最好纪念，

是对父亲在天之灵的最好告慰。

求知的大门刚刚打开，便有灿烂阳光洒下。长期被寒冬封锁的情绪，终于抽丝剥茧般被暖阳一点点融化，置身于淳朴的乡村，少年身上便沾了些蔬笋之气，淡淡的、幽幽的。阡陌蜿蜒至脚下，远处碧浪涌动，宛如大海，一切都如空气般透明、干净。

元稹在姨母家的生活无忧无虑，自在快活。平日里除了能跟着姐夫陆翰读书，还可以呼朋引伴，游山玩水，这使得他长期压抑的心绪豁然开朗起来。

随着年龄的增长，昔日那理想的种子又开始萌发，"修身齐家治国平天下"的儒道对他而言似乎太遥远。对少年元稹而言，寄人篱下终究不是长久之计，而想从这个乡村里走出去，道路或许只有一条：科举。

他将心事常常诉予姐夫陆翰，他们两人不仅是亲戚和师生关系，更是无话不谈的好朋友。皓月当空之夜，二人常常卧在草垛之上谈天说地，言谈之中，陆翰看出了元稹对于未来的一丝忧虑和迷茫。元稹曾经对他说过，自己所见过的读书人，大多都是过着贫寒的日子，要靠读书换得名利兼收恐非易事。

这些话也让陆翰看出了元稹的一丝野心：这个男孩，一定不满足于做个乡下清贫的读书人。陆翰立即向元稹提议，他可以参加朝廷举行的科举考试。当元稹听到"科举考试"四个字的时候，素日平静的眼眸中突然荡起一丝涟漪。

科举考试是唐朝选拔人才的最重要的途径，在隋朝科举考试的基础上，唐朝对其进行了改良与延伸，但是框架与形式没有什么变化。在当时，科举考试除了选拔王公贵族的人才之外，还可以吸纳民间的鸿儒俊彦，让其为国效忠。大多数读书人，也将此生的命运押在科举一试上，唐才子孟郊蹉跎一生，中第后便喜不自胜，作出那首著名的《登科后》："昔日龌龊不足夸，今朝放荡思无涯。春风得意马蹄疾，一日看尽长安花。"科举，对于士子的意义可见一斑。

元稹心中已有定夺，他不想让母亲再这样四处奔波，过着寄人篱下的日子，他终日苦读，也正是在等待这一天的到来，如果羽翼渐渐丰满，就要接受风暴的洗礼。如今，陆翰也建议他去参加科举考试，说明时机已经成熟，他只需问问母亲的意见，等母亲安定之后，便放手一搏。

当他把打算告诉母亲时，郑氏露出了欣慰的笑容，她明白，那个无忧无虑的少年已经长大，如果他注定是只鸿鹄，那么，冲上云霄便只是时间问题。

但要论起科举，未必人人皆能高中，因为毕竟是朝廷在全国范围内选拔人才，腹有诗书而摩拳擦掌的士子千千万万，要想从精英中脱颖而出，获得皇帝赏识，并非易事。

在唐朝科举制度中，大要有三：由学馆者曰生徒，由州县者曰乡贡，而最高级别的当属进士、明经和制举，如果考取这三个功名的其中一个，都可以进入朝廷内部，未来有希望谋取高官。

这些制度元稹在父亲那里早已听闻了，但是考试之前，他仍不免有些紧张，与其他人相比，他年纪尚幼，阅历较浅，又是第一次参加这种全国性的考试，心中十分忐忑。

考试前几日，他甚至无法静心读书，时不时在院中徘徊，陆翰看到他如此焦虑，便让他放下书本，和自己出去走走。在路上，陆翰问元稹为何如此紧张，元稹说他不是为了自己紧张，而是怕如果自己最终考不上，母亲就会失望，而母亲的失望，即便不会表露出来，对他而言，亦是一种煎熬。

　　元稹的话，陆翰完全可以理解，他坚信以元稹的学识，考取功名不成问题，他一直伴在学生左右，为他排忧解难。每当元稹眉头紧皱、情绪波动时，陆翰便递与他一杯青茗，要他平心静气，如往常一样纯粹地积累知识，不要顾及太多。元稹也听从恩师的意见，读书累了，便同他在乡间的阡陌上并肩交谈。明月悬于夜空，繁星点缀天际，恰如少年与恩师，相伴相随，熠熠生辉。

　　贞元八年（公元 792 年），元稹在家人的鼓励和期望下，参加了当年的科举考试。这是少年证明自己的唯一机会，一笔一画都是被理想打磨的声音，挥洒翰墨之际，亦是在涂抹自己的青春，这一场酣畅淋漓的考试，道尽少年多少心事。

　　功夫不负有心人，元稹顺利通过了考试，并将以乡贡的身份参加于贞元九年（公元 723 年）在长安举办的考试。所谓乡贡，就是最低级别的选拔，不管你家境如何，只要想参加科举考试，就可以报名。元稹就是在这次选拔中脱颖而出的。

　　这个消息让元稹全家兴奋不已，尤其是元稹的母亲，她十几年的希望，终于在今天透出点点光亮，这个孩子多像他的父亲，天赋异禀，又孜孜不倦；他又不同于他的父亲，永远不会随遇而安，永远不会满足现状。

　　自然，这个消息对元稹而言是意料之中的事，然而他并未懈怠，他还要准备更为关键的殿试。进入殿试，他便可以亲眼看见父亲口中富丽堂皇的皇家宫殿，还有那气宇轩昂的当朝天子……昔日无比遥远的梦境，如今竟触手可及了。

　　贞元九年，寒冬，元稹不仅回到了长安，还踏进了皇宫的大门，参加了科举殿试。这一次元稹没有了第一次考试的紧张，却多了一些复杂的心情，看着皇宫的金碧辉煌，想想自己家族的落寞和母亲的艰苦生活，心里感慨万千，如今自己已经站在改变命运的十字路口，是好是坏，就看自己的造化了。

那场考试，元稹发挥超长，一篇策论洋洋洒洒，博得考官们一致称赞，终于明经及第，那一年，他才刚满15岁。

到此时元稹才算真正的如释重负，他终于可以将心中多年的压抑与委屈尽情抛洒，更让他感慨的是，自己可以重新回到熟悉的长安。有别于以往的是，他这次是靠自己的努力回到长安。这一刻的骄傲，令他终生难忘，后来他在自己的作品《寄吴士矩端公五十韵》中，对此段经历进行了深刻的描述：

> 荒狂岁云久，名利心潜逼，时辈多得途，亲朋屡相教。亦从酒仙去，便被书魔惑，脱迹壮士场，甘心竖儒域。

此组诗句表达了元稹的野心，显示出他内心所蕴藏的巨大的能量，他本出生贵族之家，追求名利、维持尊严乃是常事，但是因为命运的多舛，他被摔入谷底，如今东山再起，荣耀已不属于他一个人，而是整个元氏家族。

元稹考完之后，并未在长安停留，他知道，母亲和家人都在焦急地等他，所以他马不停蹄地回到了母亲身边。

几日之后，长安传来圣旨，元稹考取了明经，即日起身前往长安任职。那一刻，母子二人抱头痛哭，以这样的方式回归长安，是对过往岁月的最好纪念，是对父亲在天之灵的最好告慰。

告别时，元稹紧紧抱住陆翰，倾诉了许多，如果不是陆翰，他恐怕不能痛下决心参加科举，也没有信心考取功名。同时，他也舍不得好友吴士矩、吴士则等，正是他们，让元稹获得了久违的欢乐。告别了姨母，母子三人踏上了回长安的路。

年仅15岁的元稹，便登科及第，足以说明他极富才华。根据唐朝的规定，考取及第之后，并不能直接进入朝廷的核心机构任职，需要节节入仕，就是在入朝为官时，先在基层出任初级的官吏，进行考核之后，在进入朝廷任职。

在去长安之前，陆翰便开始帮他寻觅合适的差事，通过老友推荐，最终帮元稹在汾州西河县找到了一份录事的职务。那里距离元稹原先生活的地方不远，由此，元稹真正踏上了自己的仕途。

虽然年纪很小，但是元稹对当时的时局早已心中有数。他知道，安史之乱的爆发并非偶然，而是民间积怨已久，朝廷无力解决的结果。饱受生活摧残的元稹深知，此次出任地方官员，官职虽小，但关系百姓疾苦，元稹不敢怠慢，希望用他所学，为天地立心，为生民立命。

小小年纪，对时局就有如此准确、深刻的理解，这不仅源于他的博览群书，更与他的生活经历有关。过早地接触社会使他熟知了世间百态、人情冷暖，元家昌盛时，门庭若市，前来结交的达官贵人络绎不绝；元家衰败后，门可罗雀，昔日要好的子弟也都一一离去……这一切，对他而言，都是一种刻骨铭心的体验。

第三节 ／ 愿得一人不相离

十七八岁的少年，对爱情总是格外纯粹又刻骨铭心，少年元稹曾为爱伤怀，
如今他希望能将其记录下来，于是便有了后来的《莺莺传》。

贞元十八年（公元 802 年），元稹任期结束，等待他的将是吏部的选拔考试，
这是他入朝为官前最重要的一次考试。根据规定，参加考试的举子们，必须有
一部令自己最满意的原创作品，在考试之前交给相关官员，其目的就是向朝廷
展示自己的才华与能力，如果腹有诗书，文采斐然，自然会得到皇帝青睐，拔
擢为官。

按照元稹所在的吏部乙科规定，举子所交的作品题材必须是《传奇》《幽
怪录》之类的故事性作品。元稹接到考题后，回到长安的家里，整理了自己多
年来积累的资料和作品。经过深思熟虑之后，他决定把自己与管儿的故事写下
来。管儿是他在西河县上任录事之后，随友人漫游到洛阳，于茶社结识的卖艺
女子。元稹曾在《琵琶歌》中写道：

管儿管儿忧尔衰，尔衰之后继者谁？
继之无乃在铁山，铁山已近曹穆间。

诗中，元稹对管儿因爱生忧，越是喜欢她，越是为她的悲惨身世而担心，他希望能够帮助管儿摆脱困境，只是自己官职卑微，有心无力。历经两聚两分后，管儿最终还是离他而去了。十七八岁的少年，对爱情总是格外纯粹又刻骨铭心，少年元稹曾为爱伤怀，如今他希望能将其记录下来，于是便有了后来的《莺莺传》。

元稹笔下的《莺莺传》，描写的是一个书生去远方亲戚崔家做客时，被小姐崔莺莺的美貌所吸引，恰逢当地地主的儿子前来抢亲，崔家无力反抗，张生挺身而出，挽救了崔家名誉。后来张生与崔家小姐崔莺莺互相爱慕，两人不顾父亲的反对，在西厢房耳鬓厮磨，私订终身。只是故事的结局颇令人遗憾：最终张生借机离开，丢下了崔莺莺，再也没有回来。

在元稹之前，"传奇"这一题材的作品，多是平铺直叙，通过一些灵异故事来表达一些佛道思想，描写手法单一，文学性不强，长久以来，都被士子们所鄙弃。

在这一部作品中，元稹加入了很多新鲜的文学手法，如精致的白描、跌宕的情节、优美的文辞等，他将这些年来的文学积累巧妙倾入，使"传奇"这种文学样式，无论在思想内容上，还是在风格趣味上都出现了极大的改观。

此作品一出，便引起了巨大的轰动，无论是耄耋老人，还是顽皮小孩，无论是达官显贵，还是市井小民，都知道有这样一部《莺莺传》，一时间，元稹名声大震。主持科举的官员，还未见元稹真容，便迫不及待地先读了《莺莺传》，这才叫作"未见其人，先读其作"。

事实上，《莺莺传》只是元稹的牛刀小试。因为吏部考试的文章属于判文，所以在考试之前，元稹在家终日研究、创作判文。据史料记载，在历史上传承下来的所有判文中，已被发现是元稹所著的就有 17 篇，几乎都是在备考之前创作的。虽然那时的元稹还很年轻，但从文笔来看，已现大家之风。

正式考试时，元稹创作了一篇名叫"乙于田中种树，邻长贵其妨五谷，乙乃不伏"的文章，是针对当时唐朝的法律而写的，此篇作品针砭时弊，气势磅礴，文笔老成，一针见血，之所以可以切中事实要害，是因为他和一些朝廷官员打交道时，了解了在朝为官之人的一些习惯与想法，加之对于自己文采的自信，所以对于这次考试，元稹颇有信心。

贞元十九年（公元 803 年）的春天，元稹通过吏部考试，获得了吏部及第，正式入朝为官。提起这次顺利通过考试，其一是因为他本身拥有深厚的文学功底，其二就是因为他的那部《莺莺传》获得了广泛好评，朝廷看中了他绚丽的文采。

在那样紧张、严肃的考场上，元稹能发挥出如此高超的水平，没有深厚的功底和良好的心态是做不出来的，所以取得这样的成绩，也属于实至名归。

当时主持科举考试的朝廷大臣，有吏部侍郎郑珣瑜和参与考司判的裴垍等，他们都非常喜爱青年才俊。在看到元稹如此优秀的文章时，他们颇感兴奋——如果把元稹这样的优秀人才委以重任，将是朝廷的一大幸事。所以，元稹也就顺利通过。

那年与元稹同时参加科举考试的，还有后来的唐代大诗人白居易。早在科举考试之前，白居易就读过元稹的《莺莺传》，并对其的文采韬略赞不绝口。此次两人同被录取，他们才得以相见。元白二人几番交谈之后，彼此互相倾慕，于是二人结下了深厚的友谊，在以后的三十年里，两人不仅在诗词方面有着深入的探讨，而且两人的友谊也不曾改变。

同年四月，元稹与白居易一同做了校书郎的职务。此差事是将历史上所有关于皇家的书籍进行整理，他们二人在文学方面天赋异禀，所以处理这种工作也是得心应手。

这两个年轻人自任朝廷官员以来，春风得意，怡然自得，两人均在年轻时便顺利地踏上仕途，有个不错的开端，比起那些已入耄耋之年还在科举场上挣扎的老生而言，他们的确是被命运眷顾的宠儿。

那段时间也是两人最为开心的日子，他们都是寒窗苦读多年，枯燥与烦闷长期压在身上，如今一飞冲天，一鸣惊人，金光大道似已铺好，前途亦无甚担忧，昔日的汗水化作今日的硕果，年轻的心怎能不为之激动？卸下所有的压力与包袱，他们现在就想好好享受一下生活，白居易在《代书诗一百韵寄微之》

中，就两人当时的状态进行了描述：

> 忆在贞元岁，初登典校司。身名同日授，心事一言之。肺腑都无隔，形骸两不羁。疏枉属年少，闲散为官卑。

诗中充分写出了元稹、白居易当时入朝为官的喜悦之情，两人为同一批考生，又拜同样的官位，关系自然是亲密。由于校书郎官职不高，政务清闲，所以两人都好生悠闲，心中无甚挂念，便浪游不羁，疏狂终日，"肺腑都无隔，形骸两不羁"，这句诗把元稹、白居易的愉悦之情和悠闲之举刻画得惟妙惟肖。

元稹和白居易显然都沉浸在初为官员的兴奋之中，他们每天出入皇宫，做着令人羡慕的工作，自己又有一定的能力，所以心中会产生从未有过的优越感。刚刚入朝的时候，他们并没有做什么实际的工作，只是在其他校书郎的带领下，阅读一系列的皇家史料和相关文章。起初，他们以为校对和整理史料的工作是庞杂而烦琐的，但是一段时间下来，他们发现这种工作有固定的章程和程序，难度不是很大，便有机会接触到许多珍贵的历史文献，这对于酷爱文学的他们来说，绝对是天堂般的享受，因为这里所珍藏的很多书籍，都是绝本和孤本，在民间根本不可能看到，这对于他们日后的创作起到了至关重要的作用。

在悠闲的时间里，以元稹、白居易为首的这群年轻人，游走在长安的各个角落，除了他们二人之外，还有李建、李绅、李复礼、王起、吕炅等十余人。由于认识的人越来越多，所以他们所参与的场合也是越来越多，接触的人和事也就越来越多。

在这群公子中间，大多都是饱读、腹有文章的文人，所以对于和文学有关的事情，他们都乐此不疲地参与着。后来，他们十几个人一起参与了话本小说的讲唱活动，类似于如今大学的演讲社团，将一些好的文章与小说讲给大家听。

虽然这种文学活动让元稹、白居易觉得很有趣味，但是这毕竟不是他们内心最想做的。在他们二人的心中，还隐藏着民生疾苦和自己的政治抱负，如今在朝廷里也没有什么事情可以做，久而久之，竟颇感无聊，他们只是空有一腔热血，却无法施展。

后来他们发现，校书郎虽然是一个小官，但是在工作时，还是可以接触到许多内廷官员，通过和这些官员聊天，从他们口中可以打探到朝廷最新的政令，甚至一些不为人知的内幕消息，每每听到某些官员阳奉阴违、压榨百姓之事，两人都颇感愤怒与不平。

他们虽只是一介校书郎，整日与书籍打交道，但是士子的责任感却从未被卸下，儒家的正统教育告诉他们，修身齐家之后，便要治国平天下，如今天下不平，他们又怎能做到充耳不闻？身为校书之职，并没有直接参与政事的权力，此刻便只好韬光养晦，待他日厚积薄发。

古人的智慧就凝聚在手中这本薄薄的线装书中，弹指间，眼角停留处，每一场惊心动魄都被收藏于心中，天行有常而世事万变，策士之间的唇枪口战、谋士之间的口蜜腹剑，字句之间，历史仿佛就是一个循环，他们所眷恋的江山，也不过是沧海一粟，俯仰之间。

看惯了宫里的尔虞我诈之后，元稹与白居易对朝廷的未来也越发担忧，但是无奈世风日下，他们即便有万千良策，也无法挽回衰败的颓势，所以他们平时除了做好自己的工作、研读自己喜爱的书，就是和朋友游山玩水、寻访古迹，倒也自在无比。

但元稹并不想这样虚度时光，有一次，在和白居易读书的时候，他突然生出一个想法，马上放下书本，来到白居易面前。

白居易看他一脸兴奋，便立即问他可否想到了什么？

元稹慷慨激昂地告诉白居易，如今朝廷混沌不堪，真正受苦的都是普通老百姓，如果他们再这样混迹下去，无所事事，后果不堪设想，必须要做些什么，来激发年轻人的斗志，这样国家才有希望。

白居易频频点头，立即追问该如何行事。

元稹思索片刻，想起他们一直在准备的话本小说，元稹提议，在此后讲唱的时候，多找一些激发人心、针砭时弊的文章，讲给那些年轻人听，把他们心中那种力量激发出来，大家一起改变现状。

白居易听到这里，连声叫好，两人一拍即合，马上着手准备。

元稹和白居易将此想法对其他朋友说明以后，得到了大家的广泛认可，这一众人虽然不会什么武功，但是要论文采，那也是出类拔萃的。因此从那时起，他们在长安城的各个地方，纷纷开始鼓动说唱文学，表面上是宣讲故事，实则鼓动年轻人奋发图强，勿忘读书明经之初衷。

一时间，元稹、白居易等人发起的话本小说的讲唱活动，如春雷一样在长安城内引起了不小的反响，前往瓦肆弄堂里听讲唱的人越来越多。他们每来到一个地方，都会引来很多年轻人，他们非常喜欢这种通俗有趣、感染性强的演绎方式，在被道统文学占据的社会形态中，这样的娱乐方式令人耳目一新，颇受欢迎。

此举不仅使民间老百姓受到了鼓舞，也让朝廷内部官员有所耳闻。许多当朝的忠义之士，对元稹、白居易的做法深表敬佩。他们虽然不敢大肆夸奖他们二人，但却通过各种渠道和方式表达了自己的敬意。当然，也有一些官员，以特殊方式提醒他们，让他们收敛一点，不要影射朝政，以致招来杀身之祸。

年轻气盛的元稹、白居易并没有在意这些提醒，因为早在这场运动之前，他们就已经做好了迎接暴风骤雨的准备，既然已经被某些官员视为眼中之刺，何不借机刺得更深？

随着他们讲唱活动的进行，认识他们的人也越来越多，有一些百姓专门找到他们，向他们诉说冤情，乞求他们为自己申冤；还有一些官员文人，因为看中他们的文采和能力，纷纷邀请他们来为自己写文作诗。对于前者，二人来者不拒，利用舆论压力使那些贪官污吏不得不收敛许多；至于后者，除了那些无法推脱的至交与权贵，他们则一概回避。

一日，一位朋友来访，说京城太子少保韦夏卿邀请元稹去府上做客。太子少保贵为京城高官，元稹自然不敢怠慢，稍作休整之后，便跟随这位朋友来到了韦夏卿的府上。

韦夏卿虽然贵为太子少保，但府上丝毫没有铺张奢靡之气，院中只有简简单单的花草果树、石桌凳子，房间里的陈设也非常质朴，几本古书，一盏枯灯，可见主人是个淡泊清雅之士。

来到正厅，韦夏卿快步上前迎接，说道："久闻元大人之名，年轻有为，长安讲唱之事，韦某深表佩服。"

元稹立即回礼，说那只是他和几个玩伴的闲暇之举，难登大雅之堂。

一番寒暄之后，几人纷纷落座，元稹便直接问韦夏卿找他有何事。

韦夏卿也直言相告，说自从元稹和白居易在京城讲说以来，韦夏卿就对他们有所留意，知道他们个个都是文笔超群，才能过人。后来听别人说，元稹与李绅是朋友，所以他想通过元稹认识李绅。

元稹一时奇怪，位高权重的韦夏卿为何要认识李绅？

韦夏卿告诉他，当初李绅对他有知遇之恩，韦夏卿一直想报答，可始终找不到他的踪影，所以想让元稹帮忙。元稹了解情况后，答应了韦夏卿的要求，两人谈笑一番，元稹便准备回府。

走出厅堂时，元稹看到院内有位女子立于梅花下，清风拂过，花瓣凋零，落到她的头上，那女子只是痴痴地看着梅花，却不知早已暗香盈袖，落花满襟。面对此情此景，元稹不觉惘然，那女子唇红齿白，肤如凝脂，气度淡然，恬静如仙，思虑间，俄而轻叹一声，突然那女子回头，两人对视后，女子莞尔一笑，互相礼貌性地示意了一下，元稹便匆匆离开。

回去的路上，元稹一直在想刚才那位女子，她虽然穿着普通，但是举手投足之间，显得非常优雅、大方，尤其是她的笑容，充盈着不食人间烟火的单纯与透明，既让人感受到她的气质，又让人感受到她的温暖，使人难忘。元稹很久没有这样回味一个女子了，但他并没有其他的想法。

回府之后，元稹马上给李绅写信，请他速来京城。写完之后，即刻派人速速送去。

十日之后，李绅便策马来到了京城，本以为元稹有事，可来了一看，元稹一切安好，便放心了。

元稹邀来白居易等几位好友，为李绅接风洗尘后，第二天，元稹便带着李绅来到了韦夏卿府上。

见到李绅，韦夏卿万分感动，顿时喜极而泣，紧紧握住李绅之手，话语不断，元稹见他二人久别重逢，有长叙之意，不忍打搅，便转身走出厅堂，来到了花园里。

韦府的花园虽然有些简陋，但是花木茂盛，看似杂芜，却又整齐有序，一看就是有心之人时常打理的。元稹仔细看着每一种花草，虽然它们相差不大，但是各自习性不同，想要养好它们，并非一日之功。

元稹正低头看着，突然闻到胭脂的芬芳。他抬头一看，竟是那天在府上偶遇的女子。元稹这次仔细地将她打量了一番，她身穿青衣，款款向自己走来，步伐轻盈，体态优美，清秀的脸庞带着雨后初阳般的娇艳，令人感到非常温暖。那女子走上前来，细声向元稹道歉，说打扰了元稹赏花，实在是不礼貌。

元稹见这位女子如此客气，便立即回礼，赞许此处的花甚是鲜艳，一定是细心之人照料的。

这位女子听完，面露羞色，她告诉元稹，院中的花草，都是自己闲来无事所种的。

元稹听罢，露出惊讶的表情，他没有想到，这样一个大家闺秀，竟然会亲自动手收拾花草。看来这位女子不仅安静恬淡，骨子里还隐藏着另一番优雅的气质。

这更加勾起了元稹的兴趣，一个大家闺秀，不好好在家绣花看书，为什么要亲自种花种草呢？

女子看出了元稹的心思，不免轻轻一笑。她告诉元稹，她自幼酷爱花草树木，对它们的习性了如指掌，家父虽管教严格，但在种花养草这件事上倒随她的意愿。

听到这里，元稹不禁好奇地问女子的家父是谁。

女子莞尔一笑，答道："小女子正是韦夏卿之女，韦丛。"

元稹顿时对韦丛心生好感，堂堂太子少保的女儿，竟然这样知书达理，亲切可人，真是难得。

随后，他们二人便在花园内信步闲聊。其实韦丛早就从父亲口中听过元稹大名，那时韦夏卿说长安讲唱时，就对韦丛提起过他，因为韦夏卿一向刚正不阿，所以对于元稹等人的做法拍手称赞，经常在韦丛面前夸奖元稹等人的智识与勇气。

而韦丛也对他颇为欣赏，在和元稹首次邂逅之后，感觉他温文尔雅，彬彬有礼，所以印象极好。

二人此次相识后，都觉得意犹未尽，临走时，元稹邀韦丛一起去长安游玩，韦丛欣然应允。

将李绅送走之后，元稹一直想找个缘由去见韦丛，但是又怕太过莽撞，有失礼节，所以一直犹豫不定。后来在办公事的时候，他又遇见了韦夏卿，韦大人说家里有一些藏书，邀元稹一同品读，元稹当即答应，之后，元稹经常以看书为名，到韦夏卿府上与韦丛相见。

由此，两人的感情迅速升温，元稹被韦丛的知书达理、贴心细致所吸引，而韦丛也爱上了这个年轻有为的书生。深思熟虑之后，元稹决定娶韦丛为妻，白头偕老，相伴终生。当元稹到韦府提亲时，韦夏卿欣然接受了这个对自己有所帮助的人。

就这样，元稹娶到了心仪已久的大家闺秀韦丛，而嫁到元家的韦丛，没有提出任何生活上的要求，只希望与夫君过上安稳的日子。

从元稹认识韦丛到娶她进门，虽未遇到波折，但他对韦丛一直心怀愧疚，因为韦丛毕竟是太子少保的女儿，是贵族之后，而自己只是一个小小的校书郎，家里破败不堪，暂时自己也没有能力让韦丛过上从前的生活，实在是委屈了她。而他能给予韦丛的，只是一颗真心。

第四节 ／ 凤毛渐露福祸依

得知自己状元及第，元稹备感欣慰，以前虽然也有人称赞他的文章，
但多流于表面，他真正想获得的并非这些，他并不想成为一个只会雕琢文字的文学家，
他的理想也不在田园与河山，那些文字背后，是跃跃欲试的治世理想，
是日渐急迫的救国良策。

瞬息万变的朝中局势，从来由不得他们。但他们又是如此不甘寂寞，不甘心满腹治国理想被琐碎的日常生活一点点湮没，青年立于洪流之中，本可以全身而退，只是腹中贮书一万卷，哪肯低头在草莽。

贞元十九年，韦夏卿接到朝廷命令，被派往长安东都留守，上任之后，韦夏卿居住在履信坊，为方便照顾女儿，便让女儿女婿也搬到此处居住。随之，元稹在长安的交际圈也渐渐扩大，相继结识了柳宗元、刘禹锡等人。在元稹与柳宗元等人结识之时，李唐王朝正陷入前所未有的危机中。皇权分散，太子坐大，宦官专政，藩镇割据，内外交迫，整个唐朝已奄奄一息。

以柳宗元、王叔文、刘禹锡等大臣们带头的反对宦官专权掀起了史上著名的"永贞革新"。

但是，当时顺宗的权力已被架空，皇帝犹如傀儡，大部分官员被太子收买，柳宗元等革新派势单力薄。太子李纯携朝中宦官逼顺宗禅位，这标志着"永贞

革新"彻底失败。李纯登基之后，以莫须有之罪将柳宗元、刘禹锡等人流放，永贞二年，唐顺宗因病去世。

唐宪宗李纯登基之后，改年号为元和，同年宣布大赦天下。此时作为朝廷校书郎的元稹与白居易对以下犯上的唐宪宗已经彻底失望，他们对朝廷举行的各种庆典活动冷漠置之，除了应付差事之外，他们便游山玩水，而且在撰写公文的时候，故意将年号写成"永贞二年"，以示对朝廷的不满。

当时，元稹创作了大量的作品，来揭露当时的朝廷，而对于唐顺宗，元稹却大加赞赏，把其比喻成历史上的"大顺"。在《顺宗挽歌诗三首》中，元稹写道：

七月悲风起，凄凉万国人。羽仪经巷内，韫辂转城闉，暝色依陵早，秋声入辂新。自嗟同草木，不识永贞春。

此诗将元稹心中对朝廷的不满表现得淋漓尽致，诗中所用词汇都略显悲凉，"悲风""凄凉"等词语都表现出元稹对于旧皇的留恋和对新皇的失望与无奈。

元稹不仅是对唐顺宗非常怀念，更是为柳宗元、刘禹锡等忠义之士鸣不平，他们一向是耿直不阿的忠臣，当朝天子却被一群宦官蒙骗，他们混淆视听，颠倒黑白，将二人流放在外，这令元稹和白居易非常失望。

元和元年，就在唐宪宗登基不久，元稹和白居易便辞去了朝廷校书郎一职。两人之所以去职：一是因为厌恶了当时的朝廷，不愿意与贪官污吏同流合污；二是不想终日埋头书斋，虚度光阴，想出去大干一番。

辞职以后，两人并没有借此休息，而是一起去参加当年的制科考试，此种考试选拔出来的官员都能获得要职，能被重用。两人之所以来考试，一不为名、二不为利，就想有一个更大的平台，可以施展自己的抱负。

由于唐宪宗刚刚登基不久，所以很多朝中之事都延期进行，原本定于元和元月进行的制科考试，被拖延到四月十二日，这给了元稹和白居易充分的准备时间。

在制科考试中，最关键的是"试策"，官员们往往会根据这次考试的情况，确定入选的基本人员。

元稹、白居易对此次试策非常重视，那段时间，两人专门去了华阳观闭门读书，潜心研究各种题目和资料，为了顺利通过考试，他们收集了大量的资料，他们不仅将各自练习的题目交换给对方审阅，对于关键性的问题，两人都进行了认真的讨论，如发现对方文章里有什么问题，会立即指出，加以改正，他们有时还为一些细节问题争论得面红耳赤。

在此期间，二人共为此次试策考试创作了七十五篇文章，后来均收录在白居易的《白氏长庆集》中，其中的每一篇都极其严谨，思维缜密，成为后来学子争相模仿的经典。

他们这种超乎常人的认真与严谨令人敬佩，当时朝廷里的官员裴垍就对二人的刻苦赞许有加，但是也担心他们因为太过于紧张，会影响到了此次考试。但是元稹对于裴垍的劝告表示了感谢之后，仍没有停下自己的脚步。

在同白居易的学习中，元稹取长补短，比以前更加认真，他找来前几年的考题进行研究，除了现成的资料之外，元稹还把自己多年积累的书籍拿来作为参考，把所有可能用到的文章全部摘录到自己的册子里，这份细致与刻苦，连一旁的白居易都自叹不如。

与科举考试不同的是，在这次制举考试中，元稹与白居易毫无紧张感，反倒是从容淡定。他们对当时的政治、经济、文化、军事等各个方面都进行了一针见血的分析和评价，并且就当时朝廷的执政理念提出了自己的意见，如他们在《策林不夺人利》中写道：

　　君之燥静为人劳逸之本，君之奢俭为贫富之源。故意节气情而下有以获其福，一肆其欲而下有以罹其殃，以出善言则天下之心同其喜，一违善道则天下之心共其忧。盖百姓之殃不在乎鬼神不在乎天地，在乎君之燥静奢俭而已。

此文中可以看出元稹和白居易对当时朝廷和社会现状的分析，他们对社会有着深刻的洞察和认识，并且敢于在文中提出相当尖锐的观点，他们认为现在的官员普遍贪婪，为了一己之利，儒士的气节一再降低。凡此种种，直逼当时朝廷要害。他们言辞犀利让整篇文章充满讽刺意味，但此种直言不讳也意味着要面临被取消资格，甚至是牢狱之灾的风险。但元稹、白居易二人却不以为意，他们最在意的，是能通过这次考试，让朝廷知道国家所面临的危机，以招来更多有志之士，同心戮力革除利弊，为天下苍生立命。

命运此时对二人也格外垂青，通常来说，这种制科的考试是要由皇帝亲自主持的，而刚刚登基的唐宪宗立足未稳，所以委派宰相韦贯之和张鸿靖主持。

当朝宰相韦贯之向来以主持正义为己任，此次主持制科考试，他是真想选拔一些有用之才，改善朝廷状况。当他读完元稹和白居易的文章后，大为惊喜，因为这种能说、敢说，而且句句击中要害的人，一定是有胆识、有能力、有理想的人。所以他将元稹定为此次制科考试的状元，白居易获得第四名。

从此，元稹和白居易这对挚友，如鸿鹄之两翼，光明正大地踏入政坛，庙堂之上，他们拥有赤子情怀和忧民之心，而这一切，仅仅是这两个年轻人漫漫征途的开始……

二

得知自己状元及第，元稹备感欣慰，以前虽然也有人称赞他的文章，但多流于表面，他真正想获得的并非这些，他并不想成为一个只会雕琢文字的文学家，他的理想也不在田园与河山，那些文字背后，是跃跃欲试的治世理想，是日渐急迫的救国良策。现在，他终于从此岸泅渡到了彼岸，当朝丞相不仅认可了他的观点，还让他成为状元，这份知遇之恩，他自当铭记终生。

不过让他稍微有些失落的是，状元及第之后，他和白居易就要各司其职，元稹担任的职务是左拾遗，而白居易所担任的职务是盩厔县尉，两人分属不同的官职系统，从此就要各奔东西了。

回首两人三年以来的友情，从科举考试后相识，两人共同担任朝廷校书郎一职，到共同经历"永贞革新"，再到去职后，两人一同学习，通过了制科考试，同时入朝为官。他们生命的轨迹很相似，但他们的理想抱负还未实现，离别是在情理之中。

元和四年四月，元稹正式被授左拾遗一职。此时的元稹，正是意气风发的时候。制科考试的喜悦之情仍然没有退去，在他眼中，连丞相都赞同他的言论，说明他的想法还是有可取之处的。他也并不觉得左拾遗这样的职位官卑言微，凡是他职责范围内的事，他都全力以赴，尽心竭力。

其实，朝廷中的拾遗并不算是什么大官，其他几位拾遗都循规蹈矩，而元稹则不然，他觉得既然自己身为言官，就必须为国家解决烦忧，所以他接连向唐宪宗上书，将朝廷里存在的那些尖锐的问题逐一列举，并附上了自己的建议。

他单纯地以为，这是为国家着想，替皇帝分忧，"拾遗"二字，本就是"补充"之意，既然他的职责就是为皇帝推荐人才、讽谏政事，那就应当尽职尽责。

有一次，他针对前后补阙拾遗不想被召见、不想参与政事、不履行职能的问题，将一篇名为《论谏职表》上书于皇上，建议他对官员实行大则廷杖、小则上封的制度。另外，他还上书皇上，要求严格挑选太子的老师。近些年来，在太子老师的选拔上都不够严格，致使太子以及其他王公贵族的教育都受到严重的影响，某些太子太傅，常常教完书后，还不知道作者是谁，如此滥竽充数的人，朝廷要坚决摒弃。

元稹当时的所作所为，在朝廷掀起轩然大波，他自己觉得是尽职尽责，但是他忽略了一个严重的问题：他上书谈到的许多问题的根源，正是唐宪宗李纯刚实施的新政，这些李纯即位就开始着手研究的政策，在刚刚推出的时候，就被元稹批得体无完肤。元稹心中认为这是职责所在，但对于唐宪宗来说，这是在藐视皇权，心中十分不悦。

不久，元稹又提出一项奏议。元和初期，西川刘辟借韦皋身亡之机起兵，元稹上书批评皇上太过姑息藩镇，并建议高崇文带兵讨伐，以绝后患。在讨伐问题上，元稹与当朝宰相杜佑产生了极大的分歧。其实，杜佑早就对元稹耿耿于怀，是因为元稹所上奏《论追制表》后，对杜佑之子杜兼的授职产生了影响，所以杜佑一直想找机会报复元稹，而现在正是时候。

元稹就讨伐之事提出了一些建议，杜佑故意将元稹的建议一一驳回，元稹当时丝毫没有退让，而是逐条讲解，据理力争，他和杜佑之间继而爆发了一场激烈的争论。

杜佑将元稹的理论批驳得一文不值，元稹心中不服，还想到皇上那里讨个说法。但是他有所不知，在此之前，杜佑早就在皇上面前陈述了元稹种种莫须有的罪名，唐宪宗也早就厌烦了元稹，一直想给他贬职，但苦于找不到合适的借口，如今听到杜佑的话，虽然他嘴上没说，但是心里已经默许了杜佑的想法，伺机将元稹贬职。

有了皇上的默许，杜佑自然底气十足，他利用这次矛盾，向皇帝上书弹劾元稹，说元稹目无王法，飞扬跋扈，延误战机，扰乱宫廷。不久，皇帝一纸公文，将左拾遗元稹贬职查办。

由此，元稹被无情地从权力中心放逐出来，他所苦心经营的治世理想，还未真正实行，就被谗言湮没。身为人臣，忠而被谤，信而见疑，他感到悲痛万分。

第五节 ／ 人间生死两茫茫

年轻的火焰或许可以重新燃起对未来的渴望，将周身的冷嘲热讽、鄙夷白眼统统烧光。

只是此刻，他不得不匆匆向长安告别，这场告别不认真，也不体面。

他知晓，这个巨大的齿轮，不会因为他的离开而停止转动，

疲惫的马蹄，踩碎了他的倒影，他仍要固执地走向远方。

虽然是去河南做官，但是元稹是被贬职而去的，不会像朝廷委派上任那样高调和舒适，在前往河南的途中，没有风光的马车轿子，只有一匹年迈的瘦马、几个随从。这表面上是新官上任，实际上和押送犯人没有什么区别。按照唐朝的制度，如果官员被贬职，就等同于犯罪遣送。遭到贬职的官员，必须在第一时间到指定地点上任，所以贬职之后的元稹，还来不及告诉已经重病在床的母亲、妻子韦丛与年幼的女儿，便匆匆启程了。

自父亲去世之后，元稹和母亲便从来没有分开过，即便是他入朝为官，也将母亲接到身边来住，而且平日无论多忙，他都会抽时间回家看望母亲。

自从郑氏回到长安，疲惫的脸上才开始浮现出笑容，尤其是元稹考上拾遗之后，母亲的心事就少了很多，平日里有韦丛照顾元稹，也不需要她操心，而小孙女的诞生，更是给她平添了许多快乐。

然而，心事虽然放下了，但是郑氏的身体却大不如以前，她由于常年劳累，

加上带着两个孩子东奔西跑，所以积劳成疾症，从前家里困顿时，郑氏虽然也会感到不适，但是没有办法，为了自己的家庭，她一直硬撑着，也就没有太过在意。

在长安稳定之后，元稹、元积都在外工作，家里只有她和韦丛，韦丛知道郑氏的不容易，所以一直都很细心地照顾郑氏，从来没有怨言。

元稹当上左拾遗之后，郑氏的身体状况突然恶化，几场大病折腾之后，她只能长期卧床，病榻上的郑氏，心里依然牵挂着儿子，她时常问韦丛元稹的情况，韦丛也是报喜不报忧，说元稹在朝廷一切都好，不用担心。

此次元稹被贬职的事，韦丛知道后，并没有告诉郑氏，每当郑氏问起时，韦丛就说元稹去外地办差，过些时日才能回来。

没想到，郑氏的身体却一天不如一天，韦丛心里万分着急，她知道元稹身不由己，不能擅自回家，而母亲现在又危在旦夕，日夜盼望着元稹回来，情急之下，她只好先编凑了一个理由搪塞过去。

元和二年夏天，元稹的母亲郑氏因病重去世，可是在老人离开的最后一刻，也没有盼到儿子元稹归来。韦丛了解唐朝的律法，像元稹这种情况，只有亲人去世之后，才能回家守丧，所以在郑氏病危的时候，韦丛便安排好了人，等到郑氏去世之后，立即去给元稹报信。

九月十六日，元稹和裴度在赶路时，忽然看见家里的仆人快马来报，元稹立刻有一种不祥的预感，因为来的人是他府中亲信，如果不是非常重要的事情，韦丛是不会派他来的。

送信人看到元稹之后，停下马来，慌慌张张地下马，踉跄着跑到元稹的身边，扑通跪下，哭着告诉了他郑氏去世的消息。

元稹虽然早就知道母亲病重，也早就有了心理准备，但是当他真正听到这个噩耗的时候，依然无法接受，顿时瘫倒在地，众人连忙上前将他搀起。

悲痛之余，元稹委托裴度向皇帝上书说明情况，自己和家丁则快马加鞭赶回家奔丧。马匹一路向西，元稹感到浑身上下都毫无知觉，周边的风景从眼前略过，他也无心去看。母亲的样子时隐时现，反复刺痛着他的心，自父亲死后，母亲便是他最重要的亲人，现在自己事业受到了打击，母亲又因病去世，对于元稹来说，心里满是痛苦与内疚。

回到长安之后，家里已经布置好了灵堂，家中各处都挂满了白帷，哥哥元积身着丧服，跪在门前，元稹进门之后直奔灵堂，在母亲的灵堂中，他跪倒在地，号啕大哭。这是元稹人生中第一次这样撕心裂肺地痛哭，似乎要把多年以来内心的委屈和愤怒通通都哭出来。

他想起父亲死后，母亲带着自己和哥哥的那种困境，为了供养他们两个人，她把仅有的值钱东西几乎都卖了，只留了几件首饰，那也是准备给自己请先生用的。为了让自己和哥哥生活得好一点，她不远千里，带着兄弟俩去姨母家，过着寄人篱下的生活，当他考上科举中第，母亲高兴得合不拢嘴，那是她一生最为开心的时候，也是她一生最骄傲的时刻。

他想到自己虽然考取了功名，但是陪伴母亲的时间却越来越少，世间最痛苦的事情之一，就是"子欲养而亲不待"，而他的痛苦，还包含着未能见母亲最后一面的悔恨与遗憾。

的确，这些年来，元稹母子经历了太多悲欢离合，忍受了太多的委屈和痛苦，他以为自己一定会给母亲带来一个幸福的晚年，可惜，母亲却没有等到那一天。

元稹跪在灵堂里，久久不愿意起身，他屏退了左右，想和母亲单独待一会。自从科举中第，元稹就一直在朝廷里忙活着，即便是辞去校书郎的时候，他也没有在家陪陪母亲，后来官拜左拾遗一直到现在，他都在为他的"庙堂理想"忙碌着，而忽略了这个最需要安慰的女人。

他独自一人默默垂泪，等他稍稍平息之后，便静坐在灵堂中间，看着母亲的牌位。一直以来，元稹心中有很多话想对母亲说，包括他在外面受到的委屈和排挤，包括他所遭受的流言与非议，他多次想找母亲倾诉，可是看到母亲年事已高，不忍让她担心，所以都憋在心里。

此时，母亲已经离他而去，他独自呢喃着，胸前的衣衫已是干了又湿，当眼泪无法寄托哀思时，他便用手紧紧捂住自己的眼睛，痛苦地拱起身子。

元稹一向是个要强的男人，即使是妻子韦丛，也从来没有见他这样。她一直在灵堂外面守候着元稹。

根据风俗，父母去世之后，儿女深夜要守灵，所以元稹彻夜守在母亲身边，前来悼念的人已经陆续离开，偌大的灵堂内，只有元稹跪在里面，韦丛轻轻走进来，跪在了元稹的旁边。

元稹看着妻子，他发现韦丛苍老了许多，脸上已经开始有浅浅的皱纹了，他心中一阵隐痛，她还不到三十岁啊，却已经这般憔悴，他紧紧抓住韦丛的手，脸上流下两行热泪，其中既包含对妻子的心疼，也包含着自己的内疚。

韦丛给元稹端来一碗饭菜，元稹本没有心思吃饭，看着妻子操劳的模样，也不想再让她为自己担忧，他静静吃着，韦丛默默看着，四目相对，心里有很多话，但都无从说起。

韦丛在灵堂陪了元稹一夜，第二天早上，从远方赶来的亲友都来家里吊丧，在众多前来吊丧的人中，还有元稹的知己白居易，此时，他也在外地当差，得知郑氏去世的消息，马上日夜兼程，直奔元稹府上。

看到面容憔悴的元稹，白居易有些惊讶，以往神采奕奕的他，如今竟这样憔悴，其实元稹贬职的事情，白居易早有耳闻，而且他明白以元稹耿直的性格，一定会遭人暗算，但他二人分别时就已下定决心，不管前路有多险恶，也要坚定地走下去。如今，看见朋友遭受到如此打击，白居易担心他会一蹶不振。

好友劝慰过后，元稹知道白居易文才非凡，便请白居易帮自己的母亲撰写墓志铭。白居易和元稹是多年的好友，他知道郑氏一人抚养元稹、元积兄弟二人是多么的不易，所以当即答应了他的请求。在整篇《唐河南元府君夫人荥阳郑氏墓志铭》中，对郑氏有着极高的评价，他在文中写道：

昔漆室缇萦之徒，烈女也！及为妇则不闻。伯宗梁鸿之妻，哲妇也！及为母则无闻。文伯孟氏之亲，贤母也！为女为妇时亦无闻。

其实，哲妇也好，贤母也罢，逝去的终究已经逝去，元稹心中的憾恨也

永远无法用碑文弥补。按照律令，他要在家中丁忧三年，由于赋闲在家、没有
了生活来源，一家人的生活分外清苦，但这三年却是元稹诗歌创作的重要阶段，
元稹在新乐府诗中提出了"即事名篇，无复依傍"的重要理论。他在新乐府诗
的创作中，深刻地揭示了当时黑暗的社会现状与民众的疾苦，为后世留下了宝
贵的文学财富。

元和三年（公元 808 年），服丧期满，元稹便继续回朝廷任职，虽已赋闲
在家三年，但是朝廷仍看重他的才能，宰相裴垍早已为他预留了监察御史一职，
待他回朝后，便可直接上任。失去母亲之后，元稹更加珍惜陪伴亲人的时光，
此番上任，家里的一切又要交与韦丛一人打理，心中着实不舍。

元和四年四月，元稹正式出任监察御史一职，主要负责巡查郡县、屯田、
铸钱、司农出纳和监决囚徒等。这与他原先任职的左拾遗有相同之处，都需体
察民情、直言讽谏。元稹于二月份上任之后，三月份便接到了重要差事：去剑
南泸川捉拿赃官任敬仲。按惯例，督察不需要做太多准备，但对于元稹而言，
这是上任之后的第一桩案件，他不想辜负宰相裴垍的知遇之恩，自然是不敢怠
慢。临行前，他详细查阅了此案的来龙去脉，做到了心中有数，三月七日，元
稹快马加鞭，赶往剑南。

远行，对于诗人而言，向来都是一桩乐事。南方山水与长安风光迥异，
山崖怪石，瀑布流川，鸢飞戾天，鸟鸣于涧，沿着奇险的蜀道一路向南，两岸
竹海翻涌，猿声不断，沉浸其间，如在画中。

这漫山的美景将元稹从过往几年的阴霾中抽离出来。此刻，元稹忘掉了
所有忧愁和伤心，自然这幅美丽的画卷正向他渐渐展开。这种对美的享受给元
稹带来了无比的滋养，就像啼哭已久的孩童回到了母亲的怀抱一样。

在这种美景熏陶之下，浓郁的诗性油然而生。后来诗人阮阅对当时的情

景作出了以下描写：

> 元白交道臻至，酬唱盈编。微之为御史，奉使往蜀，路傍见山花，吟寄乐天曰："深红山木艳彤云，路远无由摘寄君。恰似牡丹如许大，浅深看取石榴裙。"又曰："向前已说深红木，更有轻红说向君。深叶浅花何所似，薄妆愁坐碧罗裙。"白因南迁回，过商山层峰驿忽睹元题迹，寄元诗曰："与君前后多迁逐，七度曾过此路隅。笑问阶前老桐木：这回归去免来无？"

寥寥几语重现了当时的情景，元稹所到之处可谓是风景宜人，路过的群山已经挂满红叶，从远处望去，层林尽染，犹如天边的红云一样壮观，如果不是路途遥远，他真想采撷几片，回去送与自己的亲友。

在美景之中，诗人似乎忘了来此的真正目的。他被自然的馈赠深深陶醉，"深叶浅花何所似，薄妆愁坐碧罗裙"，这样绝妙的比喻非身处其中才能想出。后来，元稹在诗中写道："还向万竿深竹去，一支浑卧碧流中。"这十四个字生动描绘出了元稹感受到的自然美景。它犹如一幅完美的水彩画，展现在每个人的眼中，他还原了竹林深处的清幽与宁静，川流不息的小河在竹林的映照下染上了绿色。这一抹清幽和绿色，拂去了他心中的阴霾。如果不是公务在身，他一定会停下脚步，将沿途的每一处景色都收入诗中。

途中，元稹利用休息时间，见过了几位好友。在途经城县的时候，他拜访了好友薛能，他曾经特意作诗表达对元稹遭遇的同情与气愤，此番元稹来到府上做客，薛能自然是喜出望外；在山西梁州，元稹还碰到了前来游江的白居易、白行简和李建，他乡遇故知，这对于元稹来说，在再好不过的事情了。是夜，"绿蚁新醅酒，红泥小火炉"，几人彻夜长谈，痛饮达旦。

挥别好友，到达泸川之后，他立刻对任敬仲展开了调查，此人在任剑南东川节度使期间，贪污受贿，搜刮百姓钱财，兼并土地，据为己有，致使当地民众苦不堪言，纷纷逃离家园。据任敬仲交代，他这么做是受节度使潘孟阳的指使，自己只是他麾下的小棋子而已。此案水落石出之后，元稹将此人与潘孟阳的罪行罗列成册，上奏朝廷。

元稹原本以为此案件已经处理完了，谁知他竟又一次得罪了当朝宰相杜佑。这个潘孟阳，是杜佑非常器重之人，也是杜佑手下的得力干将。在杜佑的指使下，潘孟阳联合朝廷众官为自己翻案，他将元稹所列罪状一一驳斥。元稹虽然据理力争，但无奈官官相护，自己势单力薄，最终还是败下阵来。

再一次得罪了杜佑，元稹很可能惹上杀身之祸。此时，正在管理诸侯事宜的裴垍，借此机会将元稹调往东京任御史：一是为了治理东京，二是为了保护元稹。

洛阳自古繁华，又是兵家必争之地，聚集着许多权贵。贵族众多，朝廷很难管理，裴垍以往派去的官员都被当地权贵所收买或恐吓，所谓管理最终都无疾而终。所以，此次奉旨治理诸侯，裴垍希望元稹充当自己的左膀右臂，但最令元稹担忧的不是自己的前途，而是妻子韦丛。

早在元稹母亲重病时，韦丛便感觉到身体有些不适，由于韦丛长期承担家里的大小家务，身体负重不堪。元稹又在外当差，身边无人照应，所以她一直在勉强支撑着。去往洛阳的路上，元稹一直提心吊胆，虽然临行前，他已经安排好人去照顾妻子，但是不知为何，元稹心中总是无比慌乱，好像有什么事情要发生一样。刚到洛阳不久，他预感的事就发生了，家人来报，元和四年七月九日，27岁的韦丛因病香消玉殒。

面对突如其来的灾难，元稹亦是难以接受。自认识韦丛以来，元稹一直被她的呵护和爱护包围着，结婚以后，韦丛放弃了千金小姐的生活，心甘情愿地照顾着元稹，无论家庭如何窘迫，生活如何困顿，韦丛从来无怨无悔、任劳任怨。

他对韦丛充满了内疚，他觉得妻子如此薄命，都是因为长年照顾自己，劳累过度造成的。悲痛至极的元稹，仿佛灵魂的另一半被人抽去了，他心里有万千话语要对韦丛讲，可此时却一句也说不出来，最终，他喝了许多酒，为她写下了一纸思念：

感极都无梦，魂销转易惊。风帘半钩落，秋月满床明。怅望临阶坐，沈吟绕树行。孤琴在幽匣，时进断弦声。

——《夜闲》

因怀念妻子，元稹在此期间写下了大量的悼亡诗：

朝从空屋里，骑马入空台。尽日推闲事，还归空屋来。
月明穿暗隙，灯烬落残灰。更想咸阳道，魂车昨夜回。

——《空屋题（十月十四日夜）》

月是阴秋镜，寒为寂寞资。轻寒酒醒后，斜月枕前时。倚壁思闲事，回灯检旧诗。闻君亦同病，终夜远相悲。

——《初寒夜寄卢子蒙》

根据当时风俗，官员亡妻后，要找高于自己的官员或文人为其写墓志铭。初到洛阳的元稹，对当地官员还不太熟悉，经人引荐，他认识了当时洛阳尚书都官员外郎韩愈，并请他为自己的妻子撰写墓志铭。

韩愈与元稹不仅同在洛阳为官，而且同样爱好写诗。韩愈早已知其大名，不仅了解他在朝廷中的作为，而且还读过元稹的作品，尤其是元稹在洛阳所作的悼亡诗，更是让韩愈赞不绝口。如今元稹要他为亡妻写墓志铭，韩愈自是欣然接受了。二人更是由此开始了一段友情佳话。

元稹到洛阳任职，依旧保持了自己原来的耿直个性，他担任的职务是督察御史，专门弹劾那些违规权贵。元稹心里明白，裴大人此次将自己调到洛阳，就是要自己保持以往的强硬态度，刚正不阿，刺贪刺邪，好好将洛阳的贵族们整治一番。至于这样做的后果，他没有多想，自己现在茕茕孑立，孤身一人，又有什么好牵挂担忧？

不久，洛阳城内就发生了一件蹊跷的案子：河南尹杜兼杀死书生尹太阶、魏博等人，致使田季安盗娶洛阳衣冠女，也使宣武节度使韩弘吞没其财产。元稹得知后，迅速展开调查，将几名案犯的罪行纷纷上报于朝廷。

河南尹杜兼是宰相杜佑的亲戚。早在元稹任左拾遗时，就因耽误杜兼晋升而得罪杜佑，如今元稹又将他上奏于朝廷，势必会得罪杜佑。但他没有考虑这么多，当他办理杜兼的案件时，一直在查找杜佑唆使手下作案的蛛丝马迹，他知道杜兼是杜佑的亲信，幻想着这一次能够依靠杜兼案，将杜佑这棵大树连根拔起，将其党羽一举歼灭。

元稹在洛阳的举动得到了大家的称赞，很多有志之士和文人墨客都闻讯而来与他结交。尽管如此，元稹仍是与韩愈最为惺惺相惜，在《新夷花问韩员外》中，元稹写道：

> 不畏辛夷不烂开，顾我筋骸官束缚。缚遣推囚名御史，狼藉囚徒满田地。明日不推缘国忌，依前不得花前醉。韩员外家好辛夷，开时乞取三两枝。折枝为赠君莫惜，纵君不折风亦吹。

诗中，元稹将韩愈的气节比作辛夷，在洛阳这个是非之地中，韩愈依然可以刚正不阿，不畏权贵之要挟，实属不易。

元和四年，时任河南尹的杜兼突然暴病身亡，接替他的是前朝宰相房琯的侄子房式。此人向来以游手好闲、狂妄无耻著称，此次能够任职，也是贿赂杜佑所得。他自上任之后，为非作歹，横行不法。元稹了解情况之后，上书皇帝，按照律法将其停职，并罚他一年的俸禄。此举在朝廷掀起轩然大波，惹怒了朝廷诸多官员，尤其是宰相杜佑，他一直对元稹怀恨在心，眼见元稹成为众矢之的，他便要借此机会除掉这心头之患。

在杜佑的谋划下，群臣纷纷上奏弹劾元稹，皇帝信以为真，决定以专权作威之名予他降罪，不仅罚他一季的俸禄，还让他在京等待处理结果。

回京之前，他与韩愈等好友依依惜别，在了解元稹降职的真正原因之后，众好友感到极为惋惜，同时也劝说元稹不要灰心。

在回长安的路上，元稹在敷水驿站遇到了宦官头目仇士良和刘士元，他们看到刚刚被贬职的元稹，露出一种鄙夷不屑的目光。当晚，仇士良假意邀请元稹喝酒，元稹严词拒绝，他不愿与这等人同流合污，仇士良、刘士元二人便对元稹拳打脚踢，事后，仇士良二人恶人先告状，他们联名向朝廷上书，说元稹加害于自己。

一向袒护宦官的唐宪宗看到此奏章立刻龙颜大怒，拍案而起，立即下令要严惩元稹。带伤回到长安的元稹，还没有来得及休息，便接到如此坏消息。他不甘蒙受这不白之冤，于是即刻找来白居易等好友，将事情的原委都告诉了他们。

白居易等人了解情况后，立即联名向皇帝上书说明原委，请求皇帝明察此案，但是，这些奏章都被当时执政的丞相杜佑驳回。他们也曾通过朝廷内部关系，避开杜佑，直接上书给皇上，但是也都石沉大海，杳无音信。

多日之后，朝廷对此事做出了决定，将元稹贬职到江陵，而此案幕后主使房式却被杜佑加以重用，并且杜佑以皇上的名义发布诏书，对房式在河南的表现给予肯定和赞扬。

既然是莫须有之罪，元稹无处申辩，他后来甚至想过，仇士元等人也许早就在驿站设好圈套等着他，目的就是将他推向死路。为了朝廷的公事，元稹连母亲和妻子的最后一面都没有见到，而自己却落到这般下场，想到这里，他心中一阵阵凄凉。

接到调令之后，元稹来不及与 8 岁女儿和好友们道别，便又一次踏上了去江陵的远途。

第六节 ╱ 文章抵得千万军

文章可抵得千军万马，元稹利用文字击破吴济元最后的心理防线，
使他在大战之前，先从心理上败下阵来，这便是兵法中的"不战而屈人之兵"。

当告别成为一种习惯，离开的原因似乎也不必纠缠。从此端到彼端，一路颠簸，于世间千千万万的嘈杂声中，他仍旧能分辨出远处的清溪、荒流、瀑布。古潭一样的心里，掬起的都是绿得化不开的往事如烟。

在江陵期间，元稹度过了他政治生涯中最为低谷的阶段，诸事不顺的他沉闷低迷。不久，他从朝中得到消息，一直器重他的宰相裴垍罢官去职，告老还乡。从此，朝廷内再也没有能够帮助元稹的人了。

此外，妻子韦丛去世之后，女儿就需要他亲自照料，无奈他公事繁忙，很难脱身，留给女儿的时间少之又少。在江陵任职期间，元稹结识了当地女子安氏，后来便纳她为妾，安氏不仅帮他照顾女儿，而且还为他生下了儿子元荆。只是好景不长，元和九年，与元稹有过短暂婚姻的安氏因病去世，这是元稹第二次经历妻子离世的惨剧，虽然他与安氏相处时间不长，但是对于安氏的离开，元稹依旧心生悲悯，无限悲哀。

他放下自己的工作，回到江陵给安氏操办后事。与此同时，地方统治危机乍现，很多地区都发生了起义和骚乱。在风景优美、与世隔绝的淮西，甚至

也发生了严重的叛乱。为首的头目名叫吴元济，本是老实巴交的农民，被当地恶霸逼得家破人亡，忍无可忍之下，拉帮结派，揭竿而起，最终引起了这场叛乱。他占山为王，与当地官军展开激战，这个原本安详的小村镇，顿时陷入一片混乱。

荆南节度使严绶接到朝廷命令，到淮西地区平息战乱，按照要求，他临行之前，要选拔一批幕僚官员一同前往，而元稹也在他的幕僚名单当中。刚刚料理完安氏后事的元稹，没想到这么快就要调离江陵，接到通知的他竟有些猝不及防。

自到江陵之后，他屡遭打击和嘲讽，多次被奸臣陷害、贬职，已经不想再过多参与朝廷的事情，但是接到平叛的圣旨之后，因为百姓，他又将过去的委屈统统抛掉，在安排好家眷之后，便快马加鞭，翻山越岭，与严绶汇合，一同前往淮西前线。

作为严绶的幕僚，元稹的职责就是要为严绶出谋划策。他的策略很简单，避免双方流血冲突，先以文相劝，尽量不要开战。一旦开战，难免损兵折将，对双方都很不利。严绶听取了元稹的建议，在开战之前，先命元稹写下《代谕淮西书》，而后派人给吴济元送去。

某月日，山南东道节度兼申、光、蔡等州招抚使检校司空严某，致书前彰义军兵马使吴侍御，及淮西将士、官吏，申、光、蔡等州百姓等：

奉十月十九日诏书，以某充申、光、蔡招抚使，某月日遣使赍敕送付界首布告讫。某顷镇太原，与吴侍御伯父相国公同受恩寄，交问岁时，欢好不绝，仅十余年，可谓至矣。

……

——《代谕淮西书》节选

此篇文章堪称元稹的经典之作，他对吴济元乃是晓之以理、动之以情，他站在吴济元的角度，帮他分析了当前朝廷的状况，以及吴军所面临的处境与困难，将所有利害关系都摆在吴士元面前，可谓句句在理，既有对起义叛乱的憎恨，也有对无辜百姓的同情。

此篇《代谕淮西书》对于当时的战争起了重要的作用。吴济元看到之后，心中一惊，元稹所言，无不直中他的要害。他此次起义，并非只是为民伸张正义，其中也包含了自己的狼子野心，但是事实不像他所预料的那般顺利。心中所想被元稹一眼看穿，吴济元的锐气顿时缩减。

在撰写了《代谕淮西书》之后，元稹又写了《祭淮渎文》，对吴济元进行了深刻剖析：

> 维元和九年岁次甲午十二月朔甲辰某日辰，使谨遣某，用少牢醴酒之奠，昭祷于淮渎长源公之灵：浩浩灵源，滔滔不息。流谦处顺，润下表德。清辉可鉴，浮秽不匿。月映澄鲜，霞明焕艳。经界区夏，左右万国。百川委输，万灵受职。越海贡诚，载舟竭力。明哲用兴，凶戾潜殪。眇尔吴顽，蔑然蟊贼。鸱张蔡郊，蚁聚淮侧。丧父礼亏，干君志愎。天子命我，涤除妖慝。卒乘桓桓，戈铤嶷嶷。屯淬爪牙，雷愤胸臆。王心示怀，士剪犹抑。柔叛诱衷，取顺舍逆。咎尔有神，逮尔有极。彼暴我仁，彼枉我直。归我者昌，倍我者辟。不斩祠祀，不湮沟洫。不殄渠魁，不虐畏逼。不进梯冲，不耀矛戟。火灭燎原，人归寿域。然后洁神牛羊，奉神黍稷。告神有成，谓神不忒。尚飨。

这篇《祭淮渎文》与《代谕淮西书》遥相辉映，可称为《代谕淮西书》的姊妹篇，笔势雄浑豪放，咄咄逼人，文中元稹将吴济元的所有罪行都予以罗列，包括他如何"丧父礼亏，干君志愎"，成为天下人唾弃的对象。文章可抵得千军万马，元稹利用文字击破吴济元最后的心理防线，使他在大战之前，先从心理上败下阵来，这便是兵法中的"不战而屈人之兵"。

两篇文章写罢，全军上下对元稹刮目相看，人们开始意识到，原来文人在战争中也会起到如此重要的作用。此后，元稹在军营中的威望逐渐提高。同僚们都觉得他文韬武略样样精通，今后定能常伴君王左右，做出一番事业。

听到这样的赞美，元稹觉得似乎理想的门扉又一次开启，昔日的委屈亦不足挂齿。

就在他春风得意、干劲十足时，全然不知自己已经成为某些人的眼中钉、肉中刺。在出征的队伍里，有不少官员是宰相杜佑的党羽。当得知元稹在军伍中任幕僚时，杜佑便有所准备。这个元稹，即使被贬数次仍欲同他作对，这一次，他便要利用军机要事将其置于死地。

眼看元稹在军中的威望越来越高，留在军中的内线将他的作为一并写为密信派人送回京城。杜佑看到之后，颇为震惊，他没有料到元稹竟有如此大的本领，绝不能任其发展。杜佑思来想去，唯有将元稹调出军队方可心安。所以，当元稹还在军队上下忙碌的时候，突然接到了朝廷的圣旨，命他即日启程回京，这不仅让元稹感到意外，也让严绶感到措手不及。

元稹后知后觉，料定又是杜佑的阴谋。但他只知其一不知其二，此次为了让他在京城孤立无援，杜佑还将他的好友李绛罢知政事，使元稹在京城少了帮手。与此同时，杜佑将宦官吐突承璀重新调回京城，让他担任禁军中尉一职。论起此人的历史，还与白居易有些渊源，此前吐突承璀因为裴垍与白居易的弹劾，而被迫到淮南充当监军，从那时起，他便对白居易等人痛恨不已，一直想找机会报复。此次杜佑将他调回京城，就是想借刀杀人，一举两得。

此次调职回京前路凶险，但元稹无处可避。

回京之后，元稹便赋闲在家，这几个月来，他一直跟随军队东征西跑，身体早已疲惫不堪，借此机会，正好可以在家中静养休憩，并且好好陪陪许久不见的女儿和儿子，过些平淡温暖的生活。可惜天不遂人愿，他刚到家没几日，便接到了朝廷的调令，要他赶赴通州任刺史。刚刚与白居易汇合不久，他便又要踏上路程了。

在去往通州的路上，元稹越发感到身体不适，之前在长安家中时，元稹只感到有些疲劳，原本想安静修养的他，接到命令又不得不即刻启程，路上车马劳顿，抵达通州之后，元稹便大病不起。病情一拖再拖，已经相当严重，他只能一边做点轻微的工作，一边求医问药。通州地区民风彪悍，常有匪贼出没，稍有疏忽，便大闹官府，朝廷不得已常常以安抚了事，因此许多官员宁愿被贬都不愿来通州任职。元稹此次担任刺史一职，势必要面临很大的压力。

为了尽快应付公事，元稹一直积极治疗。经过多方打听，他找到了兴安的名医，喝下几服药后，元稹身体终于有所好转。不久，他认识了当地女子裴淑，两人一见钟情，他便将其续弦为妻。婚后，裴淑就承担起了照顾元稹的责任，一切安顿之后，元稹将自己的儿女接到了自己身边，一家人终于能团聚了。

元稹在通州任职期间，通州御史突然去世，按照律令，御史去世之后，当由刺史代为管理，所以当时的元稹，便代理了御史之职，全权管理通州。但是积淀了多年矛盾的通州此时已是一团乱麻，前几任官员留下的恶果也在一点点发酵，纵使元稹使出浑身解数，恐怕也无力回天，这一点，令元稹颇为担忧。

不久，元稹和好友白居易又双双接到朝廷的升迁调令。朝廷令白居易任忠州刺史，元稹任虢州长史。至此，两人的贬职生涯终于结束，这两位难兄难弟终于看到了一丝曙光。在这十几年中，他们都饱受摧残，颠沛流离，东征西跑，还时常受到小人的诬陷和迫害。如今升职，终于可以离开这些是非之地了。

第七节　一朝得意一夕散

荣耀、名利、权势，几乎一夜之间全都落在他头上，

尽管众人十分艳羡，但他自己却感到有些心酸，

三十余年的风风雨雨将他从一个桀骜不驯的少年变成一个宠辱不惊的老者，

他回味着众人的目光，感觉他们就像曾经的自己。

只要坐在镜前，就能清楚地看见自己被雕刻的痕迹：鬓角斑白，皱纹纵横。有时他觉得这面孔很恐怖、很陌生，像极了遥远的父辈的面庞。从前他读不懂父亲，现在才发现，父亲的影子一直在自己身上。老来坐镜中，翩翩不再少年郎。

接连收到哥哥与友人去世消息的元稹，似乎已经没有余力再去工作，他已经逐渐向生活低下了头。自从他任职虢州长史以来，便做好了长期赋闲的准备。一来他觉得朝廷不会再任用他了，二来和家人在这样一个悠闲的地方生活，也算是一个好的归属。

然而命运却没有就此停止转轮，远在京城的好友们并没有忘了他。元和十四年，好友崔群为元稹在朝中谋得了膳部员外郎的职务。老友的不相忘让元稹感激不已，老骥伏枥，志在千里，好不容易得到的机会又怎可轻易放弃？

然而，他刚刚上任不久，朝廷便发生了重大变故。元和十五年正月二十七日，唐宪宗李纯突然驾崩，宣告宪宗统治时代的结束，其三子李恒继位，史称

唐穆宗。

李恒继位后，对朝堂上下文武百官进行了人事调整，命宰相令狐楚为山陵使，此时，刚刚还朝的元稹为山陵使判官。与令狐楚共事期间，两人的关系十分密切，元稹认为前任宰相杜佑根本无法与他相比，后来元稹在《上令狐相公诗启》中写道：

> 十四年，自虢州长史征还，为膳部员外郎。宰相令狐楚一代文宗，雅知稹之辞学，谓稹曰："尝览足下制作，所恨不多，迟之久矣。请出其所有，以豁予情。"稹因献其文。

此后，这篇文章很快流传开来，其中很多语句都成为人们流传的经典。比如"闲诞无事，遂专力于诗章。日益月滋，有诗句千余首。其间感物寓意，可备矇瞽之风者有之。""楚深称赏，以为今代之鲍、谢也"等诗句，都引起了人们广泛的关注。

刚刚登基的唐穆宗，也是一个酷爱文学诗歌的君主。与普通文人一样，他平时也喜欢博览诗书。登基之后，他非常关注文化方面的人才，朝中的大小官员，只要能写出好文章的，他都大加赞赏。

当时有人向他引荐了一大批当朝文学才子，其中就有元稹的名字。唐穆宗在读完元稹的诗之后，颇为欣赏，遂宣他进宫面谈。言谈中，唐穆宗觉得元稹饱读诗书，出口不凡，便开始留意他，甚至主动向他索诗，因此，两人的距离也逐步拉近。

元稹上任之后，正好赶上朝廷的赋税制度改革，由于唐顺宗和唐宪宗疏于治理，导致赋税制度漏洞百出，如不大刀阔斧地改革，必将引起后患，这让唐穆宗十分头疼。自他登基，王朝内外窘迫，外有边患虎视眈眈，内有旧臣阻挠改革，而军队疲软，国库空虚，这些都令穆宗甚为烦心。

这时，韩愈上书于皇帝，为税赋之事出谋划策，他的奏章陈述改革利弊，虽然道出了问题的核心，但是缺少实质性的方法。所以元稹在韩愈改革的基础上，结合多年在地方做官的经验，提出了许多可以操作的具体政策措施。他提出，针对目前情况，朝廷所采取的方法都是"救一时之弊"的方针，并不能解决问题的实质。所以他提出了"禁、罢、绝、节、峻、深、精核、慎选"的建议，要从根本上解决这些问题。

元稹的这些言论，无一不触及朝中那些顽固的利益集团，所以其他大臣都不敢明说，也有朋友曾劝他不要太过认真，新帝继位本就根基不稳，倘若他激起众怒，恐怕皇上也无法保全他。但是，元稹并没有因为过去十年的贬职生涯而改变自己直言死谏的做法。朝中一些老臣知道元稹的谏言后，自然不肯善罢甘休。户部尚书杨于陵随之上书皇帝，提议以实物相抵，以改变民众脱离苦难的现实，这显然与元稹和韩愈提出的建议背道而驰，两派各执己见，在朝廷之中引起了一场巨大的争论。

经过一番争论之后，元稹最终肯定了以物抵税的做法。因为他心里知道，他所提出的措施虽然可以立竿见影，但在这帮大臣的阻挠下，真正执行却很不易。而他们所提出的建议，虽然治标不治本，但短期内可缓解困境。

元稹在朝期间，由于表现出色，又有一手好文采，所以深得唐穆宗喜爱，他的文韬武略被穆宗看在眼里，他十分欣赏元稹刚正不阿的禀性，又一次提升元稹任祠部郎中知制诰臣。随后，在元稹的直谏下，唐穆宗肃清了大批官员。

长庆元年，唐穆宗大赦天下。正月初一时，唐穆宗携百官在南郊举办大典，元稹和白居易被分在一处，协管礼部事宜。两人一扫过去的阴霾，面对万象更新的朝廷、大有作为的皇帝，心中自然有无限期许、无限感慨。大典之后，元稹难掩心中豪情，遂作《辨日旁瑞气状》。文中，元稹将穆宗即位以后朝廷的改变予以深刻描述，所谓"臣下忠诚辅主，国中欢喜和合"。言语间表达出他对新朝的祝福和希冀，在这样一个欣欣向荣的天朝供职，是他的荣幸和骄傲，对当朝天子，他直言"尽合天心"，他愿意以毕生之学，辅佐君王，重建大唐雄风。

唐穆宗看到文章后，龙颜大悦，对元稹的文采和才华赞赏不已，他越发觉得元稹是个不可多得的贤臣良将，所以在一月之后，唐穆宗升任元稹为翰林，委以重用。

（二）

荣耀、名利、权势，几乎一夜之间全都落在他头上，尽管众人十分艳羡的，但他自己却感到有些心酸，三十余年的风风雨雨将他从一个桀骜不驯的少年变成一个宠辱不惊的老者，他回味着众人的目光，感觉他们就像曾经的自己。

担任翰林之后，元稹的生活和精神面貌都有了极大的转变，他不同于往日，脸上的惆怅和哀怨一扫而光，眼前的元稹容光焕发、神采奕奕，已是另外一番模样了。他当时的作品也一改往日沉郁，充满了欢愉得意，例如他在《酬乐天待漏入阁见赠》中写道：

> 未勘银台契，先排浴殿关。沃心因特召，承旨绝常班。飔闪才人袖，呕鸦软举环。宫花低作帐，云从积成山。密视枢机草，偷瞻咫尺颜。恩垂天语近，对久漏声闲。丹陛曾同立，金銮恨独攀。笔无鸿业润，袍愧紫文殷。河水通天上，瀛州接世间。谪仙名籍在，何不重来还。

在此诗中，元稹将心中的志得意满展露无遗。他将笔锋转向了描写当朝的蓬勃朝气、大好河山，在这一派欣欣向荣的氛围中，诗人踌躇满志，立志要为这样的鸿业尽一己之力。诗中的描写，既是对如今美好光景的抒发，也是对过去离愁的宣泄。眼前的光景，曾是元稹朝思暮想的场景，如今当它呈现在眼前时，他又似乎有些不敢相信了。

然而，他的仕途却不止于此。唐穆宗读过元稹的很多诗歌文集，对他的文采甚为喜爱。随着二人感情愈发深厚，唐穆宗开始与元稹探讨起诗歌创作了。据白居易后来的作品所言，唐穆宗不止一次向元稹索诗，可见他对元稹的诗歌喜爱程度之深。通过与唐穆宗的私交，元稹逐渐成为当时朝廷统治集团中的重要人物。唐穆宗经常邀元稹进宫议事，除了商议国事之外，唐穆宗也常把一些秘密和心事与元稹分享，足见元稹对唐穆宗的重要程度。

此时的元稹，在朝中也算是位高权重的大人物了，除了和白居易等人私交甚好之外，也和李宗闵等官员渐渐熟悉起来。

长庆元年，朝廷举办了一场声势浩大的进士考试。刚刚登基的唐穆宗，也想借着这次考试，选拔自己的可用之才，他对此次考试非常重视。起初，唐穆宗提出要选取前十四名进入朝廷，而就在复试之后，唐穆宗突然改为了只录取前三名。唐穆宗突然改变旨意，让原本能够进入朝廷的李宗闵与裴度之子都被排除在外，考试之后，李宗闵曾登门拜访元稹，想请他利用朝中的关系，设法将儿子的名次提前到第二名，元稹拒绝后，又得知就是元稹劝说皇上只录取前三甲的事后，二人由是心生嫌隙。

此后，朝廷中的某些大臣便向皇帝启奏，弹劾元稹在此次科举中利用职务之便，任用亲信，操纵考试。由于上奏弹劾元稹的人越来越多，为了平息众怒，皇帝不得不将元稹降职为工部侍郎。

但矛盾却没有就此停止，元稹与裴度因此次进士考试也闹了些不愉快，但矛盾真正爆发，是在平息河北叛乱时开始的。由于当时朝廷对地方管理较为松散，使许多地方官员目无王法，横行一方，许多朝廷下拨的粮饷都被当地官员扣留，囤货居奇，官民矛盾日益激化。

这是唐穆宗登基以来第一次遇到地方叛乱，所以非常重视，他特意命元稹撰写了《招讨镇州制》。文中，元稹以朝廷的名义，对叛乱者进行了严厉的指责，并且将其中的利害关系都一一讲清，利用天子的口吻恩威并施，他大力赞扬了出征平叛的大军乃国之精锐，并且夸耀田弘将军战无不胜、攻无不克，以此来威慑、劝降对方。

一个名叫王播的官员了解元稹和裴度之间的恩怨，为了攀附当朝宰相，他便向裴度诬陷元稹，说他暗中勾结宦官，破坏平叛事宜。裴度原本就对元稹心有怨气，听此消息，不问青红皂白，立即去皇上那里弹劾元稹。

皇上听完裴度的理由，依然不为所动，此时裴度又拿出几份证据继续诬告元稹，话语间颇有不罢免元稹绝不罢休的味道。此外，裴度还借用元稹好友白居易之名诬陷元稹，一副咄咄逼人的样子。当时朝廷正是用人之际，而裴度是负责此次平叛事宜主要官员，大战在即，为了不使军心动摇，唐穆宗只好先迁就裴度，将元稹贬职于朝外，让他负责一些具体事务。

不久，随着战争的失败，裴度在此次平叛中所犯下的罪过也随之浮出水面，与他诬陷元稹的罪过相比，他在平叛中所犯下的错误更是不可原谅，唐穆宗龙颜大怒，当即决定将他贬到洛阳，留守东都，在众宦官极力劝阻之下，唐穆宗才让他回朝参政。与此同时，唐穆宗有意为元稹平反，不仅将元稹调回内廷，还直接拜元稹为相，因祸得福，元稹也因此走向了权力的巅峰。

按照唐朝的规矩，新任丞相要上表一篇文章，来表明自己对朝廷、对皇上的忠心。而此篇文章不能由丞相本人来写，而要由他人来撰写，所以元稹邀请白居易撰写了这篇《为宰相谢官表（为徽之作）》，文曰：

> 臣本庸浅，遭遇盛明。天心自知，不因人进。擢居禁署，访以密谋。恩奖太深，谗谤并至。虽内省行事，无所愧心，然上赎宸职合当死责。岂意怜察，曲赐安全。蝼蚁之生，得自兹日。今越流辈，授以台衡。拔于万死之中，致在九霄之上。扪心抚己，审分量恩：陛下犹不以众人之心待臣，臣岂敢以众人之心事上？皇天白日，实鉴臣心！得献前言，虽死无恨。

此时的元稹，权倾朝野，可谓是一人之下万人之上，自然有许多达官显贵企图通过攀附他保全自己的利益，令他们失望的是，元稹与前几位宰相大相径庭，他从不取不义之财，也禁止亲属们收受贿赂。然而，即便是这样，他仍躲不过来自有心人的暗箭。

长庆二年，都知兵马使王庭凑谋反，元稹好友牛元翼被朝廷授深冀节度使出兵讨伐，王庭凑得讯后，立刻出兵围攻德州，将牛元翼困在德州不得进退，为了及时营救好友，元稹一得到消息便上奏皇上，希望能增兵解围，而彼时皇上正在为征讨河朔之事伤脑筋，所以元稹几次上奏都无果，此时，官员李逢吉劝元稹利用反间计救出牛元翼，走投无路的元稹，只好听取了李逢吉的计谋。

谁知这是李逢吉所使的一计，当元稹利用反间计相救牛元翼时，李逢吉却向皇上进言，说元稹勾结乱党，谋害裴度。起初，唐穆宗并没有将此事放在心上，他始终相信元稹的为人，认为他绝不会做出勾结乱党之事。

但是不久，元稹一再上书要求营救牛元翼，唐穆宗开始怀疑元稹上书的本意了。就在唐穆宗心存疑惑的同时，李逢吉不停地向他进言，编造谎言来诬陷元稹，进而使皇上相信他的话。唐穆宗听完李逢吉的几番谎言之后，心中的天平竟然有所倾斜。他开始怀疑元稹对自己的忠诚是否只是一种献媚，并非真情所至。

长庆二年六月，唐穆宗一纸诏书，免去元稹丞相之职，贬为同州御史。

元稹起初以为皇上是被逼无奈而为之，以往贬官之后，皇帝总会派人前来安抚，这一次，他没有等到皇帝的手书，而他得到的是一个令人心寒的消息：李逢吉晋升为丞相。

在得到消息的那一刻，他便明白，他与穆宗李恒之间彼此信赖的关系，已经彻底被瓦解了。他与李逢吉之间的恩怨，皇帝心知肚明，而这一次他既然选择了李逢吉，而将他贬到同州，可见态度之决绝。此刻，他甚至不愿再向皇帝申冤，因为他明白，他不可能突然失宠，将他远贬的念头，也许早就在皇帝心头存在了。

他始终认为唐穆宗对他有知遇之恩，昔日君臣相和的场景历历在目，只是伴君如伴虎，他终究无法猜度穆宗的想法，既然他如此绝情，元稹也心灰意冷，便拂袖而去。

第八节 ／ 浮生若梦几何欢

元稹走得突然，许多告别和托付成为永远无法实现的遗憾。

但是人生就是这样，不会让每个人都能尽如人意，

元稹一辈子都生活在匆忙和颠簸中，来去匆匆，他的命运，似乎早已注定，

所有的恩恩怨怨、荣辱兴衰，都已经随着他的离世而永久封存。

每一个诗人心里，都有一个属于自己的桃花源。那里有辽远之境、空灵之风、蔬笋之气，应当还有几斛老酒，淡淡地散着余香，抛开人间万世非，还有几页诗篇，可以顶住遗忘。朝廷已经换了主人，自己也曾被唤回，但此时的元稹，对回京做官已经没有丝毫兴趣，宦游几十年，足迹走遍河海山川，如今该为自己的余生细做打算了，他将武昌作为自己人生的最后一站，在襄州的贾塾，建造了自己的房子，准备在此度过晚年。

他从未想过死亡，虽然他早就料定自己并非长寿之人。他见证过太多人无缘无故的永别、无声无息的消失了，好像他们只是为了恰当地出现、又恰当地消失在某人面前，每每到此，思想便戛然而止，他不再想，也不愿想。此刻在武昌，便只管轻声吟唱。

武昌，北依珞珈山，南临长江水，四季分明，风光秀丽，这是唯一让他感到欣慰的地方，如果自己能终老于此，也算是上天对他最后的恩惠。

　　既然为官一日，便要为百姓造福一日，元稹便放下了心中的压力与痛苦，回归到做官最原始的状态中去，就是为民解忧。他抛开了所有的私心杂念，走进当地人们的生活当中，只有设身处地的与百姓生活，才能了解他们最需要什么。

　　通过体验和观察，元稹发现生活在武昌周边山区的百姓，因为恶劣的自然环境，人们的居住条件非常差。百姓所住的房子都是用山中的竹子搭建而成的，如果出现雨涝灾害，房屋便会被山洪席卷，时任武昌观察使的韦丹曾经有意将这里的房屋进行重建。但是在修建过程中，韦丹突然病逝，致使房屋搭建暂停。

　　元稹此次的决定并非草率行事，他首先重新规划了百姓的居住位置和距离，选择了相对平整、开阔的地带作为百姓迁居之地，随后，又向朝廷上书请求分拨银两用于安置灾民。在他的主持调度下，百姓将原先的茅顶泥壁通通换成泥瓦，同时，他还要求百姓不得占用耕种的时间修建房屋，必须要先保证粮食收成之后，再进行改建。很快，当地百姓都住进了安全舒适的新居。

　　元稹的这一措施，解决了百姓长久以来的烦忧，他清廉公正，办事极有效率，想百姓之所想，急百姓之所急。于是，元稹便成了当地人们心中的好官，并受到了大家的尊敬和拥戴。

　　这让的元稹甚是欣慰，自己虽然不可能再在朝堂上指点江山、叱咤风云，但来到这样一个小地方，用手中仅有的一点权力，发光发热，为百姓做一点实事，何尝不是另一种人生价值的体现呢？

　　渐渐地，元稹喜欢上了这里的生活，这里宁静安逸，他白天忙碌公务，晚上回到他修建好的房子里陪伴妻儿，全家其乐融融，一家人终于过上了稳定的生活。

　　眼前的景象，是元稹多少年梦寐以求的，他最初闯荡仕途的时候，除了政治理想之外，就想要家人过上安逸、幸福的生活。仅仅是这个小小的愿望，也让他等了几十年。如今虽然没有金银珠宝，没有深院豪宅，但是他们依山傍水、安静祥和。这与他几十年的颠沛流离相比，已是再好不过了，所以元稹对此已非常知足。

武昌之地原属楚国，风俗众多，尤敬鬼神，当地州衙每年都要组织两个盛大的活动：一个是五月份的竞舟，一个是十月份的赛神，此种民间活动是从祖先手中流传下来的文化精髓，在民间颇受重视，其氛围之浓郁、声势之浩大，不仅武昌人将其视为重要的节日庆典，而且许多外地人都慕名前来观赏，一饱眼福。刘禹锡就曾在《竞渡曲》中写道：

> 沅江五月平堤流，邑人相将浮彩舟。灵均何年歌已矣，哀谣振楫从此起。扬桴击节雷阗阗，乱流齐进声轰然。蛟龙得雨鬐鬣动，螮蝀饮河形影联。刺史临流褰翠帏，揭竿命爵分雄雌。先鸣余勇争鼓舞，未至衔枚颜色沮。百胜本自有前期，一飞由来无定所。风俗如狂重此时，纵观云委江之湄。彩旗夹岸照蛟室，罗袜凌波呈水嬉，曲终人散空愁暮，招屈亭前水东注。

从刘禹锡的诗中便可看出，类似竞舟这样的民间活动已经传承数百年，成了一种民俗文化，是当地人长久以来的精神寄托，也是其他人了解该地区文化的一种渠道，每年的竞舟和赛神活动，亦是当地官员最忙碌的时候。

作为诗人的元稹，当然也愿意欣赏这样的民间文化，但是作为官员，尤其是元稹这样认真负责的官员，则有着不同的想法。在他看来，竞舟时期正值五月插秧、割麦之时，而往常举办竞舟活动时，政府责令当地的人们几乎都要参加，动辄耗费十几天的时间，这样一来，便会耽误农忙的最好时期，会导致粮食无法及时收取，直接影响着百姓能否顺利过冬。

经过认真考虑之后，他决定要修改竞舟的规则。首先是精简参赛的船只与队员。同时，也将原先十余天的时间减少至一天，最大限度地保障农业生产的进行。

人们起初对元稹的大胆改良提出过异议，认为他这样是坏了祖宗的习俗，也扫了文人墨客的诗兴，但是，元稹的方案实行一年后，使当地粮食收成大为提高，人们的负担也减轻许多，大家对元稹的不解也渐渐消失了。

大和四年，武昌鄂州和越州相继爆发了洪水，造成当地无数房屋倒塌、船只沉没，百姓伤亡惨重，流离失所，无家可归，面对如此大的灾难，元稹夜不能寐。

这是元稹为官生涯里第一次遇到如此巨大的自然灾害。在那段时间里，元稹眼看着洪水把房屋、船只和村民冲走，他虽然以最快的速度禀报朝廷、调集官兵救灾，但依然无济于事。在如此巨大的灾难面前，庶民百姓是如此的渺小脆弱、如此的不堪一击。一场洪水，几乎将他之前所做的努力全部冲毁。元稹心中颇感忧虑，他担心的不是自己的政绩被洪水冲走，而是这场洪水的凶猛和无情。

在指挥官兵封堵河堤时，元稹第一次感受到了死亡的迫近，洪水滔天，白日昏暗，河堤随时都有可能崩毁，自己一个不经意的失足，也可能就此坠入江中。

但是，作为节度使的元稹，此时必须临危不乱，挺身而出，他带着武昌的百姓们，众志成城，抗击洪水。不久，洪水退去，朝廷拨发的赈灾物资也陆续抵达武昌，在此后的一年中，元稹同大家一起，重建房屋、加固堤坝、耕种良田。他四处奔行，想在自己退隐之前，将武昌恢复成从前的样子。

直到第二年，在元稹的带领下，武昌的鄂州和越州的灾后重建工作已经初具规模。但无法预料的是，又一场洪水袭击了这里，重建的房屋还没有完成，又被全部冲毁，此次伤亡虽不及上年严重，但这接二连三的灾害，严重挫败了百姓新建家园的积极性，很多人甚至想离开故土，寄居他乡。

为了查清灾情，元稹冒着风雨，仔细巡查各处，除了指挥灾后重建，他还积极慰问、安抚受灾百姓，劝说他们不要轻易离开故土，朝廷会想尽一切办法处理善后事宜。那段时日，元稹几乎没有休息，一直在抗灾前线指挥，在崎岖的山路上，在广阔的河岸边，都能看见他瘦小却异常坚定的背影。

洪水退去，当人们再看到府衙内的元稹时，他已经白发苍苍，完全成为一个沧桑的老人了。

大和五年（公元831年）七月二十二日，在巡查灾区时，五十三岁的元稹因病暴亡，卒于武昌节度使任内。元稹去世的时候，正值武昌最炎热的夏季，当时洪水袭击之后，元稹带着官员和民众进行救灾和重建，身体本就虚弱的他，动辄奔波百里，又在烈日下曝晒数日，终于，他累垮了身体，再也没有起来。

元稹走得突然，许多告别和托付成为永远无法实现的遗憾。但是人生就是这样，不会让每个人都能尽如人意，元稹一辈子都生活在匆忙和颠簸中，来去匆匆，他的命运，似乎早已注定，所有的恩恩怨怨、荣辱兴衰，都已经随着他的离世而永久封存。

第七辑　温庭筠

纵春意撩人，奈晚景秋凉

第一节 ／ 年少敏悟志高远

温庭筠的作品中为何无数次写到江南风光？又为何那么喜欢描写春天？

他一生历经坎坷，四处飘零，却非要实现经世济国的理想，这又是为什么？

想要知道这些问题的答案，就必须了解温庭筠的家乡、身世和他儿时的理想。

透过温庭筠的一些代表诗篇，我们可以找到他青少年生活的一些痕迹。

那时候的他，年少敏悟，志存高远，是个胸怀大志的好少年。

温庭筠出生在一个什么样的家庭中，家境如何？他的家世对他的一生有着什么样的影响？对他的性格及作品又有着什么样的影响？他为什么受尽挫折都不肯放弃经世济国的理想？对此，温庭筠的作品中并没有明显的流露，但笔者还是可以从这首《苏武庙》中窥探出温庭筠的先祖对他一生有着重要的影响。

苏武魂销汉使前，古祠高树两茫然。

云边雁断胡天月，陇上羊归塞草烟。

回日楼台非甲帐，去时冠剑是丁年。

茂陵不见封侯印，空向秋波哭逝川。

——《苏武庙》

诗中首句写道：突然见到汉朝皇帝派来的大使，苏武惊讶不已，一时间悲喜交加。他被匈奴扣留多年，在异域他乡熬过了漫长的岁月，受尽折磨，以为自己再也没有机会回到祖国，现在得知自己已经获释，即日便可回国，激动的心情难以名状。

第一句写人、写古，第二句由人及庙，由古及今，写今天的苏武庙：今天的苏武庙古树参天，苍茫肃穆，渺然久远。这一句很重要，是转折句，要引出苏武一生所经历的千辛万苦。

第三、四句则开始回忆苏武一生的经历：当初苏武出使匈奴，却被匈奴扣押并流放北海，从此与祖国断了音信。每个寂静的夜晚，在异域的天空明月之下，苏武望着天上的鸿雁，盼望着它能把自己的消息带给祖国。可等啊，等啊，却一直等不到祖国的音信。他在匈奴过着非人的生活，每天都要为匈奴人放羊。每日黄昏，他看着山丘上归来的羊群和一望无际的草地，便更加思念自己的祖国。这两句形象地描述了苏武在异域被幽禁十九年单调、孤寂的生活，恶劣的环境和他的心情融为一体，淋漓尽致地表达了他思念祖国却又不能归国的痛苦心情。

接着，五、六句时空再转换。苏武终于回到祖国，但一切已物是人非。昔日的亭台楼阁依然挺立，武帝却早已逝去。想起当初出使时汉武帝为自己饯行，那时武帝正值壮年，而现在一切都已过去，感觉恍如隔世。这两句的写法很特别，先说"回日"，后述"去时"，这是"逆挽法"。这种写法摆脱了一般的传统写法，显得非常新颖，更为"跳脱"。

最后两句是文章的点睛之笔：武帝已经长眠茂陵，再也见不到归来的苏武封侯受爵了，苏武只能空自面对秋天的流水凭吊已经逝去的先皇。至此，赤胆忠心的苏武已被作者塑造得十分立体，一个忠君爱国的形象活脱脱地展现在我们面前。

温庭筠一生恃才傲物，放荡不羁，讽刺权贵，就连皇上都不放在眼里，为何对死心塌地忠于朝廷的苏武如此歌颂呢？这要从温庭筠的家世说起。

温庭筠是唐初丞相温彦博的后裔，他的先祖中有很多人都曾官居高位并为皇室的姻亲，但到温庭筠父辈这一代，家道中落。这样的家世对少年时的温庭筠有着什么样的影响？一方面，他对自己显赫的家世颇为自豪；另一方面，他又颇为不甘，想通过自己的努力纂修祖业，承袭门风，重现昔日温氏家族的辉煌。

这种情怀在《苏武庙》这首诗中就可见一斑。诗中，苏武被匈奴幽禁长达十九年，其间他们用尽各种威逼利诱的手段，试图使苏武投降，但均未能如愿。苏武的这种经历和忠君爱国的气节与温庭筠的先祖温彦博如出一辙。温彦博在大唐初年也曾被突厥囚禁于阴山苦寒之地，遭受各种折磨，但他拒不投降并坚守国家机密，这种气节在当时受到许多人的称赞。李世民即位后，温彦博回到长安并受到朝廷的重用，一度做到丞相之职。温彦博对唐朝的统一、稳定和发展都立下了很大的功劳，且一生为官清廉，受到世人的称赞。有这样一位威武不屈、刚正不阿且身居高位的先祖，温庭筠怎能不感到骄傲。他写《苏武庙》一诗既是对苏武的歌颂，也是对先祖功业气节的赞扬。

先祖心系苍生与国家安危，为朝廷建功立业的事迹激励着温庭筠，这既是动力又是压力，使他从小就志存高远，渴望有朝一日能像先祖一样建功立业、报效国家。对温氏家族来说，光宗耀祖也是他的责任，所以，温庭筠从小就苦读诗书，内心深处强烈的功名欲望促使他不断积极进取，他不仅苦心研习诗文，还鼓琴吹笛，渴望成为一个博古通今、有才华的人，长大后好取得功名。

年少时的温庭筠并非顽劣不堪，使人无法想到长大后的他会玩世不恭、放荡不羁，但不管其性格怎样，温庭筠的才华自小就显露出来，而他少年时代饱读诗书也为他一生的诗词创作奠定了良好的基础。

微风和暖日鲜明，草色迷人向渭城。

吴客卷帘闲不语，楚娥攀树独含情。

红垂果蒂樱桃重，黄染花丛蝶粉轻。

自恨青楼无近信，不将心事许卿卿。

读罢这首《偶题》，不禁心情愉悦。美丽的风景、惬意的时光、慵懒的主人公、暧昧的男女感情，这一切都令人沉醉。

本诗第一句就为我们描述了一幅美好的景色：和暖的微风吹拂，阳光明媚，草色青青，景色是那么迷人。此时此刻，我们的主人公在做什么呢？"吴客卷帘闲不语"——景色宜人，时光悠闲，主人公却坐在那里发呆不语，似乎有些寂寥。不光他寂寥，脉脉含情的女子此刻也在惆怅。

这时，果园里果蒂低垂，红红的樱桃挂满了树枝，花丛中蝴蝶翩翩起舞。这两句把主人公慵懒的状态渲染得更加彻底，或者主人公也在想，他和女子的感情能否像这樱桃一样最终开花结果，能否像这蝴蝶一样可以嬉戏人间，享受美好的时光？

最后两句作者终于给出了主人公寂寥惆怅的原因："好久没有收到你的音信了，难道你没有心里话说给我听吗？"这是情人间的怨怼和嗔怪。作者前面一直在酝酿情绪，写美景是为了衬托主人公的寂寥，说寂寥是为了发出对情人的埋怨。

这首诗辞藻华丽，色彩浓烈，表现出温庭筠作品的一贯风格。不过，为何他的诗词会有这样的艺术风格？为何他喜欢描写江南？一个人作品的艺术风格或者内容往往与他的成长环境和人生经历有关，温庭筠也不例外。

这首诗的第一句就这样写："微风和暖日鲜明，草色迷人向渭城。"显然，这不像是北方的景色，而像是江南的。我们再看这一句："吴客卷帘闲不语。"这里的"吴客"指的是谁？正是作者自己。作者为什么自称"吴客"，这就牵扯出另外一个问题——温庭筠的故乡在哪里？

据史料记载，温庭筠祖籍太原，但在他的作品中，几乎没有提及太原或者山西的文字，也没有描写山西风光的诗词，只有在《书怀百韵》自注中，他曾这样写道："予先祖国朝公相，晋阳佐命，食采于并、汾也。"但到了温庭筠时，已是"采地荒遗野，爰田失故都"了。这就说明他虽祖籍太原，但并不是成长或出生于太原。

虽然他的作品中提到故乡太原的次数很少，但描写江南风光的诗词却特别多："淮南游客马连嘶，碧草迷人归不得"(《相和歌辞·堂堂》)、"却笑江南客，梅落不归家"(《敕勒歌塞北》)、"江上柳如烟，燕飞残月天"(《菩萨蛮》)。从这些作品中不难看出，温庭筠的出生地或成长的地方是在江南，就是吴中松江附近，太湖之滨。至少在他的心中，他是把吴中作为自己的故乡的，否则就不会自称是"吴客""江南客"，并把回吴中称作"归江东"。

温庭筠在吴中一带度过了人一生中非常重要的青少年时代，这就不难理解他诗词的艺术风格为何带有明显的南方色彩，辞藻浓艳、色彩华丽，因为南方气候温暖如春，鲜花常开，芳草萋萋，蜂蝶飞舞，这些皆是色彩艳丽的画面；也不难理解他的作品为何大多情感浓烈，而他的性格为何又如此敏感多情，因为比起北方人来，南方人的性格更为感性细腻一些。一个人从童年到青年时代的记忆是最鲜明深刻且难忘的，吴中的山山水水、一草一木、人文景观为温庭筠的诗词创作提供了大量美好的素材，并使他形成了温婉绮丽的诗词风格。

更重要的是，吴中的日子单纯而又快乐，那时候，温庭筠对一切都充满了美好的想象。以至于在以后的岁月里，每每因受到挫折而痛苦不堪时，他都会拿这段日子聊以慰藉。他在吴中一直居住到壮年，包括后来出塞和入蜀，他的居住地仍是吴中。温庭筠对吴中的感情可谓是深刻的，即便后来移居京城长安鄠郊，他心中仍不忘自己的故乡。而在他漂泊他乡，苦寒无依的日子里，吴中永远是他心中最温暖的地方。

温庭筠描写家乡吴中的作品有很多，这首《春洲曲》和《偶题》一样，同样描绘了一幅江南风光。

韶光染色如蛾翠，绿湿红鲜水容媚。

苏小慵多兰渚闲，融融浦日鸂鶒寐。

紫骝蹀躞金衔嘶，堤上扬鞭烟草迷。

门外平桥连柳堤，归来晚树黄莺啼。

——《春洲曲》

远山似乎被染成了青黑色，犹如女子的眉毛一样美丽。绿色的植物经过水汽的浸润看起来既湿润又鲜嫩，鲜艳的花朵看起来也更加娇媚。苏小小常常懒得出游，太阳暖融融地照在洲浦上，这时水鸟好像也安静地睡着了，在兰花盛开的水边，一切都显得那么悠闲而宁静。然而，这种宁静被打破了。河堤上，套着漂亮马嚼子的骏马一边缓慢行驶，一边嘶叫。这时，骑马的人儿突然扬起了手中的鞭子，肆意地驰骋起来。这情景看起来是那么迷人。大门外，长长的岸堤上种满了柳树，与一座座桥相连。黄昏时归来，树上黄莺的啼叫声悦耳动听。

春日的江南真的是风光无限好啊！

这首诗传递给人的整体感觉是美丽的风景、懒散的主人公和她闲适的心情。苏小小的慵懒、水鸟的静谧、骏马的缓慢行驶，无一不在告诉我们这一切都是懒懒的。但我们不禁会有这样的疑问：究竟是慵懒的环境决定了作者慵懒的心情，还是作者慵懒的心情决定了慵懒的自然环境？恐怕是互有影响吧。也许只有像温庭筠这样悠然自得的人才会发现并且享受生活中这细小的慵懒和闲适，不管如何怀才不遇、生活如何落魄，他依然有双发现生活之美的眼睛和一颗热爱生活的心，这是一个诗人该有的性情。只有拥有这样的细腻和敏感，他才能写出令世人沉醉的诗篇。

这首《春洲曲》和《偶题》《吴苑行》《惜春词》《杨柳枝》一样，描写的都是春天的景色。春天的景物在其诗词中出现的次数多得无法尽数，这是其他诗词作家所不能比的。温庭筠为何如此喜欢描写春天？这固然和他的家乡在江南，而江南温暖如春，以及对春天有深刻的印象有关，但同时也和他个人的性格和审美情趣有关。温庭筠虽然一生坎坷，但他的性格却是积极乐观的，他对生活充满了热爱并乐于享受生活，愿意去歌颂美好的事物，所以春天、爱情就经常出现在他的作品中，而对秋天，他则很少描写，这一点和爱描写秋天的李商隐有明显的不同。

春天的闲适、慵懒的美好意境成了他的追求，而这种闲适悠然的意境却是多少人向往而不得的。他们并非得不到，而是把更多的注意力放在了追逐名利上。与其他诗人相比，温庭筠的大部分诗词或许陷入了小情小爱中，与那些终日忧国忧民的诗人的作品相比，也许多少有点儿女情长。

年少的温庭筠就是一个这样的人，他除了苦读诗书、志存高远之外，尽情享受家乡吴中的美丽风光和少年的大好时光。不可否认，温庭筠的青少年时代是快乐无忧的，这一点从他诸多描写家乡的诗词中就可以看出来。他的青少年时光实在是太美好了，留给他的记忆也太深刻了，以至于他以后每次写家乡吴中的诗作时总能信手拈来，而且是那么的自然动人，毫不做作。

此时的温庭筠对未来怀有太多美好的希冀。但他知道，要想建功立业、光宗耀祖，光读万卷书是不够的，还要行万里路、接触社会、感受现实，如此才能知道自己的理想是不是能够实现。

这个想法一旦形成，温庭筠就在心中盘算具体的行程。他曾在求仕的道路上做了一些努力，但却没有任何结果。此时的他虽已成家，但成家尚未立业，何时才能实现心中的宏图大志？温庭筠心中有些着急。终于，在二十八岁这一年，他的边疆之旅开始了。

第二节 ／ 一重山色几多情

要实现经世济国的人生理想，少不了"读万卷书，行万里路"。

温庭筠在自己的家乡吴中度过了无忧无虑的青少年时代，

已经实现了"读万卷书"，所以他迫切想要"行万里路"。

于是他来到边塞，来到蜀地，这里的风光令他沉醉，但更多的事情刺激着他的心灵，

使他写下了一首首诗篇。在这些作品中，他倾诉着对祖国的热爱和担忧，

也表达着对朋友、对边疆将士的关怀。在这山水之间，他留下了自己浓浓的深情。

苍莽寒空远色愁，呜呜戍角上高楼。

吴姬怨思吹双管，燕客悲歌别五侯。

千里关山边草暮，一星烽火朔云秋。

夜来霜重西风起，陇水无声冻不流。

——《回中作》

这是一首以边塞生活、景物为题材的作品。回中指的是回中道，南起干河河谷（今陕西陇县北），北至萧关（今宁夏固原东南），因途经回中而得名，为关中平原与陇东高原之间的交通要道。汉武帝时为行路方便修回中道，为丝绸之路中的一段。这是作者出塞时途经回中道而写的一首诗。

作者在诗中这样写道：远远望去，苍茫的天空一片迷蒙，萧萧秋色让人心生愁绪。独自登上高楼，阵阵"呜呜"声传来，是边防驻军吹响了号角。此时的情景让人不禁想起一些凄凉的画面：吴地的歌伎为排遣心中的哀怨吹起了双管，荆轲大声悲歌，正在辞别燕太子丹。这些画面和眼前的景色多么相似。再看此时的边塞，一望千里，一片辽阔，草木凄凄，暮色苍茫。山顶燃起烽火，火光闪耀，更衬托出北方秋天的萧瑟。夜晚来临，寒霜浓重，阵阵西风使天气更加寒冷，这时的陇水没有一点声息，因为它早已凝结成冰，再也不能畅快地奔流。

这一幕日暮边关广阔的景象，寓情于景，不但描绘了苍茫的边塞风光，也抒写了守卫边塞的驻军之苦，更寄托着作者客游边地的愁怀。作者在这首诗里并没有刻意地渲染愁绪，而是着重描写边塞风光和景物，以景抒情。但读者通过自己的领悟即可体会秋天之萧瑟、戍边之艰辛，同时也能体会到作者的"苦"。

作者有什么苦？一为国家苦。国势衰微，军队的战斗力不断下降，边塞往日的无限风光不再。二为自己苦。自己满腹才学，满腔抱负，至今却仍毫无建树，报国无门，只能在此流连辗转，不觉叹息。自己的心情就如"重霜""西风""陇水冻不流"一样凄苦与悲凉。

作者为何有这样的苦？当然与这次出塞看到的一切有关。温庭筠此次的边塞游历是从长安出发，经过回中道向北至泾州一带，再过西堡塞北，出塞至敕勒川、阴山之地，然后折回再向南行，至绥州。他出发时秋高气爽，回来时已是白雪皑皑，即是次年的冬天。出发的时间和地点可以从温庭筠的另一首边塞诗《西游书怀》中得知："渭川通野戍，有路上桑干。独鸟青天暮，惊麇赤烧残。高秋辞故国，昨日梦长安。客意自如此，非关行路难。"

在历时近一年半的边塞游历中，温庭筠亲眼看到了戍边将士的疾苦、边塞的凄凉和国势的衰微，而此时的他已经二十多岁，尚未有一丝功名，所以他无法为改变国家现状、分担人民忧愁做任何事情，年少时立下的效仿先祖报效国家、建功立业的志向也未曾实现，这都让他感到愁苦。

此时，温庭筠由于种种原因尚未参加科考，因此也没有机会取得功名。

他又无法一展抱负，不免心中忧愁，只能借游历来一览祖国河山，亲眼见证国家的现状和人民的疾苦。这种经历增强了他报效祖国的决心，更丰富了他的人生经历，使他有了更多的写作题材。

温庭筠一生中有过多次游历的经历，有主动为之，也有后来被贬时的无奈之举，他也因此留下了大量以边塞生活、景物以及游历经历为题材的作品。这首《回中作》不多言情只描绘景色，而情却蕴含在景中，读起来更觉意蕴绵长。这是温庭筠一贯的写作手法。也因如此，这首诗被王夫之评价为温庭筠唯一"纯净可诵"的作品。

"读万卷书不如行万里路"，温庭筠自知自己的渺小无知，所以要借这次游历生涯丰富自己。在这次出塞途中，他留下了多首作品，这些作品丰富了他的词作内容，使这个"花间鼻祖"不仅有靡靡之音，更有忧国忧民、描写各地风光的大气深沉之作。

燕弓弦劲霜封瓦，朴樕寒雕睥平野。

一点黄尘起雁喧，白龙堆下千蹄马。

河源怒浊风如刀，剪断朔云天更高。

晚出榆关逐征北，惊沙飞迸冲貂袍。

心许凌烟名不灭，年年锦字伤离别。

彩毫一画竟何荣，空使青楼泪成血。

——《塞寒行》

《塞寒行》是温庭筠此次出塞时所写的另一首新乐府诗。在这次出塞的过程中，他写下了许多诗篇，如《西游书怀》《回中作》《过西堡塞北》《敕勒歌塞北》《边笳曲》等，我们正是从这些作品中判断出他此次出塞的时间和路线的。

而这首《寒塞行》是在温庭筠此次行程即将结束时所作的，写得更是苍劲有力、气势恢宏，画面感十足。

燕地所产的弓箭素为良弓，弓弦强劲有力。屋顶白茫茫的一片，那是因寒霜降落在瓦片上。寒风中，一只只大雕扑簌簌地落下，斜视着这平川田野及苍茫的大地。狂风骤起，尘土飞扬，正在悠闲踱步的鸿雁被吓得四散飞去。放眼望去，白龙堆下，一匹匹战马呼啸而来，足有成千上万匹，气势壮观。波涛滚滚的黄河和战马一起朝前狂奔，寒风迎面袭来，战士们的脸上犹如被刀割一般。这狂风把天上的云彩都吹散了，天空不再迷蒙，而是变得更加清澈高远。傍晚时分，战士们骑上骏马飞奔跨出榆关，这次的征程是北征。一路上，沙土狂啸，飞进进战士们所穿的随风飘扬的貂袍里。

纵然"霜封瓦""风如刀""惊沙飞"，条件如此艰苦和恶劣，但我们有"弓弦劲""千蹄马"，有如此牢固的防备，北征一定会取得胜利。当初征战时，战士们怀着建功立业、名垂史册的雄心壮志，可现在和家人的书信中总是充满了离别的愁绪。即使有朝一日能像那些君王一样把自己的彩色画像留在凌烟阁上，也没有什么值得自豪的，因为这些虚名换不回一年又一年妻子独守空房的孤独和眼泪。

《回中作》表达的是国家衰亡而自己不能报效祖国的愁苦之情，这首诗表达的则是对常年征战、戍守边塞而不能和家人团聚的战士的同情。诗中既描写了战士们威武的英姿和对北伐战争必胜的信心，也描写了边疆条件的恶劣，以及战士们的思家情绪和厌战情绪。纵然人人都有一颗报国之心，都愿意为国家抛头颅、洒热血，但他们毕竟都是凡人，常年征战，驻守在条件恶劣的边疆，无法和家人团聚，怎么可能没有厌烦情绪呢？而家中人的望眼欲穿和重重担忧，又怎能不让他们感到痛楚呢？

头八句全部描述边塞生活环境的艰苦和常年征战的战士们的疲惫，这正是为了衬托后四句战士们想念家人、厌烦战争的情绪。条件这么艰苦，战功又常常被高官们抢去，朝廷上下的官员又过着荒淫腐败的生活，战士们怎么能毫无怨言地打仗呢？这首诗字字句句透着苍凉，一如作者的心情。

战士们的痛楚也是温庭筠的痛楚。温庭筠经过一年多的边塞游历生涯后，对边塞的艰苦条件和戍边将士的疾苦已经有了很深的体会。此时，他的心情也和刚刚入塞时有了很大的不同。刚刚来到边塞时，他还是踌躇满志的，所以眼中看到的多是边塞的豪迈风光，心中想到的多是自己的愁苦。而现在，游历边塞一年之久，他看到的和想到的更多了：边塞有的不仅是豪迈的风光，还有异常艰苦的自然条件；自己心中纵然有再多的愁苦，但和戍边战士们心中的苦比起来又算什么呢？

晚唐时期，国势衰落，朝廷腐败，边疆常年战乱，这些都刺激着温庭筠的心。他正处于才华横溢、年轻气盛之际，一腔抱负还未施展，看到此情此景怎能不唏嘘感叹。这次出塞是他第一次走出家乡吴中，也是他第一次亲自去感受这个国家，虽然这一切令他心酸，但他建功立业、一展抱负的雄心壮志更加坚定。

温庭筠此次出塞最后到达的地方是绥州。他在遂州待了较长一段时间，因为当时遂州的节度使是李寰，他曾经拜访过李寰，希望在其幕府上做一个幕僚，但未能得到机会。也许，这让温庭筠对现实产生了一丝沮丧感，于是他离开遂州，结束了这次出塞之行。

政治上的失落让温庭筠不得不转向山水之欢。

三

一重山色，几多深情，蜀地之游固然让温庭筠看到了许多美景，但映入他眼帘、触动他情怀的不仅仅是美景，还有晚唐社会人民艰苦的生存状况。这首《锦城曲》就是他为蜀地的丝织女工鸣不平而作的。

蜀山攒黛留晴雪，簳笋蕨芽萦九折。
江风吹巧剪霞绡，花上千枝杜鹃血。

杜鹃飞入岩下丛，夜叫思归山月中。

巴水漾情情不尽，文君织得春机红。

怨魄未归芳草死，江头学种相思子。

树成寄与望乡人，白帝荒城五千里。

温庭筠离开利州后，继续向西南方向行进，来到了剑门。剑门在剑州普安郡治之北，有大小两座剑山，剑门乃四川之门户，所以人们又称之为天险。在这里，温庭筠结交了一位朋友，这位朋友是位蜀将，颇有些功名。温庭筠和这位朋友话别之后，继续向西南方向行进，此时已是秋天。之后，他经绵州、汉州，来到了成都。据考证，此时应当是大和四年（公元 830 年）的冬季。温庭筠在成都待了比较长的时间，并在这里写下了《锦城曲》。

这首诗的开头就为我们描述了丝织女工的恶劣的生存环境：一座座山峰像竹笋一样密集地攒在一起，远远望去黑压压的，有点阴森可怕。高耸的山峰被常年的积雪覆盖，闪耀着一道道寒光。站在山巅之上往远处眺望，峨眉、青城浮在云端，像一簇簇青黛色的蕨芽，蜿蜒曲折地聚在山峦的四周，看不到边际。蜀地的山势摄人心魄，颇为凶险，这样的山势若是观赏起来自然是极美的，然而对于常年生活在这里的人来说则是极恐怖的。若是住在这里，恐怕出山一趟都很难。正是因为有这样恶劣的自然环境，那些丝织女工才被囚禁在了这里。

但作者并没有把这些说出来，只是通过描述山的险峻让读者去联想他没有直接表达出来的内容。接下来，作者把目光转向了丝织女工所织的锦。精美的锦在江风的吹动下飞舞着，像是从天上剪下来的彩霞，锦上的花纹就像满山绽放的红杜鹃。这里既是赞美锦，也是赞美心灵手巧的丝织女工，更是表达了对她们的同情。像杜鹃花一般美丽的锦背后凝结的是女工们的血。

写完杜鹃花，再写杜鹃鸟。杜鹃飞入岩下的花丛中，夜晚传来它们的啼叫声："不如归去，不如归去！"这分明就是丝织女工们的心声。蜀地的山水荡漾着丝织女工的满满的、浓浓的思乡情怀。这些丝织女工是被骗来织这些锦缎的，她们把自己的青春和热血都织了进去。

　　一代女工的魂魄尚未归来，另一代女工已经死去，这些冤魂化为怨鸟不停地啼哭，连芳草也承受不了她们的伤心。丝织女工哭死于树下，她们都化为红豆，如今相思树都已长大结子。相思树望着故乡的方向没有停止过哀号，蜀地荒凉，满目疮痍，难以逾越。

　　这首诗带给人的感觉是震撼的，一开始是蜀山攒黛、白雪覆盖的动人景色，最后却是白骨荒凉的白帝荒城，这就是丝织女工们从开始幻想到幻想破灭的心路历程。其实这也表达了作者希望国家能重振雄威的愿景。晚唐时期，农民起义风起云涌，民不聊生，尸骨荒野，而朝廷依然残酷地压迫人民，唐朝已接近灭亡。温庭筠个人命运的无奈其实也是时代变化的必然结果。

　　温庭筠的这首诗写得十分大胆，他同情女工、怨恨统治阶级，可以说是冒着一定风险的。但这就是温庭筠的个性，他不会肤浅地歌颂美景，也不会对丝织女工的悲惨命运采取冷漠的态度，而是感同身受，为女工们鸣不平，痛斥社会对她们的不公。所以，温庭筠是一个有社会责任感的作家，绝不是一些人所说的那种只会靡靡之音的作家。

　　因此，读温庭筠的诗词，一定要去体会作者背后的感情，设身处地地去想作者之所想。因为他的作品比我们想象的要深刻得多。

　　由此看来，温庭筠的蜀地之行并不是百无聊赖地游走，而是去观察社会，体验人民疾苦，同时也是在为自己寻找机会。他没有忘记自己心中想要建功立业、报效国家的宏图大志。只是这个时代的产儿，哪怕心中有再多的抱负，都无法得到施展，因而只能选择寄情山水。

　　　　维舟息行役，霁景近江村。
　　　　并起别离恨，似闻歌吹喧。
　　　　高林月初上，远水雾犹昏。

王粲平生感，登临几断魂。

——《旅泊新津却寄一二知己》

　　新津县属蜀州，在成都西南。这首诗是温庭筠离开成都以后在新津江村停留时所作，"一二知己"指的是他此次在成都结识的友人。

　　旅行中稍作休息，船只停泊在新津江村附近，此时雨停了，天气放晴。心中许多别离的愁绪突然全部涌上来。高高的枝头上，月亮刚刚升上来，远处的水面雾蒙蒙的一片，非常昏暗。当年，王粲到荆州拜谒刘表却未遂，他的心情该是何等惆怅啊。

　　温庭筠的此次蜀山之行不仅是想游历，同时也是想为自己寻求有所作为的机会，而想有所作为光凭自己是不够的，他需要借助他人的力量，也需要机会。

　　温庭筠想去拜访一个人，这个人叫李德裕。李德裕是丞相李吉甫之子。温庭筠在成都之时，李德裕在四川任节度使不久，当时西川幕中能人不少，有段全维、刘三复、韦徇、张周封、李蟾、孙景商等，温庭筠也希望自己能成为这其中的一员，借助李德裕的力量在政坛上有所作为。为了等待拜谒李德裕的机会，温庭筠在成都一直从冬天等到春天，才终于见到了他。见面之后，两人聊国家、聊政治，聊得非常投机，但因种种原因，这次拜谒没有什么结果，温庭筠并没有从李德裕那里获得什么实质性的帮助，也没有成为西川幕中的一员。温庭筠心中当然非常失望，但他并没有怨恨李德裕，倒是从此和他结下了良好的情谊，并一如既往地支持他的政见。

　　既然此次拜谒没有结果，温庭筠不得不就此离开成都，坐船南下，在新津村停留时他写下了这首《旅泊新津却寄一二知己》，而这一二知己可能就是他在西川幕中结识的友人。这首诗透露出温庭筠渴望得到发展机会却不得的失望心情，他在结尾写道："王粲平生感，登临几断魂。"当年王粲到荆州拜谒刘表未遂，心情惆怅，而今天自己拜谒李德裕也未遂，心情也和当年的王粲一样失落。

　　他离开蜀地，并未沿来时的路线，而是沿长江从戎州往东出巫峡。他本来还有渡泸水而南行的打算，但却因心情失落，向南驶出了很短的行程，刚刚到达距离成都不过六百里的戎州就作罢了，而新津正是这短距离南行中的一个码头。温庭筠曾在大约二十年后写诗一首纪念巫峡行："一别黔巫似断弦，故交东去更凄然。心游目送三千里，雨散云飞二十年。"（《送崔郎中赴幕》）至此，温庭筠的蜀地之游结束。

　　出塞和入蜀是温庭筠游历生涯的开始，这段经历使他领略到了祖国的风土人情和山水风光，也亲身体验了边疆将士、丝织女工和老百姓的生活疾苦。温庭筠对这一切倾注了浓浓的感情，由此对国家、对民族怀有一种深深的责任感。

　　在蜀将身上，温庭筠看到的是国家残败的现状。对国家伤害最大的不是外敌的入侵，而是自身的腐败变质。如果国家内部已经病入膏肓，自然会不堪一击。这一切让温庭筠感到无比沉重，他想为国家做些什么。但是，无功无名，也没有任何人的帮助，他能为国家做的实在是少之又少。所以，他必须为自己寻找机会！

　　就此，温庭筠拉开了自己人生的新篇章……

第三节 ／ 夜向兰堂思楚舞

为走上仕途，温庭筠来到了长安。

在长安，他结识的各种各样朋友，皆是在为走上政坛寻找机会。

随着丞相被贬、太子被害，他原本的期望落了空。

失去朋友的日子里他格外痛苦，只有用一首首诗篇告慰朋友的英灵，

抚慰自己受伤的心。

温庭筠离开蜀地之后，来到了京城长安，希望在此寻找发展的机会。经过几番努力，他终于有机会在太子李永府上做门客。温庭筠一直未能走上仕途，今日终于有机会在太子门下做文字工作，也算是相当满足。他和太子李永相处得颇为融洽，也盼望着这是他实现经世济国理想的第一步。但太子之位素来不好坐，李永的政敌们天天谋算着他的太子之位。即便太子已经非常小心谨慎，却还是被他们抓到了把柄，并将他投入了狱中。他们不但要害死李永，还要将太子一派一网打尽。作为太子的辅导老师及其府上的门客，温庭筠也被卷入了这场政治斗争。

为将太子置于死地，政敌们让温庭筠揭发太子的过失，可他怎么可能揭发太子？但是在朝廷的逼迫下，他又不能不从。于是，温庭筠无奈地以此诗作答。

宜城酒熟花覆桥，沙晴绿鸭鸣咬咬。

秾桑绕舍麦如尾，幽轧鸣机双燕巢。

马声特特荆门道，蛮水扬光色如草。

锦荐金炉梦正长，东家咿喔鸡鸣早。

——《相和歌辞·常林欢歌》

　　宜城真的是一个经济富饶、繁花似锦的地方。城市周围到处是晴沙、碧水，绿头鸭在水中嬉戏，欢快地叫着。生活在这样的环境中，真是舒服自在又安定啊。繁茂的桑树叶围绕着农舍，麦穗犹如狗尾巴一样大，远远望去，麦浪滚滚，竹篱茅舍，到处生气勃勃，一片丰收的景象。农家院里，传来纺车幽幽的嗡嗡声和织布梭子的刮刮声，真是一幅"你耕田来我织布"的美好景象啊。国家多年没有战火，人民安居乐业，城市和乡村都是一片繁荣的景象。荆门大道上，不断响起"嘚嘚"的马蹄声。宜城的水自豪地散发着光芒，碧水辽阔，就犹如美丽的大草原。旅馆里的衾被都是锦制的，房中的香炉都是金属做的，香炉里燃着薰香，在这样的房间里睡觉，梦似乎也比平日做得更长。这样的好地方，真是让人恋恋不舍，可惜鸡早早地鸣叫了，我不得不赶路了。

　　在这首诗里，作者写尽了宜城的繁华。"酒熟"并非指真的有酒，因为人民富有才有粮食可以酿酒。"花覆桥"是写宜城这个地方花团锦簇，环境优美，花都把桥覆盖了。"麦如尾"指麦子颗粒饱满，像狗尾巴一样大，可见庄稼收成很好。"双燕巢"指家中夫妇二人都在，说明没有战争，男人不用去打仗。荆门道上，作者没有写小商小贩手推车，而写马声不绝于耳，说明这里繁华，因为有钱人才买得起马。路上车水马龙，水面辽阔如碧，看来陆上和水上的交通也很发达。就连旅馆里都是"锦荐金炉"，可见这个城市的繁华程度。

　　这完全是一座环境优美、人民生活优裕的城市，而这里就是太子李永的封地。朝廷逼温庭筠检举揭发太子，温庭筠却写了这样一首诗给他们。太子的政敌们看到这首诗一定会勃然大怒，这哪里是检举揭发，完全是歌功颂德。这座城市在太子的治理下如此安定富饶，可见太子的才能非同一般。这样的太子只会有功，怎么可能有罪呢？

所以，这首诗表面上是赞宜城（太子的封地），实际上是夸赞太子。"在他人治理下的其他城市能有宜城这样繁华吗？这样的太子你们为什么还要去费尽心思找他的罪责，从而迫害他呢？"这实际上是温庭筠对那些迫害太子之人进行的指责和质问。

在当时的情况下，太子遭人陷害，温庭筠自身难保，如果他能顺势而为，说几条太子的罪状，也许他的命运就会改变，但温庭筠偏偏是个硬骨头，不仅没有对太子落井下石，和那些迫害太子的人同流合污，反倒逆流而上替太子说话，足见他身上的凛然正气，也足以说明他对太子的一腔真情。尤其是这首诗的最后一句"东家呃喔鸡鸣早"，更是别有深意。这不仅是说作者留恋宜城这个地方，鸡已经啼叫了，自己仍然不舍得离开，而是说即便依依不舍也必须要离开，这是被逼无奈，说明温庭筠的心中已经明白自己接下来要面对的形式会很严峻，将要走的路会很艰难，不管愿不愿意都必须去面对。他也明白写了这首诗就会得罪一些人，但他绝不会因此而向他人低头。

事实也正如温庭筠料想的那样，他的确因为太子和李德裕的事情受到非难，以至于多次参加科举考试均榜上无名，一生几乎没有任何功名，四处颠簸，困苦不堪。但他的一生并没有因此而碌碌无为，他的诗词就是对他人生历程的最好诠释，他的人格永远闪耀着光辉。

一抛兰棹逐燕鸿，曾向江湖识谢公。
每到朱门还怅望，故山多在画屏中。

这首诗的原题是《赠郑征君家匡山首春与丞相赞皇公游止》，是一首赠别诗。郑征君是温庭筠的一个朋友，古代称受朝廷征召而未赴的士人为征君。"家匡山"指的是郑征君隐居的地方，为现今庐山北面的山脉。"首春"指的是初春。丞相赞皇公就是指当时的丞相李德裕。这首诗是温庭筠和丞相李德裕在郑征君家中做客时所作。

温庭筠在成都结识了李丞相，此后便和他成了朋友。唐文宗去世以后，武宗继位，李德裕得到重用，被封为丞相。李德裕辅佐唐武宗制定了许多复兴国家的政策，国家一时间出现了兴旺的迹象。温庭筠非常支持李德裕的政见。当时，支持李德裕的人形成了"李党"，而支持牛僧孺、李宗闵的人形成了"牛党"，一时间两党相争，温庭筠也陷入其中。

让我们再回到这首诗：郑征君厌倦了漂泊清苦的隐居生活，想要去追逐功名利禄。"抛"与"逐"字相互对立，代表着两种生活态度。昔日漂泊江湖、谢绝仕途、寄情山水、皈依佛道的谢灵运是我们的精神偶像。然而今天，郑征君的心灵被名利羁绊，变得浮躁起来。既然这样，进入官场后应该春风得意才对，为何每次走到朱门前却犹豫惆怅、惴惴不安呢？唉，人在官场身不由己，钩心斗角，尔虞我诈，天天战战兢兢、小心翼翼，还不如我行走江湖时自由自在。

这首小诗很简单、含蓄而又有意境。特别是"每到朱门还帐望"的"望"字用得颇有深意。他在望些什么呢？是高官俸禄吗？不，他"望"的是画屏中的"故山"，是原来的归隐生活。人的心灵是多么矛盾啊！归隐山林时觉得生活寂寞清冷，渴望繁华的名利场，出来为官后又觉得不自在，怀念以前无拘无束的隐居生活。这首小诗把郑征君内心的矛盾形象地展现在我们面前。这种矛盾心理其实很多人都有，一方面渴望入世，获得世俗的名利；另一方面又渴望出世，不受世俗枷锁的捆绑，过简单平静甚至超脱的生活。温庭筠心中又何尝没有这样的矛盾呢？

所以，在诗的结尾，温庭筠对朋友做了这样的劝慰："故山多在画屏中。""'故山'是我们灵魂的一方净土，但是现在只能在画屏中寻找，这种无奈是我们自己的选择。这世间确实有隐居山野甘守寂寞一直到老之人，可惜你郑征君不是这样的人。"这一句既是作者对朋友不能恒守本心、安贫乐道的讽刺，又是对他的一种劝慰。

温庭筠的小诗写得淡远、雅正，本诗也有这个特点。通过过去和现在的对比，揭示出主人进退皆矛盾的心态，语言朴实但又不失韵味。这首小诗也说明温庭筠的作品并非只流于辞藻华美瑰丽，也可以清淡质朴。不管是什么样的语言风格，温庭筠皆能写得耐人品味。

这首诗不仅是在规劝郑征君，也是写给作者自己的。从这首诗原来的题目可以得知，此诗是温庭筠和李德裕一起在郑征君家做客时所作，而温庭筠结交李德裕，正是希望李丞相能在政坛上帮助自己，给自己谋个一官半职，在这点上他和郑征君又有什么不同呢？温庭筠在家乡吴中的生活平淡而又宁静，此前的出塞和入蜀虽然生活清苦，但也逍遥自在。但他仍然渴望着能通过各种方式取得世俗的功名，在这方面，他并不比郑征君清高多少。在温庭筠的心中，何尝没有归隐和入仕之间的矛盾呢？所以，这首诗既是写给朋友的，也是写给他自己的；既是委婉地讽刺朋友，也是无情地嘲笑自己。其实，温庭筠的很多作品都有这样的特点，与其说是写他人，不如说是写自己；看似写此，其实写的是彼；看似说的是古代，其实讽刺的是现实。所以，读温庭筠的作品，需抽丝剥茧，由表及里，才能真正了解他所要表达的世界。

走上仕途的路无非有两条，一是朋友的举荐或帮助，二是参加科举考试。丞相李德裕和太子李永的去世，使他的第一条路走不通了，他必须参加科举考试。温庭筠对参加科考信心满满，但当命运的天平即将向他倾斜的时候，事情又发生了逆转。温庭筠卷入丞相李德裕的政党之争，又受到太子李永事件的牵连，被取消了参加进士考试的资格。第二条路又被堵死了，温庭筠经世济国的理想再次被击碎。他只能在诗歌中抒发苦闷的心情。

其一

吕公荣达子陵归，万古烟波绕钓矶。

桥上一通名利迹，至今江鸟背人飞。

其二

目极云霄思浩然，风帆一片水连天。

轻桡便是东归路，不肯忘机作钓船。

其三

烟水何曾息世机，暂时相向亦依依。

所嗟白首磻溪叟，一下渔舟更不归。

——《渭上题三首》

这是作者在渭河桥上写的三首小诗。

第一首：姜子牙与严子陵都曾经隐居山林，都曾经在河边垂钓，但命运却截然不同，一个享尽荣华富贵，一个却一生隐居在千里烟波之处。这就说明，严子陵是真隐士，而姜子牙却以隐居吸引周文王的注意。这世上有许多追逐名利的人，不过直到今天，那些江鸟都厌恶暗藏心机、追名逐利之人。

在许多人的心中，姜子牙辅佐周文王打天下，为强周灭商做出了不少贡献，在历史上有不可磨灭的地位。但温庭筠却没有人云亦云，而是敢于从另一个角度否定姜子牙，说其不过是沽名钓誉之徒。这说明温庭筠骨子里确实有清高的一面，但也有矛盾的一面，他一方面渴望功名，一方面又唾弃功名，或许这就是古代文人的士人情怀。

第二首：把目光投向远方，心中更有一股浩然之气，广阔的海面上，水天相接，景色壮观。如此美丽的河山和湖海，只需要一条小船就可以享受，快乐无忧的日子其实很容易就能得到。然而，名利对人的诱惑实在是太大了，人们终究抵挡不住，想来真的是有些可悲啊。

　　杜牧曾作过一首《怀紫阁山》，其中这样写道："百年不肯疏荣辱，双鬓终应老是非。人道青山归去好，青山曾有几人归。"此诗和温庭筠的这首诗表达了同样的意思。在这首诗里，温庭筠继续表达对名利的态度，谁都羡慕闲云野鹤的日子，可谁也不肯放弃对名利的追逐。

　　第三首：美丽的山水风光、恬淡的生活确实令人向往，就连短暂留恋其中也让人不舍得离开。但是这种生活的吸引力还是不如名利的诱惑力大，不然怎么连姜子牙这样有德才的人也放弃了大半生的隐居生活，奔向了名利场。姜子牙尚且如此，普通人就更无法抛却名利心了。清高的温庭筠再次流露出"举世皆浊我独清"的心绪。

　　这三首小诗都是在表达作者的名利观，温庭筠对追逐名利之人的不屑、对名利场的厌恶和对隐居生活的向往都在作品中得到了展现。在他的众多作品中，这是少有的清晰地表达他名利观的作品。对于在名利和归隐之间该如何抉择，温庭筠一直是矛盾的，但他经世济国的理想却是强烈的，因此，他无法完全抛却名利观。他一直希望通过参加科举考试取得功名，那么，他又为何对功名如此唾弃呢？

　　温庭筠的一生虽坎坷，但他本性乐观，大多时候对生活都充满了激情，但此时此刻，他却显得有些悲观，对现实的不满和失落难以言表。其实，他心中本来也渴望像姜子牙那样建功立业，只是科举屡试不第让他对功名产生了厌倦。

　　对温庭筠来说，通过科举考试走上仕途几乎是他实现个人理想、报效国家的唯一途径，他也知道依靠自己的才华是很有可能实现的，但没曾想到现实是如此残酷，他受到太子事件的影响，被取消了参加进士考试的资格，唯一的路被堵死了。对朝廷的失望、对小人的憎恨、对国家的无奈和对自己的悲哀，这一切都让他对现实生活感到厌倦，对名利场更是厌恶至极，而对世外桃源般的隐居生活则更加向往。说是逃避也罢，说是对人生新的认识也罢，总之在这个时候，温庭筠真的需要一个安静的地方来调适心情，思考人生，重新计划未来。或许就是在这样的心境下，他写下了这首《渭上题三首》。

第四节 / 东归吴游历越中

科举不第使温庭筠备受打击，从家乡来到长安，是为了实现心中的理想，

如今壮志难酬，他心情苦闷，不免思念家乡吴中。

于是，他踏上了东归吴中的旅程。

在路上，他写下了《过陈琳墓》《开圣寺》，借古人抒发自己怀才不遇的情怀。

但温暖的家乡留不住他那颗不安分的心，他又开始游历，这次是越中。

在那里，他又写下了许多传世的诗篇，

如《苏小小歌》《南湖》《更漏子》等，这些诗篇记录着他从未停止的脚步。

温庭筠回到家乡吴中居住了一段时间，心情平复了很多。远离长安的喧嚣和名利场上的争斗，他过了一段惬意的日子。可惜，温庭筠不是一个甘于平淡的人，没过多久，他就开始对这样的日子不满足了。会昌二年（公元842年）的春天，他又决定去越州游历。他沿着运河到了杭州，在经过西湖时，来到了苏小小的墓前，作了这首《苏小小歌》。

买莲莫破券，买酒莫解金。

酒里春容抱离恨，水中莲子怀芳心。

吴官女儿腰似束，家在钱唐小江曲。

一自檀郎逐便风，门前春水年年绿。

——《苏小小歌》

这首乐府歌辞为我们描述了这样一幅画面：一位佳人独自坐在桌边饮酒，神色黯然，想来是正在思念远方的情郎。她心中哀叹：金钱买不到他人的怜爱，借酒浇愁只会使愁更愁。但是现在她没有人怜爱，只能借酒浇愁。看着酒中倒映出自己憔悴的容颜，她心中更加含恨。自己有一颗怜爱情郎的芳心，为何就是得不到他的珍惜呢？现在自己不仅容颜憔悴，连腰肢也纤细了，真是"为伊消得人憔悴"啊！当初，情郎坐船乘风而去，年年陪伴自己的就只有门前的春水和春风。一年又一年，春水不停地流，春草枯了又绿，可情郎始终没有回来过，而自己的青春年华已随着春水消逝东去。

温庭筠途经杭州，见到家住钱塘江的吴地女子思念情郎，于是写下了这首《苏小小歌》，大概这位女子也像苏小小一样是位歌伎。温庭筠对弱小者总是怀着一份同情，无论是嫔妃、宫女或者歌伎，他总能对她们的遭遇感同身受，为她们写下动人的诗篇。这或许是因为他的命运和她们相似，也或许是因为艺术家身上总有一种悲天悯人的情怀。对这些歌伎，温庭筠是怀着深深的同情的，不但不鄙夷她们的身世，还喜欢接近她们，去了解她们的生活。在他眼里，这些歌伎非但不低贱，还比平常女子多几分才华。一些名流雅士也喜欢和她们交往，有些是附庸风雅，有些则真的是为她们的风采倾倒。温庭筠性格不羁，不拘小节，他喜欢和这些歌伎接触，也愿意为她们写下动人的诗篇。

温庭筠的生活就是在读万卷书、行万里路、阅无数人中度过的。各个阶层的人都可以成为他的朋友，这些朋友都是他了解社会和现实的一个途径，丰富了他对生活的体验，为他提供了诸多写作素材。特别是像苏小小这类中下阶层的人物，无数次成为他诗词中描写的对象，甚至最终成为他的特色。如果温庭筠一生仕途顺利，高官厚禄，恐怕就没有机会接触这些人物，对他们的生活也不会感同身受，并写下那么多深情的诗篇了。因此，一个人的每一段经历都有它的价值，都是人生中的一种财富。

对温庭筠来说，科考落败是他一生最大的痛，也是他最大的财富。虽然暂时不能建功立业、实现自己的理想，但他可以寻找点滴的快乐，去体验市井生活，去寄情山水。

总之，温庭筠是不会也不愿碌碌无为的。纵然不能谋取功名，他依然可以在历史上留下无数的诗篇，不管用何种形式，历史总是有他的位置的。

温庭筠离开杭州，渡过钱塘江到达萧山，又从萧山向东南行，到达了此次游历的目的地——越州。《南湖》是他刚刚到达越州时所作的。

> 湖上微风入槛凉，翻翻菱荇满回塘。
> 野船著岸偎春草，水鸟带波飞夕阳。
> 芦叶有声疑雾雨，浪花无际似潇湘。
> 飘然篷艇东归客，尽日相看忆楚乡。

——《南湖》

坐在湖边水榭的栏杆上眺望湖面，刚开始并没有什么感触，但微风轻轻吹过，忽然感到阵阵凉意。池塘里满是菱荇，小船自在地停靠在岸边，和旁边的青草紧紧依偎。鸟儿在夕阳下自由飞过，掠过水面时的波澜煞是好看。芦叶在微风的吹拂下发出沙沙的声音。微风吹动湖面，涌起一朵朵浪花，看起来像是湖南的湘江与潇水，东归客坐在篷船上，想起自己的家乡吴中。

这也是一首写景诗，前六句写南湖的景色，后两句写作者的心情。诗中写到春草，说明作者到达南湖时是春天。通篇的关键词是微风，因为有了微风，才会"入槛凉"，才会"水鸟带波"，才会"芦叶有声"，才会"浪花无际"。作者由触觉写到视觉，再写到听觉，最后抒发自己的心情："尽管这里的一切都很美，但我只是漂泊到这里，我只是个东归客，心中惦念的还是故乡。"

　　这首诗再次说明温庭筠深爱自己的家乡，太湖之滨烟波浩渺，景色迷人，可他心中眷恋的仍是自己的家乡。在这首诗里，作者也有一些字词是经过特别琢磨的，例如"野船"的"野"，表达作者渴望自己像一只闲云野鹤一样过着自由自在、无拘无束的生活，不再被俗世烦扰。游历越州是温庭筠的过渡期，一系列的遭遇使他暂时壮志难酬，但他对未来似乎还未完全死心，对科考也未完全放弃，他还在等待机会，但机会何时才能到来呢？他已经过了不惑之年，机会越来越少，这就是他此时心中最大的烦恼。带着这种烦恼看江南的风景，温庭筠的心变得异常敏感，一阵淡淡的微风就让他感觉到了悲凉。

　　温庭筠离开南湖后，前去拜访了前辈诗人贺知章的故居，并写下《题贺知章故居叠韵作》；又到天台国青寺访当年曾经居住过的精舍，写下《宿一公精舍》。此后不久，温庭筠启程返回吴中。返回途中，他在钱塘江遇到故人，并写下《江上别友人》。温庭筠回到家乡吴中，一直待到第二年春天。在吴中时，他曾去拜谒一些名人和官员，希望得到一些发展的机会，但均没有结果。他觉得一直这样下去就是在浪费生命，他必须有所改变。

　　在这年春天将逝的时候，温庭筠再次离开家乡吴中前往长安。虽然家乡生活安逸，但却无助于他实现自己的梦想。虽然长安是个令他心痛的地方，但却有助于给予他想要的明天。而且，温庭筠不是个轻易服输的人，他觉得在哪里跌倒了就应该在哪里爬起来，不应该就这样向命运认输。因此，他决定再次北上长安。

　　背江楼，临海月，城上角声呜咽。

　　堤柳动，岛烟昏，两行征雁分。

　　京口路，归帆渡，正是芳菲欲度。

银烛尽，玉绳低，一声村落鸡。

——《更漏子·背江楼》

温庭筠北上长安途经润州，在那里他又有了作品，就是这首《更漏子》。

倚靠着江边的楼阁，眺望海上的明月，城上的号角声似乎在呜咽。长堤上的柳枝在微风中轻轻摆动，海中的小岛在夜色中显得越发朦胧，一群大雁分开飞行，似乎正在离别。在那京口渡头，归去的航船已经上路，这时正值暮春，鲜花纷纷凋落。蜡烛渐渐燃尽，天上的星星也渐渐低垂，突然听到村落的鸡在鸣叫，天就要亮了。

词中的京口就是润州，岛烟迷蒙、江楼海月都是京口的地理特征。夜色来临，主人公却毫无睡意，看着天上的明月，思念着远方的人。心中思绪万千，所以号角声在他听来也成了呜咽声，大雁分开飞行也是在离别。主人公百无聊赖地看着摆动的柳枝、昏暗的小岛、凋谢的花朵，甚至整夜守着烛台，看着蜡烛一点点燃尽，星星都渐渐消失，一直到黎明到来。主人公一夜无眠，心事重重。

温庭筠的现存词基本上都是写闺情怨思的，其主人公基本都是女性，活动范围一般不超过闺阁。但这首词却不同，它是一首羁旅词，全篇描写的是京口的景物。这首词境界开阔，格调清新，与其他风格艳丽的闺情词完全不同。这首词和《商山早行》是同一类型的作品，但用的却是另一种形式。同样是写男子壮别的还有《清平乐·洛阳愁绝》。

温庭筠走到京口一带时，彻夜难眠。人生兜兜转转，经过几许漂泊，他决定再回长安。但到了长安会是什么情况，他心里其实也没有底。再次参加科考会顺利吗？那些曾经算计他的小人会善罢甘休吗？太子李永和丞相李德裕已死，他已经没有依附的对象，还能谋到发展的机会吗？他望着京口纷飞的大雁和帆船，思绪万千。因为担忧未来，所以他彻夜难眠。

但就算如此，温庭筠也不愿意一直待在家乡，也不愿默默无闻、无所作为。他天生就是个不甘寂寞的人，没有拼尽全力，谁知道会不会成功呢。就像他的先祖一样，曾经被敌人囚禁多年，受尽折磨，可最终还是被皇上重用并身居高位，从此声名显赫。所以他不能受到一次打击就一蹶不振，必须以先祖为榜样，力求重现温氏家族的辉煌。这或许就是温庭筠心中屡败屡战的动力。虽然此时的他已过中年，但对一个有强烈上进心的人来说，年龄不会成为他却步的借口，只会加快他前进的步伐，让他感到时不我待，必须快马加鞭追赶易逝的时光。

此刻，温庭筠的心中就是这么想的。所以，即便担忧明天，他也没有犹豫。暮春时节他离开京口，渡过长江，继续北上，取道运河，由汴州向西直至长安。

第五节 ╱ 游湖湘闲居鄠郊

温庭筠是个不甘平庸的人，惬意的家乡生活、自在的游历生涯都不能使他满足，

他想有所作为。同时，他也是个不甘心被命运摆布的人，

纵然受到他人的打击和排斥，他依然不想轻易放弃经世济国的理想和参加科考的权利。

所以，他又来到了长安，在鄠杜郊居写下众多闲适的诗篇。

但闲适的生活终究不是他的追求，

闲适的生活对他那颗不安于现状的心来说是一种折磨，他渴望再次参加科举考试，

他等待着这样的机会。

大约在会昌三年（公元 843 年）的夏秋时节，他再次回到他在长安的居所——鄠杜。长安是他的心痛之地，但也是他必须要来的地方。长安是全国的政治文化中心，不管是再次参加科考还是结交朋友谋求发展机会，这里都是最适合的地方。只要他心中还有经世济国的梦想，他就必须要来长安。所以，这里是他又爱又恨的地方。

自此以后，除了被贬的日子，他所有的岁月都在长安度过。在长安的日子他都是怎么度过的呢？一是写诗词，二是交朋友。温庭筠在鄠杜郊居写的作品主要分三类：第一类是描写自己的居所，第二类是描写与朋友之间的交往，第三类是描写以鄠郊为中心的周边环境及游览之作。这首《郊居秋日有怀一二

知己》就属于第一类作品。

> 稻田凫雁满晴沙，钓渚归来一径斜。
> 门带果林招邑吏，井分蔬圃属邻家。
> 皋原寂历垂禾穗，桑竹参差映豆花。
> 自笑谩怀经济策，不将心事许烟霞。
>
> ——《郊居秋日有怀一二知己》

温庭筠的居所是什么样子的呢？"广阔的稻田一望无际，晴朗的天空下野鸭漫步、归雁成群，一条斜斜的小路上，钓鱼的人正满载而归。门外是硕果累累的树林，邻居家里也是蔬菜、瓜果满园。寂寞地原野上禾穗低垂着头，到处都是高高低低的桑竹和豆花。这是一幅多么美的田园风光图画，但我心里却还想着如何才能经世济国，这是多么不切实际的想法啊，连我自己都嘲笑自己，不如还是归隐山林间吧。"

作者在诗中为我们描绘了一幅恬淡和美的田园画卷，这种画面令多少人心驰神往，可是作者并不满足于在这安乐优美的环境中生活，心中仍然怀揣着经世济国的梦想，纵然连他自己都觉得这可能永远都不会实现。

闲散的生活不是他的追求，经世济国才是他的理想，像诸葛亮那样遇到明君，为国家效力才是他真正想做的事情，但他现在却壮志难酬，所以日子再安逸也难消他心中的愁绪。过于悠闲的生活对温庭筠来说非但不是享受，反而是种折磨，他急切地想做一些事情，无奈却没有机会。无人发掘他、帮助他走上仕途，这让他心里终究难安，只好写写这样的诗词抒发一下愁绪。温庭筠在鄠杜郊居写下了许多作品，在他的诗词中，凡是有"鄠杜郊居""鄠郊别墅""幽墅""郊野""有鄠"等描述的，均是指他在长安西南鄠县的居所。他在鄠郊的居所相当大，有房舍、园子、兰畦、竹径、池塘等，还有田租，门外是一片碧绿的田野，风景非常优美。他可以自己种植、钓鱼，虽然生活不是十分富裕，但也非常惬意。他的别墅虽然比不上王侯将相的府邸，但这种田园风光式的住所也不是一般人所能拥有的。这并不是温庭筠自己开发的一块荒地，而是他祖上留下的产业，他后半生的大部分时间都是在这里度过的。温庭筠在这里写诗词、会朋友，此后，他多次参加进士考试也是居住在这里。

但是，这么美丽、惬意的居所，温庭筠却不能心安理得地居住，看着先祖留下的产业，他内心特别惶恐不安。先祖们不但在世时有赫赫英名，还给祖孙留下了这么大一笔财富，而他到现在还没有任何建树，不但不能显赫于当世，以后也不能给祖孙留下些什么。想到这里，他又怎能安心呢？这就是温庭筠在长安郊区生活的心理状态。

在苦闷的时候，他也只有写写诗词文章来舒缓一下情绪，或者去拜访一下在长安的朋友，在这样生活中等待着再次参加科考的机会。

水流花落叹浮生，又伴游人宿杜城。

还似昔年残梦里，透帘斜月独闻莺。

——《宿城南亡友别墅》

这首诗是温庭筠为悼念自己的朋友李处士而作的。在长安，李处士陪伴他度过了许多难熬的时光，也和他探讨了许多关于人生的困惑。朋友不仅是一种陪伴，也是一种学习。李处士的去世，让温庭筠觉得自己损失了一件瑰宝。为了纪念这位朋友，他写下了许多诗篇，这首《宿城南亡友别墅》就是其中之一。

"那一年，我们俩望着流水和落花，一同感叹浮生若梦，人世间的变化与大自然的变化多么相似啊。今天我又来到这里，流水还在，花落了，明年还会再开，但是朋友，你已经飘然远逝，只剩我独自在这里感叹落花和流水，昔日，你我在一起谈天说地的情景只有在梦中寻觅了。但是，一缕月光斜斜地穿透珠帘，黄莺的鸣叫打断了我的回忆，你也就此消逝。"

这首诗是抚今追昔的代表作品，全诗弥漫着作者浓浓的悲伤之情。朋友的音容笑貌似乎还在，一切仿佛还在昨天，但残忍的黄莺却提醒作者"去了，去了"，怎能不让作者悲伤呢？自然的变化和朋友的逝去让温庭筠更觉人生无常、漂泊不定，自己曾写诗祝朋友寿比南山，可朋友竟然这么快就走了。他不禁联想到自己，自己的明天又该去往何方呢？自己将来又会葬于何处呢？

在鄠郊的日子里，朋友是温庭筠最大的慰藉。他非常重视友情，一生中结交的朋友很多，既有达官贵人，又有无名百姓；既有文人雅士，又有宫女歌伎。他的朋友遍及五湖四海，长安、江南、蜀地、边塞……到处都有他的朋友。除了他的政治理想，朋友是他最大的寄托。因此，太子被抓时，即使有生命危险，他也不愿揭发太子。李德裕去世后，他写了多首诗词悼念这位丞相。就算他知道这样做会影响他的政治前途，他也没有因此而出卖朋友。因为他心中非常清楚，自己的前途和友情是两件事，这两件事情是不能交易的。所以，李处士去世后，他也写了多首诗词，这一首首诗词皆证明了他对朋友的珍视之情。在没有朋友的日子里，这些诗词成为他的另一种寄托。

西溪问樵客，遥识楚人家。
古树老连石，急泉清露沙。
千峰随雨暗，一径入云斜。
日暮飞鸦集，满山荞麦花。

这首《题卢处士山居》又名《处士卢岵山居》，也是温庭筠在长安鄠杜郊居闲居时拜访朋友居所时所写。这首诗依然是以景写情，没有直接写卢岵处士，也没有直接写作者的心情，只是描写卢岵处士居所的景色。

"在小溪处我停下了脚步，不知前面该怎么走，连忙问经过的一个樵客可知前面卢处士的家怎么走。经过樵客的指点，我继续前行。树根缠绕着石头一路上，古朴的参天大树仿佛是与石头连着长起来的。泉水很清澈但流得非常湍急，水面上的浮土和树叶全都被冲走了，水底的沙子和石头清晰可见。抬头向远处观望，一座座山峰在雨中显得昏暗朦胧。通往卢处士山居的小路幽深狭长，弯弯曲曲的一眼看不到头，好像一直通往烟云深处。已是黄昏时分，一群群乌鸦在周围飞来飞去，漫山遍野都是白色的荞麦花。"

　　这首写景诗非常闲适，与《题李处士幽居》不同，在这里作者没有经世济国或归隐等杂念，只有闲适的心情，所以看什么景色都是美的。诗的开头说作者向樵客打听卢处士的家该怎么走，这里为什么用"樵客"而没有用"樵夫"？一是说明这位樵客不是普通人，或许也是一位隐士；二是说明作者对樵夫的尊重。"遥识"说明了卢岵处士的家非常幽深偏僻，和后面的"一径入云斜"相对应，而且这样写对诗的气氛有一定的渲染作用，使整首诗看起来更雅致。

　　接着就是作者一路上所见的景色，先是近景的描写。古树磐石，说明树木已经非常古老，那么这座山也就非常久远了，而卢处士在这样的地方居住，当然是隐居，一位隐士的形象不经意间就被作者给带出来了。湍急的河流、清澈的泉水，则表明了山的宁静和干净，这是一个非常适合隐居的地方。这里的"老"字和"清"字形成一种对比："老"是静止的、没有变化的，而"清"则是流动的、变化的。这样的对比更显出山的高古和清幽，诗的气氛再次被烘托出来。

　　然后是远景的描写。"千峰随雨暗，一径入云斜"，这两句更有意境。"千峰"指山峰很多，且在雨中看不清楚，突出了山的朦胧。"一径入云斜"则和"千峰随雨暗"相对照，山峰很多，而路却只有一条，还很长很长看不到尽头。这样的对比更显出山的雄伟、高耸，也突出了到达山顶的艰难。

　　最后两句又回到近景。已经黄昏时分了，作者却还没有走到卢处士的居所。当他看到满山的白色荞麦花，才觉得卢处士家很可能不远了，诗人以此也暗喻卢处士的品格向白色的花一样高洁。

　　至此，山的古朴、幽静、美丽被作者渲染得淋漓尽致，而卢处士高洁的隐士形象也呼之欲出。

　　这首诗的层次非常清晰，从开始的开门见山，到从近景开始，再到远景，然后再回到近景的描写，作者的布局可谓错落有致，景物虽多却一点都不乱。通过描写景物间接刻画卢处士的古朴生活和高洁品格，作者的描写可谓是非常成功的。

　　这首诗再次充分地证明，温庭筠对以景写情、以景写人非常擅长，在不露痕迹之间就巧妙地刻画了人物。

　　在长安闲居的日子里，看朋友、写诗词就是温庭筠的生活状态。

第六节 ╱ 累身权贵屡落第

温庭筠没想到，再次参加科举考试的结果会是这样：

一次、两次、三次、四次……他都落榜了！连续四次都没有考上，

是温庭筠的学识不够吗？他的才华早就得到了主考官们的赞赏，

但为何会次次落第呢？原来，多年前太子李永的事件又影响了他的成绩。

正当他感叹命运如此不公时，又不小心得罪了丞相和皇上。

虽然考场失意，可温庭筠词坛得意，他的十四首《菩萨蛮》受到皇上的好评，

从此，历史上的"花间鼻祖"诞生了。

其一

一尺深红蒙曲尘，天生旧物不如新。

合欢桃核终堪恨，里许元来别有人。

其二

井底点灯深烛伊，共郎长行莫围棋。

玲珑骰子安红豆，入骨相思知不知？

——《新添声杨柳词二首》

这是两首乐府词，清人曾益等所著的《温飞卿诗集笺注》中说："庭筠与裴郎中友善，为此词，饮筵竞唱打令。"可以得知，这两首乐府词是温庭筠与朋友裴减欢宴时为所唱小曲填的词。

第一首，深红色的裙子配以浅黄色的衣服，红黄两色相互映衬，多么漂亮啊。情窦初开之时，更愿意以新衣打扮自己，因为喜新厌旧是人的天性。但纵然衣装旧不如新，人却还是故人好，只可惜不是人人都明白这个道理。看着眼前的桃核，虽然外为心形，但可恨的是这里面却有两个桃仁，就像自己的心上人心中还有别人一样。

这首词借"新衣"和"核桃"对喜新厌旧、对爱情不忠的人进行谴责和讽刺。首句由少女美丽的新衣说起，有了新衣，谁都会丢弃旧衫，暗指人在感情世界里也是"喜新厌旧"的。"里许元来别有人"，这个"人"有双关之意，既指核桃仁，又指人。核桃本来象征着相爱的男女，经常被当作定情信物，但相爱的男女中间还有第三人，看来旧人也不如新人。就算手中有定情的"合欢桃核"又能如何呢？不过是空留遗恨罢了。这首词将对负心之人的怨恨、讽刺和劝诫巧妙地表达了出来。

相比第一首，第二首表达得更加直白。"昔日，你我点灯相照，我曾深深地嘱咐你，莫忘了我在等你，分别后一定要如期归来。现在，归期已到，可你并没有如约归来。看着骰子上面的一颗颗相思豆，心里不禁在问：'我心中痛彻心扉的相思，你知道吗？'"第一首词是谴责和讽刺，而这一首则是痛苦的质问，比起第一首，这首中主人公的情绪更加直接和强烈。词中仍然用了双关语："烛"暗含"嘱咐、嘱托"之意，"围棋"谐音暗指"违期"，骰子上的红点是相思豆，聪明的读者读到这些隐喻自会有所联想。最妙的是最后一句"入骨相思知不知"，一句撒娇式的埋怨把主人公的深情、委屈描写得惟妙惟肖。以问句形式结尾，使全文的情绪得到升华，令读者深刻体会到主人公盼望心中人早日归来的焦虑心情。"知不知"三字尽显主人公的离别之苦、相见之难和相思之深，纵有诸多之苦，却没有人可以诉说。尾句很有力量，既收得自然，又意犹未尽，实为点睛之笔。

这两首词既直接又含蓄，作者使用双关语完全是信手拈来，为全诗增色不少，既独树一帜，又别有情致。在这一点上，温庭筠把握得特别好。他能通过隐语、双关等修辞手段，把感情中的细腻和深刻表达得恰当而又彻底，让读者能完全体会到主人公的情绪。所以，读温庭筠的作品，一定要细细体会，不可囫囵读之。

不过，委婉、含蓄、有情趣是少数能够读懂之人对这两首词的评价，大部分人的评价并非如此，皆认为这两首词简直就是侧艳之词、靡靡之音。这是为何？

温庭筠写这两首词时正是他再次来到京城参加科考之时。开成四年（公元 839 年），他曾经参加过一次科举考试，却因卷入政治斗争被小人诬陷而罢举。大中二年（公元 848 年），他再次参加进士考试。考试前，主考官丰敳就公开表扬他的诗作和文章，但即便是这样，他还是再度落榜。其中的原因之一就是有人反映他的作品乃侧艳之词、靡靡之音。温庭筠本人与无赖子弟裴减、令狐滈之徒交好，常常与他们醉酒赌戏，饮筵竞唱，席间写一些诗词助兴。《新添声杨柳词二首》就是温庭筠与裴减欢宴时为所唱小曲填的词，在当时，曲词乃是新兴之物，其内容、风格从表面来看确有侧艳之词之感。

因此，有人以温庭筠品行不端、写侧艳之词为名检举他，影响了他在考试中的名次。于是，大中二年（公元 848 年）的这次考试，他再次落第。对此，温庭筠心中愤恨难平。

不过，温庭筠那时写的部分诗词或歌词在今日看来也确实有些露骨，例如："思量大是恶姻缘，只得相看不得怜。愿作琵琶槽那畔，美人长抱在胸前。""独房莲子没人看，偷折莲时命也拼。若有所由来相问，但道偷莲是下官。"这类词作确实肤浅庸俗，没有什么意义，也难怪有人会以此作为攻击和中伤他的借口。

玉楼明月长相忆，柳丝袅娜春无力。门外草萋萋，送君闻马嘶。

画罗金翡翠，香烛销成泪。花落子规啼，绿窗残梦迷。

——《菩萨蛮·玉楼明月长相忆》

　　许多熟知温庭筠的人都知道，《菩萨蛮》系列词作是温庭筠一生中非常重要的作品。这十四首《菩萨蛮》不但艺术技巧精湛，彰显了他一生的艺术成就，而且对他一生的命运也有重大影响。

　　我们先看看这首作品里写的是什么："倚着白玉楼，望着天上的一轮明月，我又陷入了回忆。明月如昼，楼外柳丝婀娜多姿，低垂摇曳，春天快要过去了，连春风都显得无力。门外，芳草萋萋，我又想起那天与君离别时马鸣萧萧的情景。罗帐上绣着金色的翡翠鸟，蜡烛燃烧殆尽化为一滴滴的眼泪。花已凋谢，杜鹃鸟也在不停地叫着：'不如归去，不如归去。'此时，窗内的人眼神迷离，哀思绵绵，等待着离去的人早日归来。"

　　温庭筠曾作《菩萨蛮》十四首，这是其中之一。开头"玉楼明月长相忆，柳丝袅娜春无力"，主人公进入一种梦境似的回忆。结尾"花落子规啼，绿窗残梦迷"，主人公的梦醒了。中间的描述皆可能是主人公的梦境。从"玉楼明月长相忆"开始，作者就把读者带入离别伤悲的情绪中，"春无力"三字既是描写春天的慵懒，又是说主人公长久陷入思念的情绪中无法自拔，身心俱疲。

　　这首词以景代叙，"玉楼明月、柳丝婀娜、青草萋萋、马嘶啸啸、金翡翠、香烛泪、残花落、子规啼"，景色不可谓不凄美，可景色越美就越显得这一切是那么不真实，所以最终"残梦迷"，主人公更加痛苦。词中物象俱美，用词清丽，一个个富有特征的景物构成了独特的艺术境界，让人读起来更觉得意味深远。陈廷焯曾评价这首词"字字哀艳，读之魂销"，这么说一点都不夸张。

　　从词中的内容看，这只是一首闺怨词，没有任何抨击社会、讽刺现实的政治内容，怎么会影响温庭筠的命运呢？要回答这个问题，我们必须要了解一下这首词的创作背景。温庭筠作这首词的时候正值考试不第，他不只写了一首《菩萨蛮》，而是十四首。温庭筠写这十四首《菩萨蛮》不是用来独自欣赏的，也不是写给普通人的，而是特别为皇上写的。因为唐宣宗特别爱吟唱《菩萨蛮》，当时的丞相令狐绹想讨好皇上，就令温庭筠写了十四首《菩萨蛮》敬献给皇上，并告诫他，这个秘密不可以告诉别人。谁知，皇上看到这十四首《菩萨蛮》后特别喜欢，大为赞赏。温庭筠不想让这功劳被令狐绹全占了，就到处宣扬说《菩萨蛮》是他写的，惹得令狐绹大为不满。温庭筠本来和令狐绹的关系还不错，因为他和令狐绹的儿子令狐滈素有来往，之前也经常出入令狐绹的府中，可自从发生这件事以后，令狐绹就疏远了他。

温庭筠得罪令狐绹的事情还不止这一件。还有一次，皇上问令狐绹"金步摇"怎么对才好，丞相大人无言以对，就问温庭筠，温庭筠说可对"玉条脱"，皇上一听觉得不错，很是高兴。不过丞相大人实在是学问不精，不知这"玉条脱"出自何处，回来后就又问温庭筠。温庭筠吃惊地说："《南华经》啊！"然后又讥讽令狐绹说："《南华经》又不是什么生僻的书，难道丞相大人没有读过吗？丞相大人即使公务再忙，有空也该读读书。"一句话说得令狐绹灰头土脸，从此越发讨厌温庭筠，而温庭筠也因此为他的恃才傲物付出了沉重的代价。

温庭筠在大中二年（公元 848 年）参加进士考试落第后，又分别于大中四年（公元 850 年）、大中七年（公元 853 年）和大中九年（公元 855 年）参加了进士考试，均一一落第。难道温庭筠的文采这么差吗？不可能！连皇上都夸奖的温庭筠怎么可能次次落第？而且，每次考试之前，主考官都对他的文采称赞有加，他又怎么可能落第呢？温庭筠落第的原因除了我们曾说过的写侧艳之词外，又有人给他加了一条——"有才无行"。于是，有人向皇帝建议"不宜予第"，而向皇上建议的这个人就是丞相令狐绹。

温庭筠确实有才华，可是他性格放浪不羁，不懂得收敛自己的言行，这些都成了他人生的绊脚石。他得罪丞相，是他屡试不第的重要原因，这个原因比之"写侧艳之词，被小人诽谤"更让他翻不了身。多年后，温庭筠在《李羽处士故里》这首诗里写道："终知此恨销难尽，辜负南华第一篇。"可惜，那时后悔晚矣。

三

翠翘金缕双鸂鶒，水纹细起春池碧。池上海棠梨，雨晴红满枝。

绣衫遮笑靥，烟草粘飞蝶。青琐对芳菲，玉关音信稀。

——《菩萨蛮·翠翘金缕双鸂鶒》

"一对紫鸳鸯身披金色的羽毛，翘着翠绿色的尾巴，在碧波荡漾的水面上游来游去，所经之处，激起细细的水纹。岸边的海棠花开了，红红的花朵挂满了枝头，在雨后的晴朗天空中显得更加耀眼，仔细看去，花朵上还挂着晶莹的水珠。一位美丽的少女羞涩地用自己的衣袖遮住脸颊上的酒窝，飞蝶迷恋春色，在烟草地上飞来飞去。住在这华贵的家里，如今又正是美好的时节，可你却远在边塞没有一点消息。"

这首词描写了一幅生机勃勃的春日景象。挂满枝头的海棠花经过春雨的洗礼后，非但没有落，反倒变得愈加清澈动人。不过，如果我们只是把这首词理解为描写春天的美景之作，那就太肤浅了。词的开头写了一对鸂鶒，鸂鶒就是鸳鸯，鸳鸯是象征爱情的鸟儿。但鸳鸯并非暗示闺人独处，而是暗含着欢情。作者正是用明媚春光、良辰美景来衬托人情的欢愉，因为写闺情的词作必须用景色来衬托，才会有婉约之美。

这首词的上阕就为读者描绘了一幅春天的美景，到下阕人物才出现。而人物既有形，又有神，亦有动作，还有对动作的掩饰，"绣衫遮笑靥"五个字把一个少女内心的娇羞和慌乱表达得淋漓尽致。"绣衫"当然不仅仅说的是少女的衣饰精致华丽，更是承接上阕，继续写人情的欢愉。不过，上阕以景写情，下阕则直接让情跳跃出来，上下阕情景交融。

写词需具备三个特点：一是要有情，二是要有韵，三是要有气。情要缠绵但不能萎靡，韵需飘逸但不能轻浮，气要动宕但不能放荡，温庭筠在自己的这首词里很好地诠释了这几个特点。"绣衫遮笑靥"这五个字可以说是整首词的关键。

"烟草粘飞蝶"则是把"绣衫遮笑靥"的深情远韵推向了极致。作者用"粘"来形容蝴蝶对阳春烟景的迷恋，暗示男女主人公之间深情无限。最后两句则是追怀，昔时的缱绻深情已是过眼云烟。

整首词景色幽美，气象清新，情感炽热。动景和静景相互交替，色彩有浓有淡。字字是景，句句含情。温庭筠可谓写闺情词的高手。

在创作这十四首《菩萨蛮》期间，温庭筠总共参加了四次进士考试。虽然次次落第，但他的名声却远扬。不光皇上、丞相、大臣们知道他的才华，和他一样参加进士考试的考生们也惊叹于他的文采，但考官们却有点怕他，这又是为何？原来，温庭筠除了有才华之外，还"乐于助人"，尤其喜欢在考场上助人。他每次答完自己的题目后，都会看看旁边的考生们答得怎么样，有没有不会的，然后就替那些不会的考生们答题。这样的事情还不止一次，温庭筠因此得了一个外号，叫"救数人"，经常一次帮助好几个考生。但这不是违反考场纪律嘛！考官们当然不答应，因此就判他为不中。

最离谱的是在大中九年（公元855年），温庭筠又去参加进士考试。因为他之前"救数人"，所以这次主考官为防止他再次"助人"，就给了他特别待遇，让他一个人在帘下考试，让他和其他考生保持距离。这让温庭筠非常郁闷，心想："你们这样做我就没有办法了吗？"傍晚交卷的时候，温庭筠潇潇洒洒地写完了自己的文章，然后告诉考官说，今天自己发挥得不是太好，只不过用口授的方式帮了八个人。考官们一听，脸色立马变得特别难看。就这样，温庭筠能考上吗？自然他又落第了。

所以，温庭筠的屡试不第虽然有外界的因素，但是他自身的原因也很多。他自身性格上的弱点和为人处世的不足，给了他人落井下石和报复他的机会。最后，温庭筠明知道帮助其他考生会影响自己的成绩，却还是要这么做，存心与考官、朝廷作对。他倒是解气了，但为此却付出了沉重的代价。

此时的温庭筠还能有什么梦想呢？他已经五十五岁了。

> 小山重叠金明灭，鬓云欲度香腮雪。懒起画蛾眉，弄妆梳洗迟。
>
> 照花前后镜，花面交相映。新帖绣罗襦，双双金鹧鸪。
>
> ——《菩萨蛮·小山重叠金明灭》

弯弯的眉毛紧蹙着，头上的额黄快要脱落了，看起来时明时暗的。鬓发松得像云彩一样，雪白的脸颊被散落的头发半掩着。看来，主人公是刚刚醒来的，尚未梳洗。刚刚起床，主人公当然是懒洋洋的了，故"懒起画蛾眉"。懒懒地起来开始画眉，梳妆打扮。"弄"字更显出主人公的慵懒。主人公的心绪和神情全部包含在这一个字里。头上插了一朵鲜花，对着镜子照照前面，又照照后面。镜子中，鲜花与脸颊互相映衬。换上新绣的罗衣，忽然看到罗衣上绣着的一双双金鹧鸪。

这是一首闺中词，写一个闺中女子早起慵懒地梳妆打扮的情景。整首词给我们的感觉就是慢吞吞、意迟迟。值得留意的是最后两句："新帖绣罗襦，双双金鹧鸪。"闺中女子看到这样的图案心中一定会有所感触，也许这才是闺中女子眉头深锁、懒得化妆的真实原因。这个原因作者并未写出来，作者深谙写作中"留白"的技巧。这最后一句也和首句相对应，鹧鸪图上的金线与屏风上的金光闪闪相互呼应，让清晨这美妙的画面更加温暖。可见温庭筠写词善于组织结构，不忘首尾呼应。

文章贵在有章法，温庭筠的诗词不光章法极密，层次也非常清晰。头两句写未起床时的妆容，三四两句写画眉梳妆，五六两句写梳洗完毕，最后两句则写更换新衣，突然看到新衣上鹧鸪双双，顿时落寞和孤独袭来。读到这里读者会顿悟，原来女主人公懒画眉、迟梳洗，是因为心中有一段怨情。另外，反衬手法在温庭筠的诗词中被反复运用，环境越是华丽，风景越是优美，容貌越是俏丽，服饰越是华贵，体态越是娇柔，主人公心中就越是哀怨。

词学专家周汝昌曾评价此词：这首词没有一个废字，整首词只写了一件事，就是"梳妆"。只要把握了这两个字，这首词就很容易理解了。不过，张惠言的《词选》对这首词却这样评价："此感士不遇之作也。"陈廷焯在《白雨斋词话》里也曾说："飞卿词如'懒起画蛾眉，弄妆梳洗迟'，无限感伤，溢于言表。"看来，词评家们都认为这首词暗含着作者的怀才不遇和无限伤心，这是极有可能的。作者科考不第，经世济国的梦想成了泡影，心中是何等地伤心啊，而这些伤心和怀才不遇的郁闷都只能寄托在诗词里。写作是每一个作家最好的发泄途径，温庭筠自然会好好利用这个途径，所以在他的每一首诗词里都可以找到他的影子，他既是在写别人，同时也是在写自己。

在古代，怀才不遇的文人其实又岂止温庭筠一个，文人既然能写出惊世骇俗、令人耳目一新的诗篇，必然都有着自己独特的个性的。这个性往往是把双刃剑，既可以给他们与众不同的思想，又使他们被庸俗的现实社会所不容，造成他们的怀才不遇，而怀才不遇的经历又成为他们创作的动力。文人们大多在这个悖论中挣扎，温庭筠绝不是唯一的一个，但他几乎是经历最多坎坷的一个。

所以，我们应该给予温庭筠更多的理解，既要把他当作一个普通人，又要把他当成一个作家，只有这样，才能更好地理解他的一生和他的作品。

五

　　千万恨，恨极在天涯。山月不知心里事，水风空落眼前花，摇曳碧云斜。

　　　　　　　　　　　　　　　　　　　　　　——《梦江南·千万恨》

这首词表面上仍然是写闺中女子的感情，依然是以意境取胜。"千万恨很，恨极在天涯"，女主人公心中该有多恨，用"千万"形容还不够，还要再加个"极"字。人纵然远在天涯，也能感受到她心中的满腔怨恨似乎要喷薄而出，可见这种怨恨强烈到无法控制。"山月不知心里事，水风空落眼前花，摇曳碧云斜。"这三句看似写景，其实是在写情。山峰和月亮怎么可能知道女主人公的心事呢？水在流，风徐徐，花满地，云飘动，可看起来都如梦境一般。女主人公心中是何等失落，一切美景在她眼里都是一场空。这首词极力渲染了女主人公心中的"恨"和"心事"。

读完这首词，我们很容易被女主人公强烈的情绪所感染。她恨远方的人不知道她的思念，恨没有人懂得她的心事，恨所有的美景在她眼里都失去了颜色，恨过往的每一艘船上都没有她要等待的人，她心中的恨意像悠悠流水一样长，最终使她肝肠寸断。温庭筠把女主人公的心思写得如此细腻、逼真和深刻，虽然没有用什么华丽的辞藻，也没有刻意地雕琢词句，但刻画的人物却能生动传神，足见他写作技巧的纯熟。

这首词与温庭筠其他的闺情词比起来更加直抒胸臆，情感更加强烈，不是怨，不是失落，而是恨。这就不能不让我们联想到温庭筠想要表达的不仅仅是女主人公对心中盼望之人的恨，更是他自己心中的恨。词里描绘的其实就是他自己孤单地在夜里思念，天上的月亮无法了解他的寂寞，凉风仿佛吹散了花朵，明明暗暗的影子飘落。

温庭筠在这里恨的是什么？他恨的自然是小人对他的倾轧，统治阶级对他的排挤以及世人对他的不解，所以他才说"山月不知心里事"，暗指这世间没有真正懂他的人。他满腹才华却得不到重用，因此心情悲凉，或许这才是他真正要表达的意思。

所以，温庭筠的恨也包括对朝廷的恨、对皇上的恨。他的这首词也是在几次科考不第的时候写的，所以极有可能是感怀身世所致。不过，皇上对他也有恨。温庭筠和皇上有什么交集呢？温庭筠没有任何官职，连见到皇上的机会都没有，然而正是因为他没有见过皇上，所以才把皇上给得罪了。

这位喜欢《菩萨蛮》的宣宗皇帝李忱，相比起晚唐时期的其他皇帝来说还算是不错的。他明察秋毫，沉稳决断，从谏如流，爱惜忠臣，恭谨节俭，惠爱民物，可就是这样一位很不错的皇帝，温庭筠也没把他放在眼里。有一次，唐宣宗微服私访，在一家客栈遇到了温庭筠，两人还聊起了天。温庭筠从来没见过皇上，就斜着眼睛望着皇上说："你是司马、长史之类的官员吗？"司马、长史都是州郡一级的小官，温庭筠这次可是看走了眼。皇上有点不悦，说道："不是。"于是温庭筠的口气更加不屑了，又说："那就是个六参、簿、尉之类的了。"六参、簿、尉等都是县级别的属官，官职更小。皇上这次更加不高兴了，心想这温庭筠真是有眼不识泰山，对他更是没有什么好印象。于是当丞相检举温庭筠"有才无行"时，皇上自然就相信了。此时，温庭筠不但得罪了丞相，还得罪了皇上。

这件事之后，温庭筠被贬到隋县去当县尉，从此他离开京城，在小县城里过着颠沛流离的日子。关于这件事，纪唐夫曾写诗描述道："何事明时泣玉频，长安不见杏园春。凤凰诏下虽沾命，鹦鹉才高却累身。且尽绿醽销积恨，莫辞黄绶拂行尘。方城若比长沙路，犹隔千山与万津。"言下之意正是说，温庭筠恃才傲物，其才华反倒成了他人生的负累。

第七节 ╱ 一世知己情缘浅

温庭筠一生为理想而奔波，我们对他坎坷的政治生涯已经有所了解，

但对他的感情生活却一无所知。

民间流传着他与一位女子的传说，这位女子叫鱼玄机。

但鱼玄机不是他的妻子，也不是他的情人，只是他的学生、他的朋友，

是他无话不谈的知己。温庭筠与这位红颜知己有缘、有情，但无分。

二人相互写下诸多诗篇，记录了他们之间的情意。

山近觉寒早，草堂霜气晴。

树凋窗有日，池满水无声。

果落见猿过，叶干闻鹿行。

素琴机虑静，空伴夜泉清。

——《早秋山居》

这首诗是温庭筠写给自己的学生鱼玄机的。鱼玄机是晚唐时期一位大名鼎鼎的女诗人，原名鱼幼薇，家住鄠杜，而鄠杜也是温庭筠在长安的居所。温庭筠与鱼玄机相识于唐宣宗大中八年（公元854年），那一年，鱼玄机十岁。

鱼玄机自小素有才华，琴棋书画样样精通，尤其写得一手好诗词，幼年

时就闻名京城。鱼玄机的才华引起了温庭筠的注意，他很想见识一下这个小女孩的才华。在一个阳光明媚的下午，他来到鱼玄机的家中拜访她。鱼玄机和母亲住在一个破旧的小院中，父亲已经去世，她和母亲靠给附近青楼娼家做针线和浆洗的活儿来勉强维持生活。

十岁的鱼玄机浓眉大眼，灵气逼人，是个十足的美人胚子。温庭筠的大名也早已闻名长安，所以突然见到温庭筠的鱼玄机也非常激动。温庭筠说明来意后，请鱼玄机即兴赋诗一首，想看看她是否真的如他人所说那般有才情。鱼玄机立刻以"江边柳"为题赋诗一首。温庭筠一看大为惊喜，无论是从遣词造句、平仄音韵，还是从意境诗情上看，那都是难得一见的佳作。这样的诗竟然出自一个十岁的小姑娘之手，而且是即兴之作，温庭筠不能不叹服。这样富有才情的女子却生活在如此穷苦的环境中，温庭筠不禁心生怜爱，从此以后就时不时地帮助她。鱼玄机也非常敬佩温庭筠的才华和为人，于是拜他做老师。温庭筠和鱼玄机之间既像师生，又像父女和朋友，相处得非常融洽。

从此以后，这对忘年交就常在一起吟诗作赋，你写一首，我和一首，其乐融融。大中九年（公元855年），温庭筠参加进士考试时大闹考场，又得罪了丞相和皇上，被皇上贬到隋县当县尉。在他离开长安之时，鱼玄机作《早秋》为他送行，而他则作了这首《早秋山居》来相和。

这首诗描写的是初秋山居的气候和景物。此时才刚刚入秋，天气就已经颇有凉意。在这样的早上，阳光洒满白霜覆盖的草屋，更觉天气爽朗。这两句是通过触觉和视觉把读者带入秋天的氛围的。

树上的叶子不知何时已经凋落，阳光铺满窗台。池塘里的水涨高了，曾经的流水声也听不到了。"有日"和"无声"是一种对比的写法，再次通过视觉和听觉、静景和动景来表现早秋的特征。

看到地上的果子就似乎看到来这里采果子的猿猴，看到干枯的树叶就似乎听到小鹿经过这里发出的声音。这两句再次从视觉和听觉来描写，但此处皆是作者的联想，而不是他亲眼所见。上一联描写的是静态，而这一联描写的则是动态。

最后两句是整首诗集中表达情感的地方，也是全诗的重点。在这寂静的夜晚，作者手抚素琴，弹奏着动人的乐曲，泉水发出清脆的声音，人似乎进入一个纯净空明的世界。前三联都是描写秋天的景物，而最后一联作者由描写山中寂静清幽的景色上升到写山居中的人。

整首诗给我们的感觉是心旷神怡，作者的心情非常闲适，这种闲适既是主观心情又是客观环境，作者本就心情不错，又受到早秋美丽景色的感染，心情就更加愉悦。

这首诗的取景都是司空见惯的景物，温庭筠却把它组合成一幅佳画，足见他善于观察并善于取材的本领。他把写诗当成作画，只需要把一个个景物按照时间、空间、情感等方面有效组合起来，再按视觉、听觉、触觉、味觉等感觉依次描写，并把动与静相结合，之后加上自己丰富的联想，就为我们创造了一个个生动的形象和一个个难忘的意境，所有这些最终组成了一首首美丽的诗篇。可见，写作对于温庭筠来说已经成了一种"游戏"，他每写一首新作品就像创造一个新游戏，如此循环，乐此不疲。

在这首诗中，温庭筠的心情是如此闲适，没有儿女情长的纠结，没有忧国忧民的痛苦，也没有感怀身世的顾影自怜。他的心情平和宁静，哪怕是即将被贬往异地他乡，他也没有在诗中流露出一丝一毫的悲情和消极。如此平静的诗在温庭筠的作品中是少有的。或许在学生面前，老师不能软弱，必须坚强。这就是温庭筠和鱼玄机之间的感情，亦师生，亦亲人，亦朋友。

也许，这是温庭筠人生中最平静的一段时光。然而遗憾的是，他的心中有太多的羁绊和抱负，致使他无法在平静中度过一生。

温庭筠离开长安来到隋县以后，与鱼玄机便没有什么机会再见面了。鱼玄机对他甚是思念，经常给他写信，而温庭筠也常常以诗词相和。鱼玄机作《冬夜寄温飞卿》，温庭筠则作《晚坐寄友人》；鱼玄机作《感怀寄人》，温庭筠以《鄂郊别墅寄所知》相和，鱼玄机再作《闻李端公垂钓回寄赠》《赠邻女》相赠。十六岁时，鱼玄机又作《寄飞卿》，温庭筠回作《初秋寄友人》，鱼玄机作《和友人次韵》相和。在不断的书信往来中，师徒二人一起探讨诗词、人生、情感，彼此鼓励、慰藉，也因此排解了许多寂寞。在隋县、襄阳那段颠沛流离的日子里，和鱼玄机之间的书信往来也成了温庭筠心中一种重要的情感寄托。

可是，温庭筠和鱼玄机虽然是一对师徒，但是男女之间交流多了，二人又这么投机，必然会产生感情。在鱼玄机写给温庭筠的一首五言律诗《寄飞卿》中，她就大胆地吐露了自己的爱慕之情："阶砌乱蛩鸣，庭柯烟雾清。月中邻乐响，楼上远山明。枕簟凉风著，瑶琴寄恨生。稽君懒书礼，底物慰秋情。"面对学生的炽热深情，温庭筠却步了。身份上，他是鱼玄机的老师；年龄上，他比鱼玄机大几十岁；相貌上，他和鱼玄机完全不般配；前途上，此刻是他一生最落魄的时候，他看不到自己的将来。这样的自己能给鱼玄机带来什么？他心中虽然对天资聪颖、相貌可人的鱼玄机暗藏情愫，但是他必须把这份感情埋在心里，努力保持好师生之间的界限。

鱼玄机心中自然是十分失望的，只能借一首首诗词婉转地向温庭筠表达相思之情。在《冬夜寄温飞卿》一诗中，鱼玄机写道："苦思搜诗灯下吟，不眠长夜怕寒衾。满庭木叶愁风起，透幌纱窗惜月沈。疏散未闻终遂愿，盛衰空见本来心。幽栖莫定梧桐处，暮雀啾啾空绕林。"温庭筠写尽了世间的儿女情长，怎会不明白鱼玄机的心思？但他何以为报？倘若他也以柔情万种、深情款款的诗句相迎，鱼玄机也许会陷得更深。但他不能！他能为鱼玄机做的事情就是为她找一个好的归宿。

鱼玄机十四岁那年，在温庭筠的撮合下，她嫁给了状元李亿。鱼玄机也自此斩断了对温庭筠的思恋，把感情移到李亿身上。虽然两人彼此十分相爱，但鱼玄机却受到李亿正妻的百般刁难，因此她婚后过得并不幸福。鱼玄机十七岁那年，为了排遣心中的苦闷，她决定东游，此时，温庭筠刚好有机会回到长安，他特意前去送行，并作《送人东游》赠予鱼玄机。

荒戍落黄叶，浩然离故关。

高风汉阳渡，初日郢门山。

江上几人在，天涯孤棹还。

何当重相见，樽酒慰离颜。

　　他在诗中写道："荒废的哨所遍地黄叶，此时正是萧瑟的秋天。你即将远行，离别的愁绪涌上我的心头，但你东游的决心毅然豪迈，完全不像我这般忧伤。你走了以后，荆山楚水，你我远隔千里，只有让辽阔雄奇的山水寄托我的思念。你在汉阳那边不知有几个朋友，有没有人可以照顾你。现在你孤舟漂泊天涯，我心里十分担心，只盼你早点回来。不知到什么时候我们才能再见面，到时一定要多喝几杯，以抚慰你离别的愁颜。"

　　鱼玄机即将独自远行，温庭筠依依不舍，担心、思念之情溢于言表。他既担心鱼玄机孤舟远行会寂寞，又担心她到了汉阳之后没有人照顾，更盼望她能早日归来，看来，他对鱼玄机的感情相当深厚，对她的牵挂也特别悠长。相比较起来，鱼玄机倒显得比较淡定，这一点从"浩然离故关"五个字就可以看出来，她这次东游的决心异常坚决，甚至充满男儿般的豪情。

　　这首送别诗整体意境雄浑壮阔，慷慨中稍微带着悲凉，与温庭筠婉约绮丽的作品相比，显得非常大气。即使有黄叶飘零、天涯孤棹，但气氛并不低沉。

　　鱼玄机嫁人以后，仍与温庭筠保持着来往。温庭筠依然时时刻刻关怀着鱼玄机，虽然他们之间没有夫妻的缘分，但他们依然视彼此为知己。

黄山远隔秦树，紫禁斜通渭城。

别路青青柳发，前溪漠漠花生。

和风澹荡归客，落日殷勤早莺。

灞上金樽未饮，宴歌已有余声。

——《送李亿东归》

李亿，字子安，唐朝时期状元，官授补阙。李亿是鱼玄机的丈夫，也是温庭筠的朋友。李亿认识鱼玄机的时候，已官至左补阙。温庭筠见他生得端正健壮，又性情温和，而且前途无量，就想如果能把鱼玄机托付于他，自己也就放心了，于是就极力撮合他们在一起。李亿对鱼玄机一往情深，二人也确实很般配，鱼玄机最终接受了李亿。

鱼玄机和李亿虽然两情相悦，但无奈李亿家中早有正妻，他的正妻蛮横霸道，恶意阻挠鱼玄机走进李家大门，就连住在李亿为她安排的别墅里都不行。正妻娘家势力很大，李亿不敢得罪，被迫写下休书，把鱼玄机赶了出去。但李亿却暗地里在曲江一带找了一处僻静的道观，并给此观捐了不少钱，让鱼玄机安顿下来。李亿时不时来道观看望鱼玄机，这首诗就是李亿有一次来看望鱼玄机后回去时，鱼玄机托温庭筠前来相送，温庭筠在送别李亿时写的。

开头两句写黄山和秦树远远相隔，紫禁城和渭城遥遥相望，这是从远景来描述长安的地势和风貌。三四句立刻移为近景：送别的路上柳树青青，别地灞上都是大片大片盛开的花朵。五六句开始写送别客人："微风和畅，夕阳西下，早莺在殷勤地啼叫，我正在送别我的朋友。"七八句则描写送别时的依依深情："酒还没有喝完，宴会上的歌声好像还在耳边回荡，但你就要启程了。"

这首诗非常质朴，作者娓娓道来，不加雕琢，不见用力，但呈现出的风格却十分清新。

四

鱼玄机在咸宜观的日子自然是非常寂寞的，只有以创作诗词来排遣孤独。

她曾作《和新及第悼亡诗二首》，温庭筠作《和友人悼亡》相和；鱼玄机又作《代人悼亡》，温庭筠又以《和友人伤歌姬》相和：

月缺花残莫怆然，花须终发月终圆。

更能何事销芳念，亦有浓华委逝川。

一曲艳歌留婉转，九原春草妒婵娟。

王孙莫学多情客，自古多情损少年。

这首诗叫《和友人伤歌姬》，"和"就是指创作诗词的题材或体裁与对方的一样。温庭筠和鱼玄机之间有很多这样的诗词，这成了他们交流的方式。

诗中温庭筠说道："月亮残缺、花儿凋谢都是正常的自然现象，不必过度伤心，花儿凋谢了明年还会再开，今天的月亮虽然只有一半，但十五就会再圆，这有什么好悲伤的呢？我该怎么做，才能消除你内心的痛苦，让你不那么想念逝去的朋友呢？再艳丽芬芳的花朵也会随着川流东去，不是只有你的朋友会逝去。虽然你的朋友去世了，但她的歌声是那么婉转动听，直到现在依然回荡在我们心中。这样有才情的美丽女子，即便是她坟前的春草也会妒忌她。自古以来，重情之人容易悲伤，但这样做，除了损害自己的身心外，又有其他什么好处呢？你逝去的朋友也不愿意看到你过度伤悲，所以请你不要学那些过于多情的人如此哀伤了。"

这是一首劝慰诗，从头至尾都在劝慰朋友不要太悲伤。应该是鱼玄机有位歌姬朋友去世，鱼玄机特别难过，因此温庭筠写这首诗劝慰她。他先从大自然的花开花落、月缺月圆说起，说明人的死亡都是自然规律，谁都不可避免，请鱼玄机不要太伤心。然后又赞美鱼玄机的歌姬朋友，说她的歌声优美动听，人又容貌姣好，连春草都嫉妒她。体会朋友的感受，并把自己放到和她一样的位置，劝慰的语言更能打动人。最后，温庭筠又劝鱼玄机不要过于重情，越是重情就越容易伤害自己，这是逝去的朋友也不愿意看到的。

温庭筠虽然这样劝鱼玄机，但他自己又何尝不是这样重情的人呢？他的朋友李羽、李德裕、太子李永去世以后，他自己何尝不是痛苦了很久，写了一首又一首诗词来悼念他们。每次孤单寂寞和无助的时候，他依然会想起他们。温庭筠之所以如此耐心地劝慰鱼玄机，是因为他心疼鱼玄机，但同时也是因为他能够体会鱼玄机失去朋友的心情。温庭筠对死去的朋友都如此重情，对活着的朋友自然更是重视。在他的心里，鱼玄机有着重要的位置。

能有这样一位贴心的朋友语重心长地劝慰自己，鱼玄机深感自己既幸运又幸福。在鱼玄机的一生中，温庭筠扮演了很重要的角色。她幼年时，温庭筠教导她、帮助她，少年时又为她寻觅佳偶。她婚姻不幸，温庭筠处处开导她。她孤单寂寞时，温庭筠与她诗词唱和，为她排遣寂寞。她失去朋友伤心难过，温庭筠苦口婆心地劝慰她。这是一位比亲人还亲的人，也是一位比爱人还近的人。

虽然温庭筠和鱼玄机的余生都过得比较痛苦，但幸运的是，两个人可以成为彼此痛苦日子里的精神寄托，使悲惨的日子变得不那么痛苦。鱼玄机和温庭筠去世后，二人的故事在坊间流传了下来，他们互相唱和的那些诗词也见证了他们之间永恒不变的情谊。

第八节 ／ 放浪形骸靡靡音

得罪了丞相和皇上，自然不可能有好下场，温庭筠因而被贬到了隋县。

在去隋县的路上，他悲故乡，思杜陵，然而故乡却越来越远。

他想化作神仙而去，过无忧无虑的生活，然而终究不能。

在隋县和襄阳的日子里，他满怀愁与恨，放浪形骸，萎靡不振。

虽然他仍旧心系国家，然而国家带给他的却只有悲凉。

隋县、襄阳都不是他的久居之地，哪里才是他的归宿呢？垂暮之年的温庭筠还在飘零。

晨起动征铎，客行悲故乡。

鸡声茅店月，人迹板桥霜。

槲叶落山路，枳花照驿墙。

因思杜陵梦，凫雁满回塘。

——《商山早行》

这首诗是羁旅作品中的名篇，其中"鸡声茅店月，人迹板桥霜"一句更是被后世推崇，传诵至今。为什么这首诗会得到这么多人的钟爱？是因为作者塑造了鲜明的艺术形象，写出了太多人的共同感受。

早晨，天刚蒙蒙亮，远行的人就开始收拾行装。伴着马车上的声声铃响，旅行的人开始踏上旅程，可刚刚踏上征程就悲从中来，心中开始强烈地思念自己的故乡。这时听到了公鸡鸣叫的声音，在这寂静的早晨显得格外嘹亮，旅人望着天空，月亮还未隐去，茅草屋被月光温柔地包裹着，早春的寒霜覆盖在木板桥上，凌乱的足迹踏满了整个桥面。荒山的小路上落满了枯败的槲叶，这情景感觉有些凄凉。白色的枳花开在驿站两旁，在月光的照耀下，花影在驿站的墙壁上晃动。看着这美丽的景色，旅人想起了昨晚的梦境，在梦中，他回到了故乡杜陵，在杜陵的池塘边，一群群凫雁正在快乐地嬉戏。

商山也叫楚山，诗中的杜陵指的是长安，这首诗是作者被贬隋县时途经楚山所作的。

这首诗给我们的整体感觉就是旅途寂寞，思念家乡。天还没亮就起床赶路，人还没走就开始思念家乡。"在家千日好，出门万事难"，人情淡薄，此次被贬到一个陌生的地方，不知道会有什么在等待着自己，作者心里忐忑又悲凉。纵然旅途中也有美丽景色，但仍驱散不了游子在外的孤寂之情和浓浓的思乡之意。作者感怀的不仅是一段旅途的漂泊，更是长长人生旅途中的飘零，他的心中充满了失意与无奈。

这首诗不仅情感浓烈，描写的景色也令人过目难忘，霜、茅店、鸡声、人迹、板桥、月这六个意象把一个山村初春的景色勾勒得异常动人。虽然没有一个"早"字，但从鸡声和月便可得知这确实是早行。"槲叶落山路，枳花照驿墙"这两句也是告诉人们此刻是早春。因为商山一带枳树、槲树很多，槲树的叶子冬天干枯却不凋落，待第二年春天其他树木发芽时才纷纷凋谢，所以从山路上的槲叶也可得知此时是早春，而白色的枳花在白天一点都不显眼，但此时却能照亮驿站，正是因为这个时候天还没有完全亮，所以白色的枳花才显得非常亮，从这个意象再次说明了是"早行"。可见作者不着一字，却已经把一切都说得明明白白了。

旅途中的美丽景色使作者想起了自己家乡的景色，家乡的春天何尝不是美如画卷呢？这个时候自己在长安的居所鄠杜一定是池塘水暖，凫雁自得其乐，而自己却快乐不起来，离家越来越远，心情就越来越失落。"杜陵梦"与"悲故乡"相对应，故乡的景色与旅途中的景色互相对比，使读者对作者的心情更加了然。

　　温庭筠一生有两个故乡。第一个是吴中，他在那里度过了前半生，那里留下的都是快乐的青春记忆。第二个是长安，除去羁游和被贬的日子，其余的时光他都在那里度过。这个故乡虽带给他很多痛苦的记忆，但是也让他无法忘怀，因为那里充满了他的理想、爱恨情仇和喜怒哀乐。对吴中，他的记忆是单纯的；对长安，他的感觉则是五味杂陈、又爱又恨的。现在，他要离开这个让他又爱又恨的地方了，心中难免空落落的。这就是《商山早行》这首诗中他真实的心情。对过去，他无法忘怀；对未来，他不知还敢不敢期待。他带着这样的心情走向隋县。

> 玉妃唤月归海宫，月色澹白涵春空。
> 银河欲转星屠屠，碧浪叠山埋早红。
> 官花有露如新泪，小苑丛丛入寒翠。
> 绮阁空传唱漏声，网轩未辨凌云字。
> 遥遥珠帐连湘烟，鹤扇如霜金骨仙。
> 碧箫曲尽彩霞动，下视九洲皆悄然。
> 秦王女骑红尾凤，半空回首晨鸡弄。
> 雾盖狂尘亿兆家，世人犹作牵情梦。

——《晓仙谣》

　　《晓仙谣》是温庭筠创作的一首游仙诗，这个题材在他的作品中还是比较少见。在这首诗中，温庭筠描绘的是一个缥缈朦胧、富丽堂皇的神仙世界，表达的却是不与权贵势力同流合污的理想精神，所以，这首诗给我们的整体感觉是言辞唯美、哲理深刻。

作者描写的神仙世界是什么样子的呢？皎洁的月亮变成一个调皮的小孩，从家里——海宫跑到了天空，玩得忘乎所以，忘了回家。玉妃不得不呼唤月亮：快回到海宫里去吧。这时的海面上，月色淡白，碧色的海浪一层层如山叠。夜已经很深了，天空中挂满了星星的笑脸。那大海深处的宫殿里，花正红。花上闪烁着珍珠般晶莹剔透的露珠，就像少女刚刚流下的眼泪一般纯净透明。小苑里那一丛丛青翠的树木，在月光的照耀下闪着寒冷的光。

空荡的绮阁中传来更漏声，高高的挂满珠网的轩堂像是要耸入云端，只是现在还是深夜，仅靠朦胧的月光还看不清高轩上面的字迹，但是远远地却看得到轩内的珠帐，那淡蓝色的珠帐似乎与湘水的烟波连在一起。玉妃浑身金光闪闪，摇着用白鹤羽毛做成的扇子，那扇子如霜一样白。此情此景，仿佛一首由玉箫吹奏的小曲刚刚落幕，漫天的彩霞都为之动容，大地上的人们也静静地回味着这动人的箫声。秦王的女儿骑着有红色尾巴的凤凰飞走了，在空中默默回首时，她听到了晨鸡的叫声。他们都升天成仙去了，而世间的人们却还在悄悄地做着各自的梦。

在这个神仙世界中，美景如画，连月亮都变成淘气的孩子。秦王的女儿被这个神仙世界深深吸引，最后骑着凤凰而去。可是尘世间的人却没醒，还在这污浊的人世间做着自己的梦。作者这样写是对当下社会进行抨击。晚唐时期小人得势，权贵当道，社会已经污浊不堪，还留在这个世界干吗呢？不如离去，去寻求一个纯净明洁的神仙世界。可是还有人没有看到这个世界的污浊，或者看到了也装作不知道，宁愿浑浑噩噩地生活着。

不过在这里，作者表达的也可能是另一个意思。神仙世界虽好，但自己还是不愿为仙，因为那是一种逃避、一种妥协，自己还是愿意留在这污浊的人世间与丑恶的现实做斗争，所以宁愿梦不醒。

此时，温庭筠已经被皇上贬到隋县，当了一个很小的官。在隋县的日子是他境遇最为落魄、心情最为不堪的时候。他讨厌这个污浊的社会，可又逃不开；他想反抗这个沉沦的社会，可又无能为力。他只好在内心构建一个纯洁无瑕的理想世界，让自己去神游一会儿，当成片刻的解脱或慰藉。这也就是《晓仙游》的由来。《晓仙游》就是他精神世界的表现，只有在自己构建的精神世界里，他才能得到短暂的快乐和幸福。

第九节 ╱ 莫抛心力作词人

温庭筠还在漂泊，接下来他到了荆州。

荆州的日子还不错，但他心里却非常想念长安的家。

于是，他决定离开荆州，辗转回长安。

取道淮南时，他和几个老朋友整日饮酒作乐，博饮狎昵，甚至醉酒不归，

结果被巡逻的官兵打落了牙齿。境遇如此悲惨的温庭筠又受此侮辱，

他的心中充满了愤怒回到了长安。只是回到长安的他却当上了国子监，

一生追求的理想终于实现了！只是，一篇《榜国子监》又使他的命运跌倒了谷底。

温庭筠一生失意，四处流转，最终还是以悲剧收场。

柳弱湖堤曲，篱疏水巷深。酒阑初促席，歌罢欲分襟。

波月欺华烛，汀云润故琴。镜清花并蒂，床冷簟连心。

荷叠平桥暗，萍稀败舫沉。城头五通鼓，窗外万家砧。

异县鱼投浪，当年鸟共林。八行香未灭，千里梦难寻。

未肯暝良愿，空期嗣好音。他时因咏作，犹得比南金。

——《寄渚宫遗民弘里生》

渚宫，春秋时楚国宫名，位于今湖北省陵县，这里指的是当时的江陵。

渚宫遗民指的是世代居住在荆州的居民。弘里生指的是温庭筠的朋友段成式。"寄渚宫遗民弘里生"即为写给世代居住在荆州的段成式。段成式是当时的丞相段文昌之子，家居荆州。温庭筠在荆州时经常和他在一起饮酒作乐、吟诗作对。

这首诗写的就是温庭筠和段成式在荆州一个幽深的小巷里饮酒作乐的场景。杨柳轻抚河堤，堤上传来动听的曲子，篱笆疏离，小巷深幽，巷子旁边是潺潺的流水。酒席已经开始很久了，店家即将打烊，催促着大家赶快散去，可歌伎们一曲唱罢仍然舍不得离去。这首诗很好地再现了温庭筠在荆州的生活状态。

温庭筠离开襄阳后来到荆州，恰逢荆南节度使白敏中离任，继任者为萧邺。大中六年（公元 852 年），也就是温庭筠屡试不第之时，他曾上书萧邺，请求萧邺能给他一个发展的机会。那时萧邺是翰林学士，但对温庭筠并未理睬。大中七年（公元 853 年），温庭筠再次上书萧邺，并写道："每过朱门爱庭树，一枝何日许相容。"然而，萧邺还是没给他机会。这次，温庭筠来到荆州，而萧邺刚刚继任荆南节度使，他终于给了温庭筠一个机会，让他在荆州幕府栖身。

此时，段成式恰巧也在荆州幕府做事，他和温庭筠本来就是朋友，现在又成了同事，两人自然十分高兴。在荆州的日子里，温庭筠和段成式之间有许多诗词来往，这首《寄渚宫遗民弘里生》就是其中之一，是温庭筠与段成式一起参加宴会后所写。

温庭筠从襄阳漂泊到荆州，心中仍然十分苦闷，幸亏有段成式陪伴，他才快乐了许多。他在荆州的日子也正如诗中描写的那样，经常饮酒作乐，与歌伎舞女搅和在一起，有时甚至喝得酩酊大醉，他正是用这种醉生梦死的生活麻醉着自己。

温庭筠一生最重视朋友，不管走到哪里，他总能交到朋友。而和朋友诗词唱和就成了他最快乐的事情。他曾和李羽、李德裕、鱼玄机、段成式等互相唱和过很多诗词。在荆州的日子里，也有这么一位朋友以诗词唱和陪他度过了许多寂寞的时光。这位朋友就是他在荆州幕府时的同僚沈参军。沈参军曾写过一首诗《招友生观芙蓉池》，温庭筠写了这首诗与他唱和。

桂栋坐清晓，瑶琴商凤丝。况闻楚泽香，适与秋风期。
遂从棹萍客，静啸烟草湄。倒影回澹荡，愁红媚涟漪。
湘茎久鲜涩，宿雨增离披。而我江海意，楚游动梦思。
北渚水云叶，南塘烟雾枝。岂亡台榭芳，独与鸥鸟知。
珠坠鱼迸浅，影多凫泛迟。落英不可攀，返照昏澄陂。

——《和沈参军招友生观芙蓉池》

这首诗写清晨时分，温庭筠和朋友沈参军坐在池边的华堂上，听瑶琴奏出动听的音乐，闻池中荷花飘来的淡淡香味。荷花池里一艘小船漂过，清晨湖面上升起薄薄的轻雾，与水草缭绕。湖水荡漾，人的倒影在晃动，配合着被雨打过的荷花叶，显得更加妩媚，水中时不时地荡起点点涟漪。荷花的茎秆枝叶新鲜却不光滑，而昨夜的雨水给它增加了一丝摇荡的姿态，让荷花池的景色异常美丽，但我在梦里却常常在江海湖泊中漂泊，心中浓浓的思念时时萌动。北渚的云叶、南塘的烟雾都是那么美丽，但他只能独自与鸥鸟相伴。荷花池景色诱人，他却没有什么心思欣赏，心中有一些杂念始终不能放下。

温庭筠和同僚沈参军观荷花池，却无心欣赏风景，心中在想别的事情。温庭筠的心中究竟有什么杂念呢？到了老年，人最思念的自然是自己的故乡和家人。温庭筠的家乡在吴中，但他离开吴中已经多年，现在那里既没有朋友，也没有家人，而他的家人都在长安，因此，他思念长安，思念家人，也思念自己的朋友鱼玄机。

他在同时期的作品《渚宫晚春寄秦地友人》里也清晰地表达了思念长安故居的心情："风华已眇然，独立思江天。凫雁野塘水，牛羊春草烟。秦原晓重叠，灞浪夜潺潺。今日思归客，愁容在镜悬。"温庭筠在这首诗里感叹："昔日风采都已经不在了，我经常独自站在江边望着天空思念远方。想起故乡的池塘上飞来飞去的凫雁，青青的草地上一群群牛羊在悠闲地吃着草。秦地的山川重重叠叠，灞水整夜潺潺流动。今天我在这里思念家乡，不知何时才能回去，看着镜子里自己的容颜，满面愁容，已经越来越憔悴了。

"凫雁野塘水，牛羊春草烟。秦原晓重叠，灞浪夜潺湲。"这都是长安鄠杜的景物，它们时不时地出现在温庭筠的回忆里。被贬隋县后，他流离失所，不能与家人团聚。他一生失意，四处流转，但感觉哪里都不是归宿。他又有了离开荆州的打算。

之后，温庭筠离开了荆州，但他并没有直接回长安，而是来到了淮南，因为他的几个老朋友裴诚、令狐滈等人正在此地。他在淮南待了一阵子，但整日无所事事，于是老毛病又犯了，整日和这几个老朋友饮酒作乐、博饮狎昵。他的一些行迹又传到了当地官员的耳朵里，偏偏当时出镇淮南的是他当年在京城得罪过的丞相令狐绹。由于令狐绹当年的打压和排挤，温庭筠屡次落第，甚至被贬到隋县，因此温庭筠对他一直有怨恨，此时明明知道他在淮南任职，也不去拜见他。就在这时，温庭筠又碰到了一件更倒霉的事情。他因为穷困潦倒，竟然被迫在扬子院乞讨，又喝醉了酒夜不归宿。当时唐朝有宵禁令，即超过二更天若有人还在街上游荡，一律按盗贼处理。温庭筠这个"盗贼"就碰上了巡逻的兵丁，兵丁们对他毫不客气，一顿暴打之下，他的牙齿也被打掉了几颗。温庭筠受此奇耻大辱，愤愤难平，告于令狐绹处，但令狐绹根本没搭理他。

更糟糕的事情还在后面，温庭筠在淮南的一系列丑闻又传到了长安。温庭筠穷困潦倒，又落得个坏名声，他心有不甘，于是回到长安，致书公卿间，诉说原委，为自己申冤。尽管最终伸冤的事情无果，但欣慰的是他回到了长安。

右，前件进士所纳诗篇等，识略精微，堪裨教化。声词激切，曲备风谣。标题命篇，时所难著。灯烛之下，雄词卓然。诚宜榜示众人，不敢独专华藻。并仰榜出，以明无私。仍请申堂，并榜礼部。咸通七年十月六日，试官温庭筠榜。

——《榜国子监》

这是温庭筠的一篇文章，而且是一篇公示的榜文，那为何要把这篇《榜国子监》单独成篇呢？因为这篇文章对温庭筠今后的命运非常重要，决定了他最终的结局。文章中写道："通过国子监秋试合格的乡贡进士所交的试卷，因为受题目的限制，不一定是考生真正想说的话，也未必是好作品。而从进士们的旧作中选取的作品，才有可能反映考生们真正的见识和水平，才有可能做到'识略精微，堪裨教化。声词激切，曲备风谣'。所以，现在把考生平时写的一些言辞激烈的作品公布于众，以表明我的公正无私。——试官温庭筠。"

从文章里，我们首先看到的是温庭筠当上了试官。温庭筠努力了多年想走上仕途，始终不能如愿，谁知到此刻他却如愿了！这还得感谢他的老朋友徐襄。这时徐襄当上了丞相，在他的推荐下，温庭筠终于圆了一生的梦想，在朝廷任职，当上了国子监助教。这个官职虽是个闲职，但级别也不算太低，是温庭筠一生中做过的最大的官，因此，他特别珍惜这个来之不易的机会，对待公事非常认真，再加上他的性格耿直，故凡事都力求公正公平。这种态度也体现在这篇《榜国子监》里，"以明无私"。但偏偏就是这篇公正无私的《榜国子监》又为他招来了大祸！

温庭筠在考场上屡次受挫，所以他不希望其他考生也遭受和他同样的命运。将考生的作品公布于众，也是请百姓监督，避免不正之风，这在考生和百姓中间一时传为美谈。但温庭筠此次公布的作品大多涉及讽刺时政、抨击豪强、揭露腐败等内容，且言辞激烈，统治阶级的神经非常敏感，岂能包容这样的文章？被直捅痛处，他们当然不能容忍，因此，温庭筠的这种做法遭到了执政者的忌恨，他再次遭到当权者的打击报复。刚刚当上国子监的温庭筠还沉浸在理想的曙光里，就再次被贬，这次，他被贬到了方城。

这次被贬让温庭筠措手不及，上次被贬隋县是因为他多次扰乱考场，他早有心理准备，而这次被贬却完全在他的意料之外。因此这次的打击比上次大得多。以前的屡次不第和被贬隋县多半是对他品行和作品的攻击，而这一次却是政治打击，而且是冤贬，对温庭筠来说这是致命的。

温庭筠自认没有做错什么，但是这个世界错与对的标准不是由他来制定的。无奈之下，温庭筠带着极其痛苦、愤懑、委屈的心情来到了方城。

四

古坟零落野花春，闻说中郎有后身。
今日爱才非昔日，莫抛心力作词人。

——《蔡中郎坟》

蔡中郎指的是东汉末年的著名文人蔡邕，他曾官至左中郎将，因此称蔡中郎。蔡中郎死后葬在毗陵（今江苏常州）尚宜乡互村，这首诗是温庭筠路过蔡邕坟墓时所作，表达了他对当局者不惜人才的不满和哀叹。温庭筠曾写过一首相似的作品《过陈琳墓》，相比较起来，知道《过陈琳墓》的人更多，而这首《蔡中郎坟》则不大为人注意。究竟哪一首更文采斐然、寄寓深刻呢？我们可以对比一下。

"古坟零落野花春"：蔡邕的坟墓到现在已经有六七百年了，随着历史的变迁、人世的变化和风雨的洗礼，坟墓已经残破不堪，只有周围的野花还在星星点点地开放，点缀着荒凉的坟墓。野花的生机蓬勃更加凸显了坟墓的荒凉，沧桑之感油然而生，为整首诗打下了悲凉的情感基调。

"闻说中郎有后身"，听说蔡邕是张衡的后身，那么蔡邕死后也一定有人做他的后身。这句说的是一个传说，张衡死的那一天刚好蔡邕的母亲怀孕，张衡和蔡邕长得又十分相像，因此好多人说蔡邕是张衡的后身。这其实说的是才子文人之间的一种继承关系，巧妙地将怀古引向慨今，因此这一句在全诗中起着过渡的作用。

"今日爱才非昔日，莫抛心力作词人。"最后两句是全诗要表达的主题。蔡邕也生在政治黑暗腐朽的时代，也曾经上书朝廷遭到诬陷，被流放后，亡命江湖，但他最后还是受到董卓的重用，虽然最终死在狱中，但毕竟做过一些大事。"而我们今天的一些文人连蔡邕当年的际遇都不如，只能老死家中。唉，现在的当局者还不如以前的人爱惜人才，我即使用尽心力写作，又有什么用呢？还是不要白白浪费自己的心力了。"

读完这首诗我们发现，其虽不及《过陈琳墓》那样文采斐然，但也是寄寓极深。这首诗写得极其坦率和直接，温庭筠不再藏着掖着，委婉含蓄也被抛到一边，他就是要直抒胸臆地喊出自己内心的绝望和痛苦，就是要尖锐地揭发当权者的愚昧和霸道。他为何敢如此尖锐？因为他连死都不怕了，还有什么可怕的呢？他再次被贬到方城，身心受到极大的创伤，想想这一生的遭遇，他不明白为何自己会如此坎坷，他只是想为国家做些事情，但是屡屡遭到他人的算计。如今的当权者还没有几百年前的当权者爱惜人才，这不是一种愚昧和落后吗？这难道不令人悲哀吗？这不仅是温庭筠对自己身世的慨叹，也是对和他同一个时代所有怀才不遇的人的慨叹。

这首诗是温庭筠生前创作的最后一首，可谓内涵深广，极具意义，耐人寻味，并令人唏嘘。但更令人唏嘘的是温庭筠一生的命运，被贬到方城后仅两个月，他就在郁郁中离开了这个世界。温庭筠的死是"窜死"，如果没有这次事件的打击，他绝不会这么快离开人世。温庭筠多舛的命运既和他狂傲不羁的性格有关，也和他所处的时代有关。晚唐时期，国势衰落，朝廷四面楚歌，政治氛围极其紧张。统治阶级的政治神经临近崩溃，所以他们对讽刺当世的一些诗词极其敏感，对付写这些诗文的文人的手段也十分残忍，温庭筠就是遭到他们打击迫害的其中一个。所以，他一生的命运不仅因他的性格所致，更是时代的悲哀。

第八辑 | 李商隐

虚负凌云万丈才，一生襟抱未曾开

第一节 / 命途多舛少年郎

年少懵懂的李商隐，尚不懂得光耀门楣为何物，却知道父亲时常独自站在屋檐下，
时而凝望着天空发呆，时而自言自语。
父亲的叹息中隐含着太多的无奈，可他那时尚小，
完全无法理解这叹息背后隐含的意义。

唐文宗太和二年（公元 828 年），清晨的薄雾正悄悄笼罩着洛阳城，微微的寒意无声侵蚀着城里的每一个角落。流涌的雾岚下，暗自掩藏了些许不属于晨梦的世界。在某个转角的巷子尽头，传来了纸笔摩擦的细微动静。那声音是如此的微不可闻，似乎是一种隐秘的愿望。

金色的晨光正缓缓地刺破云层，射入千家万户的门里。当明亮的光束照在这个十五岁少年的窗前时，他终于舍得丢下墨笔，大大地伸了一个懒腰。抬眼看向远天，又一个清晨到来。他揉揉疲倦的眼，并不为伏案抄书而感到枯燥乏味。天下之中，唯有母亲与他心心相连，年迈的老母在夜里曾不止一次催促他早早睡去，他虽不断应允，可手中的笔却从未停歇。

他早已记不清这是第几个不眠之夜了。背负着光耀门楣的重负，怀抱着远大的理想，他必然要付出比别人更多倍的努力。他知道，沉睡的美梦永远不属于他，从梦中满足而醒的早晨也不会属于他。于他而言，生命的目的只有一

个——那便是发愤图强，光宗耀祖。

这就是尚未及冠、身正年少的十五岁的李商隐。

约公元 813 年，李商隐出生在北方一个小官僚家庭，他的出生给日渐衰微的李氏家族带来了一丝希望。

李商隐的诞生固然值得李家欢喜，然而屋宇之外，却是隐藏不了天地的动荡。

盛世有盛世之光，乱世也有乱世的壮阔。尽管不同于曾经的繁华，而今的大唐已满目疮痍，然而"百足之虫死而不僵"，眼下的"元和中兴"似乎是战后的另一种崛起。即便是李商隐，在今后的时光中回顾历史往事，也禁不住提笔赞美：

> 元和天子神武姿，彼何人哉轩与羲。誓将上雪列圣耻，坐法宫中朝四夷。
> 淮西有贼五十载，封狼生貙貙生罴。不据山河据平地，长戈利矛日可麾。
> 帝得圣相相曰度，贼斫不死神扶持。腰悬相印作都统，阴风惨澹天王旗。
> 愬武古通作牙爪，仪曹外郎载笔随。行军司马智且勇，十四万众犹虎貔。
> 入蔡缚贼献太庙，功无与让恩不訾。帝曰汝度功第一，汝从事愈宜为辞。
> 愈拜稽首蹈且舞，金石刻画臣能为。古者世称大手笔，此事不系于职司。
> 当仁自古有不让，言讫屡颔天子颐。公退斋戒坐小阁，濡染大笔何淋漓。
> 点窜《尧典》《舜典》字，涂改《清庙》《生民》诗。
> 文成破体书在纸，清晨再拜铺丹墀。表曰臣愈昧死上，咏神圣功书之碑。
> 碑高三丈字如斗，负以灵鳌蟠以螭。句奇语重喻者少，谗之天子言其私。
> 长绳百尺拽碑倒，粗砂大石相磨治。公之斯文若元气，先时已入人肝脾。
> 汤盘孔鼎有述作，今无其器存其辞。呜呼圣王及圣相，相与烜赫流淳熙。
> 公之斯文不示后，曷与三五相攀追。愿书万本诵万遍，口角流沫右手胝。
> 传之七十有二代，以为封禅玉检明堂基。

这是李商隐最著名的七古长篇《韩碑》。这首诗赞颂和描述的是讨伐藩镇吴元济的战争，这场战争是元和年间一系列平叛战争中的最关键事件。其在写作手法上叙议相兼，但是以叙事为主，描写了裴度奉命任统帅讨平淮西叛镇，韩愈奉命撰碑及推碑的过程。

这样的赞颂尤其体现在最后一段，描绘"韩碑"关系到国家中兴统一事业，赞美它的不朽，最后以"传之七十有二代，以为封禅玉检明堂基"收束全篇，表明了"韩碑"流传千古的不朽价值。

这首诗也是李商隐的代表作，《艇斋诗话》就曾高度评价道："李义山诗雕镂，唯《咏平淮西碑》一篇，诗极雄健，不类常日作。如'点窜《尧典》《舜典》字，涂改《清庙》《生民》诗'，及'帝得圣相相曰度，贼斫不死神扶持'等语，甚雄健。"

传奇诗人的诞生时代，充满着一切可变因素。这一切似乎都是一种隐喻，诉说着某些无限的可能性。尽管彼时国家不稳，李家内部也日渐空虚，但李父对儿子的未来仍极其重视。

李父看着尚在襁褓中的可爱孩子，瞅着他那黑白分明的动人眼眸，心中极为宽慰——这是李家的血脉，是李家香火的延续。

家族衰弱何惧？但有青山在，来年荣耀定指日可待。在彼时的李家人心中，幼儿李商隐就是一种希望的象征。希冀之光尽管微弱，却能够在昏暗中照亮所有人的心房。那是一种对于未来的巨大渴盼，那是一种想要扭转家族命运的决心，他们将之全部寄予在孩童身上，望他成龙飞天。

元和时期，不仅是军事上取得平叛战争的一系列胜利，政治上实现全国统一的时期，也是一个人才荟萃的时期。

李商隐出生那年，父亲时任嘉县的县令，但是不到三年，又改任浙东观察史。因父亲官职经常变动，行程不定，时常漂泊在外，所以这一家老小能团聚一次十分不易。

父亲留给他的总是劳碌不歇的背影，那瘦弱的身躯支撑起了整个家庭的大梁，更担负着全家人的希望。

童年的李商隐一直跟着父亲漂泊，早早地远离了故乡，因而心中的归属感格外强烈。父亲虽忙，闲暇时仍不忘对小儿悉心教导。父亲不仅教导他"男儿要'学而优则仕'，要'修身治国平天下'"，更是把光耀门楣的重责交付给他。

在李商隐的记忆里，父亲和他讲过，李家本与当今皇室同宗，如今却越发没落。当时李商隐年纪尚浅，不谙世事的他难以从中明白什么大道理，亦无法理解父亲眼中的无奈和叹气声中的疲惫，但从父亲郑重的话语中，他还是感受到了深沉的期望。他明白荣辱悲喜是与家族的名誉命运紧紧相连的，所以对于父亲的训导他从不敢遗忘，心中时刻想着将来踏入仕途，光耀李家门楣。

年少懵懂的李商隐，尚不懂得光耀门楣为何物，却知道父亲时常独自站在屋檐下，时而凝望着天空发呆，时而自言自语。父亲的叹息中隐含着太多的无奈，可他那时尚小，完全无法理解这叹息背后隐含的意义。

李商隐祖籍在怀州河内（今河南沁阳博爱一带），不过因受父亲熏陶，他一生都称自己是唐氏宗亲，虽然属籍失编、支派已远，但他始终相信自己是龙子皇孙。若从族谱论起，李商隐的原籍是陇西成纪，而唐代开国皇帝李渊也是陕西成纪人。李商隐是汉代名将李广的第三十一代后裔，而李渊是第二十三代后裔，从这个意义上来说，李商隐的确为唐氏宗亲。

李商隐如此重视自己的身世，是因为唐朝承魏晋南北朝流绪遗风，社会上还是一如既往地重视门第。今日再观，唐代大诗人李白和李贺都曾因自己是李氏宗室而自豪，这样的背景在他们少年立下凌云之志时就对他们有着巨大的鼓励和不寻常的昭示，即便这样的背景对他们一生的仕途并无大的影响。李商隐在《哭遂州萧侍郎二十四韵》一诗中曾写道"我本系王孙"，但"王孙"二字不过是徒有虚名，从未使他的人生境遇发生过改变。

关于李家的先祖，则成了一个历史的谜题，因为有人说，李商隐的高祖李涉，所担任过的最高职务不过是美原县令。至于他的曾祖李叔洪，倒是个颇有才华的文人，十九岁便幸中进士，曾与刘长卿、张楚金等名士齐名，更与贺知章、包融和张旭等人合称为"关中四才子"。正像杜甫很推崇其祖杜审言，并说"文章吾家事""吾祖诗冠古"一样，李商隐的创作也很可能受曾祖的遗传。可以确定的是，家庭重文的氛围对李商隐有很大影响。

后至他的祖父、父亲，在官场上混迹一生也不过皆为县令之类的蝇头小官罢了。而史书上曾经连带的李家远祖与大唐李氏的先祖是同族之考证，早已是化为烟云的事情了，于是这又成了一个关于李商隐身世的谜团。

唯一可以确定的是，李商隐的曾祖才高命短，二十九岁便英年早逝，因此这位曾祖对家庭的影响在李商隐出生时已经很微弱了。反倒是曾祖母，性格坚强，丧夫之后艰辛抚养儿子（即李商隐的祖父），独自挑起生活的重担，即使在李商隐很小时，家里人也会经常提起这位曾祖母。正是曾祖母这种精神才使得李家不至于门庭败落，从这个意义上来说，这位素未谋面的老妇人才是李商隐的精神源泉。

李商隐还有三个姐姐、两个弟弟和一个妹妹。李商隐出生前，长姐就去世了，所以他和这位长他很多的姐姐素未谋面。仲姐在李商隐出生那年便嫁人了，她长李商隐十七岁。仲姐性情温顺，知书达理，又精于女红，可惜遇人不淑，所嫁非人，婚后不久便以莫须有的罪名被休掉。经受此打击，仲姐郁郁而终，年仅十九岁。此时的李商隐还在蹒跚学步，后来略大一点后，他才从大人的只言片语中了解了这件事。三姐嫁到了山东徐家，她的丈夫做官，生活相对安稳。在后来李商隐陷入困窘时，三姐给了他不少帮助。

大姐和仲姐的悲惨遭遇在李商隐年幼的心中留下了阴影。

唐穆宗长庆元年（公元821年），春寒料峭。凛冽寒冬的余韵似乎还在盘旋，潺潺的河水里夹杂着些薄如蝉翼的冰片，在春日的阳光下显得晶莹剔透，一片片消逝在水中，漂向远方。护城河两畔，垂柳青嫩，在春风中舒展着长发，轻抚着少年的脸庞。这年，李商隐九岁，望向这柔软的江南春景，心中泛起阵阵涟漪。

李商隐是来陪伴父亲的，年幼的孩童对一切未知的事物都颇感新鲜。

　　江南风景正浓，像一幅画卷，挂在了李商隐的童年时光里。曾经的绍兴、镇江都是文化昌隆之邦，可谓温柔富贵乡、风流繁华地，江南风物的钟灵毓秀、诗情文韵对李商隐产生了潜移默化的影响，锦绣江南的风土人情之美更是在他幼小的心灵里留下了美好的印象，与他日后诗风的形成和发展都有着深刻的联系。而且，这"浙水东西，半纪漂泊"的生活也给了李商隐熏陶和滋养。

　　诗人后来写的一些描绘江南风景的诗句和篇章，如《和人题真娘墓》《为荥阳公与浙东杨大夫启》等都是深受江南风物熏染的例证。

　　　　虎丘山下剑池边，长遣游人叹逝川。
　　　　胃树断丝悲舞席，出云清梵想歌筵。
　　　　柳眉空吐效颦叶，榆荚还飞买笑钱。
　　　　一自香魂招不得，只应江上独婵娟。

——《和人题真娘墓》

　　如此具有江南情调的诗句，诗人若是没有少年时代的江南客居经历，必定是写不出的。

　　温山软水的江南日日如画般美丽，然而却在李商隐的人生中写下残酷的一笔。一年以后，李商隐的父亲在润州任上黯然离世。

　　父亲的早逝是李商隐生命中遭受的第一个致命的打击，这个打击让有着欢快童年的他过早地结束了作为一个孩子应有的快乐生活。不顾众人的劝阻，母亲李氏带着幼子坚持将亡夫带回故乡安葬。她深知，只有回到故乡，丈夫才能安息。

　　这一段路程走得太过漫长，但安葬好父亲后，还未走出悲伤的心情，李商隐便不得不面对接踵而至的现实问题。

　　因为战事频繁，村子里的至亲早已走的走、散的散，所剩无几，生存的难题让一家老小颇为焦急。所幸的是，在族人的帮助下，李商隐同家人住进了两间闲置的屋子。破旧的茅草屋、零散的旧家具、昏黄的油灯、落满灰尘的床铺……眼前的一切极为简陋，但是在李商隐看来却已是天堂了，毕竟他们有了一方得以栖身之地，便值得感激。

诗人曾在《祭裴氏姊文》中这样描述当时的情况：

> 薤夭当年，骨还旧土。箕帚寻移於继室，兄弟空哭於归魂。终天衔冤，心骨分裂。胞胎气类，宁有旧新？叫号不闻，精灵何去？寓词寄奠，血滴缄封。灵其归来，省此哀殒。伤痛苍天，孤苦苍天。伏惟尚飨！

身为长子，本该守孝三年方可脱下孝衣，但如今，生活的窘困逼迫着少年不得不摆脱节义的束缚。在他看来，一家人的生存才是重要的事，眼前最关键的就是如何养活家人，他不忍心看着母亲一个人去艰苦地劳作。

为了谋生，李商隐和家人再一次举家搬迁来到洛阳车甸。当时的李商隐年纪太小，找一份工作并非易事，几经辗转，李商隐终于找到了一份工作——舂米。

在没有机械化器具辅助的前提下，完全依靠人力脱去谷壳是一项耗时久、费力大的工作，尤其是对一个尚未发育完全的孩子来说，更是难上加难。一口巨大的石臼在瘦弱的李商隐面前恍若庞然大物，而那百余斤重的碓头往往需要经过三百多次起落才能完成一次舂米过程。

这样繁重的任务让弱小的他汗流浃背，累到虚脱，汗水混合着泪水，漫延开来。但他心里是甜的，因为通过这样的辛劳，他能为家庭尽一份责任。

之后的很长一段时间，李商隐辗转于各种零工碎活之间。在雕版印刷术还未盛行的隋唐时代，"佣书贩舂"的工作对有着一手好书法的李商隐来说可谓福利，凭借着一手清秀的蝇头小楷，他一方面可以通过抄书谋求生计，另一方面也可趁机读到很多平日里罕见的好书。佣书是指给官府抄写文书，以此来换取报酬，《后汉书·班超传》曾记载："家贫，常为官佣书以供养。"由此可以看出，这是穷苦读书人谋生的一种手段。贩舂是指买进谷物后舂米出售。当时，以这两种手段获取的报酬是极其微薄的，但生活艰难，无从挑剔。

李唐时代，公私藏书，盛极一时。无论皇室王侯，抑或平常百姓，藏书数量皆颇为可观。《旧唐书》记载，唐敬宗时期，曾任检校左仆射的柳公绰，"家甚贫，有书千卷"，甚至连习武之人家中也"于府舍起书楼，聚书万余卷"。李商隐正是当时为数众多的"佣书者"之一，他常常利用闲暇时间去看自己喜欢的书。因为无论眼前的生活有多么艰难，求学以图进仕始终是他必须遵守的人生原则。李商隐"五年读经书，七年弄笔砚"，早年在随父亲客居江浙时诗人便接受启蒙教育，因此一开始接受的教育就比较传统，也比较正统。

从年少无知的孩童到学会承担的少年，在生活的打磨与艰苦的读书生活之间，他看到了生活的希望。

三

冬去春来，花谢花开。夏日里风姿绰约的树木在经历了冬的洗礼后于寂静中坚挺着冷硬的虬枝，没有了秋日的飘逸，失去了春日的妩媚，却以满目的碧绿印证着生命的活力。

灯光有点昏暗，抄写好的书卷整整齐齐地码放在书桌的一端。在微微发黄的纸上，蝇头小楷仿佛一朵朵于深夜绽放的菊，熠熠闪光，端庄秀美又不失灵动。

这是唐文宗大和元年（公元 827 年）的洛阳城。去年十二月，皇位剧变，唐敬宗李湛被宦官刘克明所杀，年仅十八岁的皇帝成了政治的殉葬品。事出仓促，朝堂上下来不及有任何反应，宪宗的第六个儿子李悟便坐上了龙椅。叔继侄位，历史上从来不曾有过先例，才疏学浅的新帝成为刘克明一伙人掌握朝廷大权蓄意拥立的傀儡。此时的李商隐，年少却已经小有名气，因为他写得一手秀丽的工楷，很多人因书法而认识了他。不过，脱颖而出不仅因为他的书法，更得益于少年才子的轰动一时的文章。

就算是在二十年后，李商隐在亲自编订《樊南甲集》时还在序言里对此事津津乐道："樊南生十六能著《才论》《圣论》，以古文出诸公间。""樊南"生是李商隐的号，他十六岁写成的《才论》《圣论》两篇文章使他在洛阳城受人关注，虽然这两篇使他成名的文章如今早已失传，但时隔这么久诗人依然对往事记忆犹新，想来也并非虚词。

说起李商隐年少成名，一方面是因为他自身极具天赋，另一方面也离不开他堂叔的悉心栽培。堂叔是李商隐少年时代的启蒙老师，李商隐有此才情与堂叔的培养有极大关系，他十分感激堂叔在贫寒之中给予自己的无尽爱护，故而在《祭处士房叔父文》中也曾写道："某爰在童蒙，最承教诱。违诀虽久，意旨长存。"

是年秋天，在家人的再三商榷下，堂叔决定带着侄儿李商隐离开家乡，去汴州寻求更大的平台和机遇。两个月的路程让本就年迈的堂叔清瘦了许多，可才到汴州的他却顾不得舟车劳顿，急忙各处奔走，为侄儿寻找伯乐。纵使李商隐满腹才华，但在那个颓唐的时代，想要被引荐参加考试，就需要投到一名有威望的名士门下，此名士正是刺史令狐楚。

那一日，李商隐和堂叔按照事先打探好的路寻到了令狐楚的府邸，那高大的朱门、直入云霄的飞檐展示着不可亵渎的威严。大门旁有两头石狮子威严地矗立着，巨眼圆睁，极其威严。刻有"惜贤堂"三个大字的牌匾悬挂在上方，这便是令狐楚平日召见幕僚的地方。

着装朴素的叔侄二人很快引起宅院内值守仆人们的注意。小厮上前来询问，虽然态度不错，语气也算客气，但上下打量的目光还是让李商隐有些窘迫。他们询问许久，却没有要通报的意思。而就在叔侄二人几近泄气之时，府邸中门大开，仆人鱼贯而出，士兵随从各自规矩地走着，直到最后，一顶漆黑的小轿被缓慢地抬了出来。

李商隐和堂叔顾不得拦截他们的侍卫，急忙穿过人流，扑通一声，笔直地跪在轿辇前。十六岁的少年，眼中是热切的期盼，他就此被留了下来。

第二节 ╱ 黄金榜上偶题名

对于这次科举，李商隐也没有抱多大的期望。

但这次，李商隐却意外进士及第，

从出生到现在一直被灌入的"学而优则仕"在这一刻第一次有了结果。

令狐楚生平爱好花卉，尤其喜爱牡丹，有时候高兴起来，便吩咐下人搬来座椅，饮酒、赏花、作诗，有时候直至日落月升还意犹未尽。他也很会借用这样的机会来提高令狐绹、令狐绪和李商隐的作诗水准。赏牡丹之时，便命他们分别作一首与牡丹相关的诗。于是，李商隐的那首《牡丹》应运而生：

> 锦帏初卷卫夫人，绣被犹堆越鄂君。
> 垂手乱翻雕玉佩，招腰争舞郁金裙。
> 石家蜡烛何曾剪，荀令香炉可待熏。
> 我是梦中传彩笔，欲书花叶寄朝云。

恩师见过，连连称赞。李商隐在诗中连用六个典故，几乎是一句一典，虽然辞藻艳丽，将花写得锦绣艳丽，但是诗中也不乏浑厚的气势。

正是因为如此，令狐府中的一些年轻人因羡慕李商隐的才华而与之交好，包括令狐楚的第八个儿子令狐绹。幕府休息日时，大家便一起饮酒作诗，颇为高兴。

偶尔，李商隐还会和令狐绹去孔子故乡曲阜，虽然令狐绹并非一直奉孔子之言，但只要一想到孔子能够在礼崩乐坏的春秋时代一直坚守着自己的理想、忠于自己的言行，他便肃然起敬，心中也颇有感想。

少年时的李商隐是无拘无束的，有好朋友和知己相伴左右更是令人心情舒畅。

太和二年（公元 828 年），李商隐十五岁，经过不懈的努力，再加之恩师令狐楚的帮助，他终于取得了乡贡资格。得知这样的消息，李商隐心中激动万分，对于这一天，他渴望已久，他第一次如此靠近梦想。可偏偏命运在此时给李商隐出了一道难题，家中来信，信的内容几乎让李商隐绝望：堂叔病危，速归。

他立即收拾行囊，赶回荥阳。见到堂叔时，他已病入膏肓，眼前这位曾经不惜舟车劳顿、身体劳苦为他找出路的、如同父亲一般的堂叔，才离开自己回乡不久，怎就已两鬓斑白，行将就木？太和三年（公元 829 年）三月，李商隐陪伴堂叔走完了生命最后的旅程，堂叔永远地离开了他。

李商隐跪在灵堂前，痛不欲生，用颤抖的手写下了《祭处士房叔父文》，以缅怀堂叔。在料理完堂叔的丧事之后，他便一病不起，被疾病与痛苦折磨了几个月后，他才渐渐好转。所幸，这年冬天有个好消息传来，令狐楚聘请李商隐入幕为巡官，并且特加优待。对此，李商隐心中充满了感激，便匆匆赶去复命。

若非豪门望族，即使是满腔热血的贤德志士，如果期望能够用自己多年的沉潜苦学来报效祖国，实现千百年来读书人成为英雄的梦想，也只得凭借科举或者进入幕府。

自隋朝以来，科举是平民百姓踏上仕途最直接也是最好的方式，通过科举考试，读书人经纬天下、安邦安民之才能得到朝廷的认可。在大唐王朝的晚期，许多权势较大的官僚都会收纳大量的幕客，培养自己的政治团体。那些深得官僚认可的幕客，往往在这些官僚的举荐中，通过一定的程序，开始真正踏上仕途，成为朝廷正式的官员。所以，在幕僚的工作中，李商隐埋下了一份希冀。

幕府工作非常辛苦，往往文书堆满案几，并且办公规矩非常严格。李商隐可以咽下这份辛苦，却难以忍受精神上的寂寥。

以前春光明媚时还可以与令狐绹等人出去游玩，如今纵然春光与以前一样迷人，但是无人同游，春光自然少了很多光彩。如今，令狐兄弟二人青云直上，昔日同伴如轻尘飞入云霄，自己的路则浊泥沉沦地下，诗人心中很是失落，一种"少不如人，状更如何"的悲戚充满了李商隐的心。

因令狐兄弟两人都有容身之处，所以令狐楚就为他们另构宅第，让他们出去自立门户，当然偶尔令狐两兄弟也会回来。兄弟几人似乎还和以前一样亲切，吟诗作对。一日，后院李花盛开，兄弟几个席地而坐，觥筹交错之间，阵阵微风吹过，李花纷纷飞扬，飞到酒杯之中，大家一致达成以李花为题作诗的决议。李商隐不假思索地吟出一首《子直晋昌李花》：

> 吴馆何时熨，秦台几夜熏。
> 绡轻谁解卷，香异自先闻。
> 月里谁无姊，云中亦有君。
> 樽前见飘荡，愁极客襟分。

其实李商隐心里十分清楚，令狐绹会成功，绝非他才识胜于往昔，而是世风不再，权贵相附，令狐楚的影响力已为渐渐沉沦的王朝所认可。这样的荒唐故事，长安的百姓都已明晓。在晚唐的科举中，因门第背景而一跃成为进士，成为未来国家栋梁之材的人，比比皆是。本为招贤纳士的行卷之策，成了许多缺乏靠山之人，以冠冕堂皇之名，在考试之前就去刻意结交关系的锦衣。世风不正时，人总会有种种门径去引起考官及名流的注意。

从李商隐的《与陶进士书》中可以看出，他对此是深深厌恶的，他曾写信给令狐绹，说道："尔来足下仕益达，仆固不动。"可见此时的李商隐心中已多有不满，烦躁的情绪总是以难以抑制的脚步紧紧逼来。

每当夜幕降临，皓月西斜，凉风怒号时，李商隐总能感觉一股穿心的凉气从腹胸向上涌动，再看看身上的黄色官服——这是没有功名的人才穿的衣服，这样刺眼的黄色让他再次被重重打击。幕僚的生活让他看不到希望，他更希望能凭借自己的才华通过科举入仕。思索良久，李商隐决定将这个想法告诉恩师。

令狐楚对李商隐，在学习上，亲授四六章奏之文；在生活上，不仅仅照顾李商隐，还照顾他的家人。但令狐楚从来没有提起过让李商隐去参加科举，即使偶尔他主动提起，令狐楚也是一语带过。李商隐的执拗令他改变了想法，他为其准备了盘缠，决定让其一试。

大和五年（公元 831 年），李商隐赴京应试，在考场上，他笔墨飞扬，才思如流，倾尽才华去书写这命运的考卷，但放榜那日，李商隐却未在红榜上找到自己的名字。一瞬间，重重失落感袭来，光芒万丈的梦想还未照进现实，就已经被残酷的现实打散。"欲构中天正急材，自缘烟水恋平台。人间只有稽延祖，最望山公启事来。"（《宇文中丞》)，他渴望着尽自己的绵薄之力，却无奈只有像稽延祖那样的人通过不正当的途径才能爬上高位。

太和七年（公元 833 年），对仕途仍抱有信心的李商隐再次参加科举考试，却再次铩羽而归。在《送从翁从东川弘农尚书幕》一诗中，李商隐曾将考官比喻为"鸾皇期一举，燕雀不相饶"。很明显，他对当时科举考试未能公平选录有着深深的谴责。

名落孙山的李商隐先是回了洛阳，后又来到荥阳刺史府干谒萧浣。那年闲居在家的李商隐，结识萧浣，两人一见如故，萧浣对他甚为欣赏，故而推荐给华州刺史崔戎，而崔戎正是李商隐的表叔。幸好有表叔的支持与鼓舞，让他暂时忘却了落第的痛苦。然而，表叔崔戎给他的温暖仅仅持续到公元 834 年六月，刚刚到任兖州不到一个月，崔戎便暴病死去。表叔崔戎曾经一度是他心灵的依托，失去表叔的悲痛，让他根本无心再做任何事情。此后一年间，李商隐在郑州与长安之间频繁往来，凡此种种，唯有以诗表达哀思：

竹坞无尘水槛清，相思迢递隔重城。

秋阴不散霜飞晚，留得枯荷听雨声。

——《宿骆氏亭寄怀崔雍崔衮》

太和九年（公元 835 年），山雨欲来的大唐王朝发生了重大历史事件——"甘露之变"。宰相李训等人在文宗授意下谋诛宦官，使人佯称吾左仗院石榴树夜降甘露，瑞兆升平，请文宗亲自前往观看，并密伏甲兵于院内，想以此引来宦官而杀之。宦官仇士良率领众大小太监先至，看见埋伏于院落的兵士，大告天下兵变，并对外宣称李训等人企图谋反。因此，李训和知道内情的宰相都被杀戮，且遭灭门之祸，连同被杀害的还有一些无辜的百姓，死难者共千余人。京都一时大乱，朝野上下一片惊恐。

此时的诗人正在令狐家，紧张不安，彻夜难眠。

这一时期，朝廷发生了一系列事情，很多人想为此次事件中的一些人申冤。李商隐听恩师说近来刘从谏三次上书为冤死者申冤，并且此时的宰相也算是正直之人，内外合力，以辅助天子，李商隐听到这一情况，很是振奋，作《重有感》云：

玉帐牙旗得上游，安危须共主君忧。

窦融表已来关右，陶侃军宜次石头。

岂有蛟龙愁失水，更无鹰隼与高秋。

昼号夜哭兼幽显，早晚星关雪涕收。

诗人看到主将的营帐占领了上游的有利地形，而此时的国家正处于危难关头，每个人都应该与国家共患难，并写出刘从谏"清君侧"的有利条件，以"须"字点明刘从谏有分担君主之忧的责任；以"须"字既点明了刘从谏，也暗自表示了自己愿为君主分忧的心愿；用"已"赞美刘从谏的上表；用"宜"感叹其应该进军而不进军的行为。

这首诗也是李商隐具有代表性的一首诗，施补华在《岘佣说诗》中说："义山七律，得于少陵者深。故华丽之中，时带沉郁。如《重有感》《筹笔驿》等篇，气足神完，直登其堂，入其室矣。"

细细品读该诗，可以发现这首诗是以律体议论时事，诗中自有一份沉郁之风，这样的风格与诗人的仰慕者杜甫有几分相似。后人历来只会被李商隐的爱情诗或爱情观所折服，但是如今读《重有感》，却更能感觉到诗人的沉郁气质。

虽然日薄西山的王朝有着暂时的安全，但是大厦将倾，似乎早已无人能够力挽狂澜。当一个国家日渐颓败，所谓的民贵君轻成为空谈，所谓的仁义廉耻成为笑话，所谓光宗耀祖的仕进之途都让人啼笑皆非。那么，这个国家又能以何种姿态来谈崛起与未来呢？

朝廷之中，李德裕，中晚唐历史上最有才干的宰相被诬谋逆，虽然侥幸保住了性命，却被愤怒的唐文宗贬出长安，最后只能任袁州长史。郑注与李宗闵有隙，于是郑注借此机会，以杨虞卿之事进言文宗，于是李宗闵被贬为明州刺史，而郑注在王守澄陷害宋申锡之后成为朝中最大的宦官，正式得道。

宦官密谋着诛除碍眼的朝臣，文宗皇帝密谋着诛除当权的宦官，朝臣密谋着将政敌排挤出朝廷，朝廷也密谋着瓦解那些拥兵自重的节度使，节度使们则秘密地缔结同盟与朝廷对抗……朝廷内的相互倾轧与算计，使得百姓苦、民生艰。诗人伫立曲江江岸，沉缓地写下：

望断平时翠辇过，空闻子夜鬼悲歌。
金舆不返倾城色，玉殿犹分下苑波。
死忆华亭闻唳鹤，老忧王室泣铜驼。
天荒地变心虽折，若比伤春意未多。

——《曲江》

昔日帝国的气象不再，繁华绝代的曲江边曾经林立的宫殿在烟雾中缥缈，仿佛摇摇欲坠。如今荒凉孤寂的城池，好似大唐的江山，在夜半时分冤死的鬼魂所唱的悲凉之歌中，惊恐地颤抖。这样的王朝在倾倒，这样的时代让人窒息。

但残冬的气息终将渐渐消逝，即便这是一个用昏黄色彩勾勒的黯淡时代，无数满怀报国豪情的英雄志士依旧期望着能够再创大唐的辉煌。这些心怀天下的人和李商隐一样期望通过科举来获得挥洒满腔热血的机会，在大唐的土地上建功立业。

唐文宗开成二年（公元 837 年）二月，李商隐又迎来了一次科举。京城的客栈、郊区的寺庙此时喧嚣不止，那书墨篇章、谦谦书生的印象，以最为感叹的气息映照了整个京城，纵使赶考的人才学参差不齐，但是他们的热情一如往常。

李商隐入幕以来已有八个春秋，这其中有恩师令狐楚的精心教导，也有玉阳山修道的经历，以及父亲的熏陶、堂叔的培养，天资聪颖的他，少年时代就已经诗名在外，今天已是满腹经纶、才气纵横。有过多次应考经历的他，却在屡次失败面前显得十分忧虑，他已不是最初懵懂无知的少年，他明白，要成功中举，靠的不仅仅是自身的才识。所以，对于这次科举，李商隐也没有抱多大的期望。但这次，李商隐却意外进士及第，从出生到现在一直被灌入的"学而优则仕"在这一刻第一次有了结果。

第三节 ／ 阴差阳错陷纷争

在人生的征程当中，李商隐就如同历经风霜的秋叶，
在萧瑟的世界展现生命中最为美好的时刻，或许有太多凄凉、太多诉说不尽的心酸，
但是飘落的瞬间却足以令世人惊叹。

（一）

开成二年（公元 837 年），新年伊始，长安城中的街边檐角尚且积压着莹白的春雪，大街小巷车水马龙、结驷连骑，又是一派天下举子云集的场面。

这一年李商隐二十五岁，自丹凤门而入的他如今有了不同于旁人的从容之态。第一次、第二次或许激动不安，第三次、第四次也可能忐忑不定，但是时至今日，李商隐终于懂得了在这日日风起云涌、波涛诡谲的长安城中，要想站得住脚跟，最不能缺的就是光华内敛、静待时机的心胸。

这一年命运女神对他露出久违的微笑，回想当时的场景，全天下成千上万的学子中，不过遴选出区区四十名新科进士，看着那写在朱红纸上自己的名字，他有一种幸福和痛苦交杂的晕眩感。从十五岁踏上科考之路，到现在已过去了整整十个春秋。十年虽然成就了李商隐的今天，但是诗人也被社会改变了很多。十年间，他被贾𬭯排斥，被摧残贬抑，被疾病折磨，冰冷的现实给过他无情的打击，阴郁和冰冷像一丝细线，缠绕在他的心头，嵌入血肉之中。

世人又怎能理解诗人内心的挣扎和解脱，如果说世界上最欠缺雪中送炭，

那最不缺的便是锦上添花。李商隐在十年的勤奋苦读后告别了孤灯下一成不变的生活，告别了枯燥晦涩的经史子集，如今他的生活正被各种事物一点一点地填塞着……

诗人越发忙碌，曲江赴宴，雁塔题名，他乘舟踏浪而来。设在曲江江畔的"鹿鸣宴"是唐朝开国以来庆祝科举中第的习俗，当朝新及第的进士们齐聚在此吟诗作对，一抒豪情壮志。

这些正处青春年华、意气风发的年轻人无疑是朝堂之上的新生力量，也理所当然地成为长安城里派系复杂的门第之间争抢的对象，他们意图通过各种手段来招纳贤士，包括把自古以来的"曲江赴宴日"变成"东床选婿日"——联姻向来是统治者们惯用的方式。

龙舟一路乘风破浪而行，李商隐和同年及第的好友韩瞻并肩站在船头，任由迎面而来的春风轻柔地拂过面颊。在匀速的龙舟上，李商隐生平第一次觉得志得意满，人生四大幸事，诗人已经有了"金榜题名时"，而命运女神似乎觉得一定要给他"洞房花烛夜"才能抚平他心中的郁闷。

曲江两岸桃红柳绿，放眼望去尽是官宦人家女眷们的脂粉钗环，李商隐一味地沉浸在自己的思绪里，倒是不以为意。身旁并肩而立的韩瞻却突然激动起来，手中的水墨折扇朝着人群中微微一点，折扇所指之处，正是那一袭红衣的可人儿。

李商隐循着韩瞻所指的方向望去，哪知目光尚未到那红衣的可人儿跟前，却硬生生地被她身旁那位素衣少女吸引而偏离了方向。那种感觉，就像是被月老的红线牵引了灵魂。数年来赶赴科考，几度沧桑，那些红颜绿鬓、花容月貌、窈窕身姿，他不是没有见过，只是自第一次进长安赶考，便再也没有见过那如一泓清泉般的双眸。

那双眼睛里分明藏着一个少女的世界，那里面有五颜六色的鲜花，有娇嫩的小草，有夹杂着桂花甜香的和风……这双眼眸的主人，是那位着一身素色衣裙、不施粉黛的少女，正是王茂元捧在手心的幼女王晏媄。此刻，她正挽着姐姐的胳膊，在微凉的春风里盈盈而立。

　　王家是长安的名门望族，世代簪缨，向来门庭若市，正如有诗云"谈笑有鸿儒，往来无白丁"。然而自小养在深闺的晏媄却不热衷于这些，她仿佛是王维笔下的芙蓉花，这俗世的明争暗斗、风起云涌都与她毫无干系，她只在自己的那方小天地里独自芬芳，花开花落。

　　在那样一个世界里，李商隐仿佛找到了他所希冀和渴盼的一切。不同于柳枝和宋华阳，她们的眼里总是满蓄着缱绻的深情，这样的女子带给他的是一种的震撼，而眼前的这位女子，只远远地凝视着她，便感觉温柔和煦，如若走近她，更要感叹世界怎会有如此纯美的女子，仿佛她的世界里只有春夏，秋之衰落与冬之凋零都不忍打扰她的幸福。

　　非礼勿视、非礼勿听，李商隐不是不知道，但面对这样一双洒满阳光、没有丝毫阴影的眸子，他不知该怎样才能移开自己的双眼。

　　　　月姊曾逢下彩蟾，倾城消息隔重帘。

　　　　已闻佩响知腰细，更辨弦声觉指纤。

　　　　暮雨自归山峭峭，秋河不动夜厌厌。

　　　　王昌且在墙东住，未必金堂得免嫌。

　　　　　　　　　　　　　　　　　　　——《水天闲话旧事》

　　这首诗是李商隐晚年所作，虽然少些狂放恣肆的情感张力，但斟酌诗意，诗中对往昔的缅怀与追寻，恰恰是此情此景的生动写照。

　　诗中所言，恰如此时的诗人和晏媄。初春的曲江轻波微漾，别有一番风情，但对爱恋中的人来说却成了可憎的银河，生生在紧密相连的两颗心之间拉出令人痛苦的距离。

　　时间总爱捉弄彼此倾心的爱侣，在李商隐看来，不过一眨眼的工夫，龙舟就已驶向了远方，那一袭素雅的倩影也在他的视线里一点点变淡。他不停地回头，只盼望能把那秀美的剪影多留住一秒，奈何水急船快，待到他再回头时，早已寻不到佳人的踪迹。

人虽去，那双眸子却仿佛印在了李商隐的心底，让他知道这灰色的世界里尚且有那么一抹斑斓的彩色值得去追寻。他寻了一块心底最纯净的土壤，将这颗种子埋下，日复一日用相思浇灌。不经意间，那份原本朦胧的感情变得清楚明晰，诗人突然觉得，她就是值得自己用一生去陪伴和呵护的人。

京城的风似乎从凛冽变成了温和，进士及第那日的欢腾已经远去，曲江赴宴、雁塔题名那样多年未有过的清雅生活渐渐停歇，李商隐归乡的心情更加急切，也更加激动，这就是即将衣锦还乡的滋味吧，诗人内心思忖着。

家中一切安好，闲居家中的李商隐，每天可以陪伴母亲，还能够和弟弟们访僧问道，这样的欢乐他向往很久。但是久久不见朝廷的任命，他心里也颇有些着急。

然而，李商隐最先等来的不是能够让自己心血澎湃的朝廷任命，而是恩师家的老管家湘叔。湘叔的到来让李商隐有种不好的预感，他风尘仆仆的脸上流露出的不仅仅是疲惫，还有焦急慌张。面色苍白的湘叔拉着李商隐的手，声泪俱下地告诉他，令狐楚重病，生命垂危，急着要见他。

如此晴天霹雳，让李商隐措手不及。

自十六岁那年堂叔去世，李商隐就跟随着令狐楚，如今已近十年，在这些年里他从一个无知懵懂的少年，到如今进士及第。那年刚到恩师家里的时候，恩师亲自教习骈体文的情景，还依然历历在目。

十一月的凛冬，天气寒冷，到兴元的路崎岖坎坷，一路颠簸，李商隐始终没有停歇，几天后终于赶到兴元。到达令狐府的时候，还没等马车停稳，李商隐就直接跳下马车，径直往令狐楚的房间跑去。

此时的令狐楚刚刚睡下，李商隐放慢了脚步，和湘叔轻轻地走进了他的房间。躺在床上的恩师面容消瘦，脸色苍白，这个曾经令多少敌人闻风丧胆的英雄，也抵不住病痛的折磨，如今是那样的衰弱。

此时的李商隐已经双泪垂面，他轻轻地跪在了恩师的床前，凝视着恩师显得疲倦的面容，心中有说不尽的痛苦。令狐楚醒来后，将李商隐招到前来，让李商隐代笔给皇帝上表，让皇帝为"甘露之变"中冤死的大臣昭雪。令狐楚断断续续地说着，在病危之际、临终之际，还表达着对宦官们倒行逆施、滥杀朝臣的不满，李商隐埋头认真地记着恩师的话：

"臣永惟际会，受国深恩。以祖以父，皆蒙褒赠。有第有子，并列班行。全腰领以从先人，委体魄而事先帝，此不自达，诚为甚愚。但以永去泉口，长辞云陛，更陈尸谏，犹进瞽言。虽号叫而不能，岂诚明之敢忘？今陛下春秋鼎盛，寰海镜清，是修教化之初，当复理平之始。

然自前年夏秋以来，贬遣者甚多，诛戮者不少。望普加鸿造，稍霁皇威。殁者昭洗以雪雷，存者沾濡而雨露。便五谷嘉熟，兆人安康。纳臣将尽之苦言，慰臣永蛰之幽魄。"

李商隐最初还能平静，可记完整张遗表，便再也抑制不住情感，泪如泉涌。李商隐记完后，放下手中的毛笔，抬起头，突然愣住，而后号啕大哭，门外的令狐绹听见声音冲了进来，他知道，父亲已经永远地离开了。随令狐绹安葬好恩师令狐楚后，李商隐以泪和墨，写下了《奠相国令狐公文》：

戊午岁丁未朔乙亥晦，弟子玉谿李商隐，叩头哭奠故相国赠司空彭阳公。呜呼！昔梦飞尘，从公车轮；今梦山阿，送以哀歌。古有从死，今无奈何！天平之年，大刀长戟。将军樽旁，一人衣白。十年忽然，蜩宣甲化。人誉公怜，人谮公骂。公高如天，愚卑如地。脱蠨如蛇，如气之易。愚调京下，公病梁山。绝崖飞梁，山行一千。草奏天子，镌辞墓门。临绝丁宁，托尔而存。公此去耶，禁不时归。凤栖原上，新旧衮衣（公先人亦赠司空）。有泉者路，有夜者台。昔之去者，宜其在哉！圣有夫子，廉有伯夷。浮魂沉魄，公其与之。故山巍巍，玉谿在中。送公而归，一世蒿蓬。呜呼哀哉！

十年感动，一生悲痛，皆在其间。

有时候生命就像一支蜡烛，只有在风中坚强地燃烧，等风去之后，火焰才会更旺。历经十数年的风霜，李商隐早已不是那个经不起痛楚的少年了，现在的他是屹立在风雨中的松柏，风雨之后，他最先感受到的是人间美妙的清凉。

开成三年（公元 838 年），在令狐绹的帮助下，李商隐做了户部书令史，就此踏上了仕途。然而，"牛李党争"还在激烈地上演。户部掌管户口、土地、赋役、进贡等事，前来办事的人非常多，一次偶然的机会，李商隐替一位老者办理了难民建房置地的事宜，而这位老者不是别人，正是"李党"中人——泾原节度使王茂元。

此时的李商隐尚且不知，一次偶然的相遇，已让他在不知不觉中陷入"牛李党争"这个巨大的旋涡。他因此事得罪了"牛党"中人，也因此得罪了多年的挚友令狐绹，户部中人大多都是"牛党"，此事之后，李商隐便接二连三地受到排挤。

那日，王茂元应约去户部找李商隐取回审批的公文，眼前这位不畏权势的年轻人让他十分欣赏。他对李商隐的背景做过一些了解，得知他是科举进士，曾是令狐楚的得意门生，同样爱才的他便相邀畅饮。待随王元茂进入客栈之时，李商隐见韩瞻已经在饭桌之前等候，非常意外，后来才得知，原来现在的韩瞻已经是王茂元的女婿了。

李商隐与韩瞻互为年兄，同年及第，虽交情不深，却惺惺相惜，这一次在宴席上畅谈，谈理想，谈朝政，谈诗赋，可谓如遇知己，宴罢酒欢。

王茂元见李商隐实乃天下稀少之材，于是有意将女儿许给他，韩瞻更是当即道贺。而且，王茂元得知李商隐现在在户部处境尴尬后，便邀请他去泾原供职。但李商隐念及令狐绹的兄弟之情，故而推辞了，说日后再做打算。

日子一天天过去，"牛党""李党"争斗日益激化，身在这无谓争斗的旋涡中，李商隐早已厌倦，自从上次他帮助王茂元办事之后，户部的官员都在刻意地疏远他，冷嘲热讽更是常事。李商隐不愿意再在此处供职，眼下正当"博学鸿词"科试，他下定决心去试一试，也期望能够在"博学鸿词"科试中一展才能。

"博学鸿词"科试是在科举制之外选拔人才的，共分为四层。

首先是"身"，指体形外貌，要求体貌丰伟；其次是"言"，指言辞能力，要求能言善辩；再次是"书"，此处指书法，看字如看人，一个人的书法有时可以反映这个人的性格，要求书法"楷法遒美"；最后是"判"，这是看应试者腹中有多少才华，要求文理优长。

对于这样的选拔考试李商隐是十分有信心的，这次的主考官是大学士李回和周犀，两位大学士十分欣赏李商隐的文章，他毫无悬念地被录取了。

然而，当入选的名单被吏部送到中书省时，李商隐的试卷却被退了回来，试卷上批有"此人不堪"四个字。复审被除名，这是李商隐万万没有想到的。一般说来，吏部通过，中书省不会再干预，可是此次试卷却以这样的方式被退了回来，李商隐不知，此次被除名的原因正是之前他帮助王茂元而得罪了"牛党"。

这件事让李商隐很受打击，他本以为进士及第之后的仕途会稍稍平坦，但如今，入仕如此艰难且处处受到阻挠，这个腐朽的大唐王朝让他格外寒心。如今朝政混乱，党派纷争不断，那些官员似乎永远不知疲惫，总是想方设法地算计着自己的对手。

李商隐不能再回户部去，唯一的希望就是这次考试，但这次考试又以令人悲愤的结果呈现在他面前。万千愁绪无处诉说，李商隐只有借酒浇愁。

自从李商隐和王茂元有所牵连后，令狐绹对他便不闻不问。以前有恩师在，他还可以向恩师诉说内心的苦楚，而今令狐绹与他也不再是少年时代志趣相合的兄弟，朝政之事也不再向他提及，即使他相问，令狐绹也是避而不答。

就这样，三个月过去了，思来想去，李商隐决定前往泾州（今甘肃泾川县北部），做王茂元的幕僚。这对李商隐来说无疑是一个艰难的决定，这意味着他将再次进入幕府，犹如再次回到十年前的状态。

李商隐的到来令王茂元十分高兴，韩瞻看见久别的兄弟，更是高兴，三人再次同桌酣饮、畅谈，仿佛时光倒回到数月前的那天。

座中论及此次科试，李商隐才得知，此次失败一是因为自己与王茂元有牵连，二是因为自己曾经写过那首《行次西郊作一百韵》而得罪了人。

那首诗写到李林甫乱政，安禄山目无朝廷，藩镇势力尾大不掉，以致后来"安史之乱"终于爆发，百姓流离失所，皇帝仓皇而逃，各地守军溃不成军，叛军长驱直入，自此长达七年零两个月的战乱让唐王朝由盛转衰。再看今天的朝廷，依旧在重复上演着祸国殃民的悲剧，当朝者所念及的只有自身的利益，哪里知道是天下的百姓共同捧起了他们。

他们总是以为自己高人一等，却在满口仁义道德里上演着一出又一出的肮脏戏码。他们做下的事连自己都觉得龌龊不堪，却在别人敢于呐喊的时刻，想着用各种手段来欲盖弥彰，却不知道那是在使自己遗臭万年。

在泾原节度使府里，虽有王茂元和韩瞻无微不至的照顾，但是在其他幕僚眼里，李商隐弃令狐绹而投奔王茂元之举令人鄙夷，因而大家都故意疏远他。所以，李商隐形单影只，颇为苦闷。

自从十岁那年父亲去世，时至今日诗人依然四处漂泊，即便是那随风飘扬的落叶，也终有停下的时候，而诗人却是漂泊再漂泊。站在高高的安定楼上，诗人思绪万千，写下了《安定城楼》一诗：

迢递高城百尺楼，绿杨枝外尽汀洲。
贾生年少虚垂涕，王粲春来更远游。
永忆江湖归白发，欲回天地入扁舟。
不知腐鼠成滋味，猜忌宛雏竟未休。

生活虽孤苦，然而王茂元却厚待于他，因爱其才气，还将幼女王晏媄嫁给了他。

李商隐在《重祭外舅司徒公文》中云："往在泾川，始受殊遇。绸缪之迹，岂无他人？樽空花朝，灯尽夜室。忘名器于贵贱，去形迹于尊卑。语皇王致理之文，考圣哲行藏之旨，每有论次，必蒙褒称。"

《祭外舅赠司徒公文》又云："京西昔日，中堂评赋，后榭言诗。"

由此看来，在李商隐与王茂元谈诗的过程中，王茂元发现了他的才华，因而"爱其才，以子妻之"（《旧唐书·本传》）。实际上，李商隐早就注意到王茂元的小女儿了，有诗《韩同年新居饯韩西迎家室戏赠》云：

> 籍籍征西万户侯，新缘贵婿起朱楼。
>
> 一名我漫居先甲，千骑君翻在上头。
>
> 云路招邀回彩凤，天河迢递笑牵牛。
>
> 南朝禁脔无人近，瘦尽琼枝咏四愁。

尤其是从尾联可以看出诗人在此事上表现出的一些端倪，在这里，诗人自我调侃，说自己尚无人选择为贵婿，所以有时也会因相思之苦而瘦损身躯。

不过，李商隐与王氏结婚的具体时间现在已经无法考证。

或许是命运的安排，或许是前世的注定，这一桩婚事让李商隐从此深陷党派之争，并且永远无法摆脱。虽然被卷入党争，但他丝毫没有后悔与王晏媄成亲，两人婚后的生活十分幸福，他们的感情很好，王氏的秀丽温和、贤淑良德更是让他感动。

在李商隐的一首《无题》诗里，他这样写道：

> 照梁初有情，出水旧知名。
>
> 裙衩芙蓉小，钗茸翡翠轻。
>
> 锦长书郑重，眉细恨分明。

莫近弹棋局，中心最不平。

新婚宴尔的甜蜜、如玉的娇妻，这一切都让李商隐感到无限的温暖。他爱自己的妻子，在他眼中，妻子那艳丽悦目的裙衩，轻盈摇坠的钗饰，都是为了爱自己的人而打扮的。更何况，这位新婚妻子是位知书达理的女子，眉目传情之间，她还会通过纸笔，用文字更加酣畅淋漓地表达出对丈夫的相思相爱之情。

新婚的甜蜜，让李商隐完全沉醉其中，可是欢娱背后却隐含着一片忧愁，政治上的忧愁无法被新婚的喜悦冲淡，先喜后悲，更加让人觉得悲凉。

王茂元与李德裕为政治兄弟，王茂元在"牛党"眼里自然为"李党"，李商隐如今是王茂元的女婿，自然被归为"李党"，而李商隐刚刚逝世的恩师令狐楚及其子却属于"牛党"。

阴差阳错之间，李商隐尴尬极了，他无法选择，亦无力挣脱。在很多人眼里，他成了忘恩负义之人。背负忘恩负义之名的李商隐在后来的仕途中屡受阻扰，甚至有人背地里中伤，说王茂元其实是在施展"美人计"，用自己的亲生女儿将李商隐拉拢到自己身旁。面对这样的诋毁，李商隐既嗤之以鼻，又无可奈何。

因公事在身，新婚不久，李商隐便要和妻子分离，《东南》便是诗人在外思念妻子的一首诗：

> 东南一望日中乌，欲逐羲和去得无。
> 且向秦楼棠树下，每朝先觅照罗敷。

在外的诗人看到东方初出的朝阳，就有了"逐羲"和照见"罗敷"的设想，此处的罗敷就是指诗人的妻子王氏，这样的写法既新奇又意境优美。

开成四年（公元839年），虽然身处泾原，李商隐依然希望能够再次参加授官考试，可喜的是他这次顺利通过，并被授予秘书省校书郎的职位。这是较低的官职，但李商隐知道，身处京城，发展的机会颇多，所以他心中仍埋藏着一份希望。然而世事变幻莫测，不久他被调任弘农（今河南灵宝）县尉。弘农是一个远离政治中心的地方，虽然县尉与校书郎的品级相当，但得到重用的希望却十分渺茫，加之李商隐在弘农任职期间，仁爱施政，处处遭到阻挠，甚至在一次替受冤死囚减刑时，受到上司陕虢观察使孙简的惩罚，这一切让他身心俱疲。

孙简对李商隐辱骂殴打，让他备感屈辱，难以忍受，他最终辞官离去。而县令对李商隐再三挽留，弘农的万千百姓也苦苦规劝，正好此时孙简又被调走，接任的是姚合，而姚合也极力劝留李商隐。在众人极力挽留下，李商隐最终答应留下来。

然而，此时的李商隐已心有余悸，很多时候没有心情好好工作。再者，李商隐素有大志，在这偏远的地界做个县尉，终究不是他的理想，于是开成五年（公元840年）他再次辞职并得到获准。

第四节 ╱ 宦海沉浮平常事

在物是人非的变幻里，生命所流露的是风吹而散的脆弱，曾经的款款深情，

曾经的恩深似海，只能在历史的长河中滚滚逝去。

人生的孤苦，不论以何种方式诉说，总是以不确定的形式存在着，

触摸着过去、现在和未来。

命运在这一刻似乎没有平等的观念，曾经的友人，都在同样的世界里如鱼得水般扶摇而上，而李商隐却被卷进无法摆脱的激流之中，沉沉浮浮，无处可逃。

开成五年（公元840年）正月，文宗病危，掌握神策军的两位宦官仇士良和鱼弘志干预朝政，发动宫廷政变，废除皇储李成美，拥立颍王李炎为武宗皇帝。在仇士良和鱼弘志的威逼下，武宗皇帝下诏赐死穆宗八子安王李溶，又赐死文宗所立皇储李成美。

"甘露之变"之后，仇士良等宦官早已不可一世，在弘农时，李商隐便听过朝廷中事。文宗皇帝驾崩，李商隐心里十分悲伤，文宗皇帝在位时，虽宦官乱政、藩镇割据，但这都是几朝延续下来的问题，要想重振朝纲，繁荣大唐，除去奸宦，消除割据，平息党争，并非一朝一夕之事。

文宗皇帝孤身无援，要想中兴大唐，必须经过多年的励精图治，但纵使

文宗皇帝勤于政事、生活简朴、励精图治，无奈家奴跋扈，藩镇目无朝廷，文宗在位时间短，终未能力挽狂澜。得知文宗皇帝驾崩，李商隐痛苦地道出一首《咏史》：

> 历览前贤国与家，成由勤俭败由奢。
> 何须琥珀方为枕，岂得真珠始是车。
> 远去不逢青海马，力穷难拔蜀山蛇。
> 几人曾预南薰曲，终古苍梧哭翠华。

武宗即位便有凌云之志，欲重振朝纲，重诏淮南节度使李德裕为吏部尚书同中书门下平章事，自此"牛党"形势开始下滑，朝中动荡亦大，王茂元应诏入朝，任御史中丞，全家跟随迁入京城，李商隐亦偕妻子来到京城。

此时已经是九月，这是收获、喜悦的季节。多年来奔波流浪的疲惫，让李商隐想放下一切暂时歇息，因而他并没有随岳父王茂元住进长安城内，而是选择了长安南郊的樊川安家。樊川是历史名地，李商隐在外奔波多年，处处透露出的是老练稳重、沧桑和疲惫，因此樊川的选择流露出诗人和古代贤德之人一样的隐居情怀。

樊川，又名樊乡，是曾跟随汉高祖刘邦参加过鸿门宴的汉初名将樊哙的封邑，这里曾经还是佛教中心，似乎是天意，佛法成为李商隐晚年孤苦无奈时的寄托。

樊川乃京都万年县管辖，还是杜牧故居所在地，也是诗人韦应物居住过的地方，位于潏河流域长安万年南三十五里处，有杜曲和韦曲相围绕，在青天白云的映照下，好似人间天堂。那十余公里的河谷盆地有着平川的广阔和气势。那里土地丰腴肥沃，临河而居，清风拂面；那里菜圃平坦，稻畦宽阔；还有屋舍错落有致，炊烟袅袅，鸡鸣犬吠，似一幅隐士高居图，恍如江南秀丽水乡。

李商隐喜爱那里的美丽风景，四处游历的他早已听过樊川的美名。

绮丽的山水风光令人陶醉，静谧安宁可以抹去尘世的烦恼，多年四处奔波的生活让已感疲惫的李商隐开始向往田园的平静，世俗的牵绊让他二十多岁的心显得沧桑，李商隐曾在《子初郊墅》一诗中道出了心中的期盼：

看山对酒君思我，听鼓离城我访君。
腊雪已添墙下水，斋钟不散槛前云。
阴移竹柏浓还淡，歌杂渔樵断更闻。
亦拟村南买烟舍，子孙相约事耕耘。

那时，他住在偏远的樊川，远离了长安的繁华，没有了城市的喧嚣，这一段成为他生命中最为轻松的时光。

唐武宗会昌元年（公元841年）夏季，王茂元调任忠武军节度使兼陈许观察使，让李商隐前去入幕，这次他只身相随来到陈州，于是宦海奔波又开始了。

（二）

人生本来就是在不停地行走，年轻的他不应该、也不会在二十七岁时就终止曾经日日夜夜执着追求的梦想。这是李商隐第三次进入幕府，虽然在陈州有岳父王茂元照应，但是身为进士的他还是期望能够进入朝中编制。

武宗会昌二年（公元842年）初春，在陈州幕府的李商隐返回京城参加了吏部的"博学鸿词"科试。如今武宗当朝，李德裕重回朝堂，正值新政时期，朝廷缺乏安邦治国之材，所以这次考试他顺利通过，紧接着便再次进入秘书省。

这不禁让诗人想起两年前进入秘书省的情景，那是他第一次入朝为官，却一路受到阻挠，最终不得不辗转到弘农。今日再次进入秘书省，他的仕途是否会就此变得平坦，李商隐的内心虽有志忑但又充满了期待，从他当时创作的两首《无题》诗中，我们便可看出他当时的愉悦：

昨夜星辰昨夜风，画楼西畔桂堂东。

身无彩凤双飞翼，心有灵犀一点通。

隔座送钩春酒暖，分曹射覆蜡灯红。

嗟余听鼓应官去，走马兰台类转蓬。

——《无题一》

闻道阊门萼绿华，昔年相望抵天涯。

岂知一夜秦楼客，偷看吴王苑内花。

——《无题二》

李商隐是个既真诚又天真的人，这一时期正是他政治生涯的黄金时代。他就像一艘风帆张满的帆船，在星光灿烂的夜晚，迎着和风起碇开航。美好的回忆让他更加畅想未来，他希望未来能够风平浪静，一片坦途。

但是，事情往往并非想象中那样如意。在阶级对立尖锐的社会里，没有人能一路风平浪静。按照唐制，秘书省设校书郎八员、正字二员，两年前李商隐为校书郎，现在的他却是正字。校书郎品级乃正九品上阶，而正字则为九品下阶，和两年前相比，李商隐在毫无过错的前提下，官衔却降低了，他的内心也因此有些错杂。

自出任正字以来，朝廷局势混乱，两党之争仍在激烈地上演。李商隐由于曾经是令狐楚的门生，今又是王茂元的女婿，因此受到朝廷中"牛党"的误解与阻挠，正字官虽小，但是"牛党"依然处处为难。面对他们的刁难，李商隐只有无奈地祈祷有一天他们能够明白自己当初不得已的苦衷。

流莺舞蝶两相欺，不取花芳正结时。

他日未开今日谢，嘉辰长短是参差。

这首诗作于一日与韩瞻夫妇和妻子慢酌后，回想起任正字以来的如履薄冰，他将心中的压抑皆赋予诗中。两次进入秘书省为官，什么校书郎、正字却只有"花芳"而没有"结实"的虚华。已至而立之年的诗人深感光阴易逝，人生苦短，世事无常。他意识到，自己虽有而立之年的年龄却无而立之年的果实，修身多年，也齐家数载，治国之事却有力无处使，数十载的韶华光阴就在这日复一日中虚度。

会昌二年（公元842年）冬天，李商隐的母亲与世长辞，他十岁丧父，今又丧母，母亲的去世对他而言是一个巨大的打击。母亲去世，李商隐要辞官服丧三年，此时李德裕颇得皇帝看重，"李党"发展正盛，李商隐又一次错失了进入仕途的机遇。

迁葬一事完毕后，李商隐又回到樊川。

会昌三年（公元843年）十月，岳父王茂元在征讨刘稹叛乱中病逝，王氏兄弟故友颇多，又有资财，故李商隐未前去治丧。

十月的长安已是寒霜蔽地，樊川的早晨已是寒风呼啸，此时，他为母守丧闲居在家，这种闲适的生活，多少年不曾有过，虽然心中的梦想此刻没有实现，但是多年来的奔波令他十分疲倦，他此刻正好可以放松下来陪着妻子四处游历，过上一段闲云野鹤的生活。

会昌四年（公元844年）春，杨弁作乱被平定后，李商隐决定离开长安这个有过太多悲伤、太多失望的地方，他选择到山水秀丽的永乐乡村和妻子同住。此时，永乐村已经是春意盎然、万象更新。在接下来的几年间，李商隐一直闲居乡下，爱妻与美景皆陪伴在侧，这样的生活十分惬意。

地胜遗尘事，身闲念岁华。

晚晴风过竹，深夜月当花。

石乱知泉咽，苔荒任径斜。

陶然恃琴酒，忘却在山家。

——《春宵自遣》

李商隐曾经说自己"四年冬以退居蒲之永乐，渴然有农夫望岁之志"，可却无法像陶渊明和王维那样，将田园的美景和感人的情思描绘得淋漓尽致。这首诗正是作于守孝期间，描绘诗人的田园生活。神仙眷侣的日子短暂，现实困难重重，守孝期间没有收入，时间久了，一家人难以维持生计，这更加深了他心中的苦闷。

会昌五年（公元 845 年）春，由于精神与身体的双重打击，李商隐在永乐病倒床榻，一日三餐难以保证，无奈之际，妻子王氏联系了李商隐的十二叔李褒。李褒在得知李商隐生活窘迫后，邀请他前往郑州来为自己帮忙。

前去郑州幕府需经过东都洛阳，从家里出发时李商隐的病就未痊愈，加之一路颠簸、长途跋涉，他身体更加虚弱，到达洛阳时便卧病不起，身心疲惫，再也没有前行的力气了，更别说前往道路曲折的郑州。于是，李商隐暂时在崇让坊的宅第，也就是妻子娘家的府邸，栖身修养。

闲居这段时间是李商隐诗歌创作的高峰，虽然这个时候的他犹如遭遇人生的"滑铁卢"，可从另一方面看，世间万物皆有因果，因为人生的失落和仕途的不如意，诗人才情得以勃发，为后世留下了诸多经典之作。

与此同时，朝廷传来了好消息：在宰相李德裕的支持下，会昌四年（公元 844 年）七月，王元逵和何弘敬率领两镇大军攻打邢州刺史裴向、洺州刺史王钊和磁州刺史安玉，三州投降，刘稹亲信董可武诱骗刘稹交出兵权，然后将其杀害，杨弁也被杀。这样，持续了十三个月的"昭义之乱"终于得以平定。

一日，王氏抱着一叠外来的书信给李商隐，在那叠信中，李商隐看见了令狐绹写给他的信。从小到大他们二人亲如手足，如今已多年没有联系了。他颤抖着双手捧起信笺，心中感慨万千，王氏备好了笔墨，李商隐用了一整夜的时间给令狐绹回信，信写了很长，从追忆他们少年时同窗苦读的岁月写到这些年他们之间的误会，最后附上了一首《寄令狐郎中》：

嵩云秦树久离居，双鲤迢迢一纸书。

休问梁园旧宾客，茂陵秋雨病相如。

回信寄出很久，李商隐一直期盼能够再收到令狐绹的回信，可最终期待还是落空了。

第五节 ／ 且将忧思寄秋风

每每读到妻子的信件，诗人的思念便会与日俱增，渴望与妻儿团聚。
思念情切之时，李商隐便会登楼，向远处眺望，望向长安的方向，
那里有他的妻儿、他的梦想。只是，这一切看起来格外邈远。

三年守孝结束，李商隐重返秘书省，依然任秘书省正字。此次再来京城，他一是希望能有一个好的机会拓宽仕途，能被重用；二是希望能够再见到令狐绹，渴望兄弟之情可以回到从前。

自从上次在洛阳收到令狐绹的来信，李商隐就一直牵挂于心，也渴望这次能够和令狐绹和好如初。到秘书省打听之后，他才知道令狐绹已经外调为湖州刺史，李商隐既为令狐绹感到高兴又感到伤心，或许两人和好的机会只能等到将来。李商隐还在想着令狐绹是否已经收到自己的回信，是否明白自己的情义和心思，信件会不会在辗转之中丢失。他内心有诸多疑问和忧思，却只能寄予秋风。

李商隐在秘书省的日常工作和以往相同，只是他在朝中遇到的刁难少了许多，因为李德裕在朝中已经站稳脚跟。他的工作很清闲，很少能参与政事的讨论，但是朝中却又起了风云。

会昌六年（公元 846 年），武宗重用李德裕，攘外安内，增加了国家的财

源和积累，使疲困已极的中晚唐一度出现中兴的势头。但是武宗偏好道术，追求所谓的"长生不老"之方，笃信道士们炼丹的骗术。相传，唐武宗在位期间，曾多次服用"仙丹"想达到长生不老的目的。因需要大量道士来烧炉炼丹，武宗曾下诏召赵归真等八十一位道士入宫，设置金炉道场于三殿之中。结果，因服用丹药过量而中毒死去。与此同时，一些宦官密谋，矫旨立光王李忱为皇太叔。此人自幼木讷愚笨，易于操纵，拥护他当皇帝，恰好做其傀儡。武宗驾崩，李忱即位，为宣宗。但是，谁都没有料到，宣宗登基后，励精图治，进行大刀阔斧的改革。此时众宦官才惊觉，以往的李忱竟然是故作愚钝。

登基之后，宣宗做了一系列震惊世人的事情，第一件事情就是贬谪李德裕，以此结束了十分残酷的"牛李党争"。

随着李德裕被贬，"李党"中人纷纷失势，这其中就包括郑亚。早年，郑亚深得李德裕赏识，如今也随之被外放为地方官，被任命为桂州刺史、桂管防御观察史。郑亚与李商隐一样是荥阳人，他早就听说过李商隐与自己是同乡，故对他有一份天然的亲切感。从前，两人也是经常见面，饮酒赋诗，交情甚笃。此次去桂州为官，郑亚很想请李商隐入幕。

此时，李商隐回到秘书省复职已有一年，夹缝中生存的日子着实难过，且随着宣宗即位，二者矛盾更加凸显，此时的他已成了秘书省的一个摆设。武宗沉迷"长生不老"之术时也曾作诗劝诫，但也都无济于事，影响甚微，诗才无用武之地，加之目前收入微薄，生活困顿，所以，对于郑亚的提议，他欣然接受。

公元847年，从三月走到五月，李商隐和郑亚终于抵达桂州。到达桂州之后，郑亚请李商隐为掌书记，不久又升为支使，从六品上阶。此时，李商隐感念郑亚的知遇之恩，早就把他当成了知己。

十月，郑亚派李商隐为专史，北上江陵，见荆南节度使郑肃。在路途中，李商隐编订了旧日文稿，整理为《樊南甲集》。据《新唐书》记载，《樊南甲集》有二十卷，但至今部分作品已佚。因在去桂州的路途中，大雨连绵，江河暴涨，船只倾覆，李商隐也落入水中，之前所编稿件大部分被损毁，以至不能流传至后世，多少有些令人遗憾。

第二年，李商隐办完公事回来时，在湘阴又遇大雨，船遇险阻，不能前行，李商隐便登岸寻求庇护之所。很幸运，李商隐在这里遇到了多日未见的好友刘蕡。

刘蕡见到此时的李商隐重新踏入仕途，身着六品官服，很为他感到高兴。刘蕡邀李商隐随他一同前往住所，饮酒畅谈。席间，两人各自说了这些年的经历。

李商隐讲到现在朝廷的局势，说党派纷争依然没有停歇，宣宗即位后，尤其重视"牛党"中人。这样一来，"李党"的人才大部分遭到贬谪，包括自己跟随的郑亚。目前，两派继续争夺，互相排斥，最终只能落得两败俱伤的下场。若是两派能够停止纷争，转而把精力放在辅佐皇上，共同对付宦官和那些贪官污吏上，那么，朝廷也不会像今天一样暗无天日。

李商隐慷慨陈词，如今朝廷的混乱让这个忧国忧民的诗人感到更加愤懑，眼看着朝廷纷乱不堪，自己却无能为力，他只能对朋友诉说。

眼前，这位好友似乎已经失去了这样的激情，也许是因为他早看透了问题的本质。在刘蕡看来，现在的朝廷已经千疮百孔，已不仅仅是一个皇帝或者一个党派的问题，宦官专权的问题没有解决，藩镇割据的问题没有解决，百姓民生的问题没有解决……这些才是复兴国家的大问题。两人一直谈到深夜，为唐王朝的颓败之势痛惜不已。

第二日，大雨停了，李商隐要继续赶路，二人在黄陵江分手，看着眼前志同道合的朋友，他有诸多不舍，对他来说，一个真正的朋友太难得了，多年来他行走了很多地方，也结识了很多人，但却发现像他自己一样能真正为国家着想的人少之又少。所以，面对滚滚的波涛，李商隐作了一首《赠刘司户蕡》以寄托心中的情感：

> 江风扬浪动云根，重碇危樯白日昏。
>
> 已断燕鸿初起势，更惊骚客后归魂。
>
> 汉廷急诏谁先入，楚路高歌自欲翻。
>
> 万里相逢欢复泣，凤巢西隔九重门。

江风浩浩，浊浪奔腾，船上的高高桅杆，在江风中摇摇晃晃，江岸上的景色显得分外冷冽。友人遭受诬陷，远贬南荒，难归乡土，诗人心中充满了深深的同情，诗文中也渗透着其对政治环境的深切感受与无奈之情。

看着岸边远去的朋友，再想到彼此的处境，诗人心中甚是凄楚，可他万万没有想到的是，这一别竟成了二人的永诀。

他们相逢在乱世，离别在乱世，各自历经坎坷，但是后来的人会记得他们的志向与真心。

李商隐回到桂州后，恢复了往日的工作，在郑亚的幕府中专心做事。闲暇时李商隐会想到远方的妻儿，妻子偶尔也会写信过来，用滚烫的文字描绘着自己的现状，诉说着思念。从信中，李商隐得知，儿子衮师已经开始学走路，偶尔也会抓着笔在纸上涂鸦。每每读到妻子的信件，诗人的思念便会与日俱增，渴望与妻儿团聚。

思念情切之时，李商隐便会登楼，向远处眺望，望向长安的方向，那里有他的妻儿、他的梦想。只是，这一切看起来显得格外邈远。

晚唐时期，人们都认为桂州是一片蛮荒之地，可李商隐在这里却找到了世外桃源的感觉。他没有嫌这里的环境，反而对这里产生了深厚的感情，这里的一草一木、每一寸土地都给了他熟悉的感觉，他将有感而发的诗篇题写在每一面荒村瓦舍的墙壁上。

> 沙岸竹森森，维艄听越禽。
> 数家同老寿，一径自阴深。
> 喜客常留橘，应官说采金。

倾壶真得地，爱日静霜砧。

——《江村题壁》

　　诗中所写是一次乘船出游的经历。他们乘坐乌篷官船，来到一处美丽的所在。那里沙岸悠远、翠竹青森，不知名的小鸟发出婉转动听的叫声，仿佛在唱一首吴侬软语的歌曲。他们伴随着小鸟的歌声缓缓走上岸，走过一条幽深的小径，豁然见到许多竹篱茅舍，村舍中的老人个个都是白发黄眉，却又非常健康。当听说他们一行是来自远方的客人时，村民们纷纷捧出一篮又一篮的柑橘来招待他们。他们问村中的老人，年轻人都到哪里去了，老人回答他们，都去采金了。这一处有着异域风情的乡村，竟然让李商隐异常兴奋，直呼找到了一个喝酒的好地方。

　　无论生活给了李商隐多大的打击，他依然热爱生活。桂州的风情和美景，常常让他忘记了自己凄凉的处境。在《凉思》中，他写道："天涯占梦数，疑误有新知。"可见他丝毫没有感到孤寂。在《高松》中，他写道："高松出众木，伴我向天涯。"他不仅不孤寂，甚至还有着无限的遐想。在这里，他忘却了人间的尔虞我诈，告别了沉重的负担，精神世界得到前所未有的舒展。

　　桂州秀美而温柔的风光抚慰了李商隐寂寥的心，也让他萌生了"幽草幸遇晚晴，越鸟喜归干巢"的认识，思想上豁然开朗。也许，就这样平静地生活下去，也不失为一种幸运。就在他寄情山水之际，他的命运又发生了转折，他的脚步将迈向另一片土地。

　　大中二年（公元848年）春，李商隐被郑亚派往昭州任代理昭州郡守。

　　昭州即今广西壮族自治区古城平乐县，该地区历史十分悠久，远在一万年前的旧瓷器时代就已经有人在此繁衍生息，该地于三国设县，通常为历代州府之地。这里的地理位置十分特殊，是悠悠漓江、弯弯荔江和清清茶江三江汇合之地，从高处俯瞰，三江犹如三条美丽的罗裙带，流至昭州汇合后，又飘然随桂江而去。

　　郑亚被派往桂州后，桂州管辖地区很广，辖地有桂州、柳州、梧州、贺州、昭州等。郑亚当时的权力相对较大，可以自己任命代理郡守，若是代理郡守在职位上功绩很好，朝廷就会将其转正。然而，当时的昭州并不如今天一般安宁和谐，坐落于西南部的各个地区大都腐败横行，民怨沸腾，昭州也不例外。当地官员竟然弃职而走，不愿意接手这样的烂摊子，政局一时大乱。百姓忍无可忍，聚众举事，一时怨声载道。

被派往昭州的李商隐，面对当时眼下的现状，就曾作《昭州》一诗：

　　桂水春犹早，昭川日正西。
　　虎当官道斗，猿上驿楼啼。
　　绳烂金沙井，松干乳洞梯。
　　乡音殊可骇，仍有醉如泥。

由诗中可以看出，当时的昭州，环境险恶，官场腐败，民怨沸腾，面对这样的罪恶现实，诗人寄予了深深的同情。于是李商隐一面惩治贪腐，一面发展生产，除了制定一些规定纲领外，还亲自去市场、田间视察情况。不久，在他的治理下，昭州的经济开始有了起色，社会恢复了秩序，人们的生活逐渐好了起来。

有道是，形势比人强。正当李商隐想干一番事业以实现心中的抱负时，郑亚又受朝中党争牵累，再次被贬，此次被贬为循州（今广东惠州）刺史，李商隐亦遭池鱼之殃，结束了他短暂的代理郡守一职。

虽然在昭州只有短短几个季度，但李商隐的励精图治却给当地人留下了珍贵的记忆，今天的桂林、平乐人民仍然深深怀念着这位才华横溢的诗人。

说到此时期的文人遭遇，李商隐已然成为了晚唐文人中最凄惨的例子，然而在后世记载中，他却以高洁、胸怀天下的形象出现，而那些曾经一时得势的官员们早已被湮没在历史的风尘中。此时，李商隐虽在此失去机会，但存于他心中的那团火焰还没有熄灭。

第六节 ╱ 自古天意高难问

长安宽阔的大街上依然人来人往，不管朝廷中如何明争暗斗，

不管边界有多少战乱，长安的美丽繁华一如既往。

只是，这一切美丽与繁华，映衬得他格外凄凉。

"天意高难问，人情老易悲。"天意从来都是高深莫测，人世间的情感也是如此。秋是易感的季节，亦是无情的季节，满地凋零的落叶总是让人备感落寞。

大中二年（公元 848 年），在桂州任上还不到一年的郑亚，接到了朝廷的又一纸贬谪诏书，他被贬为循州刺史，地位从此一落千丈。郑亚的贬职让李商隐失去了依托，带着黯然的心情，他踏上了北归之路。经过几番辗转，李商隐于同年九月中旬回到长安。

这些年来，李商隐四处入幕，居无定所，若是仕途顺利，也还能让他欢喜，可惜多年来的拼搏始终改变不了他潦倒的命运。

眼前的长安，亦如旧日繁华，然而繁华的背后却是权力的倾轧和党派的勾结，在这里，唯一能够使李商隐内心有稍许安慰的便是留在这里的妻儿了。

如今，他的幼子衮师已经两岁多，正瞪着好奇的大眼睛看着刚刚回来的父亲，浑圆的小身子躺在李商隐怀里，和他嬉戏打闹着。衮师奶声奶气地叫着"爹爹"，李商隐不禁开怀大笑。家人团聚的幸福是这么简单，却又格外珍贵。

聪明活泼、天真乖巧的儿子惹人怜爱，恰与诗人当时"憔悴欲四十，无肉畏蚤虱"的贫寒形象形成鲜明对照，于是他有感于心，写了一首流传千古的《娇儿诗》：

衮师我骄儿，美秀乃无匹。文葆未周晬，固已知六七。
四岁知姓名，眼不视梨栗。交朋颇窥观，谓是丹穴物。
前朝尚器貌，流品方第一。爷昔好读书，恳苦自著述。
憔悴欲四十，无肉畏蚤虱。儿慎勿学爷，读书求甲乙。
穰苴司马法，张良黄石术。便为帝王师，不假更纤悉。
况今西与北，羌戎正狂悖。诛赦两未成，将养如痼疾。
儿当速长大，探雏入虎窟。当为万户侯，勿守一经帙！

这首诗汲取了左思《娇女诗》的养料，表达了衮师天真烂漫的种种生活情态，文字之间足见诗人对儿子充满了怜爱，溢满了亲情。

在不吝笔力写儿子的天真可爱之时，诗人自然想到了自己大半生的漂泊，作为一介书生，唯一能实现大济苍生理想的路是科举，而他自己却深受科举之害。深感宦海沉浮的李商隐写出了对衮师的爱和期望，也道出了自己的悲愤和怀才不遇之心。所以在诗中，诗人以自己的经历告诫儿子，希望他将来不要重蹈覆辙。

妻子王氏看着丈夫抱着儿子在一旁玩耍，笑意浮现在温婉的面庞上。

对于妻子，李商隐心中充满了歉意，觉得自己并不是一个称职的丈夫，也并不是一个称职的父亲，不曾亲眼见到儿子学会走路、学会说话。看着妻子忙碌的身影，他只能叹息着，一心想着如何改变目前的局面，不再让家人受苦。

翌日，李商隐早起收拾好东西，告诉妻子自己要出去走走。他还是想亲自到令狐府中去看看。在他心中，令狐绹依然是自己的故友，只是诗人不知，在他所认为的故友心中，自己早已变成他们憎恶的敌人。

长安宽阔的大街上依然人来人往，不管朝廷中如何明争暗斗，不管边界有多少战乱，长安的美丽繁华一如既往。只是，这一切美丽与繁华，映衬得他格外凄凉。

转眼间，李商隐已经行至令狐府邸。守门的人已经不是旧日的面孔，李商隐告知守门人自己前来是为了拜访令狐绹，守门人转身通报，回报时说令狐大人不在府中。

李商隐只好默默离去。在接下来的几天里，李商隐天天前去拜访令狐绹，守门人给的回话却一模一样。看着熟悉的府邸，李商隐心中升起一股凉意，皱着眉头伫立在大门口，竟说不出一句话来。这一刻，他似乎明白了什么，可是又不甘心，最终还是鼓起勇气迈进了令狐府的大门。

老管家张伯让李商隐进来，如今的张伯已经满头白发，面孔沧桑，他也住在用人居住的房舍里，空间狭小，十分拥挤。

看到这样的情况，李商隐痛在心里，张伯为令狐府操劳了一辈子，恩师在时，对张伯是十分尊敬的，没想到他如今却只能住在这样一间小小的陋室里。张伯看着眼前的李商隐，亦是格外怜惜。

李商隐与张伯说起了自己与令狐绹之间的事。之后，他从张伯的口中得知，令狐绹对自己娶了王茂元之女为妻一事耿耿于怀，认为他背叛了令狐家去投靠"李党"，而后来郑亚的被贬和他丢失职位都是令狐绹从中作梗。

得知事情真相，李商隐心中一阵伤感。望着这里熟悉的一草一木，李商隐忽然生出一种物是人非之感。

往事一幕幕浮现，他想起了恩师教自己写骈体文的场景。再次路过恩师的书房，李商隐停了下来，恩师的书房没有变，墙上还是挂着恩师的字画，案头摆的依旧是恩师爱看的书籍，砚台里还有恩师钟爱的徽墨。

恩师曾经小心翼翼地蘸着这些墨水教他写文章，而如今，诗人却再也不属于这里，一切的一切浮上心头，情谊、关爱、兄弟、冷漠、误解、失落、伤怀……这样的情绪也唯有用诗词来排遣，《九日》便是他此刻最真实感受的写照：

曾共山翁把酒时，霜天白菊绕阶墀。

十年泉下无人问，九日樽前有所思。

不学汉臣栽苜蓿，空教楚客咏江蓠。

郎君官贵施行马，东阁无因再得窥。

往昔的一切都结束了，甚至包括那曾经深厚的情谊。

可是他还想再见一次令狐绹，为所有的恩怨画上一个句号。

最终，他们见面了，只是，一切都变了。

他深深地记得令狐绹咬牙切齿的神情和尖酸刻薄的话语，在令狐绹眼里，自己已成了一个不折不扣的叛徒。

李商隐心中苦闷，便独自去喝酒，却意外遇到温庭筠，他感到十分亲切。尽管与令狐绹的事情不愿再提及，可是遇到温庭筠后，竟然把所有的心思倾诉而出。此时，温庭筠亦有着同样怀才不遇的遭遇。此时，两人更多了一份惺惺相惜之感。

对于同一件事，温庭筠却有着不同的态度。李商隐一心做官，苦等着未来可能到来的每一个机会，他不想从此失去信心，而温庭筠早已不想再涉足官场，只想饮酒赋诗，快意此生。可他们的内心，却摆脱不了同样的孤苦。

在李商隐的这些浅唱低吟里，在纵经横纬、密密罗织之间，可以窥见命运是如何一步步把诗人逼入绝境的。若是后人能够细细品读这些杜鹃啼血般的诗词，定会发现，那些一次次抛向天空的漂亮的弧，最后都碎了，在这残酷的美中，会勾起你心中深深的悲悯，如此，你才会对他所经历的苦痛有一丝体验。

一个自幼有着鸿鹄之志的人，侠肝义胆，一腔热血，却始终怀才不遇，"背恩无行，恃才诡激，放利偷合"，种种罪名加之在身，可以想象，诗人是如何挣扎度日的。

　　此时，回到长安的李商隐时刻可以感受到来自这个世界的冷漠和残酷。

　　后来，李商隐通过考试得到一个盩厔县尉的小职位，这样的职位令他突然想起十年前的自己，那时的他还是弘农县尉，与今日的官职相当，然而时间却相隔十年之久。

　　终究，十年之后，胸怀大志的李商隐只能在原地徘徊，这更像是一种无言的讽刺。他担任盩厔县尉时间不久，又回到京城，在京兆伊尹得到一个职务。此时的他与大中元年（公元 847 年）在秘书省的情形非常相似，依旧是前途渺茫、官职卑微，京兆尹的同僚对他也很排斥。

　　深处窘境的李商隐度日如年，而此时又有噩耗传来，挚友刘蕡客死浔阳。李商隐不敢相信这样的事实，去年分别之时两人还相约来年要在长安见面，今日却阴阳两隔，这使得本就深陷苦闷之中的诗人感到锥心的痛楚。

　　刘蕡与李商隐相识于令狐府，两人志气相投。刘蕡是正直之人，曾应贤良方正科考试，并在策文中痛斥宦官专权，这样的举动在当时曾引起强烈反响，可惜后来考官慑于宦官威势，不予录取，从官之后他也是被一贬再贬，与李商隐际遇相仿。

　　李商隐对刘蕡贬谪而客死他乡极为悲痛，写了不少祭文，《哭刘蕡》是其中一首：

　　　　上帝深官闭九阍，巫咸不下问衔冤。
　　　　黄陵别后春涛隔，湓浦书来秋雨翻。
　　　　只有安仁能作诔，何曾宋玉解招魂？
　　　　平生风义兼师友，不敢同君哭寝门。

　　李商隐在诗中哭诉友人的冤屈，并全然不顾朝廷不准写祭文的规定，一连写了好几首。自去年与友人在黄陵分别，两人便一直被滔滔江水阻隔，不复相见，一直盼望着相聚的那一日，却万万不曾想到，等来的却是挚友客死浔阳的噩耗。

当时，刘蕡的死讯一度传遍长安城，很多人因此而愤慨，然而碍于朝廷威势，无人敢提出抗议。诗人又联想到自己的遭遇，悲愤之情溢满心中，《流莺》这首自伤身世的诗应运而生：

> 流莺漂荡复参差，度陌临流不自持。
> 巧啭岂能无本意，良辰未必有佳期。
> 风朝露夜阴晴里，万户千门开闭时。
> 曾苦伤春不忍听，凤城何处有花枝？

无家可归的黄莺四处飘荡，它飞过了山丘，飞过了河流，却始终无法寻觅到栖身之地。他以黄莺凄凉哀婉的叫声，表达自己内心的凄凉。

不管阴晴雨雪，不管白天黑夜，千家万户的门有开有关，唯独那只黄莺无处落脚，无法把握自己前进的方向。诗人自己也是伤春人，如今看到那孤单飘零的黄莺更是悲从中来。

昔日漂泊流浪的生活记忆统统涌现到他的脑海中，于是他更加听不得那黄莺的哀鸣。他自己又何尝不是那只流莺，经过日日夜夜的奔波之后，依旧要受到排挤、受到牵连，而这一切都是为了实现心中的宏图大志。

流莺无论是在刮风的早晨，还是在降露的夜晚，或者是在暴风的时刻，都在不停地鸣叫，可是放眼望去，偌大的长安城，哪里又有供流莺栖息的花枝呢？

或许，他今生只能郁郁而终了。公元849年，李商隐不过三十六岁的年纪，本应是人生中的大好年华，可他却完全不似他人那般血气方刚。在长安的这段时间，他似乎在用诗歌总结自己的人生：

> 沈宋裁辞矜变律，王杨落笔得良朋。
> 当时自谓宗师妙，今日惟观对属能。

——《漫成五章之一》

李商隐并不是在探讨诗歌艺术的源流变迁，他提到沈佺期、宋之问、王勃和杨炯这四位初唐时期著名的诗人，说他们只不过懂得点儿作诗的对仗押韵而已，当然这并非是在贬低他们。他曾经将令狐楚当作自己的老师，对老师给予自己的教导感激涕零。可是人生蹉跎，宦海浮沉，如今，就连令狐家都与他的生活渐行渐远了。

> 平生误识白云夫，再到仙檐忆酒垆。
>
> 墙柳万株人绝迹，夕阳惟照欲栖乌。
>
> ——《白云夫旧居》

"白云夫"便是令狐楚，当他的儿子令狐绹平步青云之后，令狐一家已经搬到新的居所，一次偶然路过令狐家的旧居，李商隐忽然感慨自己当初遇人不淑，人生走错了道路。

李商隐从未在党争之中对任何一方趋炎附势，一直站在自己的人生立场上，即便是惨遭放逐，也从未有任何屈服的表现。

> 李杜操持事略齐，三才万象共端倪。
>
> 集仙殿与金銮殿，可是苍蝇惑曙鸡。
>
> ——《漫成五章之二》

李商隐毫不隐讳地将自己和朝中正直的大臣比喻成诗仙李白和诗圣杜甫。他们虽然曾经受到皇帝的赏识，但后来都不得志，长期沦落于江湖。李商隐感慨于他们的不幸遭遇，以肮脏的"苍蝇"比喻朝廷中那些诏谀之徒，以"曙鸡"比喻朝中那些贤士大夫。

此时的李商隐前途渺茫，只能等待契机。大中三年（公元849年）九月，一直苦等机会的李商隐得到武宁军节度使卢弘止的邀请，邀他前往徐州任职。

卢弘止也是一位十分爱才的官员，在当地的口碑极好，他早就知道李商隐的大名，因爱其才，便向他抛出橄榄枝。李商隐又一次得到机会，这也是他的最后一次机会。只是此时，妻子身怀六甲，李商隐不忍心再次离开，但又不得不离开。

在徐州，卢弘止没让李商隐失望，不仅让他做了节度判官，还兼做记室。卢弘止本是"李党"中人，被调出京师也是因为"牛党"的排挤，如此一来，李商隐和他们相处得十分融洽。

幕僚们常常聚在一起饮酒作诗，日子过得十分轻松愉快，李商隐郁结的心渐渐被打开。来到徐州不久，妻子来信说已经生下女儿，李商隐非常高兴，又有些懊恼：高兴的是妻子顺利生下女儿，懊恼的是妻子在生产时自己竟无法陪伴在身边。李商隐暗自伤心着，自从和妻子结婚，很多重要时刻他都缺席，妻子一个人承受了太多的苦难。

是年十月，李商隐得知令狐绹以翰林学士承旨和兵部侍郎入相位，这个消息让他深深震颤，不知是为令狐绹感到高兴，还是为这样的人身居要位而感到愤懑。可身在这样的乱世，单凭读书无法安邦定国，虽然这样的道理当时的无数人都懂，但大家都不愿承认这样的现实，其中也包括诗人自己。

生活给了李商隐一次次希望，又让他一次次感到失望，屡次沉重的打击几乎让他放弃了再次为官的念头，不过对于眼前的境遇他还算欣慰。静夜时分，诗人总会想到家中的妻儿，所以暗自决定，彻底安稳之后就把妻儿接来徐州团聚，可眼看这个愿望就要实现了，但是命运却再次和李商隐开了一个很大的玩笑。

大中五年（公元851年），春节刚过，卢弘止便身染重病，卧床不起，不久便与世长辞。

到此为止，曾给予李商隐希望的一些朝廷重臣——崔戎、令狐楚、郑亚、卢弘止都已病逝，而其他几位也都遭受贬黜。

李商隐只好离开徐州，回到长安，再次回到樊南旧居。此时，李商隐已近四十岁，诗名还是一如既往，但是政治前途已经极为渺茫。

李商隐回长安后也仅仅是教儿子认字，逗一岁的女儿玩耍。女儿叫"樊瑟",晏媄告诉李商隐,女儿只要一听到母亲鼓瑟就不哭不闹,乖乖地坐在那里,就好像能够听懂琴意一样。李商隐看着惹人疼爱的女儿,心里又是一阵酸楚。

站在一方蓝田之上,李商隐回望自己的前半生,才发现已是沧海桑田,梦醒了,人也倦了,他厌倦在这名利场里奔走。眼前这个已经走向衰落的时代,也格外让李商隐无奈,甚至还有些憎恨。朋党之争,让如此多的才子成为政权争夺的牺牲品,自己又何尝不是呢?

对于眼下的局势,李商隐似乎也只能对败亡相继的历史悲剧发出近乎绝望的冷讽,然而在这冷讽中,他自己的一生也葬身在这宦海沉浮的波涛里了。

走过人生的春夏与秋冬,唯有相爱之人的一声叮咛,像一根系满牵挂的丝,带着一缕剪不断的思念。

妻子见丈夫每天心事重重,心中十分担忧,然而也无可奈何。自从她的父亲去世以后,夫君也常年奔波在外,游荡在各个幕府之间,二人聚少离多,在一起的日子屈指可数。她一个人在家的孤独之苦并不亚于丈夫在外奔波的劳碌之苦,直到有了儿子,生活才有了些生气。在这之前她一个人度过了无数个清冷的日日夜夜。

李商隐并不知道,妻子在生下女儿时已经落下病根,若不是别人提起,他永远也不会知道,妻子总是以坚强的一面示人,自己的苦痛从不会告诉丈夫。

后来李商隐才知,妻子王氏得了肝病,是常年劳累所致,这种病将她折磨得面色蜡黄,眼白更是像黄烟熏过一般。

往日妻子那娇艳的面颊变成了今日的灰头土脸,曾经的秀发变得蓬乱,那双纤纤玉手几乎瘦成了皮包骨头。看到这些,李商隐心中一阵酸楚,心里想着无论如何也要去寻个一官半职,得点俸禄养家。此时,李商隐接到了太学博士的任命,这正好解了燃眉之急。

上任之后，李商隐每日奔忙于朝廷和樊舍之间，虽然疲惫，但是心情舒畅。每月提取俸禄回来的时候他总要买些酒菜，与妻子边吃边话家常，笑容里写满了幸福。或许这样的场景李商隐一生都在盼望着，《夜雨寄北》就抒发了他内心的种种愿景：

君问归期未有期，巴山夜雨涨秋池。
何当共剪西窗烛，却话巴山夜雨时。

他还记得第一次与妻子见面的情形，晏媄弹了一首《潇湘云水》，她的手指抚在泛着光的锦瑟上，神情美极了，琴音更像行云流水一般从她的纤纤玉手中缓缓流出。时光仿佛倒退了一般，一幕幕美好的情景不断地在眼前闪现，妻子的琴声送他远行，多少次，她又倚门盼他归来……

然而现实总是残酷的，在国子监上任月余，才知这其实是个苦不堪言的职位。

是年七月，政绩颇佳的柳仲郢向李商隐发出邀请，此人的儿子与李商隐交往甚密，两人算是文坛好友。接到邀请的时候已经是赤日炎炎的盛夏了，妻子的病情虽然没有加重，可是也不大见好。李商隐心中始终不愉快，按理来讲，入蜀早就应当成行，因为在仕途上飞黄腾达正是他想要的，可是此时正是妻子需要自己的时候，他怎么可以离开呢？

晏媄再一次看清了丈夫的心思，多年来，丈夫的每一种心情她都懂得。她催促着丈夫入蜀，还宽慰丈夫，若是他不入蜀，恐怕自己也会因此而加重病情。

从相识的那一天起，他们两人就聚少离多，为了生活和理想，他们失去了很多甜蜜的爱恋和欢愉。八月的一日，已经有了阵阵凉意，在带着花香的清风里，妻子离开了李商隐，永远地离开了。

未能见到最后一面，也未能送行，听到消息的李商隐昏厥在地，这是他这一生中遭受的最沉重的打击。

他们的孩子，尚不懂人世的伤悲，浑然不知失母的悲哀，内心空虚寂寞到极点的李商隐只能用诗词来排遣内心的压抑，于是悼念亡妻之作《房中曲》由此诞生：

> 蔷薇泣幽素，翠带花钱小。娇郎痴若云，抱日西帘晓。
> 枕是龙宫石，割得秋波色。玉簟失柔肤，但见蒙罗碧。
> 忆得前年春，未语含悲辛。归来已不见，锦瑟长于人。
> 今日涧底松，明日山头檗。愁到天地翻，相看不相识。

仔细算来，诗人与爱妻虽结婚长达十四年，但真正共度的日子竟不足三年。经受妻子离世的痛苦后，李商隐的诗风从此发生了极大的改变，失去了从前的浪漫、痴情、追索，诗绪变得低沉、萧瑟。悼亡诗正是积压在他内心深处最沉痛、最温软的情怀的书写与融注，这些诗句里面少了温情，多的是让人心酸彻骨的离人泪，无怪乎"一寸相思一寸灰"。

第七节 ／ 一蓑烟雨任平生

当青春年华匆匆逝去，挥手目送之间，难言之痛、至苦之情也随风逝去，
深情绵邈的诗人对人生痛苦的体验也不再绵长。

古语说，人生的三大不幸之事分别是：少年丧母，中年丧妻，老年丧子。从此，"身无彩凤双飞翼，心有灵犀一点通"般令人艳羡的爱情生活于李商隐而言已如缥缈烟云。在残忍的命运背后，诗人只能感叹"归来已不见，锦瑟长于人"，以此来痛感物是人非。

诗人乃多情之人，妻子离去，想必今后他多半也是郁郁寡欢了。他也曾预言自己未来的生活："今日涧底松，明日山头檗。愁到天地翻，相看不相识。"在一首《无题》诗中，这种思念更是被他表达到了极致：

来是空言去绝踪，月斜楼上五更钟。
梦为远别啼难唤，书被催成墨未浓。
蜡照半笼金翡翠，麝熏微度绣芙蓉。
刘郎已恨蓬山远，更隔蓬山一万重。

李商隐在欺骗自己，希望妻子没有逝去，可是人死不能复生，无情的现实将他的愿望砸得粉碎。睡眼蒙眬中，见不到睡在枕边的妻子，当清醒的一刹那，他才终于意识到，妻子再也不会回来了。李商隐一面追忆着与妻子曾经的美好生活，一面又思虑着政治上诸多的不如意。

是年十月，柳仲郢从蜀派人送来哀悼问候的书信，并带了些银两给李商隐，在信中安慰了他几句，便催他立刻启程。想必朋友也是一番好意，想着若是让李商隐久久留于伤怀之地，每天也只能睹物思人，郁郁寡欢。他别无选择，只好支撑着病骨，起身入川。

一路上，崇山峻岭，满是古迹斑驳的身影，大散关、阳平关，此情此景又在他心上留下凄凉与孤独的痕迹。这一次，他真的是形单影只了，此情此景促使他吟出《悼伤后赴东蜀辟至散关遇雪》：

剑外从军远，无家与寄衣。
散关三尺雪，回梦旧鸳机。

从军剑外，路途思家，然而妻亡家破，再也无人给他寄送御寒之衣。大散关大雪纷飞，行期受阻，苦不堪言，曾经欢乐的场景与今日的冰冷现实相对照，只能让他徒增悲伤。

李商隐虽然与柳璧是好朋友，可是对他父亲的情况却不甚了解，此次入川，真是前途未卜。

十月底，经过多天的跋涉，李商隐终于到达梓州，柳仲郢为他举行了盛大的洗尘宴，这让一路猜度的李商隐心里轻松许多，而且眼前的柳仲郢敦厚、开朗、豪爽，也让他顿感亲切。不过当李商隐得知柳仲郢只是让自己做记室时，心中划过一丝失落，这种情绪在他入川时所作的诗词中可窥见一些端倪，譬如《井络》《张恶子庙》等。

或许柳仲郢从李商隐的神情中得知了他的不快，所以当众宣布他的官职由记室改为节度判官。节度判官是幕府中的高级幕僚，分判仓、兵、骑、胄四事，并且当时朝廷对判官一职也相当重视，还有严格的规定，比如在任职判官之前必须有任记室的经历。

柳仲郢的赏识和器重，比之卢弘止、郑亚有过之而无不及，这样的待遇让李商隐积郁胸中很久的哀伤与悲愤，稍稍有所平复。

李商隐任职不久，柳仲郢所管辖的东川地区与西川地区的毗连地区便发生了一起案件，柳仲郢考虑到李商隐和西川节度使杜悰是表兄弟关系，就派他前往成都会审，如此也便于处理案件和相关事宜。

杜悰为人生性庸俗愚钝，但是自恃清高，并没有将眼前这个瘦骨嶙峋的表弟放在眼里，但因朝廷有命，又有柳仲郢的推荐信，他才不敢怠慢，举行了隆重的欢迎宴会。为了答谢杜悰的盛情，李商隐接连作了几首诗。

表面上，这些诗是歌颂杜氏祖德，对杜悰报尽赞扬。当然，文采并茂的诗也让杜悰听得心绪盎然，他连连拿起手中的酒杯敬这位多才的诗人。只是，他根本不知，李商隐当初所作之诗是为抒发自己屈居下幕的不满，还有对亡妻的思念，文辞的重点是希望眼前这位杜兄能够提携相引，但没料到他只看到了歌颂和赞扬。

当然，即使杜悰明白其中的含义，也万万做不到向皇上引荐李商隐，对于李商隐的才华，他是有妒忌之心的，所以言语之间，杜悰一再地顾左右而言他，李商隐似乎明白了他的心思。

此地并非久留之地，李商隐快速把案件办完以期早日离开。案件办完，离开成都，返回梓州之时，李商隐去了浣花溪瞻仰了大诗人杜甫的故居，挥毫写下了《杜工部蜀中离席》：

> 人生何处不离群？世路干戈惜暂分。
> 雪岭未归天外使，松州犹驻殿前军。
> 座中醉客延醒客，江上晴云杂雨云。
> 美酒成都堪送老，当垆仍是卓文君。

此前国家局势动荡，朝廷和吐蕃、党项经常发生边境争夺战争，紧张之时，朝廷屡派使者处理边境事宜，如今观看朝廷动向，局势似乎已经很紧张。虽沦落他乡，可是诗人心中依然饱含着忧国忧民的情感。

突然想起前几天的情景，宴会之上，那些官员们只顾互相劝酒，大都是庸庸碌碌之辈，没有人关心国事，他的一腔爱国之心更是无人理解，他终于深刻体会到屈原那句"举世皆浊而我独清，众人皆醉而我独醒"的悲愁了。

李商隐停留在杜甫故居，看着这里的一草一木，竟略有熟悉之感，虽然他们都曾被历史无情地抛弃，在所处的时代备受欺凌，可是他们没有忘记自己所处的时代，依然用独特的眼光来反观历史。

诗人和杜甫都有着人生的大理想，并且一生都在为之努力。杜甫的理想是"致君尧舜山，再使风俗淳"。李商隐的社会理想与他相似，同样是做一个对社会有贡献的人，为一个讲道德、讲秩序的封建王朝效忠。可是，残酷的现实却总是让他们的理想化为泡影。

晚年，杜甫漂泊天涯，饥寒而死，李商隐似乎从中看到了自己的结局。

回到梓州之后，柳仲郢看穿了李商隐心中的落寞，知道他丧妻的悲伤，也深表同情，于是心中生出一个主意。

一次宴游，柳仲郢指着一位美艳的歌伎，望着李商隐，说这位歌伎色艺双绝，若是他喜欢，可以考虑续弦。

李商隐看了看眼前这位姑娘，果然美艳动人，全身充满了活力与朝气，而他近来一个人也备感孤独，找个人做伴也好，可是一想到爱妻的身影，他便收起了目光。

柳仲郢劝说李商隐，说当初要他不远万里来到梓州，就是希望他离开伤心之地，换一个地方，换一种心境，从而开始新的生活。

李商隐还是拒绝了柳仲郢的好意，即使他的诗文"多美人芳草""艳粉轻薄"，那也不过是"为芳草以怨王孙，借美人以喻君子"，仅此而已，别无其他。诗人很少涉及风流韵事，尤其是与妻子王氏成婚之后，就再也没有一个女子能够走进他的心中，因为对于诗人来说，妻子永远是独一无二的。

一段真挚的爱，即使是遗落在过去的岁月里，将来不复相见，也能在未来的记忆中生根发芽，并且枝繁叶茂。

或许是因为对爱情有着深刻的理解，李商隐的爱情诗因其不一般的艺术手法而千古流传。虽唐代诗歌经过盛唐和中唐的充分开拓后已很难超越，可是晚唐的李商隐却用自己的才气铸就了一段晚唐诗人也可与"李杜"匹敌的佳话。

柳仲郢的好意虽被李商隐拒绝，但却增加了他对李商隐的崇敬，身处这样的环境，美艳歌伎随处可见，他却如此洁身自好，这样的节操实属难得。而李商隐的又一首诗作，则更是让柳仲郢见识了他对妻子的深情。

　　一带不结心，两股方安鬐。
　　惭愧白茅人，月没教星替。

这首诗的名字叫《李夫人》，历史中，李夫人是汉武帝刘彻的侍姬，能歌善舞，美艳多姿，可是少而早卒，汉武帝为了纪念她，就命人把她的画像挂在甘泉宫以慰自己相思之情。李商隐写这首诗的用意就是想告诉柳仲郢，自己现在虽然孤独无依，可是对妻子的情意永不改变，自己对眼前这位姑娘也毫无情愫可言。这一方面婉拒了柳仲郢的好意，另一方面表达了自己对妻子的坚贞。

听后，柳仲郢只好作罢，今后再也没提起过此事。

生命脆微，祸福难料，人生苦短，苦空无常，兴衰相伴，这是李商隐此时对于生命最深刻的感受。从此，李商隐开始了他新的生活，在苦难深处徘徊许久的他终于认识到，欲求解脱，只有一心向道、精进修学。

公元853年，在入川的第三个年头，李商隐创作了一首《初起》：

想象咸池日欲光，五更钟后更回肠。

三年苦雾巴江水，不为离人照屋梁。

"初起"，指的是太阳初升，相比于太阳升起的明亮，五更天那一段黎明前的时光却分外黑暗。李商隐的住所离寺庙不远，僧人在五更时分敲起的钟声将他吵醒，这阵阵钟声，让他百转千回，想起了说不清、道不明的往事，不免肝肠寸断。天还未亮，于是李商隐想到，太阳神大概还在咸池洗澡呢吧。这三年来，他每天天不亮就会醒来，在一片黑暗之中，他的思绪陷入深深的痛苦之中。

李商隐在年轻的时候，曾经学道于玉阳，并曾一度认为自己是道教的信徒。可是他在随东川节度使柳仲郢入川任节度书记官时，有幸遇到佛门大德智玄国师。他对佛学产生了极大的兴趣，在《樊南乙集》自序中，李商隐这样写道："三年以来，丧失家道，平居忽忽不乐，始克意事佛，方愿打钟扫地，为清凉山行者。"这分明是他想要立志出家的一种表现。

有了这样的决心，李商隐便常常住寺为行者，伴着青灯黄卷，清晨黄昏扫地打钟，精进修行。这段日子，李商隐每日早起去寺中修行，直至傍晚才归来，他希望从这些圣人留下的典籍中找到解脱自身苦痛的方法，超脱于现实的苦痛。

李商隐甚至还拿出自己俸禄的余资，在梓州长平山的慧义精舍经藏院里，建造了五间石壁，为了表示自己的虔诚，还用金字勾勒了《妙法莲花经》七卷。他还曾经创作过一首《题僧壁》诗：

舍生求道有前踪，乞脑剜身结愿重。

大去便应欺粟颗，小来兼可隐针锋。

蚌胎未满思新桂，琥珀初成忆旧松。

若信贝多真实语，三生同听一楼钟。

"舍生求道""乞脑剜身"都是李商隐在种种追求破灭之后，希冀在禅宗佛海里求得精神解脱的说法。天生聪慧、才华卓越的李商隐，很快就对博大精深的佛法妙理和因果缘起有了深刻的认知。因此，在这一时期，李商隐的诗作风格与以前迥然不同，他完全畅游在佛法中以寻求精神的解脱，因而后世人会发现一代才子李商隐在寻求自我解脱的道路上走得越来越远，而赞佛颂法自明心地的诗文也成了他诗作的主流。如李商隐吟咏的《北青萝》：

> 残阳西入崦，茅屋访孤僧。
> 落叶人何在，寒云路几层。
> 独敲初夜磬，闲倚一枝藤。
> 世界微尘里，吾宁爱与憎。

"世界微尘里，吾宁爱与憎。"他从前虽然明白这样的道理，可是从来没有真正静下心来体会。大千世界是由一粒粒微尘组成，人也不过是其中的一粒微尘而已。此刻，想必诗人已经领悟到了这样的道理，因而才有最后的释怀，也暗自发誓今后不再纠缠爱憎，澄心净虑，以淡泊之怀面对仕途的荣辱。

曾经，诗人在激烈的"牛李党争"中心疲力竭，也与少年挚友反目成仇，被挚友一生记恨，且被称为"叛徒"，这成了他生命中难以言说的痛。

再回望过去，漂泊的生活、孤独的处境、爱妻的逝去、官场的不得意，经常使他感到生活在红尘中的不幸。也许对于当时的李商隐来说，唯有清净的佛门，才能给他以精神上的救赎。

自此后，李商隐的心中像是被注入了一种新的力量，他开始整理编辑自己的文集，定名为《樊南乙集》。

> 苦海迷途去未因，东方过此几微尘。
> 何当百亿莲花上，一一莲花见佛身。

——《送臻师》

从此首诗中已经可知诗人的心境与以前大不相同，从现存可考的诗作来看，诗人后期的大量诗作反映了其在佛法深透义理的熏修之下，开始悟得人生苦空无常。这样的心境也同样改变了诗人原有的生活和心情，最重要的是，诗人对生活的态度已经完全改变，过去那种受伤、悲怨、颓废、无奈的心境如今已经不复存在，已由开朗明快、自由自在的心境所取代。

对于一个潦倒半生，一心报国但始终无门的柔弱文人来说，这恐怕就是最好的结局，因为单单凭他的意志力根本无法扭转逝去的乾坤，这一点李商隐也已看透。今日回过头，再看看曾经在官场中的挣扎、那些被历史毁誉参半的评述，似乎已没有任何意义了。

为了表示对李商隐修学佛法境界的肯定和人格的尊重，在诗人去世之后，陕西凤翔府的佛门信众，在为智玄法师建庙塑像时，也特地为李商隐造了一尊手持拂尘的塑像，想借用这样的方式来纪念他们师徒二人。

在此时期，李商隐不仅常常拜会僧人，还经常捐资修建佛寺，并且自愿整理佛经。李商隐信佛，与其说是一种人生的信仰，还不如说是一种心灵的慰藉，这样才能在失衡的人生境况之下重获一份安慰，获得一种超越。

一个寻求佛法却只是为了逃避现实痛苦的人，是否真的深谙佛教本义？在后人看来，李商隐已经学会看淡这一切，可实际上，当时的李商隐并未完全超脱。

作为文人或者士人的典型代表，他始终摆脱不了对社会的责任感，若说这样的结局是一个彻底的悲剧，那么，这绝对不仅仅是个人的悲剧，更是社会的悲剧和时代的悲剧。这些人身上整整积淀了一个时代的雨雪风霜，仅仅看到李商隐身上的佛光禅影还远远不够，要读懂他，就必须从中国士人身后的文化内涵和心理处境谈起。

所以，后世的宗教超越，对于李商隐来说只是局部的东西，细细看来，他后期的诗歌也并非对佛教的简单阐释，因为李商隐自己知道，即使是追求幻灭、色相皆空的境界，他也逃不出理想、爱情、仕途的牵绊。这才是真正的李商隐，后人也偏爱这样的李商隐，哪怕他潦倒终生，他有着真实的血肉，有着真情实感。

三

生命就如同一段旅程，终有到达目的地的那一天。大中九年（公元855年），柳仲郢被朝廷调往京都，任吏部侍郎，梓州幕僚行将解散。在离别梓州之前，李商隐用一首《梓州罢吟寄同舍》总结了五年来自己的幕府生涯：

> 不拣花朝与雪朝，五年从事霍嫖姚。
> 君缘接座交珠履，我为分行近翠翘。
> 楚雨含情皆有托，漳滨多病竟无慖。
> 长吟远下燕台去，惟有衣香染未销。

在即将返京之前，同僚们以歌筵酒席相送钱行，畅叙旧情，无所不谈，可李商隐在席间却掩饰不住内心的隐痛。这五年来，不论冬夏，他日夜辛勤地在幕府中工作，与幕府的同人朝夕相处，建立了深厚的友情。他表示自己是幕僚中的下层人物，可作为检校工部郎中衔的判官，他的地位并不低下，只不过他一直对所处地位并不满意，渴望拥有更大的发展。尽管他即将北归，但是对幕府同僚们却有着诸多不舍，他们之前的情感，让他终生难忘。

是年十一月，李商隐跟随柳仲郢回到长安，经过筹笔驿时，他感怀诸葛亮的丰功伟绩，写下一首咏怀古迹的诗篇，以此表达对诸葛亮的崇敬之情，名为《筹笔驿》：

> 猿鸟犹疑畏简书，风云常为护储胥。
> 徒令上将挥神笔，终见降王走传车。
> 管乐有才终不忝，关张无命欲何如？

他年锦里经祠庙,梁父吟成恨有余。

此首诗写了诸葛亮的威、智、才和功,并且从字里行间可以看出诗人对诸葛亮的极度赞美。最终,诗人将着力点放在一个"恨"字上,表面是写诸葛亮,实际是在写此时准备跟随柳仲郢回长安的自己。此时,诗人思绪万千,眼看自己又将独自飘零,却只能默默地感叹命运不济,虽然他的理想是像诸葛亮那样救国于危难之中,但始终没有得到这样的机会。

李商隐渴望回到京师之后能够大有作为,可是生活中的种种不悦,很快又将他重重包围了起来:

树绕池宽月影多,村砧坞笛隔风萝。
西亭翠被余香薄,一夜将愁向败荷。

——《夜冷》

李商隐从万里之外回到京城,每日辗转于达官显贵之间,却反而不如在边远地方感觉自由。他常常彻夜无眠,看着窗外池边的树影,听着自郊野传来的砧声,感到西风劲吹的夜里格外的寒冷。只有衰败的残荷与他遥遥相伴,孤寂、凄清像一支支冷箭,向他的心头袭来。

大中十年(公元 856 年),柳仲郢再次找到李商隐,后李商隐被调任为盐铁推官。任职期间,他与柳仲郢同游江东(今江苏南京、扬州一带),江南小城风情万种,十里秦淮弦乐声声,然而他却早已没有了赏乐的心情。

盐铁推官是个闲散的官职,李商隐经常借职务之便游览周围的景点,只是他疾病缠身,身体每况愈下,即使江南气候温润也难以温抚他的旧疾。

一日,李商隐再次出游时,突感身心不适,秋日,卧病扬州。

晚唐时,扬州已经成为东南的大都会,经济异常繁荣,然而此时的诗人却心力交瘁,已无心去关注身外的一切,外面的世界都与他无关。

大中十二年(公元 858 年),朝廷罢柳仲郢诸道盐铁使,李商隐也因此被罢官。

至此，李商隐的仕途就此终结。回首往事，竟是仕途坎坷、一生为人幕僚，虚付了凌云万丈之才。被罢官后的李商隐再无其他想法，只得从扬州回到荥阳老家。

自从接到父亲归来的消息，十二岁的衮师便早早做好准备，迎接父亲的归来。

马车来了，衮师见到了父亲，心里暗暗一惊，眼前的父亲为何这般苍老，记忆中的父亲还是身材壮硕的模样。而如今，眼前的父亲不像是自己曾经认识的父亲，衮师知道，父亲过得太苦，而他也只能默默地拉着小妹，望着父亲。

女儿樊瑟看到父亲时一脸全然陌生的表情，深深刺痛着李商隐，离开的时候，她还是抱在怀中的幼儿，如今已经长成活泼可人的小女孩儿了。

第二日，李商隐带着衮师和小樊瑟去了妻子坟上，寂寞的荒冢周围早已杂草丛生，夕阳照在坟上，这场景深深地刺痛了李商隐，他想起了自己对妻子的辜负，想起了这匆匆过往的一生，自己为了国家和宏图大志辜负了太多的人。

得知好友归来，温庭筠前来探望，眼前各自的模样不禁让两个经历了人生的痛苦与不幸且已近垂暮之年的人怅然心酸。

虽然眼前的温庭筠看起来还是一副桀骜不羁的样子，其实他内心的孤独无人能懂。

这一日，李商隐与温庭筠约好一起去长安郊外，登上最高处，看到了整个长安城。此时，太阳已经下山，看着眼前的衮师和好友温庭筠，李商隐突然觉得这是以前不曾有过的最好时光。他看着眼前的美景，不禁想起了自己曾经写过的一首《乐游原》：

向晚意不适，驱车登古原。
夕阳无限好，只是近黄昏。

余晖映照，晚霞满天，山凝胭脂，气象万千。此时，诗人将时代没落之感、身将迟暮之悲、家国沉沦之痛等，将过去的情绪和现在的情绪熔铸在一起，展现出绝美的气象。

再看此时的朝廷，诗人只能暗自感叹，唐帝国的短暂繁荣实际上蕴藏着严重的社会危机，此时的繁荣也只是最后的回光返照而已。诗人深感悲凉，自己将一生献给了国家、献给了朝廷，一生忠心耿耿，然而这样的忠心耿耿最后也不得不沦陷在无用的沼泽之中。

往日的情景历历在目，诗人自己处处辗转，一生漂泊，还是无法挽救这个曾经想挽救的王朝，一个人的力量毕竟是杯水车薪，这个曾经辉煌的王朝早已病入膏肓。

虽然诗人早已看清这一切，早已看清这病入骨髓的朝廷，可是为什么还是义无反顾地去奉献自己的热血与真心呢？想必这就是所谓的矢志不渝和忠心耿耿。

一夜之间，秋风把大地吹成了金黄色，黄河也不再怒吼了，长安城的人们熟睡了，似乎从不曾有过怨恨与挣扎。深夜，李商隐辗转反侧，想起了温庭筠，想起了妻子，想起了恩师，想起了令狐绹，还有在荆州匆匆离别的崔珏……渴望再见他们，跟他们好好说说话，可是外面寒风呼啸，他们怎么能来相聚呢？李商隐翻了翻身，叹了口气，身体似乎有千斤重……

诗人黄瘦的脸上尚存无限的遗憾与惆怅……他走了。这一生，就这样不声不响地结束了。有遗憾吗？或许有吧，或许诗人的情怀在那一刻是苦涩的，和生前一样。

前来吊丧的人并不多，就是他平日所挂念的那几个人。出殡那天，分外寒冷，寒风不停地刮，给冷冷清清的送葬行列更添了几分伤感。这样的场景与他辗转飘零的一生是那样的相像。

忽而，童稚的哭声划破长空，跪在父亲坟前的衮师和樊瑟在凝固的环境中明白了父亲去世的现实，衮师必须过早地承受生命的悲痛。

挚友崔珏在得知李商隐去世的消息后悲痛万分，写下了两首《哭李商隐》：

成纪星郎字义山，适归高壤抱长叹。
词林枝叶三春尽，学海波澜一夜干。
风雨已吹灯烛灭，姓名长在齿牙寒。
只应物外攀琪树，便著霓裳上绛坛。

他不曾想到自己与李商隐的荆州告别，竟是永别。人生处处如此，很多时候，很多猝不及防的事情发生在身边，只能独自叹息。

李商隐的死讯传遍长安时，不少人为之叹息。生前没有多少人关注的李商隐死后却引来了不小的轰动，他曾经写的那些痛斥朝廷的文章在晚唐快要走到末路时受到不少人的追捧。

处在病痛中的李商隐以《锦瑟》为自己的人生收尾：

锦瑟无端五十弦，一弦一柱思华年。
庄生晓梦迷蝴蝶，望帝春心托杜鹃。
沧海月明珠有泪，蓝田日暖玉生烟。
此情可待成追忆，只是当时已惘然。

当青春年华匆匆逝去，挥手目送之间，难言之痛、至苦之情也随风逝去，深情绵邈的诗人对人生痛苦的体验也不再绵长。